篮球

LAN QIU

融媒体版

体育类专业系列教材

主　编：黄江林　　李　英　　杨　皓

副主编：简　涛　　王　雷　　程　杨
　　　　陈华伟　　王　伟　　施吉良
　　　　葛小军

参　编：彭仕杰　　钟文新　　赵　斌
　　　　吴亚平　　牛嘉琦　　王小堂
　　　　杨玺瑾　　陈　丽　　王玉闯
　　　　张　磊　　闫　开

北京师范大学出版集团
BEIJING NORMAL UNIVERSITY PUBLISHING GROUP
北京师范大学出版社

图书在版编目(CIP)数据

篮球 / 黄江林，李英，杨皓主编. -- 北京 ：北京
师范大学出版社，2025. 6. --（体育类专业系列教材）.
ISBN 978-7-303-30758-6

Ⅰ. G841

中国国家版本馆 CIP 数据核字第 2025QF1991 号

出版发行：北京师范大学出版社 https://www.bnupg.com
　　　　　北京市西城区新街口外大街 12-3 号
　　　　　邮政编码：100088
印　　刷：天津市宝文印务有限公司
经　　销：全国新华书店
开　　本：787 mm×1092 mm　1/16
印　　张：21.25
字　　数：450 千字
版　　次：2025 年 6 月第 1 版
印　　次：2025 年 6 月第 1 次印刷
定　　价：55.00 元

策划编辑：冯祥君　王云英　　　　　责任编辑：刘　溪
美术编辑：李向昕　　　　　　　　　装帧设计：李向昕
责任校对：王志远　　　　　　　　　责任印制：赵　龙

前　言

　　篮球运动在中国具有广泛的群众基础，尤其受到青少年的喜爱。近年来，随着健康中国和体育强国战略的实施，以及中国篮球协会对"小篮球"运动的推广，我国篮球运动的发展进入了新阶段。在此背景下，根据教育部《普通高等学校教材管理办法》的文件精神，在北京师范大学出版社和西南区体育教材教法研究会的指导下，《篮球》教材编写组成立，并编写完成本书。

　　本书的编写立足信息化的时代背景，坚持实用导向，在编写上突出时代性和应用性特征。第一，本书为"融媒体"教材，对主要技术动作进行了视频展示，学生可以结合书中的动作要领和示范视频进行学习，提升了教材的可用性；第二，本书结合目前"小篮球"运动的开展背景，在内容设计上向幼儿篮球和青少年篮球内容倾斜，涵盖了"小篮球"竞赛规则、幼儿篮球运动训练和中小学篮球队的训练与比赛指导等内容，努力使教材更好地为中国篮球未来的发展服务；第三，本书涵盖了篮球竞赛的相关内容，增加了篮球意识培养、体能和心理训练、竞赛组织、规则与裁判，以及场地设施等方面的内容，力图推动校园篮球竞赛的发展。

　　本书具体章节安排如下：第一章是篮球运动概述，主要介绍了篮球运动的发展历程、篮球文化的特点与功能；第二章是篮球教学的理论与方法，主要介绍了篮球教学的原则、步骤和方法，篮球课程的组织与管理；第三章是篮球技术教学，主要介绍了篮球运动的主要技术及其训练方法；第四章是篮球战术教学，主要介绍了现代篮球的基本攻防战术及其训练方法；第五章是篮球意识及其培养，主要介绍了篮球意识形成的相关理论以及篮球意识的培养；第六章是篮球运动员的体能与心理训练，主要介绍了篮球运动员的体能和心理训练方法；第七章是中小学篮球队训练与比赛指导，主要介绍了中小学篮球队的训练理念、方法以及临场指挥；第八章是幼儿篮球运动，主要介绍了幼儿篮球运动的特点和价值、幼儿篮球教学的内容和方法，以及幼儿篮球比赛规则；第九章是篮球游戏，主要介绍了篮球游戏及其基本方法；第十章是篮球竞赛裁判工作，主要介绍了篮球竞赛的主要规则、裁判法以及对篮球裁判员能力的培养；第十一章是篮球竞赛的组织与编排，主要介绍了篮球竞赛的组织工作、制度与编排方法；第十二章是篮球场地与设备，主要介绍了篮球场地的修建、维护以及器材设备规格；附录主要介绍了三对三篮球规则和小篮球规则。

本教材以在高校篮球课程教学一线的中青年体育教师为主要编写力量，由贵州师范大学硕士生导师黄江林副教授和西藏民族大学李英副教授、昭通学院杨皓教授任主编，贵州师范大学简涛副教授、西南大学博士生导师王雷教授、贵州师范大学程杨副教授、许昌学院陈华伟副教授、贵州大学王伟副教授、普洱学院施吉良教授、楚雄师范学院葛小军副教授任副主编。编写成员有贵州师范大学彭仕杰、钟文新、赵斌等教师和吴亚平、牛嘉琦等研究生，贵州师范学院杨玺瑾，兴义民族师范学院陈丽，凯里学院王小堂，西藏民族大学王玉闯、张磊，西藏民族大学附属中学闫开。

由于编写人员水平有限，若有错误与疏漏之处，恳请广大读者批评指正。

西南区体育教材教法研究会《篮球》教材编写组

2025 年 4 月

图 例

◯	练习者
④	4 号进攻队员
④˙	4 号持球进攻队员
❹	4 号防守队员
C	教师
▷	固定传球人
⊗	标志桶
- - - - - ▸	传球路线
∿∿∿▸	运球路线
——–‖–▸	投篮
———▸	移动路线
——–┬——	掩护
⋀⋀	夹击

目　　录

第一章
篮球运动概述

📖 内容提要

　　本章介绍篮球运动的起源与演进、篮球运动的特点、现代世界篮球运动发展趋势、中国篮球运动发展概况、篮球文化等内容。

第一节　篮球运动的起源与演进

　　篮球运动是一项围绕高空展开的立体型攻守对抗的集体性、综合性游戏。现代篮球运动已经逐步发展成一项融科技、教育和技艺于一体的受大众欢迎的国际性竞技体育运动项目。它可通过电视观赏达到愉悦观众心灵的目的，也可以通过实践使参与者锻炼身体、增强体能，还可以培养一些使青少年终身受益的品质。现代篮球运动是在统一的国际篮球组织指导下，以严格、规范的比赛规则和特定的竞赛方式，通过追求更高、更快、更强的奥林匹克精神展开的强者间的对抗、竞争与拼搏，其竞赛活动过程充分显示出人类生命所具有的活力，突出了为民族争荣、自强不息的奋斗品格，篮球运动起源于人类生存劳动的过程，是社会进步的一种反映。

　　篮球运动是由詹姆斯·奈史密斯（James Naismith）博士发明的，奈史密斯生于加拿大，后加入美国国籍，年轻时就读于加拿大麦吉尔大学，曾在美国马萨诸塞州春田市（又称斯普林菲尔德市)基督教青年会干部训练学校和堪萨斯大学执教体育课程，在基督教青年会干部训练学校任教期间通过细心观察，专心思考，发明了当时被称为"体育游戏"的篮球运动。

一、篮球运动的起源

19世纪中叶以后，随着欧洲产业革命的发展而产生的劳动技术的创新，推动了生产力的提高，这一时期，人们有了更多属于自己的闲暇时间。渴望并追求新的生活方式成为时代发展的潮流，这个潮流也引起了一些有远见卓识的教育家、社会活动家的广泛关注和热心支持。于是许多属于现代体育活动范畴的健康文明的活动性游戏应运而生，并随之流行于世界各国。现代篮球运动也是在这样的社会背景下产生的。

当时美国的冬季需要一项适合在室内进行的体育活动。詹姆斯·奈史密斯先生从工人和儿童用桃核向"桃筐"做投准的游戏中得到启发，进而发明了"篮球游戏"。桃筐是工人为运输鲜桃所准备的竹筐，"桃筐"又叫"桃篮"，在游戏开始之初，游戏者是用足球代替桃核向筐内投掷的，所以在此游戏被正式实施以前，奈史密斯先生为之取名"篮球"。最初的篮球游戏是在健身房两端的栏杆上各捆绑一只桃篮，离地10英尺(约3.05米)，用足球代替桃核向桃篮内投掷，投球入篮者得1分，投多者取胜，人数不限。因为桃篮有底，每次投球入筐之后都需要有人架起梯子去拿球，做起来很麻烦，因此人们将篮底剪开，直到发展成现在使用的球篮。

二、篮球规则与技战术的演化

没有规矩不成方圆，规则是用来保护和限制篮球技战术而实施的，而篮球技战术的多变运用又推动着篮球规则的自我完善。篮球规则与篮球比赛同时产生，相辅相成，互相促进，反映了篮球运动从简单到复杂、从低级到高级、从古老到现代的发展过程。规则是从运动竞赛中抽象出来的定义、规定和罚则。规则的本质是提倡和禁止。规则的目的，从狭义方面讲，是指队员如用不合理的动作，使对方队员处于不利的地位从而获得不正当的利益，即应受到处罚。从广义方面讲，规则肯定和保护正确的技术和战术，允许和宽容合理的接触和表现，否定和制裁错误的动作和行为；提倡公正比赛、文明比赛，鼓励积极进取、团结协作、遵守纪律的优良体育道德精神和作风；限制和反对野蛮的、粗暴的比赛和打法，规范人们的行为。篮球规则总是本着篮球初创时期提出来的基本宗旨、目的和精神，立足篮球运动发展中出现的情况和问题，着眼于现代和未来发展的设想和需要，做出及时的、合理的修改，从而保证和促进篮球运动的良性发展。

（一）篮球规则与技术的演化

篮球竞赛规则的不断修改与完善，对篮球技战术的发展起着指导和促进作用。篮球规则的增订与修改，其目的是肯定合理的、正确的技战术的存在，否定不合理、不正确的技战术，限制其发展。目前，国际篮球联合会(FIBA)每四年对篮球规则做一次较大的修订，四年间每年会进行小幅修改。每次规则的修改，都极大地推动了篮球运动技术的发展与提高，而技术的发展与提高，又促使篮球规则不断修改、补充和完善，反过来推动篮球运动的发展。不同时期篮球规则的修改与技术的发展变化情况如下。

1892年，奈史密斯编写了《青年会篮球规则》，其主要规则有：竞赛中只允许用手接触球，不准拿球走和跑，争抢中不能有粗野的身体冲撞动作等；篮筐高度10英尺(1英尺≈0.3048米)，仍然以足球作为竞赛工具，场地大小及参加人数多少不限，投进一球得1分；后来将竞赛分为两个15分钟进行，出现裁判员。这些规则的出现，使篮球技术初步显现。

1893—1897年，进一步充实了规则，简化了竞赛程序，开始使用带网的铁质篮筐、木质篮板；将场地规定为100英尺×50英尺、90英尺×45英尺和70英尺×35英尺3种，出现9人3区制和5人2区制场地；场地上增画了分区线、中圈、限制区和罚球线；规定比赛开始与中篮后在中圈跳球重新开始比赛，增加犯规罚球，投中一球得2分，罚中一球得1分；场上队员位置出现锋、卫分工，取消原规则中的锋、卫不能越区攻防的规定。这些规则使运动员的活动区域扩大，促使各位置队员对不同篮球技术的掌握有所侧重，这一时期篮球运动员的单手大抡臂和双手抛传球技术出现并得到发展。

1908年，规定运球队员可以投篮，增加"队员5次犯规取消比赛资格"的规定，使运球技术有了较大幅度的提高，变向运球、换手运球出现，进一步发展到运球转身、背后运球。1929年，明确"持球移动"概念及要求，使持球突破技术在规则的制约下朝着合理和正确的方向发展，变速、弧形、迂回等切入技术出现并发展。1930年，提出"防球太甚"和"防人太甚"的概念，增订带球撞人的规定，使防守者得到合法保护，而同时也提出防守技术要求"垂直面"，促进防守技术向正确方向发展。

1932年，增加"10秒""3秒"规则；规定球场面积为26米×14米，增画中场线和进攻限制区，确定球回后场的规则；提出"带球跑"的概念，确定中枢脚的辨认；规定比赛时间为20分钟一节，比赛共分两节。这些规则促进快速运球技术大发展，中、远投受到重视，要求高大队员技术全面发展。

1936年以后，正式确定每队上场比赛人数为5人；取消投中后在中圈跳球的规定，改由对方在端线外发球继续比赛。这使攻守对抗激烈，素质与技术紧密结合，高大队员的扣篮技术出现。

进入20世纪40年代后，将进攻限制区扩大为3.6米×5.8米；规定队员4次犯规将取消比赛资格。1956年，随着高大队员的出现，将罚球区扩大为5.8米×6米的梯形并取消中线；增加30秒规则和持球队员在前场被严密防守5秒应判争球的规定。这对运动员的持球进攻技术，以及场上的位置空间感和时间感提出了更高的要求。

1940年，投篮队员被侵犯，投中加罚一次，未中罚球两次，以鼓励篮下队员勇敢投篮，这一规则促使篮下勾手、空中转体单手投篮技术以及冲撞防守队员的投篮动作出现，对防守技术要求更高。1948年，女子篮球规则的修改与男子相同，限制区的底部宽从1.8米扩大到3.6米。促进女子技术动作"男子化"，跳投技术得到发展，中、远投技术受到普遍重视。

1952年，限制区的底部宽从3.80米扩大到6米，用以限制高大队员密集篮下的死抗硬打，促进高大队员掌握全面技术，以应对更加激烈的比赛。1956年，增加"30秒"规则，限制区形状改为梯形，加快了比赛进程，运、传、投等技术与速度紧密结合，一切技术都要求在高速中进行。1960年，最后5分钟和决胜期的犯规都罚球两次，促进攻守技术朝着合理、正确的方向发展。

1972年，恢复中线，增加球回后场的规定，增加"10次犯规"及罚则，此次规则修改最大的好处在于，有利于防守技术的发展，制止粗野动作的蔓延，使得"抢断球"技术运用普遍。1976年，增加"追加罚球"和"三代二"罚球规定，促进各种投篮技术发展，对"封盖"投篮技术要求提高。

至20世纪80年代，又将"垂直原则""合法防守位置"等身体接触的原则正式列入规则。1980年，增加"5秒"违例规则，"10次"犯规罚则改为"8次"，对投篮队员的犯规区分为投篮前和投篮后的犯规，使比赛向着快速、多变方式发展，促进防守技术多样化，平步、攻击步、碎步、迫近步等攻击性防守技术出现，防守技术提高。1984年，扩大球场面积为28米×15米，规定球场上空高度为7.5米以上，设立3分投篮区，增加全队每半时7次犯规后执行1＋1罚球的规则。这些规则的修订促使进攻队员的突分和空切技术发展，个人防守能力、突破技术、运球技术、远投技术等得到很大发展，抢篮板球技术和意识有了新的变化，投篮准确性要求更高。

1990年，给予裁判员以更加公平合理的执法地位。掷界外球时，裁判员必须将球直接递给掷界外球的队员，允许裁判员纠正罚球和得分判罚的失误，促进技术的全面发展，抢断球技术提高，攻守对抗更加激烈。1994年，队员可以将球传到篮圈水平面的上方给同队队员接球投篮，第7次犯规后的"1＋1"改为两次罚球。这一规则提高了投篮的命中率，促进各球队更加重视运动员的身高和弹跳，提高制空能力。1998年，将球进入前场的时间由10秒缩短为8秒，缩短球进入前场的时间，加快比赛速度。手被视为球的一部分，最后2分钟中篮后停止比赛计时钟，鼓励增加对抗强度，促进积极的攻击性防守技术，如打球、盖帽的运用和发展。2000年，将进攻时间由30秒改为24秒，促使进攻速度、攻防转换速度和频率的加快，提高了比赛流畅性和观赏性。

2004年，重新对3秒的定义进行了修改：某队在前场控制着活球，同队队员不得在对方限制区内停留超过3秒。有效解决了高大球员长居篮下的现象，丰富了进攻方式。2006年增加了"在比赛最后两分钟内，后场拥有球权的队请求暂停，比赛开始时可以在中线的延长线掷球入界"，缩短了球进入前场的时间，使进攻队在前场有更多的时间组织进攻，增加了比赛的悬念。

2010年，3分线延长0.5米，距离篮筐中心6.75米，更能发挥低个头球员的优势，技术运用更加灵活。增设了无撞人半圆区，一定程度上保护了进攻队员、鼓励进攻队员在规则允许的范围内运用身体对抗。增设比赛最后2分钟，后场拥有球权的队请求暂停后，比赛开始时该队有权选择在他们的前场掷球入界线处掷球入界的规定，掷球入界点的增设加快了比赛节奏，增加了比赛的不确定因素。这三项规则的变更，不仅保证了篮球技术和战术的推进，而且还提高了篮球比赛的观赏性。

2014年，如果进攻队在投篮触及篮圈后抢到前场篮板，投篮计时钟复位到14秒（原来复位到24秒）。这意味着压缩进攻时间，比赛节奏将更快。2017年，重新定义带球走规则：当收球时单脚着地，则该脚为0步，当收球时双脚离地，那么接下去的落地脚/双脚为第1步。规则修改促使新的技术产生，增强了进攻灵活性，在一定程度上加快比赛节奏、提高比赛观赏性。2018年，技术犯规罚则由"1罚＋1掷"变更为"1次罚球"。在罚球之后，比赛应由判罚技术犯规之前控制球，或由拥有球权的球队在中断地点恢复比赛。技术犯规罚则的变动，避免了在宣判一次技术犯规后出现双重罚则，同时确保控制球队和非控制球队的平衡。

2022年，在第四节或加时赛最后两分钟内，引入了一个掷球入界犯规，罚则为一罚一掷，犯规性质为普通犯规，不再是违体犯规。这个规则的变更将在一定程度促进防守技术的发展，进一步推动运动员防守能力的增强，提高比赛的观赏性。

（二）篮球规则与战术的演化

篮球战术是篮球比赛中队员运用攻守方法的总称，是队员个人技术的合理运用和队员之间相互协同配合的组织形式。任何战术的目的都是更好地发挥本队队员的技术特长，制约对方，力争掌握比赛主动权，争取比赛的胜利。篮球运动诞生初期，作为篮球游戏的这项运动根本无战术可言，从场地大小到上场人数都没有限制，也没有明确的规则，比赛中推人、拉人、撞人等粗野动作时有发生。

1892年，奈史密斯制定了13条规则。1893年，将上场队员规定为5人，并把5人分为左右前锋、中锋和左右后卫。后来，随着规则的进一步改进与完善，队员之间的分工配合愈加合理，才逐渐出现了简单的战术配合。原始的进攻战术主要是围绕中锋跳球制定的所谓"快攻"战术，由于当时技术水平、战术能力较低，比赛时首先考虑的是本方如何得到球、中锋跳球时把球打给谁比较有利等。原始的防守战术主要采用单纯的人盯人形式，防守队员首先在中线排成一线，按进攻人越过中线的先后，依次盯住自己的对手，也被称为"一线落位防守"。

19世纪末到20世纪30年代，这一时期防守队员之间以联合组阵的方式进行防守，5人一线、5人两线、区域联防。进攻为站立式固定配合，受原始规则第3条不准带球跑的规定及位置上的分工限制，技术比较单一，绝大部分技术动作都在原地进行。阵地进攻配合基本上是独立式的固定配合、策应配合、中锋定位掩护，以及沉低运球进攻等配合。

20世纪30～60年代，处于积极防守阶段，防守多采用人盯人防守和紧逼防守。进攻开始行进间固定配合，出现运球技术及跳起单手投篮技术，运动员运用跳投可以在行进中突然跳起得分，使进攻战术从原地向跑动方向发展。跳投技术的运用，提高了"8字"进攻战术的攻击力，出现轮式进攻配合。换位进攻阶段，队员通过不停顿地移动换位，在快速移动中不断地变换配合方式，以创造有利的进攻机会，保持了阵地进攻的连续性，增加了进攻点，扩大了进攻面积，换位进攻战术得以普遍运用。

20世纪60～80年代，防守技战术迅速发展，防守形式采用按区域紧逼盯人的防守；全场区域紧逼、四分之三场区域紧逼、半场区域紧逼等防守战术应运而生。20世纪80—90年代，整体防守被各队采用，他们把防守过程作为一个整体，综合运用各种防守战术。移动进攻阶段，运动员遵循有目的人、球连续移动与转移的原则，灵活运用各种攻防基础配合，产生了介于固定配合与自由打法之间的移动进攻战术。

进入21世纪，2004年，新的"3秒"规则出现，提早结束了得内线者得天下的篮球赛场上的固定模式，"3秒"规则限制了高大队员在篮下的活动时间，减少了内线队员靠身高和体重打球的现象，促使篮球竞赛在战术的运用上向着更快更灵活的方向发展。2008年规则修改加重了对违反体育道德犯规的处罚，防止之前比赛中出现的犯规次数和动作幅度的不断增大，教练员安排"犯规战术"赢得比赛，阻碍技战术的发展和比赛的流畅性等，促进篮球技战术更加合理。2010年，3分线扩大至6.75米，增设了合理冲撞区，优秀的运动员在空中的优势逐渐显现出来，球队可以选择远投准度更高的球员在外线进行投射，扩大自身球队的进攻范围，在增加防守队员的防守难度的同时降低对手对自己造成的影响，同时减小了内线压力，从而达到更好的进攻目的。

2010年在记录台对侧场地边线增加了掷球入界线，距离端线8.325米，比赛最后两分钟或每一决胜期的最后两分钟，在后场拥有球权的队暂停之后，该队主教练有权决定接下来的掷球入界，是在该队前场的掷球入界线处，还是在该队后场比赛停止时的地点执行。掷球入界线的出现，为比赛带来了悬念、刺激、精彩以及更高的观赏性，对教练员提出了更高要求，同时提供了发展才能与智慧的空间。特别是比赛最后相持阶段，可以让攻方教练布置更丰富的进攻战术，而对于防守一方来说，无疑会面临更多的挑战，这就要求防守队员不仅要默契，移动速度要快，还要预判对方的战术意图。

2017年将违反体育道德犯规改为违反体育运动精神的犯规，并规定在攻防转换中，防守队员为了中断进攻，产生不必要的身体接触是违反体育运动精神的犯规，增加同一队员一次技术犯规和一次违反体育运动精神的犯规应被判取消本场比赛的比赛资格。此条规则对防守队员提出了更高的要求，在一定程度上提高了比赛的流畅性，促进了篮球快攻战术的发展。

2018年又新增了第四节最后两分钟或更少时，裁判员管理掷球入界过程中应使用非法超过界线的手势进行警告，若随后违背该条款是一起技术犯规。2020年对违反体育运动精神的犯规条款进行修改补充，加大了对违反体育运动精神的处罚。这些条款的出台，有利于杜绝粗野犯规动作的产生，进一步保护运动员，提高比赛流畅性，促进篮球战术朝着正确的方向发展。

第二节　篮球运动的特点和发展趋势

一、现代篮球运动的特点

（一）集体性

篮球运动比赛是以两队成员相互协同攻守对抗的形式进行的竞赛过程。只有集整体的智慧和技能，发挥团队精神，协同配合，才能获得最佳成效。

（二）对抗性

篮球运动攻守对抗竞争是在狭小的场地范围内快速、凶悍近身进行的，获球与反获球，追击、抢夺，限制与反限制，这些不仅需要斗智，还需要充沛的体能和顽强的意志。因此篮球运动是一项高强度的激烈对抗的运动。

（三）攻守转换性

攻守快速转换是现代篮球比赛的重要特点。攻后必守，守后必攻，攻守不断转换，转换发生在瞬间，变化无常，使比赛始终在快节奏情况下进行，给人以悬念，这也是篮球比赛的魅力所在。篮球比赛在一定的时间内围绕空间的球和篮筐展开攻守对抗，因此在比赛过程中必须要有强烈的时间观念和空间意识，运用各种形式、方法和手段去争夺时间，拼抢空间优势，从而取得主动，赢得胜利。

(四)综合性

篮球运动包含跑、跳、投等身体活动，教学与训练涉及体能、技术、战术、心理和智力等。从其涵盖的科学内容体系而言，它涉及社会学、军事学、生物学、管理学、体育学、竞技学、教育学等。因此，篮球运动是一项综合性的体育运动。

(五)职业性

随着竞技水平的提高以及赛制和规则的完善，现代篮球运动在世界各国蓬勃发展。自20世纪中期在欧美国家率先成立职业篮球俱乐部以后，运动员智能、体能和技战术水平的不断提高，对推动职业化进程起了新的催化作用。至20世纪80—90年代，职业篮球俱乐部如雨后春笋般在世界各国建立起来，特别是在国际奥林匹克委员会同意美国职业篮球联赛(National Basketball Association，NBA)职业球员参加奥运会后，职业化篮球在全球已发展成为一项新的产业。

(六)商业性

篮球运动商业化的重要特征是篮球运动的组织体制、赛制和训练管理机制的商业化气息越来越浓。运动员自由人地位的确立、运动技能能力价值观的变更，俱乐部产权的明晰，这一系列的变革促进了世界篮球运动向更高的竞技水平发展，也有力地推动了职业化篮球向商业化、产业化方向的发展。

二、世界篮球运动的发展趋势

21世纪世界篮球运动作为一种全球性社会文化和人文景观进一步在世界范围内迅速发展，主要反映在以下几个方面。

(一)大众篮球运动在全球普及

进入21世纪以来，篮球运动进一步在全球普及，国际篮球联合会的成员不断增加；小篮球、三人制篮球迅速开展；民间的篮球比赛蔚然成风，在有的地方成为节假日的重要活动内容。篮球成为名副其实的全球性社会文化和民众强身健体的手段，篮球运动的开展日益广泛，热爱篮球运动的各界人士进一步支持推广篮球运动。

(二)学校篮球运动的健身、教育功能显著

篮球运动的增智、健身、教育、宣传、社交功能越来越被教育部门和各类学校领导认

同。学校篮球运动已成为活跃校园文化生活、增强师生体质、提高健康水平、陶冶情操、锻炼意志、培养团队精神、增强使命感和荣誉意识的特殊教育形式。各种形式的业余篮球俱乐部已成为校园中的基本社团组织，在一些篮球竞技水平高的国家，学校已成为培养篮球后备人才的基地。

(三)职业篮球运动在全球扩展，商业化气息加强

职业篮球比赛竞技水平的提高，产生了巨大的经济效益。职业篮球俱乐部在全球范围内广泛建立，已逐步形成一种新兴产业。随着篮球运动的组织形式、竞赛规则、竞赛制度与方法的不断变革，职业篮球运动的商业化气息已越来越浓。

(四)高科技进一步渗透到篮球运动理论和实践中，形成新体系

现代科技对篮球运动的渗透，使篮球运动的理论、技战术、训练手段更加科学化，新的理论观点层出不穷，新的技战术不断发展，新的竞赛制度不断完善，新的规则再充实、再发展，从而形成了从篮球理论到篮球实践内容的新体系。

(五)竞技篮球群雄相争，技战术风格呈现新特点

21世纪世界篮球竞技运动水平和实力有了新的变化，总体上，美国在一个时期内仍将处于先进水平，但欧洲各篮球强国正在向美国发起挑战，实力已渐趋接近，亚洲、大洋洲和非洲的一些国家正向先进强国发起冲击，竞技篮球群雄并立的格局正逐渐形成。篮球运动总体发展朝着智博谋深、身高体壮、凶悍顽强、积极快速、机敏多变和全面准确这一总趋势与不同流派风格的方向发展。比赛规则的不断修订，促进攻守平衡发展；高度与速度进一步相互依赖与制约；技术和战术进一步技艺化、精湛化、实效化、多变化、高空化、全面化和综合化；空间与时间的拼争更趋凶悍激烈，对运动员的综合体能、机能、文化修养提出了更高的要求；对教练员的职业素养、知识结构和才干等方面的综合素质提出的要求也越来越高。

第三节　中国篮球运动发展概况

史料记载，在我国唐宋时期民间和宫廷内就有类似现在篮球运动的游戏，名称为"抛球""手鞠""毛弹"等，因时代的局限未能提炼创新发展。现代篮球运动是清朝末期(1895)由美国基督教青年会的传教士来会理(Willard Lyon)传入我国天津的。1896年，天津基督教青

年会举行了我国第一次篮球游戏表演，此后逐步由天津向全国传播、推广。100多年来，篮球运动逐渐成为中国人民喜爱的体育运动项目。

篮球运动在我国的传播、普及、发展、提高受到不同时期政治、经济、文化、教育等各方面因素的影响和制约。为了便于了解篮球运动在我国的发展历史，综合考虑篮球运动在中国发展的社会背景、发展特点和标志性事件等因素，将中国篮球运动发展分成以下四个时期。

一、传播和缓慢普及时期（1895—1948）

这个时期内，我国篮球运动的发展呈现出三个阶段的特点：1895—1918年的初始传播阶段；1919—1936年的缓慢推广阶段；1937—1948年的局部普及阶段。这一时期，中国正处于半殖民地半封建社会，篮球运动传入中国后，未能得到政府的重视和有组织的传播、普及，基本处于放任自流的状态。但由于篮球运动特有的趣味性和健身性深受青少年学生的喜爱，经过近十年的传播，篮球运动逐渐成为20世纪初中国大学、中学的主要体育活动，并从学校传入社会。例如，当时天津的南开学校、直隶高等工业学校、直隶省立第一中学，北京的清华学校、汇文大学校、协和书院，上海的圣约翰大学、南洋大学、沪江大学，南京的金陵大学堂，苏州的东吴大学等。在1910年中国举行的第1届全国运动会上，篮球被列为男子表演项目，1914年的第2届全国运动会上被列为男子正式竞赛项目，1924年第3届全国运动会上被列为女子正式竞赛项目。此后，篮球运动逐渐在社会上活跃开展起来。比如，在华北等地区性的运动会上篮球被列为正式的比赛项目。男子篮球队参加了10次远东运动会篮球比赛，在1921年的第5届远东运动会上获得了一次冠军。另外，在1936年和1948年曾派队参加了第11届和第14届奥运会篮球赛，但都未能进入决赛。这些对外交往在一定程度上对推动我国篮球运动的发展起到了作用。1936年奥运会期间，我国加入了国际篮球联合会，篮球运动在我国被更多人关注，社会篮球竞赛也较过去活跃。

抗日战争时期，在中国共产党领导的抗日根据地，由于根据地政府重视开展体育活动，篮球运动更受广大人民群众和人民军队将士的喜爱。当时尤为引人注目的是由八路军120师师长贺龙和政委关向应组建的"战斗篮球队"，以及抗日军政大学三分校以东北干部为主组成的"东干篮球队"。他们共同的特点是宗旨明确、纪律严明、斗志顽强、技术朴实、打法泼辣、体能良好，充分反映了中国共产党领导的革命军人优良道德品质和战斗风格。我国"八一"男子篮球队长时间保持国内领先地位，是与继承光荣的革命传统密切相关的。而在同一时期的国民党统治区和沦陷区，因受政局的影响，篮球活动处于停滞状态，1945年抗日战争胜利后，篮球运动才开始活跃，特别是社会篮球竞赛活动开始变得频繁，天津、北平、上海以及东北地区涌现出了不少新球队。

二、有限推广、停滞困惑、复苏发展时期(1949—1994)

该时期也包括三个阶段：1949—1965年的普及、发展阶段，1978年的徘徊、困惑阶段，1979—1994年的复苏、提高阶段。在1949年中华人民共和国成立前夕举行的解放区运动会上，篮球运动就被列为比赛项目。中华人民共和国成立后，由京津两地大学生组队参加了在匈牙利举行的第10届世界大学生运动会篮球赛，获得第10名。此后，我国篮球运动进入了空前的普及、发展和提高时期。经过几十年的实践，逐步形成了一部集篮球竞赛、社会群众性篮球活动、学校篮球教学、篮球科研与篮球基础理论于一体的中国篮球运动发展史。

为了加快我国篮球运动水平的提高，20世纪50年代初在北京成立了中央体育训练班篮球队。为了学习苏联经验、加强国际交往，1950年12月24日，世界强队苏联队访问了我国北京、天津、上海、南京、广州、武昌、沈阳、哈尔滨等8个城市，进行了3场比赛，对比之下充分暴露了我国篮球竞技水平的落后，为了摆脱这一状态，我国主管部门采取措施，进一步加速组建专门队伍，学习先进经验、先进打法，并积极参加国际比赛。不久各大地区都组建了篮球集训队，篮球运动跨入了新的发展时期。

1955年举行全国篮球联赛以后，我国开始有了相对稳定的分级的竞赛制度。这一期间当时的国际奥委会制造"两个中国"，导致我国退出国际篮球组织，减少了参加国际大赛的机会，但国内竞赛仍十分活跃。随着普及与发展的需要，1956年至1957年又推行了篮球等级升降级联赛制度和教练员、裁判员等级制度。在1959年举办的中华人民共和国第1届全国运动会上，四川男队、北京女队获得冠军。当时我国篮球界提出了"以投为纲"，发扬狠、快、准、灵的风格和以我为主、以攻为主、以快为主、以小打大、积极防守的战术指导思想。经多年实践后，又在总结我国篮球运动发展历程和对比世界篮球运动发展的现状基础上，从实际出发，召开多次篮球训练工作会议，专门研究篮球运动的训练指导思想，以使我国篮球运动发展在思想建设、队伍建设、理论建设、赛制建设、科学研究等方面有明确的发展方向。之后，随着篮球运动国际交往逐渐增多，运动技术水平不断提高，在技术、战术上逐步形成了我国篮球运动以"快攻""跳投""紧逼防守"为制胜法宝的独特风格。至1966年"文化大革命"前夕，我国篮球运动已接近世界先进水平，我国篮球队战胜了不少欧洲强队，后因"文化大革命"影响而停滞，以致加大了与国际强队的差距。

进入20世纪70年代后，体育战线开始拨乱反正，我国篮球竞技运动确立了赶超国际水平的新目标。1972年12月的全国篮球训练工作会议总结经验，把握篮球运动规律和发展趋势，从中国实际出发，较全面完整地确定了"积极主动""勇猛顽强""快速灵活""全面准确"的篮球运动训练指导思想和贯彻"三从一大"（从严、从难、从实战出发，大运动量训练）

的训练原则，篮球运动得到了迅速恢复与发展。我国男、女篮球队开始重新活跃在国际舞台上。1975年，中国篮球协会在亚洲业余篮球联合会取得了合法席位；1976年，国际业余篮球联合会通过决议，恢复中国篮球协会的合法席位，并承认中华人民共和国篮球协会是在国际篮球联合会中代表中国的唯一合法组织；1979年，国家实行改革开放政策，我国篮球界深化改革、严格训练、严格管理，加强了对外交流，篮球运动进入最佳发展时期，在世界性及洲际性竞赛中不断取得优异成绩。其中，中国女队在1983年第9届世界女子篮球锦标赛和1984年第23届奥运会上均获得了第3名，进入了世界强队行列，先后涌现出一批在亚洲和世界享有盛誉的著名运动员，如宋晓波、柳青、郑海霞、丛学娣等；在1992年第25届奥运会上又获得亚军；在1994年第12届世界锦标赛上获亚军。男子篮球队则在蝉联亚洲榜首的基础上，在1994年第12届世界男子篮球锦标赛上第一次进入了世界前8名，表明我国篮球运动竞技水平向世界最高水平冲击，跨入了百年来发展的黄金时代。

然而20世纪90年代中后期，由于种种原因，我国男、女篮球队在国际大赛中成绩不尽如人意，呈滑坡状态。随着我国社会主义市场经济的建立，体育战线进一步深化改革，我国篮球运动从更新观念、转变思想、大胆改革、勇于创新着手，一方面进一步抓好篮球运动的全面普及，以及与全民健身活动的结合；另一方面针对我国国家篮球队在竞技水平上处于滑坡状态，狠抓竞技水平的提高，并从改革管理体制和竞赛制度、依靠社会办队着手，进行了大胆的实践。比如，引进外资与外援，举行职业化主客场制联赛，有力地促进了我国篮球运动的发展与提高，加快了与国际篮球运动的接轨。

三、总结经验、深化改革、创新攀登的新时期(1995—2008)

1995年，篮球界在国家体育运动委员会"坚持正确方向、抓住有利时机、继续深化改革、发展体育事业"的精神指导下，坚持"积极稳妥、健康有序"的改革方针，抓住了外商注资的机遇，与国际管理集团等外资合作，在1996年举办全国甲级队联赛的同时，举办了由前卫体协队、吉林队、北京体育师范学院(现首都体育学院)队、上海交大队等8支队参加的男子职业篮球联赛，当时称中国职业篮球联盟联赛(China New Basketball Alliance, CNBA)。这是我国职业化联赛的开端，也是一次大胆的尝试，但不久因故暂停。此后，中国篮协决定进一步对竞赛制度进行改革，并以全国男篮甲级联赛赛制为突破口，以产业化、职业化为导向开始加速篮球竞赛体制改革的进程。

1997年，国家体委成立了篮球运动管理中心，在管理体制改革上迈出了重要的一步，把传统的甲级联赛正式命名为中国职业篮球联赛(China Basketball Association, CBA)甲级队联赛。通过20余年的改革实践，我国篮球事业发生了深刻变化，带来了新的生机和活力，初步展现出广阔的发展前景。CBA联赛的进行，吸引了众多篮球爱好者和社会的关注，老将、新秀的出色表现扩大了篮球的社会影响。姚明、王治郅、巴特尔、孙悦、易建联等人先后进军美国 NBA，进一步扩大了中国篮球的影响力。巨大的潜在的篮球市场也吸引了众多国内外企业，为他们提供了有利的商机，同时也推动了我国篮球运动加快职业化、产业化的新进程。

1998 年中国大学生篮球协会在企业资助下组织了中国大学生篮球联赛(Chinese University-sity Basketball Association，CUBA)，掀起了中国高校篮球运动的新高潮，对活跃高等学校校园文化生活，在学生中普及篮球运动起到了积极的推动作用。CUBA 还为 CBA 输送了部分优秀运动员，成为体教结合、体育体制改革探索的成功范例。

四、敢梦敢当、扎实青训、激流勇进的新时代(2009 年至今)

2008 年北京奥运会后，中国竞技篮球遭遇大滑坡，2010 年世界篮球锦标赛，中国男篮通过小组"算小分"又一次惊险晋级 16 强。2014 年篮球世界杯(2014 年前此项赛事称为"世界篮球锦标赛")，中国男篮未获得参赛权。2019 年篮球世界杯，作为东道主的中国队坐拥"天时地利人和"却未能小组出线，同时也失去了直接参加东京奥运会的资格。中国男篮在世界大赛中的失利与国内职业篮球的发展密切相关。2019 年世界杯结束后，同年 10 月 17日 CBA 俱乐部投资人会议暨股东会第七次会议上发布了《CBA 联盟"敢梦敢当"联合宣言》(以下简称"宣言")。宣言中有很多改革措施：明晰工资帽额度、限制外援出场人次、打造青训赛事、优化球迷线上线下观赛体验、加强爱国主义教育等。总结经验，探索职业联赛健康发展和保障中国男篮竞技比赛成绩成为新时代中国篮球发展的重中之重。

2016 年，教育部办公厅下发《教育部办公厅关于校园篮球推进试点工作的通知》，明确将全国 11 个省(市)作为校园篮球推进试点地区。校园篮球能够有效增加篮球人口基数，规范相应的篮球竞赛体系，完善场地器材基础设施的配套，实现青少年、学校、家长三方面的共同参与。2017 年，为实现青少年体质健康发展的长远目标，推动学校体育的综合改革，提升校园篮球的教学、训练和竞赛水平，教育部办公厅发布了《教育部办公厅关于做好 2017年青少年校园篮球特色学校遴选工作的通知》。该文件明确从 2017 年起在试点地区遴选校园篮球特色学校，通过该渠道，推动校园篮球的普及，引导各地不断完善特色学校布局，形成中小学搭配合理的特色学校格局，以特色学校的发展带动更多试点地区学校体育课以及课外体育锻炼的进步，在满足青少年篮球学习需求的基础上，切实提高青少年体质健康。自此，校园篮球运动的发展进入了"快车道"。目前，经教育部认定并命名的校园篮球特色学校全国共有近 1 万所，这对于青少年篮球人才的培养和中国篮球事业的改革发展无疑具有深远的影响。

2017 年 11 月 20 日，中国篮球协会在北京市通州区张家湾镇中心小学举行了小篮球发展计划暨小篮球联赛启动仪式。推出中国小篮球联赛，使搁置五十多年的小篮球发展计划重新走上历史的舞台。姚明表示："中国篮球协会肩负发展中国篮球的重任，少年强，则中国强，少年篮球强，则中国篮球强。我们实施'小篮球'发展计划，目的是通过制定标准，整合资源，从娃娃抓起，大力普及推广小篮球运动，旨在吸引更多的少年儿童参与到篮球运动中。"据统计，2018年，小篮球联赛吸引了共计15365支球队的100443名小球员、9674名教练和3542名领队参与其中，共计200支球队的近2000名小球员入选华东、华南、华北、西南、西北、东北六个大区训练营。2019年中国小篮球联赛小球员数目已达到18万之多，2020—2022年，虽然新冠疫情在一定程度上影响了小篮球运动的发展，但小篮球运动的发展已成燎原之势。

第四节　篮球文化

篮球运动作为一种社会现象，是人类文明和社会发展到一定阶段的产物。目前，篮球运动已不再局限于游戏和体育的范畴，越来越多地被赋予社会文化的内涵，已成为一种具有多元素的社会文化现象。广义上，篮球文化是指人们在从事篮球运动过程中所创造的物质和精神财富的总和。篮球文化在结构上包含了物态文化层、制度文化层、行为文化层和心态文化层。篮球文化的物态文化层主要指有关篮球运动的物质生产活动及其相关产品的总和，以满足人们参与篮球运动的最基本需要为目的。篮球文化的制度文化层主要指规范篮球运动的各种规章制度，包括了篮球规则、竞赛制度、组织制度、管理制度等。篮球文化的行为文化层主要指人们在篮球实践活动中形成的行为模式和习惯，具有鲜明的地域特点和民族风格。篮球文化的心态文化层是篮球文化的核心部分，是在篮球运动的长期实践过程中孕育出来的价值观念、审美情趣、成就体验及篮球思维方式等，这也被称为狭义的篮球文化。

一、篮球文化的特点

（一）独特性

篮球运动具有独特的运动表现形式，要求参与运动的双方在有限的时间和空间内展开立体攻守对抗。这对参与者的体能、技术、心理等都具有区别于其他运动项目的独特要求。篮球运动表现出独特的文化符号。篮球运动专门的技术动作、丰富的战术形式、特有的比赛方法和严密的竞赛规则构成了篮球文化的言语系统，特有的立体攻守对抗形式则孕育了篮球文化的精髓。这种独特的文化可以被继承与发展，可以被学习与传授，可以被交流与传播。篮球运动集技巧与体能、智慧与果敢、优雅与勇猛、身体和心理于一体，表现出独特的身体活动能力、强烈的团队意识和视觉震撼力。篮球运动的参与者在活动过程中要处理好个人自由与团队协作之间的平衡与协调，要具有坚持不懈的顽强精神和公平竞争的观念。这些特质也是社会生活对人的基本要求。篮球运动充分表现着人类超越自我、张扬个性和对身心全面发展的文化追求。此外，在篮球竞赛的策划、组织、宣传以及进行过程中所穿插的各种文艺和文化表现形式，也为观赏者提供了独特的篮球文化欣赏内涵。

（二）地域性

不同民族具有不同的文化传统，在各自不同传统文化的影响下，人们的思维方式、价值观念、行为习惯等都表现出本土文化的特征。不同地区传统文化的差异性也造成了地区间对篮球运动规律、本质和特征理解的差异性，以至于形成了不同特色的篮球风格和流派。美国文化表现出自信独立，强调竞争，重个人表现等特征。在此文化基础上逐渐形成了以技巧与体能为基础，强调对抗、重视个人能力和即兴发挥的篮球比赛风格。欧洲文化表现出严谨、理智、注重协作的文化特征，形成的篮球比赛风格是讲究整体配合，注重在多人机动配合中发挥集体力量。我国传统文化崇尚务实笃厚，谦恭稳重，重群体轻个人，强调成员的责任感，表现出遵循传统、依赖群体等特征，在篮球风格上体现出快速灵活、注重集体的特点。

（三）交融性

虽然篮球文化具有很强的地域特征，但各种地域篮球文化同时也随着世界范围内经济、文化、人才的交流而进行广泛交融，并在交融过程中实现文化互补和文化变异，从而使篮球文化在多样性和地域性的基础上还表现出了共性。各地区的篮球运动为了突破自身发展的局限，本身具有吸取其他地区优秀篮球文化元素的内需，地区间教练员、运动员的流动则直接促进了篮球文化的交融，便捷的信息途径和世界互联的传媒更加快了世界篮球文化的交融。从大范围看，有美洲篮球文化、欧洲篮球文化和亚洲篮球文化的交融，小范围看，有国家和国家之间，地区和地区之间的文化交融。我国竞技篮球在 20 世纪 50～60 年代提出并形成了"以快为主"的战术指导思想，"勇猛顽强、快速灵活"的训练指导思想，"狠、快、灵、准"的技术风格，这曾经是我国一度战胜世界强队的独特法宝。在世界篮球交融的潮流中，欧美强队也普遍具备了这些风格。同样，随着越来越多高大队员的出现，我国竞技篮球在技战术风格上也在向欧美球队接近。

（四）共享性

篮球运动是一项世界性的体育运动，奥运会、世界篮球锦标赛、美国 NBA 等大型赛事，都已经成为世界共享的文化资源。美国 NBA 更是超越了地域的限制，它在整个经营和运作过程中体现出来的浓郁的文化内涵，被世界篮球运动爱好者认可与喜爱。篮球文化是一种不同参与者共同理解和感悟的文化。从参与者情况看，个体在语言、性别、身高、体重、技术水平、体能条件、受教育程度、受熏陶的民族传统文化以及所从事的工作等方面都具有各自差异；从参与的规模和层次看，有正式的和非正式的、职业的和业余的、国际性的和地区性的、有组织的和自发的等各种不同形式和层次的篮球活动之分；从参与的主观愿望方面看，有健身、观赏、娱乐、交友、提高技术水平、获取竞赛名次等各种参与目的的区别。但这些差异并不妨碍参与者借助篮球运动的言语符号，对篮球运动的技术、战术、规则、竞赛制度等的共同理解，对运动中体现出来的健与美、个性展现、智慧与谋略、态度与情感、拼搏与顽强、竞争与合作、赛场的环境气氛等文化内涵的共同感知。

二、篮球文化的功能

（一）篮球文化的价值整合功能

不同自然环境和不同社会人文环境造就了不同的篮球文化，不同的篮球运动参与者也有不同的价值观念，参与者在篮球文化的心态文化层的影响下熔铸成为一个有机的统一整体，价值整合功能是篮球文化的一大功能。

篮球运动要求在活动中实现"以人为本"的人文教育理论。它注重运动技能的获得，又追求参与者个性的释放和兴趣的满足；尊重个人的成就需要，又重视个体的职责，强调个人和集体之间的平衡；鼓励公平的竞争，又倡导相互协作、相互支持；实现人的生理功能的改善，又致力于人格素养、精神境界的提升。篮球运动要求运动双方在身体素质、技战术水平、心理和智能多方面展开对抗和竞争，这种对抗和竞争，应当遵循公平公正的原则。同时，对抗和竞争又是建立在本方团结协作基础上的，要求每一个群体内部必须紧密团结、相互合作。篮球比赛中的传切、掩护、突分、策应、夹击、补防、关门等攻守战术配合，需要依靠两三人在局部上的协同配合。综合多变的攻守战术体系，更是必须依赖全队的密切合作、协同行动才能完成的。个体之间统一目标、统一认识，通过沟通和理解才能使队伍形成一个有机的整体。因此，这种公平竞争、沟通理解和团结合作具有普遍的社会意义。

篮球文化对参与活动的个体具有行为引导和规范作用。篮球活动过程受到竞赛规则以及相应的规章制度的约束，参与者的行为要遵循规则、体育道德规章制度及社会规范的要求。竞赛规则、规章制度要求对抗双方在公平公正的条件下展开攻防活动，依靠技巧、协作、顽强和智慧取胜，同时参与者的行为还要符合体育道德的要求和取得社会规范的认同，要具有敬业精神、责任感和顽强拼搏的精神，鼓励对抗但又限制粗野动作和不道德行为。

因此，参与篮球活动的过程是一种实现德育、智育、美育和体育的教育方式，是一种人的社会化形式。

（二）篮球文化的健康促进功能

按照现代健康理论，人的健康包含生理健康、心理健康和社会适应三个方面，世界卫生组织把健康定义为："健康不仅是没有疾病或不虚弱，而是身体的、精神的健康和社会适应良好的总称。"篮球运动对人的健康的促进作用也同时体现在这些方面。

1. 篮球运动与生理健康

个体生理健康包括机体内部器官和系统功能的完善与平衡，身体活动能力和身体素质的提高等多个方面。参与篮球运动能有效促进人的生理健康，首先表现在，能够改善和提高心血管系统、呼吸系统、消化系统、神经系统等多方面的功能。在篮球比赛和训练中，运动员心率每分钟可以达到170～190次，最高心率可以达到200次以上，运动员必须根据场上瞬息万变的情况做出相应的反应，这就要求运动员必须具有很强的神经灵活性和神经肌肉反应速度。

另外，篮球运动要求参与者在力量、速度、柔韧、耐力、灵敏等方面具有较高的能力，同时，篮球运动中也包含了关于这些基本身体素质的锻炼方法，因而参与篮球运动的人会在身体活动能力和身体素质等方面有较大的提高。同时，参与篮球运动还有助于控制体重和改变体型。

2. 篮球运动与心理健康

人的心理健康表现在：具有完整的人格、保持积极情绪，有较好的自控力和观察能力，能保持正常的人际关系，具有良好的社会适应能力，自尊、自爱、自信等多方面。这些心理健康特征也是篮球运动训练和比赛对参与者的最基本要求。篮球运动对促进人的心理健康的积极影响主要表现在：改善情绪状态、降低焦虑水平，确立良好的自我评价，增强自信心，培养坚强的意志和团结协作精神，消除心理疲劳，缓解心理应激，让运动者在参与活动过程中学会将自己的情绪和兴奋状态调整到一个适宜水平。

3. 篮球运动与社会适应

社会适应指一个人的心理活动和行为，能适应当时复杂的环境变化，为他人所理解，为大家所接受。参与篮球运动能增加人与人之间的接触和交往，使参与者能够尽快地适应周围的各种变化，尽快地被他人所接受、所理解。当前，篮球作为健身、娱乐、会友、提高生活质量、丰富生活内容的手段已经被越来越多的人群（包括老人、妇女和青少年）所接受，人们通过篮球运动增进了解、适应环境和社会。

（三）休闲娱乐

娱乐性就是一种根植于篮球运动中的原始特性。随着竞技水平的提高，商业的推广和艺术的包装，篮球文化中充满了休闲、娱乐的元素，这些元素，以一种特有的表现形式和作用方式，感召着大量篮球运动爱好者关注篮球运动的发展，并参与到篮球活动和篮球竞赛中，去体验篮球运动带给他们的快乐。对于相当多的爱好者而言，他们参加篮球活动的主要目的，并不是提高自己的篮球技战术水平和专项能力，而是为了缓解工作、生活中的压力，宣泄自己的情绪，追求愉悦的身心体验、兴趣的满足及收获运动的快乐。

另外，观赏高水平篮球比赛时，除了精彩的比赛对抗，穿插安排的娱乐活动、文艺演出、杂技表演、比赛音乐及整个赛场热烈的气氛，都能使观赏者在视觉、听觉、情感方面获得艺术的享受。篮球爱好者从关注篮球，到产生兴趣，最后到热爱篮球、参与篮球运动的首要原因也在于，他们从篮球活动中获得了快乐体验，这种快乐体验又能持续地反作用于他们本身，强化他们对篮球运动的热爱和参与需求。可见，篮球文化的娱乐功能对于增强篮球文化的生命力，扩大篮球人口，开拓篮球市场等方面具有相当重要的价值。

思考题

1. 篮球在演化过程中发生了哪些变化？
2. 谈一谈对某一场篮球比赛的心得。
3. 简述篮球文化的功能及特点。
4. 谈谈中国篮球的现状。

第二章
篮球教学的理论与方法

📖 内容提要

　　本章运用现代体育教学理论，重点阐述篮球教学的原则、篮球技战术的教学步骤与方法、篮球教学文件的设计、篮球教学课的组织管理工作等。

　　篮球教学的任务是在教师指导下，使学生掌握篮球的基本理论、基本技战术和基本技能，促进综合素质的全面发展。篮球教学的内容包括篮球基本理论、基本技术和基本战术，以及篮球教学组织管理等。

第一节　篮球教学的原则

　　篮球教学的原则反映了篮球教学的一般规律，反映了篮球运动教学的特点，是人们从长期的篮球教学实践中总结出来的。它既指导教师的教学活动，也指导学生的学习活动。这些原则应贯彻于篮球教学活动的始终。

一、自觉积极性原则

　　在篮球教学中贯彻自觉积极性原则，是指教师启发学生的学习自觉性，充分调动学生的学习积极性，使学习效果达到最佳。教学中贯彻自觉积极性原则，是由教与学的双边活动中，学生是学习的主体这一因素决定的。

教师要充分调动学生的学习主动性，引导他们积极思考，勇于探索，刻苦练习，自觉地掌握篮球理论和篮球技术、战术，提高他们观察问题、分析问题和解决问题的能力。在篮球教学中，教师要运用设疑、联想、比较、形象等方法，启发学生积极思考，以提高学生的运动能力和思维能力为核心。教师通过对技术动作的生物力学和运动学分析，使学生掌握正确技术动作的概念和动作方法；根据篮球攻守对抗规律，使学生掌握技术运用和战术方法；通过比赛、裁判工作和组织竞赛等实践活动，调动学生的学习积极性，从而最大限度地发展他们的能力。教学中要保护和进一步培养学生对篮球运动的兴趣，采取丰富多样的教学方法，使学生获得正确的篮球理论知识和运动方法，提高他们的运动水平，使学生对篮球运动的兴趣转化为对其执着的热爱，从而使学习的积极性更高更持久。

在篮球教学中，建立民主平等的师生关系，创造一个生动和谐的教学环境也是很重要的。教师要成为班级教学活动中具有主导作用的一分子，平等对待学生，坚持正面教育和以表扬为主，发扬教学民主，宽严适度，尤其对基础较差的学生要倍加爱护和帮助，使每一个学生的学习潜力都得到发挥。

二、循序渐进原则

循序渐进原则是指教学要按照学科的逻辑系统和学生的认知规律进行，由简单到复杂，由低级到高级，由单一向综合发展，使学生循序渐进地掌握基本知识、基本技战术和基本技能，形成严密的逻辑思维体系。篮球教学中贯彻循序渐进原则时，要注意教学内容的系统性。根据教学大纲的要求，安排好教学进度和课时计划，使教学进度符合篮球运动教学的规律，使课时计划既系统又综合，由易到难、由简到繁、从无对抗到有对抗，运动量逐渐增加。例如，移动是篮球运动的技术基础。在安排基本技术教学时，要先学习进攻移动，后学习防守移动。在此基础上再学习运球、传接球、投篮、持球突破、抢篮板球、防守等基本技术。只有全面地掌握了基本技术，才能学习战术基础配合和全队战术。

篮球教学中贯彻循序渐进原则，要注意教学方法的系统性，根据动作技能形成的规律，从认知定向阶段(泛化阶段)、巩固提高阶段(分化阶段)到熟练阶段(自动化阶段)，都要依据动作技能形成的阶段性特点来组织教学。比如，在技术的初学阶段，要通过讲解、示范和试做，使学生建立动作概念、视觉表象和初步的运动感觉，通过不断练习使正确的技术动作巩固下来，然后加大练习难度，使动作达到熟练并能在实战中运用。因此，教学中必须注意教学的阶段性特点，并针对不同阶段采取不同的教学方法。

篮球教学中贯彻循序渐进原则，还要注意合理安排运动负荷。疲劳在技术教学和训练中有其积极的意义，没有疲劳就没有超量恢复。没有超量恢复就不能提高健康水平和身体素质水平，也难以提高技术水平。但是，过度疲劳也同样不能达到促进健康、提高身体素质和技术水平的目的。因此，综合学生的身体状况、教学内容、场地、气候等因素来合理安排运动负荷，是完成篮球教学任务所必须注意的。

三、直观性原则

直观性原则是指在篮球教学中利用学生的感官和已有经验，通过视觉、听觉和肌肉本体感觉，获得对篮球技战术的生动表象和感觉，并使之与积极的思维相结合，从而让学生掌握篮球技战术和技能，发展其思维能力。篮球教学中经常使用的直观教学方式有动作示范、沙盘演示、录像、技战术图片等。在篮球教学中贯彻直观性原则，首先要有明确的目的和要求。教师要根据教学的任务和教材的特点以及学生的情况，有目的地使用直观教学方法。如对低年级学生进行技术教学时，宜多使用动作示范、技术图片等。可以把学生的动作录像重放，与正确技术进行比较，以纠正学生的错误动作。对高年级学生进行战术教学时，宜用沙盘演示，或用生动形象的语言进行讲解。

教学中贯彻直观性原则还要充分利用学生的视觉、听觉和肌肉本体感觉，通过现代教学手段和技术，如多媒体辅助教学手段等，使学生产生明晰的技战术表象，提高他们的技战术水平和运用技战术的能力，激发学生的学习积极性。直观有助于学生形成正确的表象。这种表象只有与积极的思维和实践相结合，才能得到良好的教学效果。因此，直观性教学要善于启发学生思维，并与技战术练习活动紧密结合起来。

四、实效性原则

在篮球教学中贯彻实效性原则，就是要从学生的实际情况出发，紧紧抓住教学中的主要矛盾和矛盾的主要方面，解决教学中的重点和难点问题；教法要简单易行，讲求实际效果，在有限的教学时间内，达到既能使学生掌握知识技能，又能增强体质和提高能力的效果。

贯彻实效性原则，就是要注重实际效果，不追求表面效应，力求全面准确地把握教材内容，深入地分析技战术内涵，把握事物的本质，抓住关键，解决好难点和重点问题，带动一般性问题的解决。比如，在移动技术教学中，抓住了身体重心的控制和转移、维持身体在移动中平衡的这个关键技术，其他移动方面的问题就不难解决。在投篮技术教学中，抓住投篮手法这个关键技术，可以带动投篮技术的学习。

教学中贯彻实效性原则，就要不断研究改进教学方法。教师要深入研究教材和教法，充分利用现代化的教学手段。在技战术教学中，要精讲多练。"精讲"是在深入分析教材和学生实际的基础上实现的，"多练"就要设计符合篮球运动特点和学生实际水平的练习方法，给学生更多的实践机会。教学中贯彻实效性原则，要求经常调查研究，不断发现新问题，分析这些问题产生的原因，找出解决问题的方法。在课堂教学过程中，为适应学生的实际情况而临时改变教学方法和练习形式也是允许的。

五、综合性原则

篮球运动具有集体性、技能的综合性、战术的多变性和攻守的对抗性等特点。同时篮球教材内容的游戏性、竞争性和趣味性也很强。因此，在教学中贯彻综合性的原则是符合篮球运动本身的特点的。

在教学内容的选择上，要注意单项技术、组合技术与综合技术的结合。在完成单项技术的教学后，应立即把这种技术与其他技术结合起来，练习综合运用能力。在教学方法和组织形式上，要做到既简单实用，又多样化，以利于提高学生的学习兴趣，使学生掌握更多的练习手段和方法。要把技术、战术和篮球意识的培养结合起来，把技战术训练和作风培养结合起来，全面提高学生的体质、技术和战术水平，发展他们的智力和心理素质，为进一步发展打下全面基础。

六、对抗性原则

在篮球教学中贯彻对抗性原则，是由篮球运动的攻守对抗规律决定的。在篮球运动中，进攻与防守的对抗贯穿始终，攻守对抗和攻守转化构成了篮球运动的核心。在教学中贯彻对抗性原则，要深入研究攻守对抗和转化的规律。进攻和防守是一对矛盾。没有进攻也就无所谓防守，没有防守也就无所谓进攻。进攻和防守相互制约，处在一个统一体中，二者是辩证统一的。

在制订教学进度和课时计划时，要恰当处理进攻和防守的关系，使攻守内容尽快同时出现；在设计教学方法时，在掌握单项技术后，尽可能使练习方法综合化，使攻守相互制约、相互促进。真正实用的技术是在攻守对抗中掌握的技术。有意识地提高攻守对抗强度，是提高篮球教学质量的重要方面。目前，要注意克服重攻轻守的倾向，贯彻以防为主的指导思想，使攻守相对平衡，从整体上提高篮球运动的水平。

上述六项教学原则都不是孤立的，而是相互联系的有机整体。因此在运用这些原则时，要综合考虑，灵活运用。

第二节　篮球教学的步骤与方法

教学步骤是教师为完成教学任务而设计的教学顺序，是教师引导学生掌握知识、技能、获得身心发展应遵循的规律，也是教学原则的具体运用和体现。篮球教学步骤是根据体育教学的一般规律，依据篮球教学原则，结合篮球运动的特点，为完成篮球的教学任务而采用的教学顺序。

一、篮球技术的教学步骤

篮球技术教学主要有四个环节，即讲解、示范、组织练习和纠正错误。根据篮球教学的目的和教学原则，技术教学通常按照以下三个步骤进行。

（一）建立正确的技术动作概念

1. 讲解

讲解的内容包括技术动作的名称、概念、作用、技术结构、技术要领、技术关键等。讲解要简要、生动、形象化。讲解要突出重点，既要注意技术原理的分析，又要启发学生的思维，语言要生动形象，使学生易懂、易记。

2. 示范

示范的目的是让学生建立正确的技术动作表象。示范动作要正确、规范。一般可先做一次完整技术的示范，然后根据技术动作的结构和要求，再做重点示范，让学生的注意力集中在技术动作的主要环节上。为了达到示范的目的，增强示范的效果，示范时要根据学生的人数、队形、技术动作的特点来确定示范的位置和方向。篮球技术教学中，多采用正面和侧面示范。为了达到最佳效果，可利用图片、幻灯、录像等手段进行技术动作的演示，使学生形成正确的技术动作表象，建立完整的技术概念。示范和讲解往往结合运用，可以先讲解后示范；也可以先示范后讲解，然后再示范；也可以边讲解边示范。采取何种形式，应根据教学内容和教学对象的实际情况来决定。

3. 试做

试做是在讲解和示范的基础上，让学生在降低要求的条件下尝试体会动作。试做的不必是完整的技术，但必须是技术的关键，有时是徒手做，有时是简单的模仿，使学生的视觉、听觉和本体感觉一起发挥作用，以便获得所学技术的运动感觉，初步掌握技术。

讲解、示范和试做的过程，是学生动作技能形成的认知定向阶段，起主要作用的是视觉、听觉等传导系统，尤其是视觉在学生形成清晰正确的动作表象中起重要作用。因此，教师应适时做出正确的示范动作，把讲解、示范和试做结合起来，使学生更好地理解动作要领，加速形成正确而完整的技术动作概念。

(二)形成正确的技术动力定型

1. 在简单条件下练习技术动作

根据技术动作的难易程度，可适当降低练习难度，或采用分解与完整练习相结合的方法，或在慢速或无对抗的情况下练习。如学习原地单手肩上投篮技术，可采用二人对面互投的方法练习投篮的基本姿势和投篮手法，把注意力集中在关键技术上，避免对着球篮练习时关注投篮是否命中带来的干扰。在掌握了原地单手肩上投篮的身体姿势和投篮手法后，可对着球篮练习，与球篮的距离可由近到远，保证投篮动作不变形，并逐步加大难度。

2. 掌握组合技术，巩固技术动作

在学生掌握两个或两个以上技术的基础上，进行组合技术练习，进一步巩固技术动作的动力定型，为技术的运用奠定基础。篮球技术在实际运用中大多都表现为综合技术，既综合又连贯，前一个动作的结束就是后一个动作的准备和开始，如接球与传球、停步与投篮、接球与突破、突破与投篮等。因此，要适时进行组合技术练习。组合技术的衔接要合理，动作要有节奏，讲究协调。在组合技术的练习中，可先在慢速中进行，然后加快移动速度和动作速度，并逐渐增加动作组合的数量和变化，以便进一步巩固技术动作，使之更加熟练。

3. 掌握假动作，提高应变能力

在学生较好地完成组合技术的基础上，可结合假动作的教学，学会运用瞄篮虚晃、跨步等动作迷惑对手，掌握突破与投篮结合，以及左右突破结合。假动作要做得逼真、灵活、实用，以不断提高应变能力。

(三)在攻守对抗条件下提高技术的运用能力

1. 在规定的攻守条件下进行练习

为了给练习设置一定的条件，练习时可以对攻守双方提出一定的要求。学生在这种特定的条件下进行练习，便于掌握技术的运用时机，提高技术的运用能力。例如，练习原地投篮技术时，防守者仅高举手臂而不封盖；持球突破时，防守者在被突破后不继续防守移动；运球时，防守者仅堵路线而不打球等。

2. 在消极对抗条件下进行练习

根据练习的重点，对攻守双方提出一定的要求。例如，在练习进攻技术时，要求防守消极些；练习防守技术时，要求进攻消极些。这样，便于学生体会和掌握攻防技术动作，更好地选择运用时机，提高技术的运用能力。

3. 在积极对抗条件下进行练习

当学生已基本掌握了技术动作并逐步达到熟练的程度后，应逐步过渡到在积极对抗条件下练习，提高攻守难度，增加运动负荷，使学生在接近比赛或在正式比赛的攻守状态下完成技术动作。

在篮球技术教学中，对初学者宜采用简单条件下的练习方法。当他们的技术动作掌握得比较牢固熟练后，可以逐步增加练习的难度和强度，通过积极对抗，进一步提高技术的运用能力。此外，还要注意对弱手弱脚的练习，注意在篮球场左右侧的练习轮换进行。这样，有利于技术动作的迁移，有利于学生全面掌握技术，也有利于学生左右大脑的均衡发展。

二、篮球战术的教学步骤

篮球战术的教学任务，是使学生掌握战术方法并在比赛中运用。由于篮球战术是以篮球技术为基础的，因此，战术教学应与技术教学相结合。战术内容丰富，教学中应按以下步骤进行。

（一）建立完整的战术概念，掌握战术配合方法

1. 建立完整的战术概念

教师首先要对具体战术的概念、特点、运用目的、攻守战术之间的矛盾关系等进行讲解，使学生对该战术有初步的概念。然后对该战术的落位阵型、移动路线、主要配合方法、配合顺序、队员职责、同伴协同行动，以及该战术的变化规律进行讲解和演示，使学生对所学战术的组织形式和战术方法有基本的了解和认识，以建立完整的战术概念。讲解和演示时，可使用图示、沙盘、电影、录像等进行直观教学，也可在球场上假设攻守的方式试做，让学生实际体会战术阵型、位置分工、移动路线和配合方法，启发学生的战术思维，培养战术意识。

2. 掌握局部战术配合方法

全队战术是由局部战术构成的。掌握局部战术是学会全队战术的前提。教学中要根据全队战术发展的一般规律，把全队战术分解为几个阶段或几个部分，有序地进行重点教学。例如，学习快攻战术，把短传快攻分为发动与接应、推进、结束三个阶段，分别进行局部战术教学。这样，既保证了战术的连续性，又解决了战术中的局部问题，为掌握全队战术打下了基础。局部战术练习时，要注意局部与局部之间的衔接，也要注意适时进行攻守对

抗条件下的练习。

3. 掌握全队战术方法

全队战术方法是在局部战术配合的基础上进行的，教学中可按照全队战术的要求进行，从消极的攻守对抗到积极的攻守对抗，熟练掌握全队战术的配合方法。全队战术对学生的个人技术、局部配合能力和战术意识的要求较高，学习中发现问题要及时地有针对性地解决，以提高全队战术的质量。

（二）提高攻守转换和综合运用战术的能力

在篮球战术教学中，掌握两个或两个以上的全队攻守战术方法后，应结合攻守转换进行战术组合练习，提高攻守转换和综合运用战术的能力。

1. 提高攻守转换能力

在练习中，当进攻结束时，无论对方抢到篮板球或掷界外球，应立即封堵与退守，落位并调整防守阵式，迅速转入全场或半场防守。当防守结束时，获球后应立即转入反击，发动快攻，如果快攻受阻再转入阵地进攻，攻守转换要迅速、流畅。进行攻守转换练习时，可先组织二攻二守、四攻四守，然后进行全队攻防练习。可采用多种方法，培养学生的攻守转换意识，提高攻守转换的速度。

2. 提高综合运用战术的能力

根据学生掌握战术方法的数量和质量，以及攻守转换能力的高低，可逐步要求学生有策略地运用多种战术。如在一个防守回合中，在前场采用全场紧逼，后场改为半场盯人或区域联防；在半场防守时，区域联防可变为对位联防或半场盯人防守。攻守双方根据对方的战术变化相应地改变战术打法，可以提高综合运用战术的能力。

（三）提高战术运用和应变能力

在篮球战术教学中，教师应通过教学比赛或课外比赛，让学生在竞赛实践中进一步掌握战术方法，使他们能根据对手情况选择和运用战术，并能在比赛中根据战局变化改变战术打法，提高应变能力。教师应在比赛前提出要求，进行引而不发的指导，帮助学生进行赛后总结，理论联系实际，提高学生的战术水平和战术意识。

在篮球战术教学中，教师要注意战术教学与技术教学的结合。在各个战术环节中，应对技术的运用提出具体要求，以保证战术的质量。此外，还要处理好攻守平衡关系，尤其要克服重攻轻守的倾向。在战术教学的过程中，始终要注重对战术意识、应变能力、竞争、拼搏、协作精神的培养。一般来说，普修课（公共课）的战术教学，重点应放在建立战术概念，掌握战术方法上，并结合教学比赛，提高学生攻守转换和综合运用战术的能力。

三、发现与纠正错误

（一）及时发现错误

发现错误是纠正错误的前提。这就要求教师要有对错误的观察和判断能力。这种观察和判断能力来自对篮球技战术的深入研究，来自多学科理论的积累，来自长期教学经验的总结，来自对教学工作的敬业精神。教师应该准确地把握正确技战术的结构和表现形式，把握技术和战术的关键，对技战术的细节要了如指掌。这样，学生一旦出现错误就会立即发现。

（二）分析产生错误的原因

当发现了学生的错误时，教师不一定能立即判断出产生错误的原因。学生的个体差异较大，同样的错误可能是由不同的原因造成的。分析产生错误的原因是纠正错误的基础。因此，教师必须运用自己的知识和经验对产生错误的原因进行具体分析，对难以找出原因的错误要采用录像分析、生物力学分析等手段。只有正确地分析产生错误的原因，纠正错误才能更有针对性，效果才显著。

一般来说，技术学习中产生错误的原因大致为：讲解示范不清楚；学生对技术的概念模糊，对技术动作的内部结构不了解；所学技术的难度过大；身体素质达不到完成某项技术的要求；身体疲劳；受旧技能的影响；学习时无信心；学习时兴奋性过高或过低；恐惧心理；教学环境、教学条件、气候不适；教学方法不当；等等。

战术教学中产生错误的原因大致为：对战术的概念不清楚，对战术的特点、阵型、配合方法和战术的规律认识理解不准确；对完成战术的技术掌握不好，运用不恰当；战术意识不强，配合的时机、路线、节奏掌握得不好；没处理好个人行为与全队战术的关系，战术运用和应变能力不强；教师讲解、示范、组织教法不当，或教学进度过快；等等。

（三）纠正错误

纠正错误的方法很多。这些方法可以单独使用，也可以结合使用，但必须具有针对性，达到"药到病除"的效果。

1. 讲解示范法

讲解示范法主要用于纠正因概念不清，没有建立正确技战术表象而产生的错误。讲解要生动形象，启发学生的思维。示范可以用完整、分解、慢动作、正误对比等方法，示范的位置可采用正面、侧面、背面、镜面等。

2. 诱导法

诱导法是用动作结构与正确技术相似但较为简单的练习手段，帮助建立正确技术的运动感觉的方法。诱导法包括语言诱导、模仿诱导、外力诱导等。

3. 限制法

用限制性手段，迫使学生按照教师的意图去完成技术或战术配合，以达到纠正错误的目的。可以设置标志，限制学生的行动路线或动作幅度；限定学生完成技术、战术的时间；限制练习时运用技术、战术的种类或方式；用特殊的教具限制学生的动作。

4. 变换法

对一些难度大的技术或战术，可以改变练习方法，降低练习难度，分解技术动作或改变练习环境，使错误动作得到纠正。

5. 暂停练习法

对某些学生的错误动力定型难以纠正，可以停止他对某个动作的练习，使他对某个错误动作"忘却"一段时间，以达到纠正错误的目的。

6. 鼓励法

鼓励法主要用于纠正由恐惧心理而产生的错误。鼓励法可以与变换法同时使用，降低练习难度，在学生完成难度较小的动作后予以鼓励和表扬，使他建立完成正确技术的信心，然后逐渐加大难度，使其完成技术或战术。

纠正错误时，要以正面教育为主，要有耐心，要满腔热情地帮助他们，不允许讽刺挖苦学生。学生在完成某项技术时，可能同时产生多种错误，这时要抓住主要矛盾即主要错误进行纠正，直到这个主要错误被纠正以后再纠正其余错误，避免让学生感到错误百出，无所适从，失去纠正错误的信心。在课堂教学中，要分析是普遍性错误还是个别学生的错误。普遍性错误采取集体纠正，个别学生的错误采取单独纠正的办法。还要教会学生发现错误的原因、纠正错误的方法，使学生学会在教师不在场的情况下，自己或互相纠正错误，提高他们分析和解决问题的能力。

四、篮球教学方法

篮球教学方法是完成教学任务的重要手段。教师在选择教学方法时，首先要重视时代性和篮球学科的前沿知识，考虑到不同年级、不同性别的学生及其身体素质、技术基础的差异性以及学校的场地、器材与设备等因素来选择教学方法，因地制宜、因材施教，最大限度地调动学生的积极性。

(一)讲解与示范法

讲解与示范法是篮球教学中最基本的方法，也是体育教学中使用最多的教学方法之一。讲解与示范法由讲解法和示范法组成。

1. 讲解法

讲解法是指教师用形象、生动、精练的语言讲述篮球的技术动作，战术配合方法，使学生对其有初步的了解，通过实践逐步形成技术、战术概念。篮球教学中常用的讲解法有：直陈法、分段法、概要法、侧重法、对比法、提问法和联系法。要求讲解层次清晰、重点突出、通俗易懂。对中学生可运用教学口诀来精练语言，例如：进行接球教学时，用口诀"伸臂去迎球，手形如漏斗，指腕肘后收，握球肩放松"；双手胸前传球教学时，用"双臂前伸手腕翻，手指弹拨把球传"的口诀可以收到良好的效果。教师清晰的讲解有助于学生对技术动作和动作过程留下深刻的印象，若与运动表象相结合，学生技术动作的形成时间会大大缩短。

2. 示范法

示范法主要是教师（或指定的学生）以自身的动作作为教学动作范例，用以指导学生进行训练的方法，它可使学生了解所学动作的结构、技术要领和完成方法，便于建立正确的动作表象。在篮球教学过程中，用正确、轻快、优美、清晰的动作向学生展示将要学习的篮球技术动作，能激发学生学习的兴趣。示范与讲解相结合，有助于学生理解动作的特点和结构，建立完整的动作概念。篮球教学示范要注意以下几点。

（1）示范要有明确的目的。示范要突出教学的重点和难点，还要注意适度。尤其是对低年级学生，过多的示范反而会影响他们对动作的识记、辨别和记忆，其结果是提取信息失败。因此，教师在教学的开始阶段应抓住关键动作进行示范，给学生留下清晰的动作表象和动作记忆，如进行单手肩上投篮技术教学时，在学生初步掌握了正确的握球、持球以后，示范的重点应放在最后出手时手指拨球动作上，使学生能在较短的时间内掌握关键动作。

（2）示范要正确、熟练。教师做示范时应严格按动作技术的规格要求完成，对动作的起始、行进方向以及结束时间的把握等都应保证准确无误。只有保证示范的正确性，才能使学生建立起正确的动作表象和概念。正确的动作示范，不仅便于学生掌握正确的动作，而且可给学生以轻快的感受，引起学生的兴趣，避免产生畏难情绪，如进行单手肩上投篮教学，教师示范时必须注意持球时肘关节不外展，否则会影响投篮动作的掌握和最后出手，以及投篮的命中率。肘关节外展是投篮教学、学习、示范时易犯的错误，教师必须加以重视。示范显示了教师对技术动作掌握的娴熟程度和完成动作的流畅程度，它是教师自信心的流露和体现，对学生形成整个动作的概念和表象有着极大的推动和促进作用。

（3）示范要有利于学生观察。为了便于学生观察动作示范，教师要注意选用合适的示范面、示范速度以及学生观察示范动作的距离和视角。示范面要根据需要确定，可采用正面、背面、侧面或镜面。进行单手肩上投篮、双手胸前传球教学时，示范宜采用侧面，而进行滑步和后撤步的教学时则宜采用镜面或正面示范。示范与讲解时教师还可运用正误对比的方法，采用各种直观教具，通过演示和提示，启发学生观察、对比、分析，明辨正确与错误动作，以便更好地掌握正确的技术动作和战术方法。为建立完整正确的动作表象，最初的示范应按完成动作的常规速度进行；为突出动作结构的某些环节，则应采用慢速示范。无法慢速完成的动作，可以其他的直观教具为辅助进行，如图片、录像等。学生观察动作示范的距离，可根据示范动作的活动范围、学生人数和安全需要而定。示范距离不论远近，均应以学生能看清楚为准。

(4)示范与讲解相结合，启发学生思维。在学习技术动作的过程中，只有视觉和听觉器官同时起作用效果才会好。示范是通过视觉器官作用于人体，而讲解则是通过听觉器官起作用，两者的结合可使技术动作的内在联系得以准确揭示，学生获得的感知效果比单独运用一种方法要好。因此，教师示范时应根据教学需要，及时、恰当地结合讲解进行，同时要善于启发学生的积极思维。

(二)表象训练法

表象训练法又称念动训练法或意象训练法，是在暗示语的引导下，在头脑中反复想象某种运动动作或运动情境，从而提高运动技能的方法。运动表象主要有运动视觉表象和运动动作表象，前者主要反映客体的运动视觉形象，如学生在篮球教学课上观看教师单手肩上投篮的示范后，头脑中存留或呈现出该动作的形象。后者主要反映学生自身的动觉形象，如学生虽然身体并未做单手肩上投篮，头脑却"体会"到了单手肩上投篮时的持球动作、投篮用力顺序以及最后出手时手腕、手指的拨球等一系列用力的动觉形象。学生既观看过又亲自做过的动作形象在头脑中重新呈现出来，称为"视—动联合表象"。学生在练习和教学比赛中表现出来的所学习过的动作，是根据头脑中形成的表象完成的。如果学生对已学习过的动作表象唤起失败，他就不易再做好该动作。

教师在做完示范动作以后，可根据实际情况，首先要求学生先进行对示范动作的想象，然后再开始模仿练习，以后每示范一次新动作后都以想象2～3秒开始动作的学习过程，让学生形成正确而清晰的运动表象以及通过再造想象，使动作得以巩固、熟练而达到自动化。表象训练法不仅可以用在单个或组合动作的学习中，而且还可以结合理解教学法运用于技术教学中，甚至还可以用于培养学生的创造能力。为保证表象训练的有效性，教师必须注意讲解示范的准确和清晰。

(三)重复练习法

重复练习法是指通过身体和思维活动对动作进行反复练习的方法，也是篮球教学中采用的最基本、最有效的方法，它的特点是练习中有机体要承受一定的运动负荷并消耗一定的体力，产生一定的疲劳。传统的篮球教学练习法仅从单个技术练习开始，然后是组合技术练习和对抗练习。但篮球的对抗性特点要求练习时充分考虑把单个、组合以及综合技术练习放在对抗条件下进行。

无论运用何种教学法，都离不开实际操作练习这一基本教学环节。练习是提高篮球水平最主要、最基本的手段。因此，篮球教学应从重复练习入手，启发思维，使学生理解篮球运动中各种技术、战术之间的逻辑关系和必然联系，培养学生浓厚的练习兴趣。

（四）游戏教学法

游戏教学法是指在游戏中学习技术、技能、知识的一种教学方法。面对传统教学法中存在的问题，游戏教学法充分发挥了球类项目的特征，加强了技战术运用以及能力培养方面的比重，学生在游戏中体会和学习技术、技能，大大提高了学生的学习兴趣和教学效果。

游戏教学法的特点是在教学时，以从易到难的游戏为主线安排内容，而不是传统教法中以单个技术为主线安排内容。在每个游戏中，安排学习基本的技术、战术，完全取消单个动作的枯燥练习，在游戏中启发和诱导学生主动钻研技术动作和战术配合，教师再因势利导和加以辅导，逐渐提高学生的篮球技战术水平。

（五）竞赛激励法

竞赛激励法是在篮球教学中培养与激励学生学习的积极性，以竞赛为形式的教学方法。篮球教学中竞赛激励法的一般形式有：速度竞赛（如运球比快、传球比快等）、次数竞赛（如投篮比多、传球比多等）、准确性竞赛（如传球比准、投篮比准等）。

教学竞赛是学校篮球教学大纲中规定的内容之一，也是篮球教学的主要形式。篮球教学竞赛有三种形式：复习提高已学过的基本技术的教学竞赛；结合已学过的基本技术进行简单规则的教学竞赛；运用简单战术进行的教学比赛。可根据教学的具体情况，组织不同形式、不同要求的半场或全场教学竞赛。

（六）电化教学法

电化教学法是指将现代媒体运用于中学篮球教学过程之中，并与传统媒体恰当结合传递教育信息，以实现教学最优化的方法。21世纪的学校体育教育和教学是由现代体育教育观念、先进的教育教学设施、高知识层次的体育教师队伍与现代体育教育技术四个因素共同支撑的立体化体系。在篮球教学中运用多媒体和电化教育手段，可以诱导并影响人们的思维方式，从而推动篮球教学改革进一步向现代化、科学化的方向发展。

21世纪的体育教师在进行篮球教学时不仅要能熟练地运用传统的教学设备，如教科书、粉笔、黑板、篮球、球场、障碍架等，还必须能自如地使用各种现代化的视听教学设备（如计算机、电视、投影仪等）进行教学和教育活动，要能熟练地将计算机多媒体技术运用于篮球的理论与实践教学。

(七)技能迁移法

迁移是一种学习对另一种学习的影响，这种影响既包括积极的促进作用(正迁移)，也包括消极的干扰作用(负迁移)。在学习过程中，如能有效利用和控制这种影响，就能减少学习过程中的探索时间，可以少走弯路，提高学习的效率。运用迁移学习法可以从以下几方面入手。

(1)应有意识地把某一项目中学到的知识运用到其他项目中去，在学习一项内容时可回忆一下学习过的其他相关项目的经验，借鉴这些经验并将其运用到新项目的学习过程中，这是所谓的横向迁移。例如，篮球与足球传球意识之间的迁移，篮球中的助跑起跳对跳高中的助跑起跳的借鉴等。

(2)注意简单的知识技能与复杂的知识技能、新与旧的知识技能之间的联系。在学习新的、较复杂的知识技能时，回忆以前学习较简单的相关知识技能时的体会，这是所谓的纵向迁移。例如，在学习双手胸前投篮时，回忆和借鉴双手胸前传球动作的体会。

(3)注重学习原理、原则和范例等方面的内容，并把它们运用到学习实践中去。例如，在学习进攻联防的各种阵形时，应首先掌握好进攻联防的原理和原则，这样在学习各种进攻阵形时就容易得多。

(4)注意身体的两侧迁移，如左手投篮借鉴右手投篮的动作；注意语言与动作之间的迁移，把听过、看过的一些经验运用到动作学习上；注意动作之间的迁移，以及不同技术的共性特征。

五、教学方法的选择

随着教学方法研究的深入与发展，呈现在我们面前的教学方法越来越多。究竟应该选择哪一种教学方法呢？专家认为：没有一种教学方法是"放之四海而皆准"的。应根据不同的情况选择不同的教学方法。下面介绍的是教学过程中，教师选择教学方法的基本依据。

(一)根据目标选择教学法

体育教学目标体系包括身体发展目标、技能发展目标、知识发展目标、社会发展目标和情感发展目标。不同的教学目标要选择不同的教学方法，在体育教学中任何一个教学目标都不是孤立的，而是综合的，但每一堂课目标的侧重点是不同的。应根据某一堂课目标的重点来注重发展某一方面的教学方法，如篮球教学中技术的掌握与运用是不同类型的目标，强调技术动作掌握时，用传统的教学方法，强调技术运用时可以选择领会法、游戏法等，社会发展目标和情感发展目标一般是综合在其他目标中共同实现的。

(二)根据教材内容选择教学法

篮球教材中的内容，一般分为实践技能和理论知识两部分。在这些部分中对学生的知识掌握、技能训练、能力要求是有差异的，而不同的教学方法运用于某一项教材内容时，教学效果和结果也是不同的。所以，教学方法的选择也应有多样性和灵活性。例如，学习原地双手胸前传接球的技术动作，可以采用传统的完整与分解法或练习法，但学习传切战术基础配合时，若完全用上述方法，则学生学会的将是在无人防守下机械的传接球，若选择游戏法和领会法，则会使学生对整体的配合及实战的运用有更准确的掌握，还可穿插采用学导式教学法或自学辅导法，提高学生主动思考和探索、认识事物的能力。

（三）根据学生特点选择教学法

教学中考虑的学生特点一般包括学生现有的运动水平、智力水平、动机状态、年龄、心理特征、学习习惯等因素。同一种方法，不同层次的学生练习时会产生不同的反应，同一个篮球游戏，在一个班级可能玩得很开心，在另一个班级可能感到无趣。这种差别有时受年龄的影响，有时受运动水平的影响，也可能受认知习惯的影响。所以需要教师了解和把握学生的各种情况，有针对性地选择教学方法。例如，过去学生习惯了传统教法中的循序渐进、层次分明的教学方式，若突然用自学辅导教学法，学生就会无所适从；反之，过去学生习惯了生动活泼的情景式教学法，若突然用传统的教学方法，学生学习的积极性就会降低。因此，教学应在适应学生特点的基础上，逐渐用相应的方法引导学生向积极、主动、健康的方向发展。

（四）根据教学环境选择教学法

教学环境包括场地、器材、课时数、班级人数、校园氛围等因素。教学环境必然会对教学方法产生制约作用。但教师要善于利用教学环境，尽可能地创造条件，利用条件。很多学校上篮球课时，有一块球场、几个篮球，能不能把每一块场地、每一个球都利用起来，最大限度地利用现有的场地、器材条件，增加学生练习的密度，要看选择什么样的教学方法。

（五）根据教师自身素质选择教学法

教师的自身素质直接关系到选用的教学方法能否发挥其应有的作用。教师应对自身素质实事求是地进行分析，根据其特点和条件选用适宜的教学方法。同时，教师应在教学过程中不断发展与探索，提高自身素质水平和条件，逐渐发展成具有个人风格的高水平的教学能手。

第三节 篮球教学文件的设计

教学活动是教师有目的、有计划、有步骤地进行教学工作的过程。教学质量在某种程度上取决于教学活动的目的是否明确，计划是否科学周密。因此，在教学活动实施之前，必须设计教学文件。篮球教学文件包括教学大纲、教学进度表和教案。科学地设计教学文件是完成教学任务的先决条件之一，是顺利进行教学工作的保证，也是检查教学工作的重要依据。

一、教学大纲

篮球教学大纲是根据课程方案，以纲要的形式制定的教学指导性文件，也是检查教学工作和评定教学质量的重要依据。

(一)制定教学大纲的基本要求

(1)从实际出发，体现培养方案中规定的培养目标和要求，准确地提出篮球教学的总目标和总任务。

(2)根据教学任务合理地精选教材，把主要的、基础的和先进的知识内容列入教学大纲。大纲内容要主次分明，具有科学性、系统性和实用性。

(3)合理分配教学时数，注意理论教学与实践教学的适当比例，以确保教学任务的完成。

(4)重视考核的内容与方法，合理地确定理论知识与技术实践考核成绩在总成绩中所占的比例，使考核结果能够有效地衡量学生学习的水平。

(二)教学大纲的主要内容

教学大纲的主要内容包括：教学目标、教学时数分配、教学基本内容、考核办法、教学基本条件和教学参考书目。

1. 教学目标

教学目标包括情感目标、知识和能力目标。情感目标指结合篮球运动的特点，对学生进行思想品德教育，培养学生的爱国主义、集体主义、勇猛顽强和遵守法纪的品质和作风。知识和能力目标指使学生掌握篮球运动的基本理论知识、基本技战术和基本技能，使学生具有从事篮球教学活动的组织管理和教学能力。

2. 教学时数分配

篮球教学总时数是由教育管理部门颁发的课程方案确定的。具体教学内容的时数分配应根据具体情况确定，分配要突出重点，保证主要教学内容有足够的时数，使知识和能力培养所分配的时数形成合理的比例关系。

3. 教学基本内容

篮球课的教学基本内容在教育部下达的《普通高等学校体育教育本科专业各类主干课程教学指导纲要》中已有明确规定。根据篮球运动的发展，可以适当介绍一些新的技战术和教学训练方法等。

4. 考核办法

考核内容应包括理论知识、技术、技能。理论知识考核一般采用笔试方式，技术考核采用达标和技评的方式，技能考核采用实习和实际操演的方式。技术、技能的考核项目、办法和评分标准应在大纲中详细规定。总成绩的评定应根据学生在学习过程中的思想品德、学习态度、基本理论知识、基本技术和基本技能，以及平时考核的情况综合评分。

5. 教学基本条件

为了保证篮球教学活动的正常进行，必须具备教学的基本条件，如场地、器材的数量和规格及比赛的设施用品等都要详细列出。

6. 教学参考书目

教师应以篮球教材为基础，不断扩大知识范围，选择权威的、先进的篮球书籍以供参考，这对于丰富教学内容、提高教学质量是必要的。

二、教学进度表

教学进度表是根据教学大纲的教学目标、内容和时数分配，把教学内容具体落实到每一节课的教学文件。

(一)编制教学进度表的基本要求

(1)教学进度表要遵循教学规律和教学原则来编制。教学进度不是教材内容的简单分配，而是教学规律和教学原则的体现，它应达到科学、合理、可操作性强的要求。

(2)教师应深入研究和掌握篮球运动的基本规律，掌握篮球教学的基本理论，正确处理理论与实践、进攻与防守、重点与一般的关系，安排好理论课与实践课的比例、进攻和防守技战术教学的顺序，突出重点内容，带动一般内容，把能力培养贯彻到教学进度的全过程。

(3)篮球基本理论知识、基本技术与战术、基本技能是篮球教学的重点内容。在编制教学进度时应把它们放在突出的位置上，在教学时数上予以保证，在安排上反复出现，确保重点内容的掌握和提高。有些教学任务，如竞赛的组织管理、裁判能力的培养等，单靠课堂教学无法圆满完成，须与课外教学活动结合，这一点应在教学进度表中加以说明。

(二)单元式程序教学进度表的编制方法

单元式程序教学是根据篮球运动本身的特点和规律，遵循一定的教学原则，将所有的教学内容科学地分成若干较小的分量，把每个教学内容按照一定的序列，合理地进行编排组合，使每个单元、每堂课均有预先的教学任务和要求。单元式程序教学的特点是教材内容的安排由点到面、由浅入深，纵横关系衔接紧密并突出内容的重点；教学过程能明显地体现由易到难、由简单到复杂、由非对抗到对抗的原则。

单元式程序教学进度表的编制程序如下。

程序一：将篮球技战术分成 4 个不同难度的级别，然后根据其纵横关系组成彼此联系的教材内容系列。限于篇幅，仅以投篮、运球和个人防守三项技术列表说明(表 2-3-1)。

表 2-3-1　篮球教学内容难度分级表

难度等级	投篮技术	运球技术	个人防守技术
一级	(1)原地单手肩上投篮 (2)原地双手胸前投篮 (3)行进间单手肩上投篮 (4)行进间单手低手投篮	(1)高运球 (2)低运球	(1)防守的正确姿势 (2)防守的正确站位 (3)防守动作(滑步、上步、撤步、攻击步等)
二级	(5)原地跳起投篮 (6)急停跳起投篮 (7)转身跳起投篮	(3)体前变向换手运球 (4)急停急起运球	(4)防守无球队员(防摆脱、防纵切、防横切等)
三级	(8)行进间反手投篮 (9)勾手投篮 (10)双手补篮	(5)体前变向不换手运球 (6)运球转身	(5)防守有球队员(防投篮、防突破、防运球、防传球)
四级	(11)在对抗中与各种技术相结合的投篮	(7)在对抗中与各种技术相结合的运球	(6)在对抗中与各种技术相结合的防守技术

程序二：将同一难度级别的内容串联起来，组成整个教学单元(图 2-3-1)。

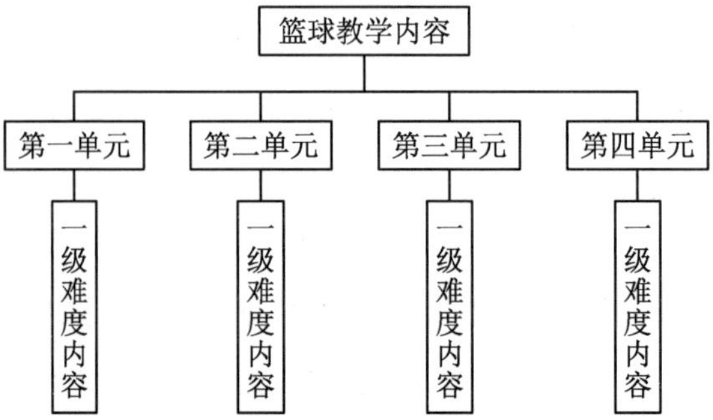

图 2-3-1　篮球教学内容与单元组合

程序三：根据教学大纲规定的教学内容和时数分配，将各单元的技战术按要求和顺序做适当的调整，然后分别排列在单元式程序进度表中（表2-3-2）。

表2-3-2　单元式程序进度表

单元	课次	教学内容			
		一般	重点	复习	作业
第一单元	1				
	……				

程序四：对基本理论知识和能力培养进行技术处理，将其穿插在各单元中进行，形成一份完整的教学进度表。

执行单元式程序教学进度时，第一，要明确各单元的教学目的。每单元开始教学前，要把本单元的教学任务、教学要求向学生交代清楚，使学生对学什么、练什么、掌握什么，做到心中有数，以提高学生的兴趣和自觉性。第二，每一单元教学结束后，教师要进行检查性的小结，肯定成绩，指出不足，明确继续努力的方向。第三，要把握住各单元之间的有机联系。在后一单元的教学中，教师必须用一定的时间，采取适当的方法复习前一单元的教学内容。第四，根据教学的进展，在各单元教学中，教师均可组织一定形式的教学比赛。教学比赛的具体方法是：先简单，后复杂；先半场，后全场；人数由少到多，直至按规则要求进行正规教学竞赛。

（三）渐进式教学进度表的编制程序

程序一：如表2-3-3所示，把教学内容按一般教学顺序列出，并列出计划教学时数、出现次数。然后以画"√"的方式把教学内容暂时安排到每次课中，形成渐进式教学进度草表。

表2-3-3　渐进式教学进度草表

编号	教学内容	教学时数	出现次数	课次										
				1	2	3	4	5	6	7	8	9	10	……
1				√	√	√								
2				√	√		√							
3						√	√	√	√					
4						√	√	√	√	√				
5										√	√	√	√	
……														

然后，根据教学原则和学生的实际水平，以及编制教学进度的基本要求等，对草表进行调整，使之更科学合理，更具可操作性。

程序二：把草表转换为教学进度表（表 2-3-4）。把表 2-3-3 中每次课的内容依次填入表 2-3-4 中，在组织教法栏内简要填写该课的重点内容、教法意见，备注栏内可注明该课的类型等。经过这两个步骤，一份教学进度表就编制完成了。

表 2-3-4　渐进式教学进度表

课次	教学内容	组织教法	备注
1			
2			
3			
4			
5			
……			

三、教案

教案是教师课堂教学的具体工作计划，是根据教学进度所规定的教学内容、教学对象和教学基本条件设计的，是经过教师或教研室集体备课后形成的教学文件。

新课程标准下的教案是以学生发展为中心来进行设计的。因此，教案应突出以下几点：第一，要确立本次课明确而又具体的学习目标；第二，内容的选择和组织教学能有效地促进学生达成本次课的学习目标；第三，重视通过多种手段和方法激发学生对体育学习的兴趣，活跃课堂气氛，从而使学生在愉快的体验中获得知识和技能；第四，各项活动的时间不要安排得过死，要有一定的灵活性；第五，教案力求简单明了，使教师有更多的时间考虑创造性教学；第六，要给学生布置课外体育活动的作业，促进学生逐步养成坚持体育锻炼的习惯；第七，教案可以采用计算机备课的方式，这不仅便于修改，更便于网上交流。总之，教案应该具备开放性、灵活性、个性化。教案的好坏主要不是体现在格式上，而是体现在学生的学习效果上。

（一）教案设计的基本要求

（1）应根据教学进度的安排，规定本次课的重点内容、一般内容和复习内容，并明确提出本课的任务，以便检查和总结。

（2）根据教学进度和课的任务，确定该课的基本类型，并设计学生的运动负荷安排。

（3）根据教学原则，使教学内容之间有机联系，使教学方法和练习形式具有连续性，还要考虑前后课次的联系和影响等因素。

（4）根据学生数量，计算出所需场地、器材、教学辅助用具的种类和数量。

（二）教案的格式

教案的格式有多种。篮球实践课的教案大多采用的是表格式，表 2-3-5 是其中的一种，表 2-3-6 是另一种。这两种表格是经过缩略的，使用时根据情况可以把准备部分、基本部分和结束部分予以扩展。

表 2-3-5　教案的格式（一）

班级		人数		课次		上课日期		
教材内容								
教学重点				教学难点				
教学目标								
教学过程	教学内容	教师活动		学生活动		组织与要求	运动负荷	
							时间	次数
准备部分								
基本部分								
结束部分								
场地器材								
平均心率						运动强度		
课后小结								

表 2-3-6　教案的格式（二）

授课班级		课次		·	上课日期	
基本教材			任务			
课的部分	时间	课的内容	组织工作		教学步骤	常犯错误及纠正方法
准备部分						
基本部分						
结束部分						
场地器材						
平均心率				运动强度		
课后小结						

篮球课的类型虽然有理论与实践、新授与复习、教学与训练、技术与战术之分，但无

论是何种类型的实践课，在课的结构上都采用准备、基本和结束三个部分。

教学内容和教学措施是教案的重要内容，一般应按课的上述三个顺序设计，精确地计划各部分的所需时间、练习形式、运动负荷大小等。教学内容前后连续、教法措施科学合理，是教师教学艺术水平的反映。篮球课各部分的目的、任务、内容和方法将在篮球课的组织与管理一节中阐述。

教学大纲和教学进度须在上级管理部门批准后才能执行。教学大纲、教学进度和教案须整理存档，以备教学检查评估和教师总结使用。

第四节　篮球教学课的组织与管理

篮球教学是根据课的任务，向学生传授篮球的基本理论知识，使学生掌握基本技术与战术，提高学生的能力，进行思想教育的过程。因此，教师不仅要具有较高的思想水平、一定的专业知识和教学技巧，而且必须具备组织教学和管理学生的能力。这样，教学活动才能按计划有序地进行，圆满完成教学任务，取得理想的教学效果。

一、教学管理的基本要求和手段

（一）基本要求

篮球课的教学由教师、学生、教材和教法手段四个要素构成。教师处于教学的主导地位，是课堂教学的主要管理者，因此教师必须掌握课程教学的基本要求。

(1)教师是管理者、教育者，教书育人工作应贯彻到课堂的始终。篮球运动具有集体性、对抗性强的特点，篮球实践课中经常出现个人与个人、个人与集体的矛盾，经常出现技战术方面的激烈对抗，可能会引发意外的矛盾和冲突，教师要善于做思想工作，化解矛盾，把阻力转化为学习的动力，使课堂教学在团结友爱、奋发向上的氛围中进行。

(2)严格管理，严而不死、活而不乱。一般来说，篮球课容易形成活跃的课堂气氛，容易激发学生的学习兴趣，这是有利于管理的一面。但教师必须把学生置于自己的管理之下，不可放任自流，要维护教学秩序和课堂常规，使学生自觉积极地在良好的教学环境中学习。

(3)教师要认真备课，深入钻研教材，选择科学合理的教学方法和手段，严密组织教法，充分发挥教法手段在教学中的管理作用。

(4)教师必须为人师表、以身作则。教师具有热爱学生、敬业、治学严谨、诲人不倦等优良职业素养，本身就为学生做出了榜样，更使教师具有权威性，有利于做好教学管理工作。

（二）基本手段

课堂教学的管理主要是通过课堂常规、课的结构、发挥班级组织作用等手段实现的。

（1）课堂常规是课堂管理的主要依据。健全完善的课堂常规，是使教学有条不紊进行的保证。教师应高度重视课堂常规的管理功能，对学生的考勤、语言行为规范、着装、安全等方面的要求，必须按规定严格执行，并贯彻始终。教师也要严格遵守课堂常规对教师的规定和要求。

（2）遵循课堂教学的规律。在课的准备部分、基本部分和结束部分提出不同的管理方面的要求，按课的结构顺序采取不同的管理措施，不可前后顺序颠倒，以免造成课堂混乱。对突发事件要采取果断有效的措施妥善处理。

（3）充分发挥班干部和技术骨干的作用。班干部和技术骨干是教师进行课堂管理的得力助手，应精心培养他们，创造条件和机会来提高他们的组织管理能力，树立他们的威信，使其真正起到教师助手的作用。

二、篮球教学的组织形式

篮球教学的组织形式主要是课堂教学，包括实践课、理论课、观摩讨论课和实习课等。实践课的基本手段是实际操作，即通过不同的练习去完成篮球技术、战术的学习；理论课是通过讲授，向学生传授篮球运动的基本理论和方法；观摩讨论课是通过对技术、战术或教学训练课的观察，然后进行讨论，以提高学生分析问题和解决问题的能力，一般用于教法、技战术和规则裁判法分析等；实习课的目的是提高学生的教学训练能力、裁判能力，往往和讨论相结合。

（一）实践课

实践课的结构由三部分构成，即准备部分、基本部分和结束部分，这三部分又是一个紧密联系的整体。实践课的各部分都有其各自的目的、任务、内容和组织教法要求。因此，教师必须根据课的任务和学生的实际情况，选择适宜的练习手段，提出明确的要求。

1. 准备部分

目的与任务：让学生明确课的具体任务，集中学生注意力，使学生的神经系统、内脏器官和各肌肉群迅速进入工作状态，为顺利地完成基本部分和课的任务做好准备。

内容：班长或值日生整队，向教师报告出勤人数，教师登记考勤。教师讲解本课的内容、任务和要求，检查服装，布置见习学生的任务。教师组织学生走跑、做徒手体操和活动性游戏，进行篮球的专项练习等。

组织方法：一般采用集体作业的形式，教师要善于引导和鼓动。准备部分练习应全面、具有针对性。准备活动的时间一般是 15 分钟左右，根据学生的身体情况、气候条件等，可略作增减。

2. 基本部分

目的与任务：根据教学进度安排，使学生掌握和改进规定的篮球技术或战术，提高理论水平和篮球意识，提高身体素质，进行意志品质培养。

内容：根据教学进度，围绕本课教学内容和任务，选择适宜的练习方法，提高学生的技术、战术水平和实战能力等。

组织方法：集体或分组作业。一般来讲，先学习新教材，再复习旧教材。也可以根据教学进度，先安排复习内容，然后引入新教材。教学比赛或提升身体素质的练习应安排在基本部分的最后阶段。组织教法要注意课与课、练习与练习之间的联系，循序渐进，由简到繁，逐渐增加完成技术动作或战术行动的数量、速度、难度和对抗条件等。教师要善于观察，用改变练习形式、增减练习次数、讲解示范与练习结合等，来提高或降低练习的密度和强度，从而调整学生的运动负荷。基本部分是课的主要部分，活动时间应在 75～80 分钟。

3. 结束部分

目的与任务：使学生逐渐地恢复到相对安静的状态，简要地进行课的小结，布置课外作业，有组织地结束教学活动。

内容：根据最后一个教学内容，选择一些逐步降低运动负荷的练习，如放松跑、简单轻松的投篮练习、按摩肌肉等，然后进行课的小结与评价，布置课外作业，预告下次课的内容等。

组织方法：一般采用集体形式。讲评时要求队伍整齐，表扬与批评相结合，恰当地评价课堂学习情况，激发学生学习积极性，也可以重点指出练习中普遍存在的错误及纠正方法，以利于学生课后练习。结束部分的时间一般为 5 分钟左右。

(二)理论课

理论课一般在教室里进行。在篮球教学中，虽然理论课的比例小于实践课，但是系统的理论讲授可以使学生在实践中获得的感性认识迅速上升到理性认识，促进学生对技战术的理解，提高实践运用能力。理论课要根据课的内容，除了传授基本理论知识外，还要对学生进行素质教育，如爱国主义教育、遵纪守法教育、集体主义教育、艰苦奋斗教育等，促进学生全面素质的发展。教师要认真编写讲授提纲和讲稿，安排好每一个讲课步骤，利用讲授、提问、讨论、答疑等形式，使理论课上得生动活泼。

(三)观摩讨论课

观摩讨论课多在进行篮球教法、技战术分析、规则裁判法等教学时采用。这种形式比较自由,可以发展学生的观察、分析能力,激发学生的创造性思维,提高学生的表达能力。观摩讨论课前,教师要对学生宣布观摩的内容、观察的重点、要解决的问题,以及纪律等方面的要求等。观摩对象可以是某次篮球课或篮球比赛,也可以是篮球技战术录像片等。观摩中要求学生做好笔记,及时记下自己的感想、体会、疑问等。观摩结束后,要及时组织讨论,一般先由教师作引导性发言,然后学生围绕议题进行发言。讨论应在民主气氛中进行,鼓励不同意见的发表,甚至可以展开争论。教师应在讨论结束时做总结性发言,对讨论的问题和学生的讨论情况进行评述。未能得出结论的问题可以留待课后继续探讨。

(四)实习课

实习课的目的是提高学生的教学训练能力、裁判水平和组织竞赛能力等。课前要确定实习学生人数,并指导学生做好充分的准备工作。对实习过程要做好观察记录,实习结束时要及时进行讲评,尤其要鼓励其他学生参与讲评和讨论。实习生要写实习总结,这样有利于学生能力的提高。

三、学习成绩的考核

学习成绩考核是教学工作的组成部分,也是教学管理的重要内容。根据教学大纲所规定的考核内容和办法,在教学结束时要进行考核。

(一)考核的内容

篮球学习成绩的考核内容,主要根据教学大纲所规定的考核范围和方式,参照对不同年级不同教学阶段的要求,选择那些最基本的理论知识、基本技术和基本战术作为考核内容。除此之外,还要分别考核组织教学训练、组织竞赛和裁判等方面的能力。

(二)考核的方法

1. 技术、战术考核的方法

(1)达标测试:根据学生完成技术动作的速度、准确性,运用统计学原理制定评分标准,可以采用 10 分制或百分制。比如,对投篮技术的考核,以投中数量打分,投中次数多者则得分高;对行进间运球投篮等综合技术的考核,可以用完成技术的时间长短评分,时间越短分值越高。达标测试可以用于对单个技术动作的考核,也可用于对组合技术的考核。

(2)技术评定:根据学生完成技术动作的质量(如动作的规范性、连续性、协调程度等)进行评分。考核前把所考核的技术按动作结构、配合过程分为若干个环节,根据各环节的完成情况予以评分。评分标准可以用 10 分制或百分制,也可用等级制,最后转为具体分数。

(3)比赛评定：主要通过比赛的方法考核学生技战术的运用能力。比赛可在全场或半场进行，可全队比赛，也可以采用二对二、三对三的形式进行比赛。为了客观地反映学生的实践能力和技战术水平，可以进行常规技术统计，根据统计数据加以评定。

考核可采用上述三种方法中的一种，也可采用达标和技评相结合的方法，或同时采用上述三种方法评定成绩。采用何种方法，要根据考核对象、考核目的的不同而有所区别。

2. 理论考核的方法

(1)笔试：笔试可分为闭卷和开卷两种。闭卷主要用于考核需要记忆的基本理论知识，适用于低年级；开卷主要用于考核学生分析和解决问题的能力，适用于高年级。

(2)口试：通过专题答辩的形式进行，以考查学生对理论知识掌握的深度和广度，考查学生分析问题和解决问题的能力，以及学生的语言表达能力等。

3. 基本技能的考核方法

学生基本技能的考核主要通过实践来进行，如通过教学实习考核学生的组织教学能力，通过训练实习考核学生的训练能力，通过组织篮球竞赛考核学生的组织竞赛、编排和裁判能力。根据学生的实际工作表现来评定成绩，可以采用百分制或等级制。

思考题

1. 篮球教学中应贯彻哪些原则？

2. 篮球教学的方法有哪些？

3. 篮球课各部分的内容、任务、要求是什么？

4. 在篮球教学中如何发现和纠正错误？

5. 简述篮球技术、战术的教学步骤和教学顺序。

6. 如何编写篮球教学大纲？

7. 如何编写篮球教案？

第三章
篮球技术教学

📖 内容提要

本章主要介绍移动、传接球、投篮、运球、持球突破、防守、抢篮板球等篮球基本技术的概念、动作方法、教学训练方法与建议、易犯错误与纠正方法等。

篮球技术是篮球比赛中运动员为了进攻与防守所采用的各种专门动作方法的总称。根据技术动作在比赛中的作用和结构特征，可以将其分为进攻技术和防守技术两大类(图 3-0-1)。进攻技术有接球、传球、运球、持球突破、投篮，防守技术有防守对手、抢球、打球、断球。另外，移动、抢篮板球既是进攻技术也是防守技术。运动技术方法是理想化了的动作模式，由于技术动作既要符合篮球竞赛规则的要求，适应攻守对抗的需要，还要符合人体运动科学的原理，并有运动员的个人特点，能解决比赛中攻、守的具体任务，从而表现出动作方法上的专门性和合理性。

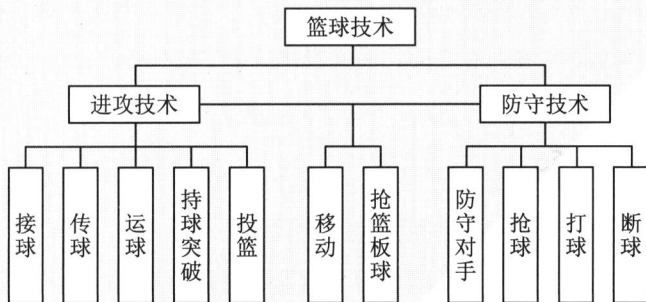

图 3-0-1 篮球技术动作分类

篮球技术是运动员在比赛攻、守对抗情况下合理运用专门动作的能力，它不仅是动作模式的重复，更是队员有意识的运动行为和操作技巧。由此，运动员在比赛中必须独立地、果断地去运用技术动作与同伴配合，同对手抗争，去争取时间和空间的主动，这也是他们智能、体能、技能、经验和创造力的综合体现，反映出他们运用专门动作的技巧性和实效性。篮球技术同时是篮球战术的基础，任何战术意图的实现，都需要通过掌握相应的熟练准确的技术动作和应变能力来保证，实质上，战术就是运动员之间技术运用的组织形式与方法。可以看出，篮球技术在篮球运动中具有重要的地位和作用。

第一节　移动技术

一、移动技术动作方法

移动是篮球比赛中队员为了改变位置、方向、速度和争取高度、空间时所采用的各种脚步动作的统称，是篮球运动中重要的基本技术之一。移动是篮球技术的基础，是比赛中运用最多的一项基本动作，同时也是篮球技术教学的重要一环，一切攻守技术或战术都要通过各种快速突然的脚步移动来完成。随着运动水平的不断提高，对移动质量的要求逐渐升级。

（一）准备姿势

要学好移动技术，首先要掌握合理的准备姿势。稳定、机动的准备姿势既能维持身体平衡，又能快速转移重心，可以迅速、协调地在移动中完成各种动作。

（1）动作方法：进攻时，双脚左右或前后开立，约与肩同宽，两膝微屈，大、小腿之间的角度大约为135度，两臂自然屈肘置于体侧，上体稍前倾，两眼平视前方；防守时，两膝应较深弯曲，身体重心落在两脚之间，两臂侧伸呈半伸展状态并保持一定的紧张度。

（2）动作要点：屈膝降低重心，保持重心平稳，观察场上情况。

（二）起动

起动是队员在球场上由静止状态变为运动状态的一种动作，是获得位移速度的方法。突然、快速的起动是进攻队员摆脱防守的有效方法，也是防守队员抢占有利位置，防住对手最有效的方法之一。

（1）动作方法：从准备姿势开始，向前起动时上体迅速前倾向前移动重心，一只脚用力蹬地，另一只脚迅速向前跨出。向侧方起动时，向起动方向一侧移动重心，上体迅速转向起动方向，异侧脚用力蹬地，同时脚尖转向起动方向，并向起动方向跨出(图 3-1-1)。

图 3-1-1　起动

(2)动作要点：上体前倾，蹬地迅速，重心转移快，前两步小而快。

(三)跑

跑是队员在球场上的位置变化，是为了完成攻守任务而争取时间的脚步动作。在比赛中常见的跑有以下几种。

1. 变向跑

变向跑是队员在跑动中突然改变方向来摆脱防守或堵截进攻队员的一种方法。

(1)动作方法：变向跑时(以从右向左变方向为例)，最后一步右脚着地，右脚尖稍向内扣，用右脚前掌内侧用力蹬地，屈膝，腰部随之左转，快速移动重心，左脚向左前方跨出，这一步要快，右脚迅速随着跨出，继续加速跑动前进(图 3-1-2)。

图 3-1-2　变向跑

(2)动作要点：变向时，前脚掌内侧用力蹬地，另一脚迅速朝变向方向迈出第一步。

2. 变速跑

变速跑是队员在跑动中利用速度变化来争取主动的一种方法。

(1)动作方法：加速跑时，要利用两脚突然短促而有力的连续蹬地，加快跑的频率，同时上体前倾和手臂相应地摆动加以配合；减速时，利用前脚掌用力抵地来减缓快跑的前冲力，同时上体直起，身体重心后移，从而降低跑动速度。

（2）动作要点：加速时，两脚蹬地要突然、短促有力；减速时，身体重心后移要快。

3. 侧身跑

侧身跑是队员在向前跑动时头部和上体转向侧面或有球的一侧，脚尖朝着跑动方向，以便很好地观察场上情况的一种跑动方法。

微课

（1）动作方法：在跑动时，头部和上体转向侧面或有球的一侧，脚尖朝着跑动方向。跑动时，既要保持奔跑速度，又要保持身体平衡，双手放在两侧自然摆动，密切注意观察场上情况。

（2）动作要点：上体自然侧转，脚尖朝跑动方向。必要时外侧手可以高高举起，同时喊话提醒同伴。

4. 后退跑

后退跑是队员为了观察球场上的攻守情况背对前进方向的一种跑动方法，它能更好地观察场上的情况，在攻转守时运用较多。

（1）动作方法：后退跑时，两脚提踵，用脚前掌交替蹬地，提膝向后跑动，上体放松直起，两臂屈肘相应摆动，保持身体平衡，两眼平视，注意场上情况。

（2）动作要点：两脚提踵，脚前掌蹬地，上体放松直起，控制好速度。

（四）急停

急停是队员在跑动中突然制动速度的一种动作方法，也是各种脚步动作衔接和变化的过渡动作。比赛中急停更多的是与其他技术结合在一起运用。急停的动作有跨步急停（两步急停）和跳步急停（一步急停）。

1. 跨步急停（两步急停）

微课

（1）动作方法：急停时先向前跨出一大步，用脚跟先着地并迅速过渡到全脚抵住地面，降低重心，身体稍后仰。第二步落地的同时，两膝深屈并内扣，身体稍侧转，两脚尖自然转向前方向，前脚掌内侧用力抵住地面制动向前的冲力，上体稍后仰，两臂屈肘自然张开，然后上体迅速自然前倾帮助控制身体平衡（图3-1-3）。

4　　　3　　　2　　　1

图3-1-3　跨步急停

（2）动作要点：第一步要从脚跟着地过渡到脚前掌，膝关节微屈。第二步落地同时用前脚掌内侧蹬地制动前冲速度，屈膝降低重心，腰胯用力。

2. 跳步急停(一步急停)

(1)动作方法：跑动中用单脚或双脚起跳，使双脚稍有腾空，上体稍后仰，臀部稍后坐，两脚同时落地，双脚平行，约与肩同宽，前脚掌用力抵地，屈膝降重心，重心落在两腿之间，两臂屈肘微张，以保持身体平衡(图3-1-4)。

微课

图 3-1-4　跳步急停

(2)动作要点：屈膝并将重心后移，保持身体平衡。

(五)转身

转身是以一脚作中枢脚，另一脚蹬地向前或向后跨出进行旋转，改变原来身体方向的一种动作方法。转身在比赛中运用比较广泛，经常与其他技术动作组合运用。转身可分为前转身和后转身两种。

1. 前转身

(1)动作方法：转身时移动脚向中枢脚前方跨出的同时，重心移至中枢脚，并以中枢脚前脚掌为轴用力碾地，肩部、腹部积极向转动方向扭转带动整个上体的转动。转动后，屈膝降重心，控制身体平衡(图3-1-5)。

微课

1　　　　　　　2

3　　　　　　4　　　　　　5

图 3-1-5　前转身

(2)动作要点：移动脚蹬地旋转，重心要移至中枢脚，重心平稳不起伏。

2. 后转身

(1)动作方法：转身时中枢脚碾地旋转，同时转头转腰间，移动脚蹬地并向自己身后撤步，腰胯主动用力旋转，身体重心随着转移，保持平衡(图3-1-6)。

图 3-1-6　后转身

(2)动作要点：两脚用力蹬碾地，重心平稳不起伏，保持平衡。

(六)滑步

滑步是防守移动的一种主要方法。防守队员在比赛中为了保持最佳的防守位置和争取防守的主动性，经常运用各种防守步法来堵截进攻队员的移动路线。滑步可分为侧滑步、前滑步和后滑步三种。

1. 侧滑步

(1)动作方法：两脚平行站立，两膝较深弯曲，上体微向前倾，两臂侧伸。向左滑步时，右脚前脚掌内侧蹬地，左脚向左跨出一步，落地的同时，右脚迅速随同滑行向左靠近，两脚保持一定距离，然后依次重复上述动作，眼要注视对手(图3-1-7)。向右滑步时，动作相反。

微课

图 3-1-7　侧滑步(左滑步)

（2）动作要点：屈膝降低重心，滑动时没有上下起伏，两脚不要并拢和交叉。

2. 前滑步

（1）动作方法：两脚前后开立，前脚的脚尖朝前，两膝较深弯曲，上体微向前倾。与前脚同侧的手臂扬起，手掌向前，成封堵投篮状，另一只手侧举，成封堵传球状。向前滑步时，前脚向前跨出一小步的同时，后脚前脚掌内侧用力蹬地向前滑动跟进，两脚保持一定距离（图3-1-8）。

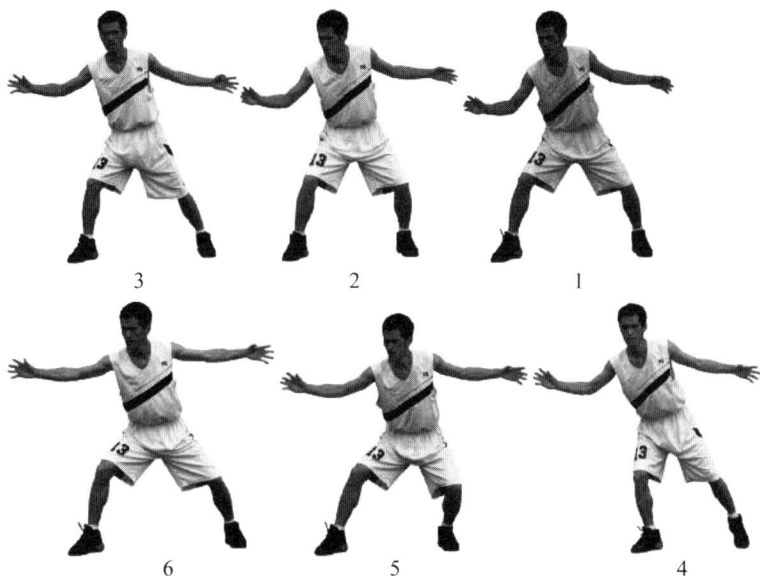

图 3-1-8　前滑步

（2）动作要点：屈膝降低重心，重心保持在两脚之间，滑动时不要上下起伏，两脚不要并拢和交叉。

3. 后滑步

（1）动作方法：身体姿势与前滑步相同。向后滑步时，后脚向后方迈出一小步的同时，前脚的前脚掌用力蹬地向后滑动跟进，两脚保持一定距离。

（2）动作要点：屈膝降重心，滑动时没有上下起伏，两脚不要并拢和交叉。

（七）后撤步

后撤步是变前脚为后脚的一种起步方法。队员为了保持有利位置，特别是当进攻队员向自己前脚外侧持球突破或摆脱时，常用后撤步移动堵截，并与滑步、跑等结合运用。

（1）动作方法：撤步时前脚掌内侧用力蹬地，同时腰部用力向后转胯，前脚后撤，后脚的前脚掌碾地。当前脚后撤着地后，紧接着滑步，保持身体平衡与防守姿势。后撤步时撤步角度不宜过大（图3-1-9）。

图 3-1-9　后撤步

（2）动作要点：前脚用力蹬地，利用腰部力量带动转胯，后脚的前脚掌要积极辗转蹬地，重心不要起伏。

（八）跳

跳是指队员在场地上控制空间、争取高度和远度的一种方法。篮球比赛中很多技术动作需要队员在空中去完成。因此，队员要会单、双脚起跳，能在原地、跑动中和对抗条件下向不同方向跳、连续跳等，并要求跳得快、跳得高，滞空时间长，以便更好地在空中完成各种攻、守动作。跳有双脚起跳和单脚起跳两种。

1. 双脚起跳

（1）动作方法：两脚自然开立，两膝深屈或微屈，重心下降，两臂弯曲并稍向后摆。起跳时双脚蹬地，两臂用力上摆，提腰展体控制平衡。落地时，前脚掌先落地，随后屈膝缓冲。

（2）动作要点：蹬地、摆臂、提腰协调一致，落地屈膝，保持身体平衡。

2. 单脚起跳

（1）动作方法：单脚起跳多在助跑情况下进行。助跑时，最后一步一般较小，用脚跟先着地过渡到前脚掌蹬地，两臂上摆提腰，另一腿屈膝上提，当身体达到最高点时，摆动腿自然下放，落地时屈膝缓冲。

（2）动作要点：蹬地腿快速有力，起跳腿上摆，起跳后身体充分向前上方伸展，保持身体平衡。

（九）交叉步

由攻转守寻找对手，或防守队员失去防守位置时，可以使用交叉步迅速追随对方再过渡到滑步继续防住对手，在滑步和交叉步之间互相切换。交叉步实质上是面对对手的侧身快跑动作。

（1）动作方法：向右交叉步时，左脚用力蹬地后迅速经右脚前向右迈出，上体稍向后转，左脚落地右脚迅速地向右跨步，两脚依次交叉快跑。两脚交叉动作要快，身体不要上下起伏。交叉步后重心落在两脚之间。

(2)动作要点：两脚蹬转起动(脚尖要指向跑的方向)，速度快，降重心，身体保持平稳。

(十)攻击步

攻击步是防守队员突然向前跨出的一种动作。防守队员常用此步法进行抢、打、断、封球或增加对手投篮、突破和传球的难度。

(1)动作方法：防守队员利用后脚蹬地，前脚迅速向前跨出，逼近对手，用与前脚同侧的手伸出抢球、打球或干扰对手。

(2)动作要点：抓住持球者停止运球的时机，上步动作要突然、迅速、具有一定的攻击性。

二、移动技术教学建议

(1)移动技术教学顺序为：准备姿势—起动—跑—急停—转身—跳—滑步。

(2)教学训练中，学生应先在原地练习，让其体验各种移动技术的动作方法，在慢速中能够找到动作要点，通过慢跑体验和掌握技术动作，然后逐步提高速度，最后在对抗中提高运用移动技术的综合能力。

(3)强调移动在篮球运动中的重要地位及对提高其他各项技术的重要作用。

(4)教学中教师应尽可能地运用视觉信号，培养学生扩大视野、随时观察场上情况变化的习惯和能力。

(5)移动技术的教学应把提高脚步动作的突然性、灵活性作为重点，注意动作之间的紧密衔接，应与提高专项身体素质和其他攻防技术紧密结合。

三、移动技术练习方法

(一)起动的练习方法

1. 原地上体前倾练习

练习者成基本站立姿势，听到口令或信号后身体前倾，重心前移，当倾斜到一定程度时迅速跨出左脚或右脚，随后用力蹬回。左脚或右脚可向顺步方向、交叉步方向或正前方跨出。在练习向侧起动时，转体、跨步和上体前倾同时进行。

练习要求：体验前倾动作，重心稳定。

2. 原地各种动作后的起动跑练习

在下列各种动作中听到口令或信号后快速起动跑：坐在地上、蹲在地上、高抬腿、小步跑、深蹲、屈膝跳、前后转身、滑步、防守基本站立姿势时左右脚交替点地(脚跟抬起，脚尖着地)、自然站立状态下降低重心左右脚前后依次点地(脚跟抬起,脚尖着地,身体前倾)。

练习要求:反应快,起动快,动作协调。

3.快速起动接网球练习

两人一组,发一个网球,两人相距3米左右面对面站立,一人持球,抛球到接球人的前方或侧面,接球人快速起动,在球落地前把球接住并扔还抛球人后快速归位,以此方法重复练习。接球人可以侧对抛球人站立,转头看球。

练习要求:目光注意球,反应快,起动快,动作协调。抛球方向要多变,出手速度快。

4.端线外快速起动接球跳投练习

如图 3-1-10 所示:①听到口令或信号后快速向②传反弹球或地滚球,同时②快速起动去接球,接球后前转身或后转身面对篮圈跳投。自投自抢,两人分别到对方队尾排队,接着③④⑤⑥做同样的练习,依次循环。

练习要求:起动快,接球稳,动作衔接流畅。

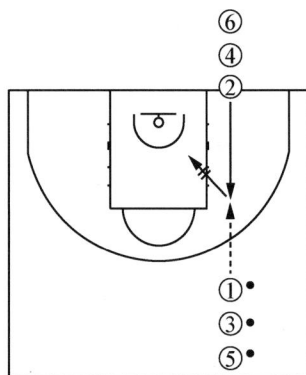

图 3-1-10 端线外快速起动接球跳投练习

(二)跑的练习方法

1.全场跑动练习

练习者从一个端线开始做各种跑动动作到另一个端线。

练习要求:由慢到快,掌握动作方法,注意节奏,控制好速度和平衡。

2.全场侧身跑接球练习

如图 3-1-11 所示,①传球给③后,①和②同时侧身跑快下,③持球打板并抢篮板球后根据两人的情况把球传给①和②中的一人上篮,投篮后①和②在对面等待或从边上走回来。左边练习者跑动时向左肩上方伸出左手,掌心朝向传球人,右边练习者伸出右手,同时向传球人喊话提醒传球人。

练习要求:控制好速度和平衡,扭头转身看传球人,同时伸手和喊话。

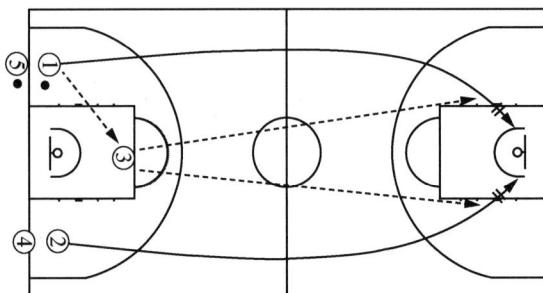

图 3-1-11 全场侧身跑接球练习

3. 变向跑练习

如图 3-1-12 所示，在场地上画两条相距约 5 米的平行线，线长约 15 米。练习者在两条平行线之间"之"字型变向跑，跑到任意一条线时用外侧手摸地。可以在平行线上放标识桶，触摸标识桶后变向。

练习要求：注意节奏，控制速度和平衡。

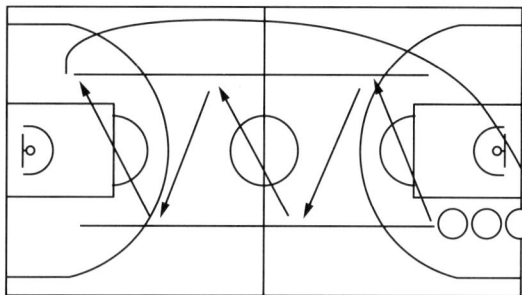

图 3-1-12　变向跑练习

4. 综合练习

(1)如图 3-1-13 所示，练习者从端线起动后分别做加速跑和后退跑，越过端线后到另一队尾排队。

练习要求：控制好速度和平衡，注意动作之间的衔接。

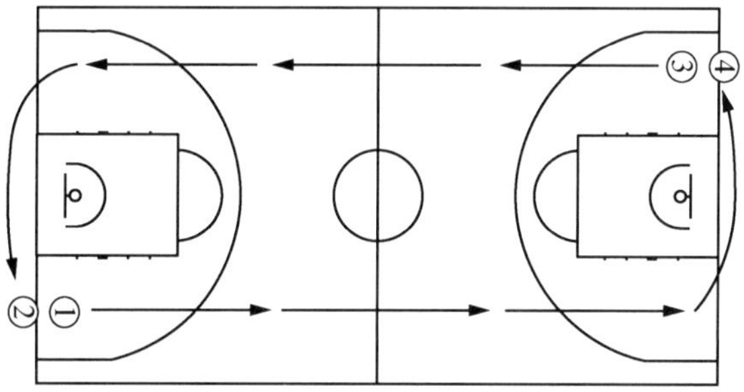

图 3-1-13　跑的综合练习(一)

(2)如图 3-1-14 所示，练习者从中线起动后慢跑到三分线顶端，接着沿着三分线侧身跑跑向右侧零度角，随后沿着端线加速跑到另一侧，最后变向跑跑回队尾。

练习要求：控制好速度和平衡，注意动作之间的衔接。

(3)如图 3-1-15 所示，①传球给②后向前加速跑，然后变向跑接侧身跑纵切篮下，随后慢跑到左侧再侧身跑横切接②的传球上篮。②接球后运球到三分线顶端等待机会传球给①。

练习要求：控制好速度和平衡，注意动作之间的衔接。切入时伸手或喊话提醒同伴。

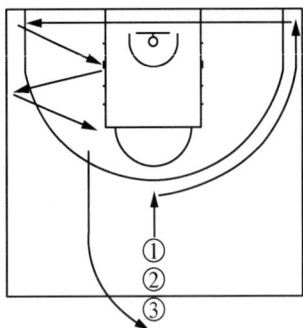

图 3-1-14　跑的综合练习(二)　　　　图 3-1-15　跑的综合练习(三)

（4）如图 3-1-16 所示，练习者从端线起动后变向跑，在中圈外侧身跑，过中线后转身后退跑至端线，做完练习后在对侧端线外排队等待往回做同样的练习。

练习要求：控制好速度和平衡，注意动作之间的衔接。

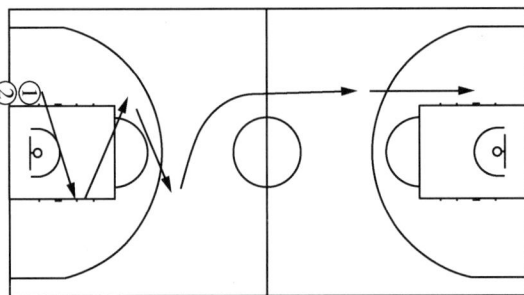

图 3-1-16　跑的综合练习(四)

(三)急停的练习方法

1. 全场行进间急停练习

练习者在两个端线之间练习急停动作。

练习要求：由慢至快，掌握急停动作方法，重点体会双脚的落地顺序。

2. 听或看信号做急停练习

快跑中听或看信号做跳步急停和跨步急停。

练习要求：跑动中抬头，急停时反应迅速，屈膝降低重心。

3. 急停接球练习

如图 3-1-17 所示，①为传球人，可由学生轮流担任，○为练习者。练习者向前跑动然后急停接球并把球回传给传球人，然后到队尾排队。此练习方法熟练以后可让练习者从三分线外向罚球线跑动急停接球跳投。

练习要求：注意急停与接球的衔接，接球不要过早或过晚。

图 3-1-17　急停接球

（四）转身的练习方法

1. 原地转身练习

练习者原地成基本站立姿势，随着口令做 90 度、180 度、270 度的转身练习。熟练后可持球练习，再接有防守人的练习。

练习要求：注意体会转体蹬跨动作，重心不起伏。

2. 行进间急停接转身练习

练习者向前跑动急停，接着做 180 度的前转身接后转身或后转身接前转身动作，随后继续重复练习。熟练后可运球急停接转身练习。

练习要求：控制身体平衡，注意转体蹬跨。

3. 自抛自接转身跳投练习

练习者在端线后面向场内抛球，随后迅速上前急停接球并转身跳投练习。

练习要求：控制身体平衡，转身接跳投不要脱节。

（五）防守步法的练习方法

1. 在口令或信号下集体练习滑步和撤步

(1)练习者列队成基本防守姿势站立，在口令或信号下做侧滑步、前滑步、后滑步和后撤步的单个技术和组合技术的练习。

(2)教师持球，练习者列队成防守基本姿势站立，并跟随教师的运球方向做相应的滑步练习。

练习要求：由慢至快，体会技术动作方法，脚步动作要"快"和"变"，控制好身体平衡。

2. 三角滑步练习

如图 3-1-18 所示，练习者从 1 号点开始做右脚在前的前滑步，到 3 号点做后撤步接后滑步，到 2 号点做后撤步接横滑步到出发点，随后原路返回。

练习要求：速度快，积极挥动手臂，控制好身体平衡。

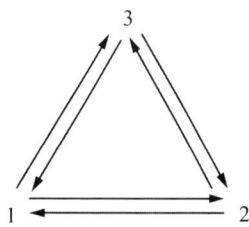

图 3-1-18　三角滑步练习

3. 四角滑步练习

如图 3-1-19 所示，1 号点放三个重叠起来的小标识桶，练习者从 1 号点开始左手拿一个标识桶横滑步到 2 号点并将标识桶放在 2 号点，随后又横滑步返回 1 号点拿第二个标识桶。依次进行，当第三个标识桶放到 2 号点后，紧接着左脚后撤步接后滑步将标识桶拿到 3 号点，前滑步返回 2 号点取标识桶，依次进行。当第三个标识桶放到 3 号点后，练习者从 3 号点开始左手拿一个标识

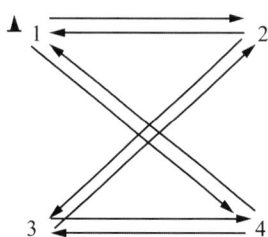

图 3-1-19　四角滑步练习

桶横滑步到 4 号点并将标识桶放在 4 号点，随后又横滑步返回 3 号点拿第二个标识桶，依次进行。当第三个标识桶放到 4 号点后，紧接着上左脚接前滑步将标识桶拿到 1 号点，后滑步返回 4 号点取标识桶，依次进行。最终，三个标识桶将送回 1 号点。2 号点与 3 号点之间使用后滑步与前滑步，3 号点与 4 号点之间使用横滑步，4 号位与 1 号位之间使用前滑步与后滑步。

练习要求：速度快，积极挥动手臂，滑步的途中眼睛平视前方，在到达下一个点时将标识桶传递给另一只手。

4. 两点间往返交叉步练习

在场地上标出相距 3 米左右的两个点，练习者在一个点上成基本防守姿势站立，然后交叉步移动到另一个点跨步急停成基本防守姿势，然后原路交叉步回起点，以此重复练习。

练习要求：两脚蹬转起动（脚尖要指向跑的方向），速度快，降重心，身体保持平稳。

5. 侧滑步与交叉步交替变换练习

练习者成基本防守姿势站立，向左横滑步接交叉步再接横滑步，然后再向右横滑步接交叉步再接横滑步返回，以此重复练习。

练习要求：控制身体平衡，重心不要起伏，动作衔接快。

6. 两人一组沿三分线滑步练习

两人一组一球，一人持球在三分线外运球急停急起，另一人在三分线内横滑步防守，当横滑步跟不上时采用交叉步迅速追赶。

练习要求：滑步时紧随运球者的节奏，不要用手触碰运球者，速度要快。

7. 两人一组防守滑步练习

两人一组，从端线开始进攻者"之"字形跑动，防守者使用侧滑步、后撤步和交叉步进行防守，当侧滑步跟不上时使用交叉步迅速追赶。到达另一个端线后两人互换位置至球场另一侧做同样的练习。

练习要求：由慢至快，进攻者不要超越防守者，后撤步时注意两只手的变化。

8. 原地攻击步练习

练习者成基本防守姿势站立（双脚前后开立），听到口令或信号后向前做攻击步动作。

练习要求：体会攻击步的动作方法。

9. 两人一组攻击步打球练习

(1)一人持球于胸腹之间，另一人保持适当的距离，然后突然攻击步上前打球。

(2)一人运球或自抛自接，另一个人伺机攻击步上前抢球、打球。

(3)防守者传地滚球给进攻者后迅速上前成基本防守姿势，进攻者接球后做投篮假动作、运球、持球突破，防守者伺机迅速前逼，进行抢球、打球，破坏对手进攻意图。

练习要求：动作快，突然，出击果断。如果攻击失败，迅速后撤步、后滑步保持有利的防守位置。

10. 两人一组攻防练习

两人一组一球，一人进攻，一人防守，进攻者从端线开始"之"字形运球推进，防守者通过滑步、后撤步、交叉步进行防守，到达另一个端线后两人互换位置至球场另一侧做同样的练习。此练习先规定防守者不能伸手抢打球，待防守者滑步、后撤步、交叉步等动作熟练掌握后，防守者可结合攻击步抢打球，只要防守者碰到球攻防交换，练习继续。

练习要求：防守者应尽量保持在进攻者面前一步的防守位置，进攻者尽可能多地创造超越防守者的时机，当防守者使用交叉步时，进攻者降低速度让防守者赶上，配合防守者练习。

(六)跳的练习

1. 原地单、双脚起跳

(1)成基本站立姿势，听口令或信号后起跳。

(2)上 2 到 3 步起跳。

(3)原地起跳摸高。

(4)原地起跳屈膝抱腿。

(5)往天空抛球，跳起空中抓球。

练习要求：蹬地用力，摆臂有力，落地屈膝缓冲。

2. 行进间单、双脚起跳

(1)行进间左右脚交替单脚跳跃。

(2)行进间左脚或右脚连续跳跃。

(3)行进间双脚同时着地连续跳跃。

(4)助跑摸高。

练习要求：蹬地用力，摆臂有力，落地屈膝缓冲。

3. 连续起跳单手拨球打板练习

练习者把球抛向篮板后跳起，在最高点时单手上举成单手肩上投篮姿势，手掌触球后迅速屈腕拨指，把球拨向篮板，落地后继续起跳连续拨球。

练习要求：注意起跳时机和节奏，最高点触球。

4. 自抛自抢起跳练习

练习者在罚球圈向篮板抛球后，迅速助跑起跳在空中抢篮板球。抢到球后持球落地或空中补篮。

练习要求：注意起跳时机，最高点触球。

(七)移动技术综合练习

如图 3-1-20 所示。

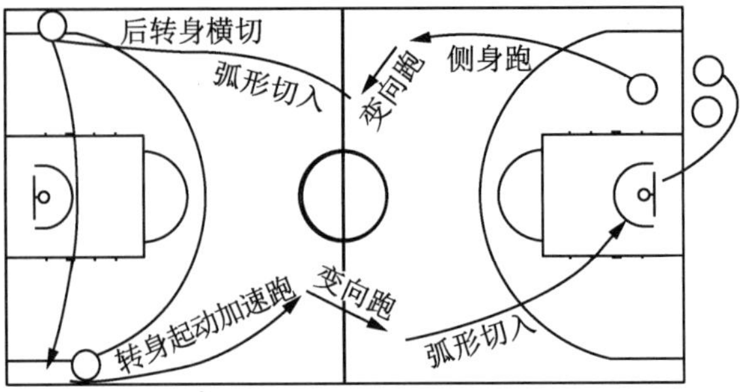

图 3-1-20　综合性移动练习

四、易犯错误与纠正方法

(一)易犯错误

(1)准备姿势或起动前身体重心偏高,蹬地无力。

(2)变向跑时前脚掌内侧不主动用力,腰胯动作不能协调配合。

(3)变速跑时没有控制好身体重心的平衡。

(4)后退跑时没有控制好速度,不能保持最佳的速度。

(5)侧身跑时上体转体不够,侧转时内倾不够,跑步时脚尖不是向前的。

(6)急停时身体重心过高,腰胯用力不够或过于紧张,没有用力蹬地和控制身体重心的动作。

(7)转身时身体重心上下起伏,转动慢,重心不稳。

(8)滑步时两脚并步,重心过高,形成跳动移动,滑步时身体上下起伏。

(9)撤步时后撤脚的角度过大,削弱后撤步抢位堵截的作用。

(10)跳时动作不协调,蹬地、摆臂无力。

(11)交叉步时脚尖没有指向跑的方向,动作慢,重心过高,身体平衡差。

(12)攻击步时上步慢,不够突然、迅速,没有攻击性。

(二)纠正方法

(1)用正确的示范动作进行引导。

(2)对技术动作进行拆分和分解练习。

(3)多使用口令或语言对动作要点进行提醒。

(4)加强髋关节的灵活性练习。

(5)加强腿部肌肉力量练习和核心肌肉群的练习。

第二节　传接球技术

传接球是指在篮球比赛中进攻队员之间有目的地支配球、转移球的方法。它是进攻队员在场上相互联系和组织进攻的纽带。当今篮球运动员普遍身材高大，移动能力强，控制范围广，在各队普遍重视防守，特别是加强了攻击性防守的情况下，传接球有了极大的困难，同时，这也促进了传接球技术向更高水平发展。纵观国内外高水平的篮球比赛，不少运动员，特别是一些球星的助攻妙传，不仅在比赛中发挥重要作用，而且具有很高的观赏性。

传球可分为头上、肩上、胸前、体侧、背后、胯下等多种方式，接球主要有单手和双手接球两种。传接球的好坏直接影响着进攻的效果和质量，在比赛中，要根据场上情况的变化选择合理的传接球方式。

一、传球技术的动作方法

传球是队员将球越过防守人，传给另一个同队队员。传球时应有一定的目的性，既能安全地被同队队员接住，又能为接球后顺利地完成下一个攻击动作提供方便。因此，传球技术必须贯彻快速、隐蔽、及时、准确的要求，才能打乱对方的防御部署，创造更多、更好的投篮机会。传球分单手和双手两大类，有原地、行进间和跳起之分，有多种出球方向和落点，传球方式也很多，但任何一种方式，都是全身协调用力，最后通过手腕、手指动作完成的。

（一）双手胸前传球

双手胸前传球是篮球比赛中最基本、最常用的传球方法，这种传球方法准确性高，容易控制，可在不同方向、不同距离中使用，而且也便于衔接其他技术。

微课

（1）动作方法

持球时，两手五指自然张开，两拇指成八字形，用指根以上部位持球的两侧后下方，掌心空出，两肘自然弯曲于体侧，置球于胸腹之间，身体成基本站立姿势，眼平视传球方向。传球时，后脚蹬地发力，身体重心前移，两臂前伸，两手腕随之旋内，急促抖腕，同时拇指用力下压，食指、中指用力拨球，将球传出。球出手后，拇指向下，两手略向外翻。

传球距离近，前臂前伸的幅度小，肘关节可弯曲；远距离的传球，则须加大蹬地、伸臂和腰腹的协调用力，肘关节要伸直，双手不交叉(图3-2-1)。

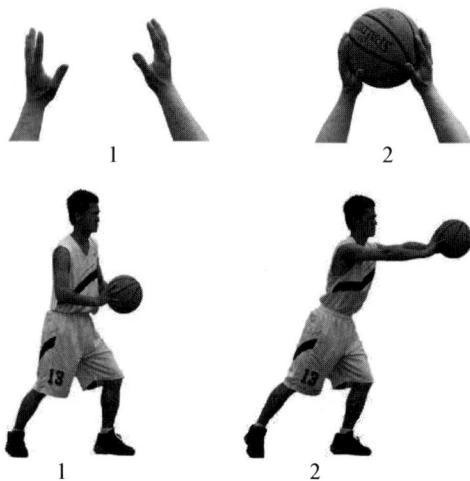

图 3-2-1 双手胸前传球

（2）动作要点

持球动作正确，肘关节不外展，远距离传球肘关节伸直，食指、中指拨球，球离手后双手不交叉。

（二）反弹传球

反弹传球是一种常用的传球方式。多用于中近距离传球，如外线队员向内线队员传球、突破分球、快攻一传和结束阶段的传球。

（1）动作方法

两手五指自然张开，两拇指成八字形，用指根以上部位持球的两侧，掌心空出，两肘自然弯曲于体侧，置球于胸腹之间，身体成基本站立姿势。传球时向前下方伸臂，急促抖腕，力的作用点在球的后上方。击地点根据防守者和接球者所站位置来确定，一般应在距离接球者三分之一的地方，球的反弹高度以接球队员的腰部为宜(图3-2-2)。

图 3-2-2 反弹传球

（2）动作要点：腕、指急促抖动用力，出球快，击地点和反弹的高度适当。

（三）双手头上传球

双手头上传球具有传点高、摆臂动作幅度小、便于与假动作结合等优点，更适合于高大队员。多用于中、近距离传球，如抢到篮板球后第一传，或者外线队员间转移球、外线队员传给中锋的高吊球等。

（1）动作方法

持球手法与双手胸前传球相同。双手举球于头上，两肘微屈。传球时两肘和手心向前。近距离传球时，小臂前摆同时外旋，手腕前屈外翻的同时，拇指、食指、中指用力向前拨球。传远距离球时，要加蹬地力量，收腹带动前臂迅速前摆，腕、指用力拨球，腰腹和全身协调用力将球传出（图3-2-3）。

1　　　　2　　　　3　　　　4

图 3-2-3　双手头上传球

（2）动作要点

小臂前摆，急促向前抖腕，带动手指用力拨球。

（四）单手肩上传球

单手肩上传球是最普通、最常用的一种传球方法，这种传球灵活性大、出手快、力量大、飞行速度快，对中远距离传球更为有效，常用在长传快攻中。

（1）动作方法（以右手持球为例）：双手胸前握球，两脚平行站立。传球时左脚向传球方向迈出半步，身体向右自然旋转，同时右手借助左手推送球的力量将球引至右肩上方，右肘关节自然弯曲、外展，上臂与地面近似平行，手腕后扬，掌心向上托球，左肩对着传球方向，重心落在右脚上。传球时，右脚蹬地同时转体带动上臂，以肘领先，右臂迅速向前挥摆，手腕前扣，最后通过食指、中指手腕的下压动作将球传出，球出手后身体重心应随之移到左脚上（图3-2-4）。

（2）动作要点：蹬地、转体、挥臂和屈腕动作连贯。

图 3-2-4 单手肩上传球

(五)单手胸前传球

单手胸前传球是一种近距离的传球方法,具有快速、灵活、隐蔽的特点,可以与投篮和突破假动作结合运用,因此它也是最常用的传球技术。

(1)动作方法(以右手持球为例):双手胸前握球,两脚平行站立。传球时左手推送球,右手手掌后仰引球,随后右臂往前伸展,最后急促用力向前屈腕,通过食指、中指、无名指将球拨出。球离手后大拇指向下,其余四指向前,掌心向下(图3-2-5)。

微课

图 3-2-5 单手胸前传球

(2)动作要点:伸臂、屈腕拨指用力。身体要有节奏,重心前后移动。

(六)单手体侧传球

单手体侧传球是一种运用于近距离的隐蔽性传球,通常用于外围队员向内线队员传球时,与跨步、突破等假动作结合运用效果好。

(1)动作方法(以右手持球为例):双手胸前握球,两脚平行站立。传球时左脚向左前方跨步,重心移到左脚,同时右手借助左手推送球的力量将球引至身体右侧呈右手单手持球,拇指向上、手心向前,出球时小臂稍向前摆,急促用力向前屈腕,通过食指、中指、无名指将球拨出(图3-2-6)。

微课

(2)动作要点:跨步与引球同步进行,前臂摆动要快,屈腕拨指用力。

图 3-2-6 单手体侧传球

(七)单手背后传球

背后传球比较隐蔽，常能妙传助攻。背后传球常以反弹传球、突破分球、行进间传球的形式出现。

(1)动作方法(以右手持球为例)：双手持球于胸腹之间，左脚向侧前方跨步，上体前倾，侧对传球目标，双手持球后摆到身体右侧时，左手迅速离开球体，右手引球继续沿髋关节横轴方向后摆至臀部的一刹那，右手向传球方向急促扣腕，食指、中指、无名指用力拨球将球传出(图3-2-7)。

(2)动作要点：持球跨步的同时，上体前倾，侧对传球方向。球离手后手指要指向传球方向。

微课

图 3-2-7 单手背后传球

二、接球技术的动作方法

接球是篮球运动一项重要的基本技术，是掌握球权、争取主动的主要因素，是抢篮板球和抢断球的基础。在激烈对抗的比赛中，能否采用正确的动作牢稳地接球，对减少传球失误、弥补传球不足，以及截获对方传球等都有非常重要的作用。在接到球之后应面向球篮，为下一步的进攻做好准备。

(一)双手接球

双手接球是最基本的接球方法，其优点是控球较稳，且便于衔接下一个动作。

1．双手接中部位的球

（1）动作方法：眼视来球，两臂迎球自然伸出，两手手指自然张开，拇指相对呈"八"字形，其他手指向前上方，两手成一个窝状。当手指触球时，两臂顺势屈肘后引，缓冲来球的力量，两手持球于胸腹之间，保持身体平衡，成基本站立姿势。

（2）动作要点：主动伸手迎球，双手成窝状，在手接触球后屈臂缓冲。

2．双手接高部位的球

（1）动作方法：接球方法与双手接中部位的球相同，但要求两臂必须向前上方迎球伸出（图3-2-8）。

图3-2-8　双手接高部位球

（2）动作要点：主动伸手迎球，双手成窝状，在手接触球后屈臂缓冲。

3．双手接低于腰部的球

（1）动作方法：接球时两腿微屈，一脚向来球方向迈出一步，上体前倾，眼睛注视来球，两手向前伸出迎球。两手五指自然张开，拇指呈外"八"字形，掌心向着来球方向。当手指触球时，用力握球，两臂顺势屈肘收回，翻腕持球于胸腹之间，保持基本站立姿势。

（2）动作要点：两腿迅速微屈，迈出脚步要快。

4．双手接低部位的反弹球

（1）动作方法：接球时迎球跨步，上体前倾，眼睛注视来球，两臂迎球向前下方伸出，掌心斜对来球的反弹方向，双手五指自然分开，手指触球用力将球握住，并顺势将球引至胸腹之间，保持身体平衡，成基本站立姿势。

（2）动作要点：跨步迎球要及时，手臂下伸要快。

5．双手接地滚球

（1）动作方法：接球时向来球方向跨出一步，屈膝下蹲，双手迎球伸出，手指向下，掌心向前，触球后顺势将球握住，接球后成基本站立姿势。

（2）动作要点：身体下蹲快，伸手迅速。

（二）单手接球

单手接球控制范围大，能接不同部位和方向的来球，利于队员快速、灵活地发挥技术，但不如双手接球稳定性好。

微课

（1）动作方法：原地单手接球时，接球手向来球伸出，五指自然分开成一个窝状，掌心正对来球，腕、指放松。当手指触球时，顺球的来势迅速收臂置球于身前或体侧，另一手迅速扶球，保持身体平衡，做好下一步进攻的准备姿势。在移动中单手接球时，要判断来球的时间和落点，及时向来球方向跨步移动，接球后要迅速降低重心，与运球突破或跳投等动作衔接快速协调（图3-2-9）。

图 3-2-9　单手接球

（2）动作要点：手指自然张开伸臂迎球，当手指触球时，顺势后引，另一手及时扶球。

三、传接球技术的教学建议

（1）教学从简单到复杂，从原地到移动，从无防守到有防守，从单个技术到与其他技术的结合练习。对动作规范严格要求，促使学生掌握正确的传球手法，为掌握多样化的传球方式打好基础。

（2）应以双手胸前传球、单手肩上传球和双手接中部位的球为重点，在掌握动作要领的基础上再进行其他传接球技术教学。

（3）加强熟悉球性的练习，增强学生的手对球的控制与支配能力，注意培养学生良好的观察能力和判断能力，以及善于与假动作结合运用的能力。

（4）在传球的教学中，要重视接球环节的教学与训练，使学生形成正确的接球手法，养成接球结束就是传球或其他进攻动作开始的习惯。

（5）传接球练习中注意培养学生之间默契配合的意识，注意视野训练，加强传球的隐蔽性。

四、传接球技术的练习方法

（一）原地传接球练习方法

1. 原地徒手模仿练习

练习者跟随口令或信号的节奏进行练习。

练习要求：体验与掌握各种传接球技术的动作方法。

2. 原地两人传接球练习

两人一组，相距5米左右，面对面站立，用一球，练习各种传接球技术动作。

练习要求：速度由慢到快，间隔距离适当调整，要有节奏，结合脚步动作协调用力，掌握正确的动作方法。

3. 原地三人传接球练习

三人一组，呈正三角形，练习者各相距5米左右，用一球，顺时针或逆时针传接球。

练习要求：注意转身，合理利用脚步动作，手脚协调。

4. 原地四人传接球练习

四人一组，呈四角形，练习者相距5米左右，用两球时，顺时针或逆时针同时传接球。

练习要求：注意转身，合理利用脚步动作，手脚协调。

（二）移动传接球练习方法

1. 三角移动传接球练习

如图3-2-10，①传球给②后跑到②队尾，②传球给③后跑到③队尾，③传球给④后跑到④队尾，依次进行。此练习方法可变为四角传接球，可顺时针换位。

练习要求：跟进切入要弧线侧身快跑。传与接动作连贯、准确，熟练后可用两个球同时进行练习。

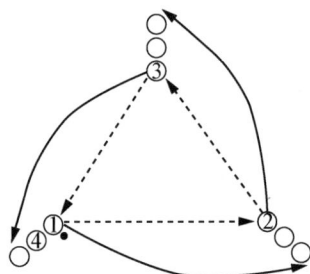

图 3-2-10　三角移动传接球

2. 横向移动传接球练习

如图3-2-11，①和②持球，同时传球给③和④后横向移动交换位置并接③和④的回传球，③和④传球后横向移动交换位置并接回传球，依次进行。

练习要求：横向移动时避免相撞，合理利用急停转身或横滑步动作，根据需要调整距离和速度。

3. 迎面上步接球练习

如图3-2-12所示，②持球，①迎面上步接②的传球并传

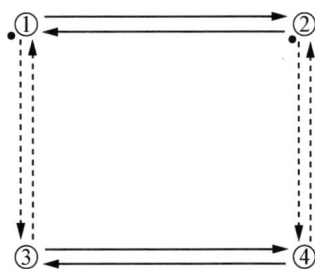

图 3-2-11　横向移动传接球

给上前接球的④，①②传球后到队尾排队，④接①的传球后传给上前接球的③，依次进行。此练习还可要求练习者跑动接球后急停传球、跑动中传接球，以加大练习的难度。

图 3-2-12　迎面上步接球

练习要求：手脚协调，根据情况调整距离和速度。

4. 接不同方位的来球练习

两人一组相距约 5 米，用一球，传球人向接球人的上、下、左、右方向传球，接球人移动去接球，接到球后把球传回传球人，以此重复练习。

练习要求：观察好来球，接球后停稳，回传球迅速。

5. 两人全场传接球练习

如图 3-2-13 所示，①向前跑动接②的传球，②传球后向前跑动接①的回传球，以此循环，直到跑到前场后其中一人投篮，抢篮板球后从另一侧传接球返回。

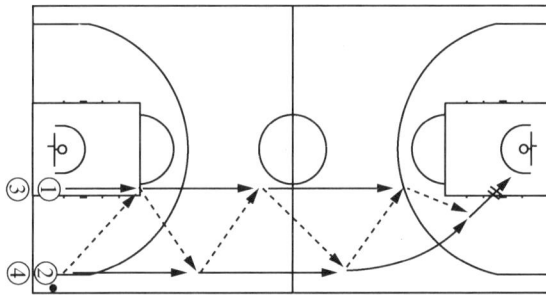

图 3-2-13　两人全场传接球

练习要求：采用侧身跑进行传接球，不要走步，必要时可以运球，控制好传球力度、方向和速度。

6. 三人全场传接球练习

如图 3-2-14 所示，②传球给跑到前面的①，①接球后回传给向前跑动的②，②再传球给在另一侧跑动的③，③又将球回传给向前跑动的②，以此向前推进到前场投篮，抢篮板球后以同样的方式返回。

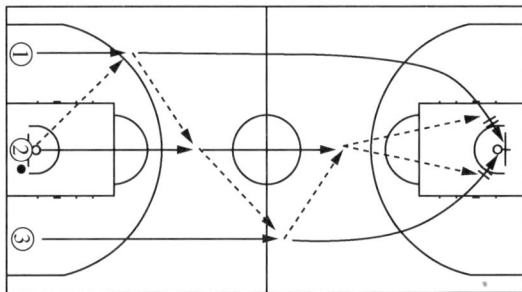

图 3-2-14　三人全场传接球

练习要求：推进到前场后，球应传回②，由②控球组织进攻。不要走步，必要时可以运球，控制好传球力度、方向和速度。

7. 三人全场交叉跑位传接球练习

如图 3-2-15，①跑到②前方接②的传球，②传球后跑到左侧，③跑到①前方接①的传球，①传球后跑到右侧，依次推进。跑到前场后投篮，抢篮板球后以同样的方式返回。

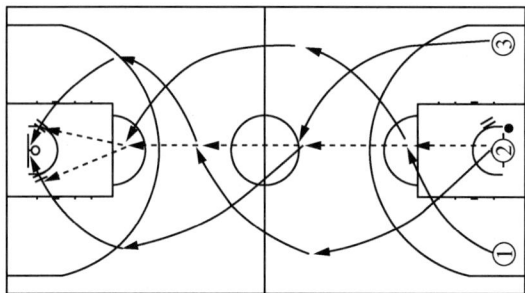

图 3-2-15 三人全场交叉跑位传接球

练习要求：不要走步，必要时可以运球，控制好传球力度、方向和速度。

(三)与其他技术结合的传接球练习方法

1. 两人运传换位练习

如图 3-2-16 所示，①向②运球，同时②向①跑动，①到对方位置后急停持球并转身，②到对方位置后急停转身接①的传球，依次进行。此练习可以两人两球。

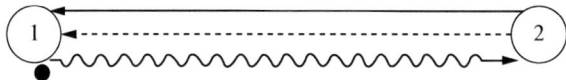

图 3-2-16 两人运传换位

练习要求：速度由慢至快，动作连贯。

2. 三人运传换位练习

如图 3-2-17 所示，①向②运球，同时②向①跑动，①到达②的位置后急停持球并把球传给对面的③，②到①号位置后急停转身，③以同样的方法继续练习，依次进行。

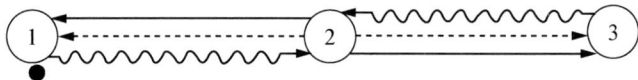

图 3-2-17 三人运传换位

练习要求：速度由慢至快，依次进行。

3. 四角运传练习

如图 3-2-18 所示，①和③持球，同时逆时针运球，与此同时，②和④逆时针跑动，4人均到相邻同伴位置，①和③急停持球转身传球给②和④，随后4人以同样的方式重复练习。此练习方法可以换成顺时针运转。

练习要求：速度由慢至快，动作连贯。

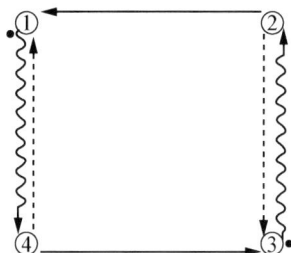

图 3-2-18　四角运传

4. 半场运、传、投练习（必要时可设置防守队员）

（1）如图 3-2-19 所示，①和④均持球，同时运球到三分线 45 度角处急停并传球给位于罚球圈的②和③号，然后做虚晃动作并溜底到另一侧接②和③的传球后投篮，自投自抢后到另一排队尾。

练习要求：左侧用左手运球，右侧用右手运球，运、传、接、投动作连贯。

（2）如图 3-2-20 所示，①传球给②后，快速移动到左侧三分线 45 度角处，②接球后快速运球到三分线右侧 45 度角处传球给①，然后做一个虚晃动作并溜底到左侧接①的传球投篮，②自投自抢，然后两人换位至队尾。

练习要求：运、传、接、投动作连贯。

（3）如图 3-2-21 所示，①做虚晃动作后跑到三分线顶端接②的传球，并运球到②的位置，同时，②传球后做虚晃动作快速溜底绕到罚球区接①的回传球跳投、突破，或②继续传球给空切的①上篮。

练习要求：①要注意观察场上情况；②跑动要快，罚球圈接球后合理处理球。

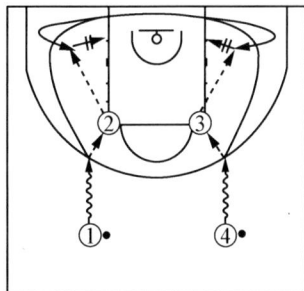

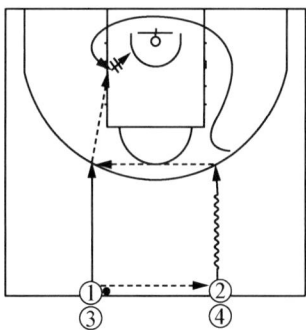

图 3-2-19　半场运、传、投（一）　　图 3-2-20　半场运、传、投（二）　　图 3-2-21　半场运、传、投（三）

5. 传接球接行进间投篮练习

如图 3-2-22 所示，①运球 3 次左右急停或行进间传球给②，①越过中线后接②的回传球继续运球并急停或行进间传球给③，随后往篮下切入接③回传球上篮。往返可同步练习。

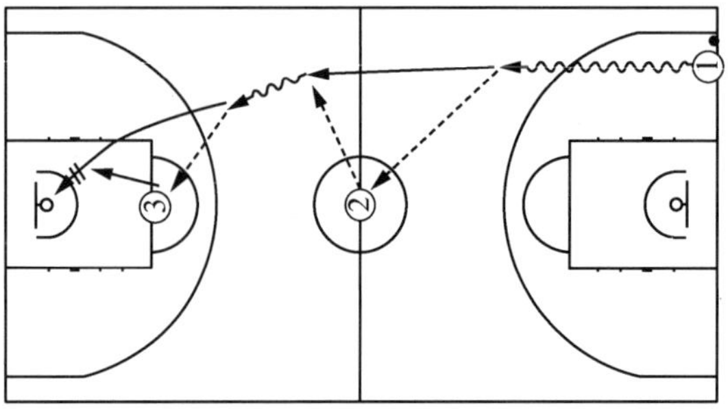

图 3-2-22　传接球接行进间投篮

练习要求：把握好传球角度、力度和方向。

（四）有防守的传接球练习方法

1. 两传一防练习

三人一组一球，其中两人相距 5 米进行原地传接球，一人在两人之间防守。

练习要求：对持球人必须紧逼防守，不得犯规。传球人可以以一只脚为中枢脚进行旋转，不得走步。当球被防守人触碰时，与失误者交换位置。

2. 三传二防练习

五人一组一球，其中三人呈三角形进行原地传接球，剩下两人防守。

练习要求：对持球人必须紧逼防守，不得犯规。传球人可以以一只脚为中枢脚进行旋转，不得走步。当球被防守人触碰时，与失误者交换位置。

3. 四传三防练习

七人一组一球，其中四人呈正方形进行原地传接球，剩下三人在这四人之间进行防守。

练习要求：对持球人必须紧逼防守，不得犯规。传球人可以以一只脚为中枢脚进行旋转，不得走步。当球被防守人触碰时，与失误者交换位置。

4. 全场越过防守传接球练习

在全场两个罚球区和中圈内各站一人进行防守，传球人两人一组一球从后场端线往前场行进间传接球，越过最后一名防守人后上篮。

练习要求：防守人在圈内自由移动进行防守，传球人把握好时机和传球手法。

5. 全场二传一防练习

两人一组一球从端线传接球向前场推进，另一人在两名传球人之间防守。

练习要求：进攻队员传球要隐蔽快速、及时到位，防守队员要积极封断但不要紧逼持球人；进攻队员推进到前场后投篮，抢篮板球后再传接球返回，防守队员继续防守。

6. 半场攻守中的传接球练习

在半场内进行二对二、三对三、四对四的攻守练习。

练习要求：每位进攻队员运球时最多只能拍击球 3 次。

五、传接球易犯错误与纠正方法

(一)易犯错误

(1)双手胸前持球动作错误:全手掌触球,手心没有空出,两拇指距离过大或过小。双手传球时两肘外展,两手掌没有外翻,两臂用力不均,形成挤球,球离手后双手交叉。

(2)传反弹球时用前臂将球"砸"向地面,球的着地点不准确。

(3)双手头上传球时手腕没有前屈外翻,不能利用腰腹的力量带动上臂发力。

(4)单手肩上传球手腕和手指对球控制不稳,远传时用不上转体蹬地的力量,没有摆臂、拨指、抖腕动作。

(5)单手体侧传球出手时,球离身体太近,引球到体侧时大拇指没有朝上,其余四指没有朝侧面。

(6)单手胸前传球时,手掌没有后仰引球,向前屈腕、拨指用力不足。

(7)单手背后传球时,上体没有侧对传球方向,传球手没有快速扣腕,食指、中指、无名指拨球用力不足,球离手后偏离传球方向。

(8)接球时手型不正确,两手掌相距太远,漏接球(球从两手之间穿过)。

(9)接球时迎球不主动,引球、缓冲动作太慢,接球不稳;伸手迎球时手指向着来球方向,造成手指挫伤。

(二)纠正方法

(1)重复讲解示范,使学生建立正确的技术动作概念,加强模仿练习并掌握正确的持球手法。在练习时通过口令、语言等及时提醒。

(2)反复讲解、示范和练习,使学生明确传反弹球与一般传球技术动作的异同,利用标识点或标识线来辅助练习。

(3)让学生原地模仿手腕前屈外翻动作,强调双手头上传球时,利用腰腹和摆臂以及向前抖腕和手指的力量,抖腕要快而短促。

(4)让学生加强单手肩上传球、引球、停球的练习;强调五指自然分开,当球在肩上方时手腕后仰,掌心向上托球;让学生加强蹬地转体练习,加强摆臂、拨指、抖腕动作。

(5)多做单手体侧传球示范,着重讲述动作要领,强化引球练习。

(6)让学生多做单手胸前传球徒手模仿,加强屈腕、拨指练习。

(7)让学生加强单手背后传球上步转体练习和手指拨球练习,近距离对着墙上的标识点进行练习,以找准传球目标。

(8)讲解、示范正确的手形,让学生多做原地徒手模仿练习,强调接球时伸手迎球,手指触及球时要随球后引,并让学生反复练习。

第三节 投篮技术

投篮是进攻队员将球投入球篮而采用的各种方法的总称。篮球是在单位时间内以得分的多少来决定胜负关系的运动。而投篮作为唯一得分手段，在比赛中具有极为重要的意义。篮球队员的投篮特点及命中率不仅决定本队进攻战术的选择和布置，也会牵制、打乱对方的防守阵型。当然，随着篮球运动的快速发展，队员身体素质的不断提高，比赛场上的对抗也日益激烈。那么，如何在高强度的对抗中，保证良好的投篮命中率。这就需要教练员有计划、有步骤地安排训练内容，提高队员适应各种环境下的投篮能力。

一、投篮技术动作分析

（一）持球方法

正确的持球方法是掌握和运用投篮技术的前提。合理的持球手法应符合下列要求：使球尽可能在手中保持稳定，便于与其他进攻技术结合，有利于球出手时合理、准确地用力。

1. 单手持球

以单手投篮的持球手法为例。手腕后仰，掌心向上，五指自然分开，指根及其以上部位托球的后下方，掌心空出，球体的重力作用线落在食指和中指的指根部位，肘关节自然下垂，另一手扶球的侧上部，举球于同侧头或肩的前上方（图 3-3-1）。

图 3-3-1 单手投篮持球方法

2. 双手持球

双手自然分开，两拇指相对成"八字形"，用指根以上部位握球的两侧后下方。掌心空出，肘关节自然下垂，置球于胸部的前上方（图 3-3-2）。

图 3-3-2 双手持球

（二）瞄准点

瞄准点是指投篮时眼睛注视篮圈或篮板的某一点。正确的瞄准点能使运动员在瞬间精确地目测出投篮的方向、距离，从而决定投篮出手的角度、用力的大小、飞行弧线及球的落点等。

1. 不碰板（空心）投篮的瞄准点

投空心球的瞄准点通常为距离投篮队员最近的篮圈前沿正中心，其优点是有实体目标，在场上任何地方投空心球都适用。

2. 碰板投篮的瞄准点

碰板投篮的瞄准点是指篮板上能够使球反弹进入篮圈的一个点。碰板投篮时，运动员应根据投篮角度、距离、出手速度和球的旋转程度选择适宜的瞄准点。通常角度越小，距离越远，弧度越高，碰板点（瞄准点）也就越高；反之，距离越近碰板点则越低。

（三）出手角度、出手速度与投篮弧线

1. 出手角度

出手角度是指投篮时球离手一瞬间球体重心飞行轨迹的切线与出手点水平面所形成的夹角，它决定球在空中的飞行弧线和入篮角的大小。出手角度主要依靠手指最后作用于球体的力的方向来调节。

理论上，出手角度越大，球飞行的抛物线弧度就越高，投篮的命中率就越高（图 3-3-3）。实际上，投篮的弧度以中等弧度或稍高一些为好。如果为了追求更大的入射角和投篮抛物线弧度，则必然要提高出手速度和增大出手角度，这将会影响动作的准确性，不易控制球的飞行方向。

2. 出手速度

出手速度是指投篮出手的一瞬间，身体各部位的综合肌力经过手腕和手指的调节而使球离手进入空间运行的初速度。投篮距离越远，球出手的速度则应越大。现代投篮技术发展的显著特点之一便是动作突然、出手速度快而合理。投篮出手速度取决

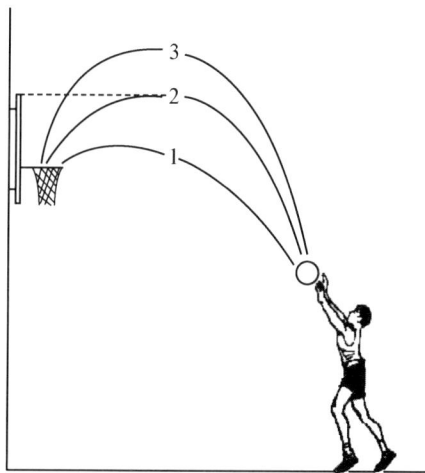

1. 低弧线　2. 中弧线　3. 高弧线

图 3-3-3　投篮的抛物线

于身体协调综合用力及腕、指的调控，而手腕的翻转、抖屈和手指弹拨球动作的柔韧性、突发性和连贯性是取得合理出手速度的关键。

（四）球的旋转

球的旋转方向和速度主要取决于手指的最后用力动作。一般来说，投篮时运动员应使球向正后方旋转。后旋球不仅能减少球在空中运行的空气阻力，保持合适的飞行弧线，使球获得理想的入篮角，而且在球触及篮板或篮圈后，球的反弹方向是向下的，比不旋转的球更易落入篮筐。

二、投篮技术动作方法

(一)原地投篮

1. 原地单手肩上投篮

原地单手肩上投篮是行进间高手投篮和跳起单手肩上投篮的基础。因出手点高,便于结合和转换进攻技术动作,可适应不同距离和位置,而被广泛应用。

(1)动作方法:以右手投篮为例。右脚在前,左脚稍后,两膝微屈,重心落在两前脚掌上。右手五指自然分开,翻腕持球的后部稍下部位,左手扶在球的侧上方,举球于同侧头或肩的前上方,目视球筐,大臂与地面平行,小臂与地面垂直,大、小臂约成90度,肘关节内收。投篮时,下肢蹬地发力,身体随之向前上方伸展,同时抬肘向投篮方向伸臂,手腕前屈,手指拨球,将球柔和地从食、中指指端投出。球离手时,手臂要随球自然跟送,脚跟提起(图3-3-4)。

1.蹬地　　2.抬肘　　3.伸臂　　4.压腕拨球

图 3-3-4　原地单手肩上投篮(右手投篮)

(2)动作要点:蹬地、抬肘、伸臂、压腕拨球。

2. 原地双手胸前投篮

原地双手胸前投篮优点为出手力量大,稳定性好。不足的是出手点低,易被防守干扰。

(1)动作方法:双手持球于胸前,肘关节自然下垂,上体前倾,两膝微屈,两脚可平行或前后站立,重心于两脚之间,目视篮圈前沿。投篮时两脚蹬地,腰腹伸展,两臂上伸、手腕外展、拇指向前压送,用拇指、食指、中指将球拨出(图3-3-5)。

4　　　　3　　　　2　　　　1

图 3-3-5　原地双手胸(右手投篮)

（2）动作要点：腿、腰、臂自然伸直，双手均匀用力，中指、食指拨球。

（二）行进间投篮

行进间投篮在比赛中应用广泛，一般快攻、切入篮下投篮都可运用。依据2020年国际篮联最新公布的篮球规则：一名队员在移动中或在结束运球时拿球，他可以移动2步完成停步、传球或者投篮，具体如下。

队员获得控制球时正在接触地面的那只脚视为0步，随后，一只脚接触地面或双脚同时接触地面时就视为第1步。在队员确立了第1步后，当他的另一只脚接触地面或双脚同时接触地面时就视为第2步。队员可以跳起中枢脚（第1步）传球或投篮，但在球离手前，任意一只脚不得落回地面。

如果队员在第1步就完成了停步，此时他双脚站在地面上时，或是两脚同时接触地面时，他可以用他的任一只脚作为中枢脚进行旋转。如果随后他双脚跳起，那么在他球离手之前，任一只脚都不得落回地面。

如果队员第1步是一只脚落地，随即又跳起该脚，他可以双脚同时落地作为他的第2步。在这种情况下，该队员不可以再用任一只脚为中枢脚进行旋转。如果随后他的一脚或双脚离开地面，那么，在球离手前哪一只脚都不得落回地面。

如果队员双脚离开地面后又双脚同时落地作为第一步时，那么，在一只脚抬离地面的瞬间，另一脚只就成为中枢脚。

队员结束运球或获得控制球后，他不得用同一只脚或双脚连续地接触地面行进。

1. 行进间单手高手投篮

（1）动作方法：以右手投篮为例。右脚跨出一大步接球，接着左脚跨出一小步，腾空后，上体稍向后仰，右手向前上方伸直，当投篮手达到最高点时，食指、中指发力拨球（图3-3-6）。

微课

图3-3-6　行进间单手高手投篮(右手投篮)

（2）动作要点：跨步为一大二小三起跳，手臂上举，达到最高点出手。

2. 行进间单手低手投篮

(1)动作方法：以右手投篮为例。右脚腾空接球跨出一大步，接着左脚跨出一小步，降低重心，蹬地起跳，右腿屈膝上提。持球手指自然分开，托球下部，充分向球篮上方伸展。接近球篮时，手腕柔和上摆，中指与食指向上拨球将球投出(图 3-3-7)。

图 3-3-7　行进间单手低手投篮(右手投篮)

(2)动作要点：跨右脚的同时抱球，控制身体平衡；上篮时手腕柔和，手指拨球。

3. 勾手投篮

勾手是中锋在篮下的常用动作，它具有出手点高、远离对手的特点。

(1)动作方法：以右手投篮为例。接球或停止运球后，左脚向球篮方向跨一小步，同时以左脚为中枢脚，右脚用力蹬地并起跳，用左肩靠近防守队员，右腿屈膝上提，注视篮圈，左手离球，右手持球由胸前向右肩侧上方伸出，当举球至头的侧上方时，屈腕、压指，通过食指、中指拨球将球投出(图 3-3-8)。

图 3-3-8　勾手投篮(右手投篮)

(2)动作要点：非投篮手侧举护球，调整重心控制身体平衡，屈腕拨球。

4. 行进间反手投篮

可有效利用篮圈，减少防守的干扰，但对手指、手腕的发力和旋转要求较高。

(1)动作方法：以右手投篮为例。从球篮右侧超越篮下，右脚跨出一大步同时接球，左脚跨一小步并蹬地向上起跳。右腿屈膝自然抬起，上体成反弓形并抬头注视篮圈，双手向上举球过头时左手离球，右手托球向球篮方向伸出，右前臂外旋并屈腕，食指、中指和无名指拨球将球碰板投入篮圈(图3-3-9)。

微课

图 3-3-9 行进间反手投篮

(2)动作要点：第二步脚尖向球篮方向转动，用腕指的力量控制球的旋转和打板角度，左手抬起保护球。

(三)跳起单手肩上投篮

跳起投篮具有起跳突然、出手快、出手点高的特点，不易被防守，可在不同距离和角度下，与移动、传接球、运球突破等技术动作结合运用，可在原地、行进间急停或背对球篮转身后完成跳起投篮。

1. 原地跳起单手肩上投篮

(1)动作方法：以右手投篮为例，双手持球于胸腹之间，两脚左右或前后开立，两膝微屈，重心落在两脚之间。起跳时迅速屈膝，脚掌蹬地发力向上起跳，同时双手举球到右肩上方，右手持球，左手扶球左侧。当身体接近最高点时，左手离球，右臂向前上方伸展，同时用突发性力量屈腕、压指，食指、中指拨球，通过指端将球投出。球离手后身体自然落地，屈膝缓冲(图3-3-10)。

微课

图 3-3-10 原地跳起单手肩上投篮(右手投篮)

（2）动作要点：起跳垂直向上，起跳的同时将球上举，当身体接近最高点时出手。

2. 急停跳起投篮

进攻队员通过突然的急停摆脱防守，然后跳起投篮。急停跳起投篮分为接球急停跳起投篮和运球急停跳起投篮两种方法。

（1）接球急停跳起投篮

动作方法：在快速移动中接球，同时跳步急停或跨步急停，急停的同时突然向上起跳，两手持球迅速上举，当身体接近最高点时，前臂向前上方伸直，屈腕拨球。

动作要点：跳（跨）步急停接到球，屈膝蹬地突然起跳，同时举球至肩上方，伸臂屈腕，指拨球。

（2）运球急停跳起投篮

动作方法：在快速运球中，运用跳步或跨步急停的同时，突然蹬地向上跳起，双手持球上举。当身体接近最高点时，前臂向前上方伸展，屈腕拨球（图 3-3-11）。

图 3-3-11　运球急停跳起投篮

动作要点：运球、急停、抄球与起跳动作衔接要连贯协调，起跳突然，空中保持身体平衡。

（四）补篮

补篮是在球未中篮从篮板或篮圈反弹出来时，队员及时跳在空中直接托球或点拨球入篮的投篮方法。补篮分为单手补篮和双手补篮两种。在补篮前，要准确判断球的反弹方向及落点，然后用双手或单手将球点入或托入球篮。通常托球入篮命中率较高，但出手点低[图 3-3-12(2)]；点球入篮，出手快又高，但准确性较差[图 3-3-12(3、4)]。队员应根据场上变化和对抗程度选择适宜的补篮方式（图 3-3-12）。

图 3-3-12　补篮

（五）扣篮

扣篮的关键是队员要有良好的身体素质，扣篮对运动员的爆发力、弹跳力、手腕对球的控制力都有较高的要求。队员在空中将身体充分伸展后，屈腕把球自上而下扣入篮圈。扣篮可在原地跳起也可在行进间起跳后，用双手或单手将球扣入篮圈。球离手后特别要注意身体的控制和落地屈膝缓冲(图 3-3-13)。

微课

图 3-3-13　扣篮

三、投篮技术教学建议

(1)教师首先要使学生了解正确的投篮技术方法要点，形成正确的动力定型。在初学阶段，使学生重点掌握正确的投篮方法和全身协调用力。及时发现并纠正错误，使学生形成正确规范的投篮动作。

(2)突出重点，带动一般，合理安排，互相促进。教学中，应以原地单手肩上投篮和行进间单手投篮、跳起单手肩上投篮为基础，利用技能转移规律，带动对其他投篮技术的学习。

(3)根据各种投篮技术动作的内在联系，按照循序渐进的原则进行教学。投篮教学的一般顺序是：先学原地单手肩上投篮，行进间单手肩上低手、高手投篮，再学原地跳起单手肩上投篮和接球急停及运球急停跳起投篮。

（4）投篮技术的教学与训练应与脚步动作、传球、运球等其他技术结合练习，以提高学生的运用能力和应变能力。

（5）在学生掌握正确的投篮技术的同时，要安排对抗条件下的投篮练习，提高在有防守情况下运用技术的能力。

四、投篮技术练习方法

（一）原地投篮

（1）原地徒手做投篮动作的模仿练习，体会动作方法。

（2）两人一组对投。如图 3-3-14 所示，两人一组一球，做模拟对投练习，距离由近到远。

（3）正面定点投篮。如图 3-2-15 所示，每人一球，自投自抢篮板球，依次进行。

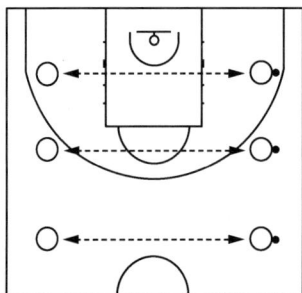

图 3-3-14　原地两人对投

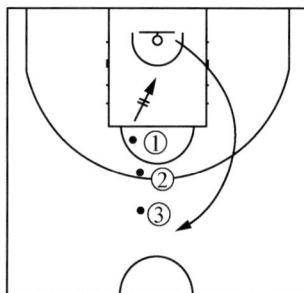

图 3-3-15　正面定点投篮

（二）行进间投篮练习

（1）徒手慢跑做行进间投篮模仿练习。

（2）运球接行进间投篮练习。如图 3-3-16 所示，学生每人一球，列队于半场的一侧，运球 2～3 次接行进间投篮，自抢篮板球后运球回队尾。

（3）半场传、接球行进间上篮练习。如图 3-3-17 所示，学生每人一球，②传球给①，①向篮下切入接回传球行进间投篮，自抢篮板球排到队尾。依次进行。

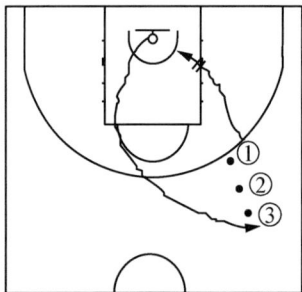

图 3-3-16　运球接行进间投篮

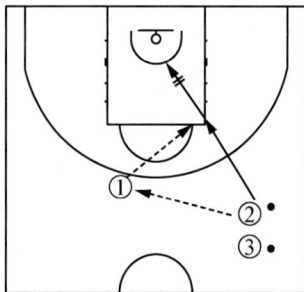

图 3-3-17　传、接球行进间上篮

（4）两人一组行进间传球至中线，将球传给位于中圈的教师，教师随意抛球，谁抢到球，谁快速运球上篮，另一名同学追赶运球人。

（三）跳投

1. 模拟跳投练习

两人一组一球，做模拟跳投练习，距离由近到远。

2. 罚球线原地跳投练习

学生每人一球列队于罚球线后，按顺序原地跳投，自抢篮板球后回队尾。

3. 运球急停跳投练习

如图 3-3-18 所示，运球 2～3 次之后急停跳投，自抢篮板球后运球回队尾。

4. 连续投抢练习

如图 3-3-19 所示，三人一组用两球，①持球投篮后自抢篮板球，与此同时，②移动接③传球投篮，③传球给②后向②的位置移动接①传球投篮。每个人移动接球投篮后，立即抢篮板球并传给手中无球的队员。保持练习的连续性，依次进行。

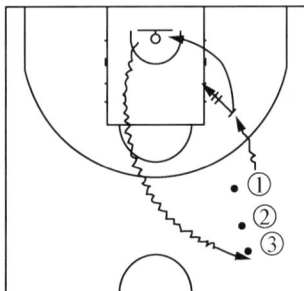

图 3-3-18　运球急停跳投

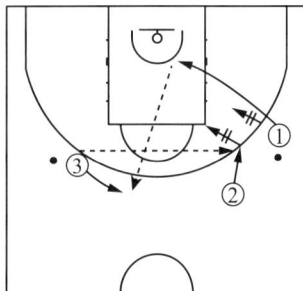

图 3-3-19　两点移动接球急停跳投

5. 快速移动中接球急停跳投

如图 3-3-20 所示，队员在端线排成一队，①不拿球，全速跑向中线后折回至罚球线附近，接②的传球急停投篮，自抢篮板球至队尾，然后②跑向中线后折回接③的传球投篮，依次练习。此练习可两侧同时进行。

6. 在防守干扰下投篮

如图 3-3-21 所示，③移动中接①的传球后急停快速投篮，①传球后迅速上前封盖，③抢篮板球至②的后面，①封盖后去④的后面，①和③交换位置。

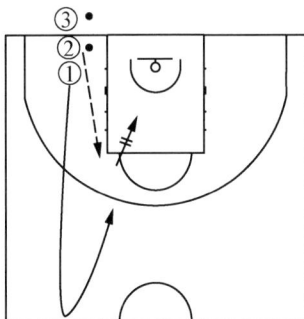

图 3-3-20　在防守干扰下投篮

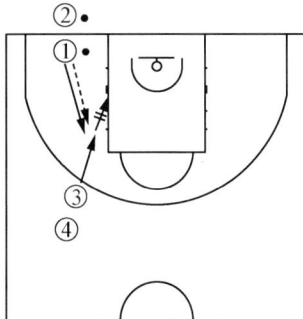

图 3-3-21　快速移动接球急停跳投

五、易犯错误与纠正方法

(一)易犯错误

(1)持球肘关节外展，导致上肢各关节运动方向不一致。

(2)持球手法不正确，五指没有自然分开，用手心托球。

(3)投篮时抬肘伸臂不够，导致手臂前推，抛物线过低。

(4)行进间单手肩上投篮时，第二步过大，身体前冲。

(5)行进间低手上篮时，手腕上挑及手指用力不明显。

(6)急停跳投时身体重心不稳，导致上下肢配合不协调，动作不连贯。

(7)跳起投篮时，身体前冲，投篮出手过早或过晚。

(二)纠正方法

(1)重复讲解和示范投篮的动作要点，使学生了解投篮动作的基本结构，建立明确概念。让学生多做徒手投篮练习，体会协调用力和掌握动作节奏。

(2)以投篮手臂靠近墙壁做徒手或持球的投篮模仿练习，纠正肘部外展。

(3)让学生垂直向上投球，要求越高越好，使学生体会蹬地抬肘拨球的用力感觉。也可让学生两人一组坐在地上或原地站立相互对投，要求球飞行的弧度大于45度。

(4)用信号刺激，如用"抬肘、伸臂、压腕"等词语纠正肘关节过早前伸、伸臂不充分以及屈腕、拨指不够或球不旋转等错误。用"一大二小三上跳""提膝""出手"等语言信号提示学生跨步接球、起跳、出手时机等。

(5)教师在篮下适当位置画一条线，要求学生行进间投篮出手后，落地不得超越此线。

(6)多做行进间投篮出手动作的分解练习，如原地做手腕上挑、手指拨球练习。

第四节 运球技术

一、运球技术分析

运球技术是指持球队员在原地或移动中用单手连续按拍球的一种动作方法。它是篮球基本技术之一，其动作包括身体姿势、手臂动作、球的落点和手脚协调配合四个环节。

（一）身体姿势

运球的身体姿势一般是两脚前后开立，两膝弯曲，弯曲程度与运球高低有关，上体微前倾，抬头平视，非运球手臂平抬，用以保护球。

（二）手臂动作

运球时，五指张开，扩大与球的接触面积，手心空出。按拍球时，球的反弹力量和速度由按拍的力量大小决定，球的落点及反弹方向由按拍球时，五指与球的接触点决定。通常，原地运球时，按拍球的上方；变向运球时，按拍球的侧上方；向前运球或向后运球时，按拍球的后上方和前上方。高运球时，以肘关节为轴，大臂发力，带动小臂和手腕、手指，球可反弹于腰部以上；低运球时，只依靠小臂和手指手腕的力量，按拍球的力量较小，球一般反弹在膝关节以下，但速度较快。

（三）球的落点

运球队员应利用自身的臂、腿、躯干保护球，球的落点应随防守距离、姿势和运球方式的不同而变化。无人防守或消极防守时，球的落点应在身体的侧前方；被紧逼防守时，球的落点控制应在身体的侧后方或侧方，侧对防守人运球，使球远离防守人，以便更好地保护球和抓住时机变换运球方法突破防守。

（四）手脚协调配合

运球时，既要求人的移动速度和球的运行速度协调一致，又要使运球队员保持合理的动作节奏。在移动速度不变的情况下，能否保持脚步动作和手部动作协调一致，关键在于按拍球的部位、落点的选择和力量大小的运用。脚步移动越快，按拍球的部位越靠近球的后侧。

运球是吸引对手、突破防守队员、发动快攻、组织并调整战术配合的重要手段。现代篮球运动中，运球技术的最大特点是重心低、侧身护球、蹬地启动速度快，并具有攻击性。

二、运球技术方法

依据 2020 年国际篮联公布的最新篮球规则，队员获得控制球时正在接触地面的那只脚视为 0 步，随后，一只脚接触地面或双脚同时接触地面时，就视为第 1 步。在队员确立了第 1 步后，当他的另一只脚接触地面或双脚同时接触地面时，就视为第 2 步。一名在移动中接到球的队员开始运球，他应在第 2 步（脚接触地面）之前使球离手；队员结束运球或控制球后，他不得用同一只脚或双脚连续地接触地面行进。

（一）高运球

高运球是进攻队员在没有防守干扰的情况下，为了加快向前场推进的速度，并在进攻中调整进攻速度和攻击位置时常采用的一种运球方法。其特点是按拍球的力量大、反弹高度高、便于控制、行进速度快(图 3-4-1)。

(1)动作方法：运球时，两腿微屈，上体稍前倾，眼平视，以肘关节为轴，前臂自然屈伸，用手腕、手指柔和而有力地按拍球的后上方。球的落点在运球手臂同侧脚的外侧前方，使球反弹的高度在胸、腹之间。

图 3-4-1　高运球

(2)动作要点：手、脚配合协调，按拍球的部位要合理。

(二)低运球

(1)动作方法：降重心，两腿深屈，上体前倾，身体半蹲，目视前方，非运球的手臂架起，用手腕和手指短促地按拍球的后上方，球的落点在体侧，用上体和腿保护球，球反弹的高度在膝关节以下，便于控制球和摆脱防守继续前进(图 3-4-2)。

图 3-4-2　低运球

(2)动作要点：降重心，目视前方，上下肢协调配合，保护球。

(三)运球急停急起

(1)动作方法：在快速运球中突然急停时，采用两步急停，手拍按球的

微课

前上方使球停止向前运行。运球急起时，两脚用力蹬地，上体急剧前倾，迅速启动，同时按拍球的后上方，人、球同步快速前进(图 3-4-3)。

图 3-4-3 运球急停急起

(2)动作要点：重心转移快，脚蹬、抵地有力，按拍球的部位要正确，手、脚、躯干协调一致。

(四)体前变向不换手运球

(1)动作方法：体前变向不换手运球是通过上体的虚晃和左右拨球动作不换手变向突破防守的一种运球方法。以右手运球为例，变向时，左脚向左侧半步，将球从身体的右侧拨向体前中间的位置，同时，头和上体向左做虚晃动作，吸引防守。当防守人向右侧偏移重心时，运球队员迅速用手腕将球拨回右侧，左脚迅速向右前方蹬地跨出，从防守人的左侧迅速超越(图 3-4-4)。

微课

图 3-4-4 体前变向不换手运球(右手运球)

(2)动作要点：拉球动作迅速有力，脚步灵活、协调。

(五)体前变向换手运球

(1)动作方法：以右侧突破为例。先向防守队员的左侧运球，当防守队员向左侧移动时，运球队员突然改变球的方向。在变向时，右手按拍球的右后上方，由身体的右侧按拍至左前方，同时，右脚向左前方跨出，转右肩，用肩背挡住防守队员，保护球，然后左手拍击球的正后方，左脚蹬地，快速向前推进(图 3-4-5)。

微课

图 3-4-5　体前变向换手运球

（2）动作要点：重心降低，转肩蹬地速度快。

（六）背后运球

（1）动作方法：当紧逼防守，无法采用体前变向摆脱防守时，可用背后运球改变前进路线，借以突破防守。以右手背后运球，向左手变方向为例：右脚向前跨出，右手将球拉到右侧身后，旋转手腕，迅速拍击篮球的右侧后方，使球从背后反弹至左脚的侧前方，同时左脚快速蹬地，加速将球向前推进（图 3-4-6）。

微课

图 3-4-6　背后运球（右手变左手）

（2）动作要点：快速转移重心，拉球动作协调。

（七）胯下运球

（1）动作方法：当遇到紧逼防守，可通过胯下运球摆脱防守人。以右手变向到左手为例。变向时，左脚在前，右手拍击球的右侧上部，使篮球从两腿之间反弹至身体左侧，然后左手迅速运球，拍击球的后上方，左脚蹬地，加速向前推进（图 3-4-7）。

微课

图 3-4-7　胯下运球（右手变左手）

（2）动作要点：降低重心，球落点适宜。

(八)运球转身

(1)动作方法：当防守者逼近并封堵运球一侧时，可利用转身运球摆脱防守。以右手运球为例，变向时，左脚向前跨出，右手按拍球的上方，然后以左脚为轴后转身，在转身的同时，右手将球拉至身体的后侧方，在右脚落地的同时，换左手运球拍击球的后上方，同时左脚快速蹬地，向前推进，摆脱防守(图 3-4-8)。

图 3-4-8　运球转身(右手运球变左手)

(2)动作要点：贴近防守人，身体协调连贯，重心降低。

三、运球技术教学建议

(1)运球的教学顺序为：原地运球—行进间直线高、低运球—运球急停急起—体前变向运球—背后运球—转身运球。

(2)在教学中，强调运球时抬头，观察场上情况，并加强对学生弱侧手的训练。

(3)提高控球和手脚协调配合能力，教学中，注重基础的球性练习及脚步动作的灵活性练习。

(4)教学中，循序渐进，增加组合运球，同时提高速度和对抗要求，提高学生运球能力。

四、运球技术练习方法

(一)原地运球基本练习

(1)原地高运球、低运球。

(2)体前左右手交替变向运球。

(3)体前、体侧推拉运球

(4)两腿分开，原地单手围绕两腿 8 字形运球。

(5)对墙曲臂连续运球。

(6)坐地运球：①两腿并拢，在两腿外侧左右运球；②两腿分开，右手从右边、中间、左边运球，交给左手再从左边、中间、右边连续运球。

(7)原地胯下左右变向运球。

(8)原地背后换手变向运球。

(二)行进间运球

1. 直线高低运球

学生 8 人一组站于端线，听到哨声迅速起动，直线高运球推进，第二次听到哨声变为行进间低运球，第三次听到哨声变为行进间高运球，如此交替到达对侧端线。

练习要求：落球点在侧前方，身体姿势正确，不运球的手臂保护球。

2. 运球急停急起

图 3-4-9 为运球急停急起的练习路线图，学生每人一球，分成若干组依次练习。练习由教师鸣哨开始，再次听到哨声即做急停急起或变速运球，进行到对侧端线为止。

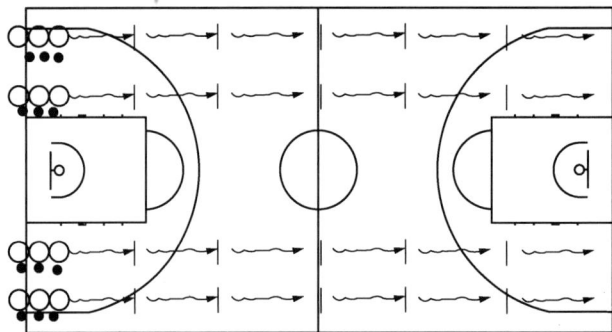

图 3-4-9　运球急停急起

练习要求：体会手指、手腕控制球的部位，运球手法正确，与脚步动作协调配合，控制好运球中的身体重心。

3. 全场变向运球练习

如图 3-4-10 所示，学生每人一球，分成两组于两侧端线站立，场地内设置标识桶，运球到标识桶前做变向运球，换手运球继续前进，一直到前场最后一个标识桶。

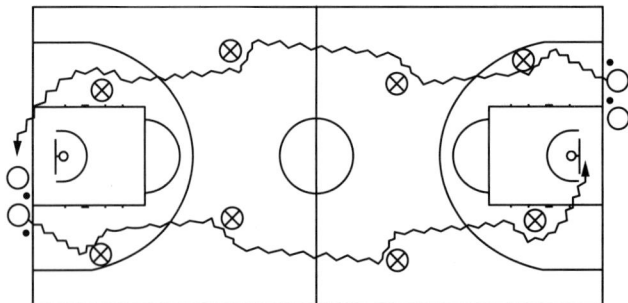

图 3-4-10　全场变向运球

练习要求：运球过程中始终保持适当的身体姿势。变向和转身时要控制重心以保持平稳，动作快速突然，加速动作明显，有明显的节奏感。

4. 报数运球

学生 8 人一组从端线高运球或低运球直线推进，教师站在学生前面，随着学生的前进而后退，并用手势随意打出 1~5 的数字，学生边运球边报数。

练习要求：学生不能抱球，不可掉球，报数声音响亮、及时。

5. 半场对抗运球

根据学生人数，使用半块篮球场或二分投篮的区域，让学生在运球的同时找准时机抢打别人的球，并保护自己的球。

练习要求：积极主动，不可运球违例或者犯规。

6. 全场运球一攻一守练习

如图 3-4-11 所示，学生两人一组用一球。两侧端线同时进行，运球一对一至中线，将球传给固定传球人 ▷，然后徒手摆脱防守，接回传球运球上篮。

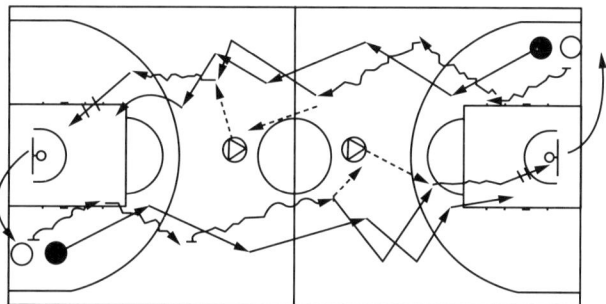

图 3-4-11　全场运球一攻一守练习

练习要求：进攻者要灵活运用各种运球过人技术，在中场附近适时地将球传给教师。初学阶段，防守人只准堵位，不准抢打球。随着技术水平的提高，逐渐由消极防守转为积极防守。

五、运球易犯错误及纠正方法

（一）易犯错误

(1)运球时掌心触球，手型错误，不主动迎送球。

(2)运球时习惯低头看着球，无法观察场上变化。

(3)降重心时，低头弯背，膝关节不弯曲。

(4)运球时用手打球，不是用手腕、手指按拍运球。

（二）纠正方法

(1)学生可通过观看录像慢动作回放或教师的示范动作，结合技术动作要领，反复模仿正确动作。

（2）练习中可通过放置障碍物、报数等方式迫使学生抬头运球。

（3）让学生多进行熟悉球性的练习。

第五节　持球突破技术

持球突破是持球队员合理运用脚步动作和运球技术，快速超越对手的一项攻击很强的技术。在比赛中娴熟掌握突破技术可以直接切入篮下得分。突破时掌握好时机并与投篮、传球等技术动作有机结合起来，不仅使突破技术更加灵活多变，也能打乱对方的防守部署，为自己和全队创造极好的上篮机会。持球突破是应对扩大防守的有效武器，是小个子球员打大个子球员最为行之有效的方法。

持球突破依据动作结构可分为持球交叉步（异侧步）突破、持球顺步（同侧步）突破、持球前转身突破和后转身突破。教学及比赛中用得较多的是交叉步和同侧步突破，本节将着重介绍它们。

一、持球突破的动作方法

（一）持球交叉步（异侧步）突破

（1）动作方法：以左脚做中枢脚为例。突破时，降低重心，右脚向前方跨出半步，做向右突破的假动作，当对手重心向左移动时，右脚掌内侧迅速蹬地，向对手右侧跨出一大步，上体左转探肩，贴近对手，向右脚左斜前方推放球，左脚迅速蹬地跨步，加速运球超越对手（图 3-5-1）。

微课

图 3-5-1　持球交叉步突破（左脚为中枢脚）

（2）动作要点：假动作要逼真，真动作要快，动作连贯。

（二）持球顺步（同侧步）突破

（1）动作方法：以左脚做中枢脚为例。突破时，降低重心，右脚向右前方跨出一步，向右转腰探肩，重心向前移，右手将球推放于右侧前上方，左脚前脚掌迅速蹬地，向右前方跨出的同时运球加速超越对手（图 3-5-2）。

图 3-5-2　同侧步突破（左脚为中枢脚）

（2）动作要点：起动突然，跨步、推放球快，中枢脚离地前球要离手。

（三）后转身持球突破

（1）动作方法：以左脚做中枢脚为例。背向球篮站立，两脚平行（或前后）开立，两腿弯曲，重心降低，两手持球于腹前。突破时，以左脚为轴转身，右脚向侧后方跨步，上体右转，脚尖指向侧后方，右手向右脚前方放球，左脚内侧迅速蹬地，向球篮方向跨出，运球突破防守。

（2）动作要点：降低重心，转身与放球同步，动作连贯。

二、持球突破教学建议

（1）持球突破教学，首先要讲清楚动作结构特点与持球突破在比赛中的作用，强调各个技术环节的相互衔接。

（2）教会学生两脚均能作中枢脚，并能及时地向不同方向突破。

（3）在掌握持球突破技术基础上，要把突破技术与其他技术进行组合练习，提高突破与上篮、投篮、分球结合运用的能力。

（4）持球突破是在快速移动中同防守队员激烈对抗抢占有利位置的一项攻击性技术。因此，要注意培养学生勇猛顽强、敢于突破对手的战斗作风和拼搏精神。

（5）在教学中要强调持球突破的技术规范，要求反应快、起动快、动作衔接连贯，中枢脚离地之前，球要离手，切不可养成突破时带球跑的习惯。

（6）要将意识的培养贯彻在教学全过程中，使学生善于判断、掌握和利用各种突破时机，并在比赛中及时、合理地运用，并能在突破过程中，始终用眼睛的余光观察场上情况。

三、持球突破技术的练习方法

（一）突破的步法练习

（1）原地徒手或者用球做持球突破的各种脚步练习。可分小组练习。

（2）每人一球，利用假动作做交叉步、同侧步突破的脚步动作练习，主要体会持球突破的四个技术动作环节的连贯性。

（3）向前方、侧方自抛球，然后移动，跳步急停后，练习不同的突破动作。

（二）无防守情况下的持球突破练习

1. 原地持球突破练习

十人一组，每人一球，位于三分线45度角处，成一纵队。练习开始时，排头做原地持球交叉步或同侧步突破后运球上篮。投篮后抢篮板球运球至队尾，依次练习。

2. 自抛自接做持球突破练习

每人一球，位于三分线45度角处，成一纵队，第一个学生抛球后上步接球急停做交叉步、同侧步突破练习，然后上篮，抢篮板球到队的末尾，依次练习。

（三）有防守情况下的持球突破练习

1. 三人做连续突破练习

如图3-5-3所示，三人一组一球，①持球做投篮、突破假动作吸引防守，然后做同侧步或者交叉步突破，向前传给②，并立即防守②，②接球后用同样方法突破①，向前运球传给③并防守③，三人轮换防守，依次练习。

2. 接球急停突破上篮练习

如图3-5-4所示，①传球给❶后，做跳步急停接❶的传球，根据❶的防守位置，利用交叉步或者同侧步持球突破上篮，自抢篮板球后排至队尾。依次进行，练习若干次后换人防守。

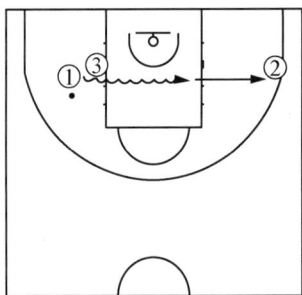

图 3-5-3　三人连续突破练习　　　　图 3-5-4　接球急停突破上篮

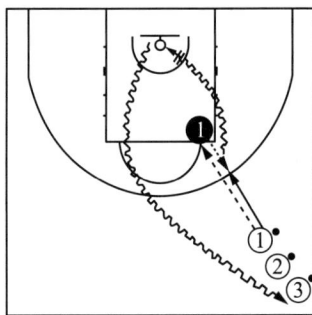

3. 接侧向球急停突破上篮练习

如图3-5-5所示，❶为防守队员，②持球，②传球给①后上步接球急停，逼近❶，根据

❶的防守情况，运用交叉步或同侧步迅速突破上篮，②进攻后至❶的位置进行防守，❶抢板球后运球至队尾，依次练习。

4. 插上接球后突破上篮练习

如图 3-5-6 所示，②为传球者，❺为防守者，③摆脱❺背对球篮接球后，根据防守位置情况，可做前、后转身突破或者转身做交叉步或同侧步突破上篮。③投篮后至❺位置防守，❺抢到篮板球后传给②，至队尾。

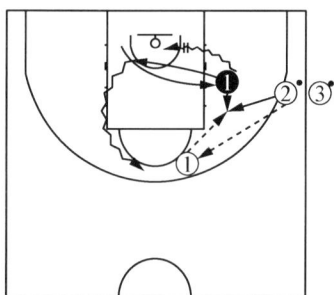

图 3-5-5　接侧向球急停突破上篮　　　　图 3-5-6　插上接球后突破上篮

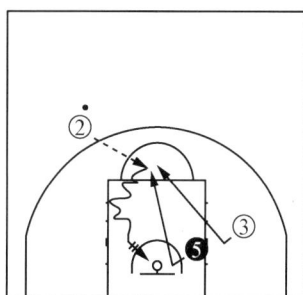

（四）持球突破技术综合练习

1. 一攻一守持球突破练习

两人一组一球，半场一对一攻防，防守者要紧逼持球人，进攻队员尽量运用持球突破技术进攻。

2. 半场二对二、三对三攻守练习

防守人盯人，不许换人。进攻队员先消极防守，主要利用投篮和突破结合技术来进攻。随着练习次数和练习成功次数的增加，学生进行积极防守，攻守交换。

四、易犯错误及纠正方法

（一）易犯错误

(1)突破时双脚移动，中枢脚离地过早。

(2)突破时，侧身、探肩不够，跨步时身体挺直或远离防守，蹬跨无力。

(3)突破时放球手或球的落点不对。

(4)交叉步突破时，脚尖未对准突破方向。

(5)蹬地、探肩转体、放球和加速配合脱节。

(6)持球突破时，有恐惧心理形成了绕切。

（二）纠正方法

(1)进行正确示范，讲解规则要求，使学生明确中枢脚概念；剖析造成原因。

(2)让学生多做徒手模仿练习，体会动作要领，例如：两脚开立，足跟稍提起，做身体重心向左、右脚转移练习；基本姿势站立，做向左、右侧前跨步，再还原成基本姿势的反复练习。

（3）让学生在慢速中做持球突破练习，逐步提高突破的速度。

（4）讲解跨步时转体探肩的目的和作用，使学生明确跨步的方向和身体姿势；进行正确示范。

（5）讲清突破时移动的路线、放球时间、球的落点和反弹高度等方面的要求。应强调指出适宜落点应该是便于保护、控制球和加速超越对手的点，并进行正确示范。

（6）学生两人一组，一人持球，一人打开双臂平举，持球突破的人必须经防守人手臂下突破，以降低身体重心。

第六节　防守技术

防守技术是队员在防守时为了阻扰和破坏对手的进攻，达到夺球反攻的目的所采取的各种专门动作的总称。当代篮球防守技术的发展，强调攻击性防守，要求球员必须勇猛、凶悍、机智、果断，具有压倒对方的气势，主动去控制对方的进攻，给进攻球员造成心理上的压力，从而导致其运球、传球或投篮失误。因此，对每一个运动员的防守意识、身体、技术等方面提出了更高的要求。个人防守技术的好坏反映一名队员防守能力的强弱，个人防守能力是全队防守的基础，只有成功地完成一防一的任务，才能更好完成全队整体防守的任务。因此，防守技术是一项不可忽视的篮球技术。防守技术分类如图 3-6-1 所示。

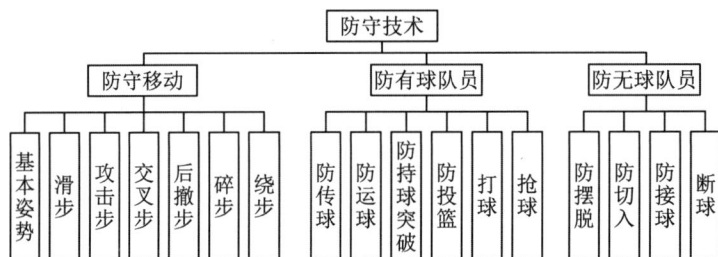

图 3-6-1　防守技术分类

一、防守有球队员

持球队员经常是最有威胁的队员。为了有效地抑制对方进攻，一旦对手接到球，防守者就要及时调整与对手的位置和距离，干扰和破坏其投篮，堵截其运球突破，封锁其助攻传球，并积极地抢、打球以争取控球权。防守有球队员的技术分为防传球、防运球、防持球突破、防投篮和打球、抢球。

(一)防守有球队员的技术分析

防守有球队员由位置与距离、防守姿势、移动步法和抢打球等环节组成（以人盯人防守为例）。

1. 防守的位置与距离

防守有球队员时，防守人应站在对手与球篮之间，做到人球兼顾。一般而言对手离球篮近则防守者应离对手近些，对手离篮远则防守者离对手也要远一些，防守时注意对手的假动作。根据对手的进攻技术特点，调整好防守距离。

2. 防守姿势

防守姿势分为平步防守和斜步防守两种。平步防守时，两脚平行站立，比肩稍宽，重心降低，置于两脚之间，两手臂侧伸，五指张开，两脚处于起动状态。这种防守姿势的优势在于占据面积大，攻击性强，便于左右移动。适合于防守运球突破。

斜步防守时，两脚前后斜步站立，前脚同侧手臂向前上方伸出，另一手臂侧伸，重心置于两脚之间，屈膝收腹，两脚处于起动状态。这种防守姿势便于前后移动，对防投篮会比较有利。

3. 移动步法

防守有球队员的脚步动作与对手接球时所处的位置有直接关系。如果队员距球篮较近，要快速前滑步逼上，举手防守其投篮；如果持球队员距离球篮较远时，要迅速跟上，采用平步防守阻止其持球突破，并随时根据对手的变化采用攻击步、后撤步、交叉步等防守步法。

4. 抢球、打球

准确的判断是有效地抢球、打球的前提。首先应看准球所在的位置、球的移动路线，了解对方的配合、意图及习惯动作，然后不失时机地、准确地出击。抢球时，起动要突然，移动步伐要快。不管是抢球、打球或者断球，突然性很重要，准确地判断和解读对手的意图也很重要，它是抢、打、断球成功与否的关键。但是不能贸然出击，否则会失去防守位置，从而落入被动境地。

(二)防守有球队员的动作方法

1. 防传球

防传球的重点应放在不让对手轻易地把球传向篮下有攻击威胁的内线区域。当进攻队员接球后，防守队员首先要正确选择位置，保持适当距离和调整好身体重心，眼不离球，根据对手的位置、动作和视线，判断其传球意图，挥动手臂进行干扰封堵，特别要防范对手向内线渗透性地传球，尽可能迫使其做转移性传球。如果进攻队员运球成"死球"时，应立即逼近，封其传球出手路线。当对手传球出手后，千万不要看球不看人，要防止其摆脱切入。

2. 防运球

防运球的主要任务是降低其运球速度，改变其运球方向，防守其运球突破。防运球应遵循两条原则：一是堵中放边，控制其速度；二是堵强手，迫使其换弱手运球，变被动为主动。为了扩大防守面积，应采取平步防守姿势。防守中不要用交叉步移动，要用撤步与滑步，要抢在运球者的前面半步到一步距离进行阻堵，迫使其向边线、场角或双方队员比较拥挤的地方运球。在这个过程中，不要轻易去打球，以免失去平衡或犯规。当进攻队员利用变速变向、急起急停等方法来摆脱防守时，在他变换动作时要及时抢前向后移动，占据好有利位置和控制好身体平衡，合理而迅速地变换步法继续进行阻截。

3. 防持球突破

对面向球篮和背对球篮的持球队员，要分别采取不同防守方法。

防守面向球篮的持球队员时，要注意进攻队员接球的瞬间，往往是最有威胁的时候，特别是跳步急停接球，常常利用错位进行突破。此时，防守队员要根据对手的习惯、技术特点(突破方向、假动作等)，判断其中枢脚和可能的突破方向，不受其假动作的欺骗，并结合对手接球的位置以及同伴防守位置的情况来采取相应对策。一般采用斜步防守姿势，堵强手，放弱手，保中路，放两边，迫使对方改变方向，变换突破步法，降低起动速度。若对手接球时离篮圈较远，没有投篮威胁时，防守者可距离对手稍远些。当对手跨出第一步时，防守者要抢前后撤至对手的侧前方，要快而凶狠。当对手跨出第二步时，要迅速用力蹬地，利用滑步紧贴对手，使其不易加速，阻止其起跳并伺机打球。

防守在近篮区背向或侧向球篮接球的队员时，不宜紧靠对手，要有适当的距离，根据进攻人的位置、进攻特点、意图和球的方向选择有利的防守位置。一般应适当降低重心，一只手臂屈臂顶在对手的腰部，另一手臂干扰对手的传球。对手接球后如果是两脚前后站立的，可以以后脚为中枢脚转身突破，但必须对其转身一侧多加防范。当他转身突破时，防守队员随之后撤，此时用侧滑步阻截。如果对手接球时两脚平行站立，要注意对手的假动作和向两侧转身的突破。

4. 防投篮

防投篮时，防守者在对手接球瞬间要到达防守位置，站在对手与球篮之间，采用斜步防守，同对手保持一臂距离，一手臂前伸，干扰进攻队员投篮的意图，迫使其改变动作，另一臂伸向侧方，防对手运球或传球。要准确判断对手的进攻意图，不要被其假动作迷惑。在进攻队员起跳前，不应抬高自己的身体重心。当对手起跳投篮时，防守者应及时起跳，干扰其投篮弧度，并争取"盖帽"。

5. 打球

打球是指击落对方手中球的方法，包括打原地持球队员手中的球、打运球队员手中的球和打行进间投篮队员手中的球三种情况。

（1）打原地持球队员手中的球（图 3-6-2）

打原地持球队员手中的球有自上向下和自下向上两种打球方法。打球时，一般采用球运动的反方向迎击，这样可以借助反向合力增大击球力量，容易将球击落。要求是手臂出击动作要快，判断要准确。

| 1 | 2 | 3 | 4 |

图 3-6-2　打原地持球队员手中的球

（2）打运球队员手中的球（图 3-6-3）

当运球队员向前推进时，防守者应在滑步抢位堵截的同时，在球从地面弹起的瞬间，突然用左手，以短促有力的动作从侧面将球打出，并及时上前抢球。

| 1 | 2 | 3 | 4 |

图 3-6-3　打运球队员手中的球

（3）打行进间投篮队员手中的球（图 3-6-4）

进攻队员运球上篮时，防守者侧身跟随运球队员，当对方起步上篮跨出第二步，把球由体侧移到腰腹部位的瞬间，防守者可用左（右）手自上向下的斜击方法将球打落。注意避免犯规。找准时机、迅速出手，手臂撤离要快。

| 1 | 2 | 3 | 4 |

图 3-6-4　打行进间投篮队员手中的球

6. 抢球(图 3-6-5)

抢球是从进攻队员手中夺球的方法，多在防守者离持球者近，而且持球者保护球保护得不好时运用。当进攻队员停止运球、接球或抢到篮板球落地时，防守者趁其保护不当出其不意地将球抢过来。抢球时动作要快而狠，果断有力，当手指接触球或控制球的同时，利用拧、拉和身体扭转力量，同时手臂要迅速向腰腹回收，将球抢夺过来。

图 3-6-5　抢球

(三)防守有球队员技术的教学建议

(1)树立积极防守的思想，培养积极主动、富有攻击性防守意识，树立敢于拼搏、不怕苦不怕累的防守作风。

(2)在教学与训练时，教师须先讲解、示范防守位置、距离、姿势和步法，使学生建立明确的概念，再教单个技术与组合技术。要充分利用现代电化教学手段以及观看录像、技术挂图、现场操作等手段，帮助学生建立正确的动作概念。

(3)先在消极进攻情况下练习，然后在积极对抗的情况下练习。防守有球队员和无球队员要集合起来练习。

(四)防守有球队员技术的练习方法

1. 一攻一守脚步移动练习

两人一组，一攻一守，相距 2～3 米，进攻队员抛接球或接防守人的传球，防守人迅速逼近对手，进攻队员开始做运球突破、投篮假动作时，防守人练习防突破、防投篮的撤步、上步及横滑步等动作。练习一定次数后，攻守交换。

要求：防守队员要保持正确的防守姿势，判断准确，积极运用防守脚步动作堵截对手，反应敏捷，移动快速。

2. 原地抢球、打球练习

两人一组，持球学生在原地做投篮、突破结合的脚步动作，防守者体会抢球、打球动作要领。练习数次后，攻防交换。

要求：要保持正确的防守位置和姿势，控制身体平衡，抢、打球动作果断，主要以小臂、手指短促动作突然抢、打球。

3. 防中投练习

两人一组用一球，进攻者距篮 6 米站位，防守者将球传给进攻者，立即进行防守，进攻者可做投篮、突破结合动作，或者原地起跳投篮，或者向左右拍一次球急停跳投。防守者练习防中投动作。练习一定次数后，攻守交换。

要求：防守者保持正确位置，判断对手起跳投篮出手的时机，迅速做出打或盖的反应行动。

4. 全场一对一攻守练习

学生两人一组，进攻队员运球突破，防守队员运用各种防守脚步动作积极进行防守，保持有利防守位置并伺机抢、打球。一旦防守者被突破后，迅速用撤步、交叉步追防，力争尽快重新占据有利的防守位置。投篮后，两人交换。

要求：防守者要始终与进攻者保持一臂距离，判断准确，移动快速，不犯规。

(五)易犯错误及纠正方法

1. 易犯错误

(1)防守时移动脚步慢，当无球队员接到球时，防守不能及时到位，或上步前冲过猛。

(2)对手投篮时不举手干扰封盖或者封盖时挥臂幅度过大，造成犯规。抢球时机判断不准确，易失位。

(3)抢、打球前，时机判断不好，过早地暴露了行动意图。起动慢，移动步频不快，抢、打球动作缺乏突然性。

(4)防突破时，身体重心不稳，手脚配合不协调，容易受到对手假动作的迷惑。当对手突破时，脚步移动慢，轻易放弃防守或造成犯规。

(5)防守的位置、距离选择不恰当，防守动作易犯规。防运球时脚步移动慢，不敢贴近对手，用手臂拦截而脚步不移动，盲目掏打球。

(6)防守者不能及时观察、判断对手的意图。

2. 纠正方法

(1)通过反复讲解使学生建立正确的防守有球队员的观念，多做分解示范，使学生看清楚防守位置的选择、防守的姿势及防守对手突破的动作方法。

(2)学生 2 人一组一球，持球人原地做运球、准备投篮动作，防守者根据对手所做动作，做相应的防守练习。

(3)强调防守时注意力集中。可采用二攻二守，三攻三守的练习，要求进攻者在固定位置传接球，强调防守者随球转移，及时移动，做到球到手，人到位，球传出后立即后撤，人球兼顾，提高脚步移动速度和控制重心的能力，增强有球防守、无球防守的转换意识。

（4）提高脚步移动速度和灵活性。强调防运球的正确姿势，要抢先移动，用躯干堵截运球。开始练习防运球时，只要求迅速移动跟防，不准用手打球，待脚步移动熟练后再提出掏打球的要求。

二、防守无球队员

在篮球比赛中，防守队员绝大部分时间是防守无球队员，它的主要任务是不让或少让对手在有效的攻击区域内接球，尽可能地抢断、干扰传向自己所防对手或穿越自己防区的球。同时，限制对手的空切与掩护，力争达到破坏进攻、争取控球权的目的。根据无球队员移动和切入的意图和路线，防守无球队员的技术可分为防摆脱、防切入、防接球和断球四种。

（一）防守无球队员技术分析

防守无球队员由防守的位置与姿势、移动步法和断球等环节组成（以人盯人防守为例）。

1. 防守位置与姿势

防守无球队员时，防守队员必须根据球和自己所防对手所处的位置来确定和调整自己的防守位置。防守队员为了做到人、球兼顾，始终要坚持"球—我—他"的选位原则，站位于对手与球篮之间偏向球一侧的位置上，与球和所防对手三者成钝角三角形，防守者始终位于钝角处，所防对手和持球进攻队员一定要在视野范围内。防守者与对手的距离要和对手距球的远近成正比，做到对手离球近则近，离球远则远，人、球兼顾，控制对手接球。根据球和对手所处的位置，防守无球队员可分为强侧（有球侧）防守和弱侧（无球侧）防守两类。

（1）强侧防守：当防守的对手处在强侧时，因其临近球，随时都有接到球的可能。为了全力封锁对手接球，同时又能控制对手向篮下切入，防守者应站在球与自己所防对手的传球路线的内侧位置，逼近对手（图 3-6-6）。经常采用面向对手侧向球的斜前站立姿势。靠近球侧的脚在前，屈膝，重心在两脚之间，便于随时启动，堵截对手摆脱的路线。与前脚同侧的手前伸，拇指朝下，手掌处于球与对手的假想联结线上，封锁传球路线，干扰对手接球；离球远的手臂弯曲，以便感知对手的动向以防切入；眼睛要既看到人，又能兼顾到球。

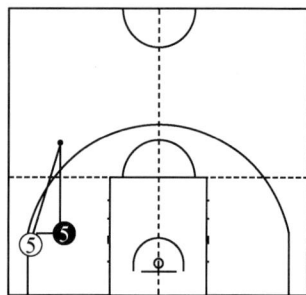

图 3-6-6　强侧防守

（2）弱侧防守：当防守的对手处于弱侧时，因其距球较远，威胁相对较小。为了协助同伴共同加强对有球侧的防守，并便于控制篮板球，应向球和球篮方向靠拢。经常采用面向球、侧向对手的站立姿势，两脚开立，两腿稍屈，伸展两臂。密切观察球、人的动向，采用松动防守。当球在罚球线的延长线以上时，防守弱侧前锋⑦和后卫⑤的位置如图 3-6-7 所示。

2. 移动步法

防无球队员时，一定要了解自己所处的位置是在强侧还是弱侧，再采用相应的防守姿势，确定自己的防守重点。防守时，防守队员要根据球和人的移动，合理地运用上步、撤步、滑步、交叉步、碎步和快跑等脚步动作，并配合身体动作抢占

图 3-6-7　弱侧防守

有利防守位置，堵截其摆脱移动路线。在与对手发生对抗时，重心下降，双腿用力，上体保持适宜紧张度，在发生身体接触瞬间提前发力、主动对抗。合理使用手臂动作不仅能扩大防守空间，干扰对手视线，还能辅助保持身体平衡，快速移动，抢占有利位置。要抢占"人球兼顾"的有利位置。防守时要做到内紧外松，近球紧，运球松，松紧结合。防止对手摆脱空切，随时准备协防补防。

(二)防守无球队员的动作方法

1. 防摆脱

防摆脱是指对无球进攻队员摆脱的限制和封堵。一般来讲，进攻队员在后场的摆脱，主要是快下接球攻击，防守队员必须积极追防，并注意传向自己对手的球，抢在近球侧的路线上准备堵截。比赛时要想完全控制进攻队员无球时的行动是很困难的，主要是不能失去有利的防守位置。阵地进攻时，若对手采取先下后上、先左后右的摆脱接到球，防守者仍要占据有利的位置继续防守。内线队员向外移动，可以采取错位防守或利用绕步、攻击步抢前防守，近球一侧手臂干扰其接球，另一手臂则应伸出防其转身、背切等行动，关键在于不让他抢占有利位置，尽可能封堵接球路线，不让他轻易接到球。

2. 防切入

(1)防纵切。

如图 3-6-8 所示，⑤传球给④，❺及时偏向球侧错位防守，当⑤向篮下纵切要球时，❺应抢前移动，合理运用身体堵截纵切路线，同时伸出左臂封锁接球，迫使对手向远离球方向移动。

又如图 3-6-9 所示，⑥持球，❺贴近错位防守⑤，当⑤向上摆脱要球时，❺上右脚，合理运用身体堵截，同时伸右臂封锁接球，不让其从自己身前切入要球。这时如果⑤反跑纵切，有两种防守方法：一是防守者以后脚为轴随之做前转身，面向对手，同时举手，转头看球，贴近对手，封堵接球；另一种是防守者以后脚为轴做后转身，面向球、背向人，用手触摸对

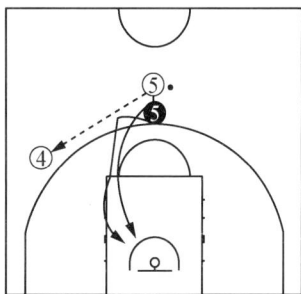

微课

图 3-6-8　防纵切

手，跟随他移动。

（2）防横切。

如图 3-6-10 所示，⑦持球，⑤横切要球时，❺跨左脚，合理运用身体堵截，同时伸左臂封锁接球，不让其从自己身前横切要球。这时如果⑤变向沿端线横切时，有两种方法：一是防守者❺以右脚为轴随之做前转身，面向并贴近对手，以左臂接触对手，同时举右手，转头看球，封堵对手接球；另一种是防守者以右脚为轴做后转身，面向球，背向人用手触摸对手，跟随他移动。待对手移过纵轴线进入强侧时，❺迅速向右前转身贴近对手，伸右臂封锁接球，将对手逼向场角。

微课

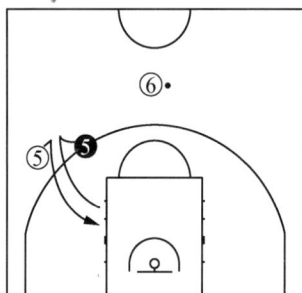

图 3-6-9　防反跑　　　　　图 3-6-10　防横切

3. 断球

断球是截获对方传接球的方法。根据传球方向和防守队员断球前所处的位置，一般分为横断球、纵断球和封断球三种。

微课

（1）横断球。

横断球是指从侧面跃出截获进攻队的传球。

动作方法：断球时，重心迅速向断球的方向移动，以短而快的助跑，单脚或双脚用力蹬地跃出，身体伸展、两臂前伸，用单手或双手将球截获（图 3-6-11）。

图 3-6-11　横断球

动作要点：蹬地有力、跃动迅速、两臂快伸。

（2）纵断球。

纵断球是从接球队员身后或侧后方突然用绕前防守步法跃出，截获传球。

动作方法：当防守者要从对手右侧绕前断球时，右脚先向右前方跨第一步，紧接着侧身跨左脚绕到对方身前，双脚用力蹬地向前跃出，身体伸展、两臂前伸，用单手或双手将球截获(图 3-6-12)。

动作要点：侧身绕前，跨步迅速有力，手臂前伸突然。

图 3-6-12　纵断球

（3）封断球。

进攻队员接球时，因防守位置不适合断球，可突然在进攻队员身前伸臂，封锁其接球路线，将球打掉。

（三）防守无球队员技术的教学建议

（1）首先要强调防守技术的重要地位和作用。向学生灌输积极防守的指导思想，培养学生不怕苦、不怕累，敢上、敢抢、积极主动、勇猛顽强的防守作风。

（2）注重让学生形成正确的防守姿势，保持身体的平衡和稳定，掌握快速灵活的防守脚步动作，增强手臂动作的目的性，提高手脚配合的协调性和反应能力，养成随时保持低重心和向任何方向起动的习惯。

（3）重视和加强学生防守意识的培养，扩大其视野范围，提高其防守的预见性，不断提高学生以争夺球为主的防守意识。加强防守无球队员和防守有球队员之间的转化练习，并组织专门的对抗性练习，以提高练习的质量和效果。

（4）在教学与训练时，教师需先讲解、示范防守位置、距离、姿势和步法，使学生建立明确的概念，遵循由简到繁、由易到难的原则，逐步增加防守内容、难度。要充分利用现代电化教学手段以及观看录像、技术挂图、现场操作等手段，帮助学生建立正确的动作观念，并逐步增加练习的难度。

（5）注意结合篮球规则进行练习，采用多种多样的练习形式和方法，提高学生练习的积极性和兴趣，并强调动作的准确性、规范性，防止和避免犯规。

（四）防守无球队员技术的练习方法

1. 二防二选位练习

4人一组，两人传球两人防守，两名进攻者相距4米左右进行传接球，接球后都要做瞄篮和持球突破假动作，而后将球传出，防守者要根据对手有球或无球的情况，及时移动选位，作出相应的防守动作。练习数次后，攻防交换。

要求：当对手接到球时，防守者要以快速的脚步动作及时到位，当球传出后，要立即调整防守位置，做到人球兼顾。

2. 防纵切练习

如图3-6-13所示，⑤为固定接球人，❷防守④，当④传球给⑤后，❷及时调整防守位置，接着④向篮下纵切，❷抢先移动至对手与球之间，堵截④的接球路线，阻止对手接球。④进攻后变为防守，❷防守后接球至队尾，依次进行练习。

要求：防守者站在对手与球之间，人球兼顾，对手向有球区切入时抢位在前，当对手背向球越过篮下时跟防在后，始终保持"球—我—他"的位置关系。

3. 防横切练习

如图3-6-14所示，①④为传接球队员，❷防⑤。当④传球给①时，❷及时调整防守位置；当⑤下压横切要球时，❷抢先堵截其接球路线，阻止其接球；如⑤溜底线接球，❷撤左脚面向球，贴近对手防①传球给⑤。⑤进攻之后去担任防守，防守者❷回队尾，练习若干次后攻防的两名队员换下传球的①④。

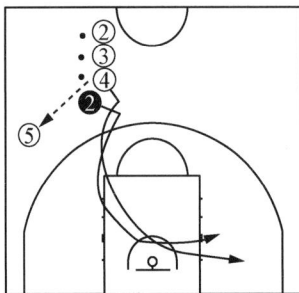

图 3-6-13　防纵切练习　　　　　图 3-6-14　防横切练习

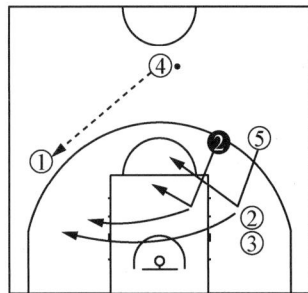

要求：防守者随球移动快，人球兼顾，抢先堵截接球路线。

4. 断球练习

四人一组，两人传球，另两人站位于传球人侧面或后面伺机断球，体会横断球和纵断球的步法和手臂动作。练习数次后，攻防交换。

要求：开始练习时，传球距离远些，传球速度慢些，防守者距进攻者近些，熟练后逐步加大难度。

5. 往返断球反击练习

如图 3-6-15 所示，⑤和⑥行进间传接球，❺和❻防守，❻断球后与❺快速传球推进，站在对面的❸与❹看准时机及时起动，断❺和❻的传球后进行反击。依次反复进行练习。

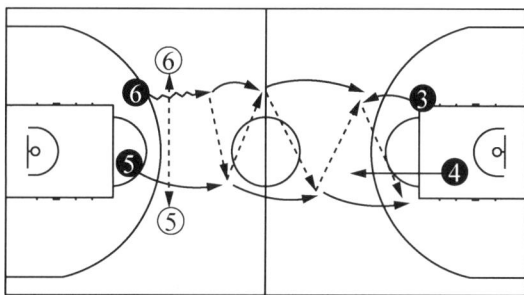

图 3-6-15　往返断球反击练习

要求：断球后，在推进过程中两人双手胸前传球。

6. 半场一攻一守练习

学生两人一组，站于球场一侧，固定传球人站于三分线弧顶处，进攻者先将球传给固定传球人，防守者立即逼向对手防进攻者接球，进攻者运用各种脚步动作摆脱防守接固定传球人的传球，进行半场一攻一守练习，然后两人交换。

要求：防守者先进行对无球队员的防守，然后再进行对有球队员的防守，要始终保持正确的防守姿势和合理运用防守动作。

7. 全场或半场二防二练习

4 人一组，两人持球进攻，两人进行防守，球未投中，双方抢篮板球继续进行攻防，球投中后，攻守交换。

要求：防守队员不准换位防守，要及时调整防守位置，合理运用防守动作，积极进行防守。

（五）易犯错误与纠正方法

1. 易犯错误

(1)防守位置选择不正确，视野范围小，没有随时抢占"人球兼顾"的防守位置。防守姿势不对，重心过高，不稳，移动慢。

（2）"松""紧"结合不好，没做到有球紧，无球松，近球紧，远球松。

（3）缺乏断球意识，断球时步法不灵活，四肢比较僵硬，贻误断球时机。

（4）防对手摆脱时，没有及时堵截对手的移动路线，卡堵不及时。

2. 纠正方法

（1）通过反复讲解使学生建立正确的防守无球队员概念，多做分解示范，使学生看清楚防守位置的选择、防守姿势以及防守对手摆脱接球的动作方法。

（2）检查、纠正防守姿势和选位，多练习关于增大防守视野的练习。

（3）注意堵截卡位防守的意识培养。反复进行短距离防守移动，加强步法练习。多做各种一攻一守徒手的练习，提高变速变向移动的灵活性。

（4）三对三、四对四传球游戏，以及选位练习，只能传不能运球，从而提高防守队员的步法移动和断球能力。

（5）加强绕前步、侧跑动作的练习；练习抢位堵截对手接球时，教师有意识地向防守人传球，诱导防守者随时注意断球。

第七节　抢篮板球技术

篮球比赛中，双方队员在空中争夺投篮未中的球称为抢篮板球。篮球比赛中，抢得篮板球是获得控球权的重要手段，是攻守矛盾转化和比赛胜负的关键，也是衡量运动员个人和全队整体实力的标志。进攻方如能抢到篮板球，不仅能在对方篮下展开连续的攻击，增加进攻次数和得分机会，而且在一定程度上可以增强本方队员信心，提高球队的命中率和鼓舞队友气势。若防守方抢到篮板球，可以摆脱进攻队在篮下连续攻击的威胁，迅速转守为攻，组织反击，同时还能加深外线进攻队员投篮的顾虑，降低对方投篮命中率。

一、抢篮板球技术的分类

当对方投篮未中，自己或本方队员争夺在空中的球，称为抢进攻篮板球或前场篮板球。对方投篮未中，防守队员争抢空中的球，称为抢防守篮板球或后场篮板球。空中抢球动作有双手抢篮板球、单手抢篮板球和点拨球三类。

二、抢篮板球的技术分析

抢篮板球是一项复杂的技术动作，虽然抢前场、后场篮板球在技术运用及动作方法上有许多不同点，但在抢篮板球技术动作结构方面又具有共同点，两者都是由抢占位置、起跳动作、空中抢球动作和获得球后动作四个技术环节所组成。完成以上四个动作的前提是正确判断投篮后球弹出的落点位置和积极快速起动。

（一）抢占有利位置

正确判断，快速起动抢占有利位置是抢篮板球技术的关键。不论抢进攻篮板球还是抢防守篮板球，都要设法抢占对手与球篮之间的有利位置，力争将对手挡在身后。抢进攻篮板球时要判断球的落点，利用各种假动作冲抢；抢防守篮板球时要注意用转身挡人的动作先挡人后抢篮板球。

（二）起跳动作

起跳动作是抢占位置后紧随进行的一个连续动作。抢后场篮板球，一般多采用原地上步、撤步或跨步双脚起跳等方法。抢前场篮板球则多采用助跑单脚起跳或跨一两步双脚起跳的方法。起跳前两腿微屈，重心降低，上体稍前倾，注意观察判断球的反弹方向，及时起跳。起跳时两脚或单脚用力蹬地，同时手臂上伸，腰腹协调用力，充分伸展身体，并控制身体平衡，力争在最高点抢到球。

（三）空中抢球动作

根据比赛场上队员所处的位置、球反弹的方向和高度以及个人特点，空中抢球动作可分双手抢篮板球、单手抢篮板球和点拨球三种。

1. 双手抢篮板球

跳起后，腰、腹用力控制身体平衡，身体充分伸展，尽量扩大制空范围，两臂用力伸向球落点的方向，当指端触球瞬间，双手用力握球，腰腹用力，迅速将球拉入胸腹部位，同时两肘外展，以保护球。双手抢篮板球的优点是空间占据面积较大，缺点是抢球的制高点和抢球的范围不及单手抢篮板球。

2. 单手抢篮板球

起跳后身体和手臂在空中向球的方向充分伸展，当身体达到最高点，手指指端触球时，用力屈指、屈腕、屈臂，迅速抓握住球，将球拉回胸前，另一手立即护球。单手抢篮板球的优点是触球点高，在空中抢球的范围较大，缺点是不如双手抢球稳定性高。

3. 点拨球

点拨球技术与单手抢篮板球相似，只是运用手指将球点拨给同伴。当遇到的对方队员身材比较高大或者自己处于不利位置，采用这种方法较为有效。有时候为了加快反击速度，也可以有意识地利用点拨球的方法发动快攻第一传。这种方法的优点是可以缩短传球时间，缺点是难以掌握好与同伴之间的配合。

(四)获得球后的动作

当抢到进攻篮板球时,可直接在空中补篮或迅速将球传给有利位置上的同伴,形成连续攻击;如没有机会做补篮或空中传球,落地时应将球护于胸腹间,传球给同伴重新组织进攻。当抢到防守篮板球时,可在空中将球传出,或落地后迅速传出,或运球突破后及时传给同伴。

三、抢篮板球技术的动作方法

(一)抢进攻篮板球

(1)动作方法:如图 3-7-1 所示,当同伴或自己投篮时,离篮近的进攻队员应先预判球的反弹方向和飞行路线,然后再利用假动作引开身前的防守队员,利用绕跨步挤到对手的前面或者侧前面,抢占有利位置,借助跨步或助

微课

跑起跳,至最高点补篮或抢篮板球。落地时,两臂弯曲,重心放在两腿之间,两肘外展将球持于胸腹之间。总之,进攻队员在抢篮板球时要准确判断时间,卡位,及时跳起,补篮或者组织二次进攻。

图 3-7-1 抢进攻篮板球

(2)动作要点:准确判断,利用假动作抢占有利位置,及时跳起,跳至最高点补篮或者抢篮板球,抢进攻篮板球强调"冲抢"。

(二)抢防守篮板球

(1)动作方法:如图 3-7-2 中 13 号队员所示,保持正确的站位姿势,即两膝弯曲,上体稍微前倾,重心在两腿之间,两臂屈肘外展。当对方投篮出手后,应注意对手的动向,根据当时与进攻队员所处的位置和距离的远近,运用上步、撤步和转身抢占有利位置,把进攻队员挡在身后,同时还要判断球

微课

的落点准备起跳。起跳时，前脚掌用力蹬地，提腰向上摆臂，同时手向球的方向伸展。总之，抢防守篮板球要准确判断球反弹方向和落点，及时跳起，抢得球后迅速完成第一传。

图 3-7-2　抢防守篮板球

（2）动作要点：防守队员要准确判断球飞行的方向和落点，抢占有利位置，运用脚步移动将对方队员合理挡在身后。

四、抢篮板球技术的运用

（一）抢进攻篮板球

1. 篮下进攻队员抢篮板球

当同伴投篮时，靠近球篮的进攻队员要及时判断球的反弹方向，运用假动作、快速的脚步动作摆脱防守队员堵挡，及时移向球的反弹方向，迅速起跳到最高点进行补篮、投篮或抢篮板球。

2. 外围进攻队员抢篮板球

外围进攻队员离篮较远，同伴投篮时要有积极的冲抢意识，趁防守不备，突然启动冲向球的反弹方向抢篮板球或补篮。

3. 抢进攻篮板球的配合

考虑到攻守平衡，一般靠近篮下的三名队员主要争抢进攻篮板球。当同伴投篮时，积极抢占限制区两侧和罚球线外的区域，形成三角形抢篮板球的阵势。组织抢篮板球的配合时，一般要做到左投右抢、右投左抢、自投跟进冲抢。

(二)抢防守篮板球

1. 篮下队员抢篮板球

当进攻队员投篮时,篮下防守队员要根据进攻队员的行动选择不同的挡人方法。因距离篮较近,攻守距离也近,一般多采用后转身挡人。挡人抢位动作应是低重心,两肘外展,抢占空间面积,保持最有力的起跳姿势。挡人主要是为了延误对手抢位起跳,所以转身挡人动作完成后,应迅速起跳抢篮板球。

也可以适时合理地运用直接冲抢篮板球的方法,抢到球后,力争在空中传球或将球点拨给同伴发动快攻。如果没有空中传球的机会,落地的同时应迅速观察场上情况,及时传球或突破,充分发挥快攻的攻击作用,不能只是消极地保护球。

2. 外围队员抢篮板球

当对方投篮时,外围队员的第一个任务就是要用前、后转身,左、右滑步堵挡对手冲抢篮板球,然后及时判断球的反弹方向,去抢夺篮板球。同样可以适时合理地运用直接冲抢篮板球的方法。

3. 抢防守篮板球的配合与战术组织

有组织、有计划地部署抢防守篮板球,更有利于发挥集体合作的力量。

(1)区域抢位挡人法。这种方法是部署3名防守队员抢占限制区域两侧和罚球线前三个区域,形成三角形的抢篮板球有利位置。

(2)人盯人抢位挡人法。防守方不需要像进攻方一样考虑攻守平衡,5名防守队员尽可能"彻底"挡住各自的对手,切断所有对手向篮下冲抢篮板球的路线,然后抢篮板球。

(3)向固定接应点点拨球法。利用向固定接应点的接应队员点拨球的方法争抢篮板球。在提高制高点的同时,还可以充分发挥篮板球的攻击力,提高快攻的速度和突然性。

在比赛中,抢篮板球不仅是个人的技术动作,而且是攻防战术的重要组成部分。因此,不但要发挥个人抢篮板球的能力,而且要发挥集体的力量,有组织、有配合地争抢篮板球。

五、抢篮板球技术的教学建议

(1)教学与训练中,可采用分解教学的方法,先练习原地起跳、抢球,再练习移动抢位、挡人、起跳抢篮板球的完整技术,并逐渐加大难度。最后在对抗、比赛中进行抢篮板球练习。

(2)提高学生对抢篮板球重要性的认识,在教学中培养积极拼抢的意识和勇猛顽强的作风,养成"有投必抢"的习惯。

(3)抢进攻篮板球要强化"冲抢"意识,强防守篮板球要强化"挡抢"意识。注意加强攻击篮板球和防守篮板球的对抗性训练。

(4)注意将抢篮板球技术同补篮、投篮、快攻、突破和二次进攻技术结合起来训练。

(5)加强抢篮板球技术与攻守战术的结合训练。

六、抢篮板球技术的练习方法

（一）抢占位置练习

(1)两人一组，相距1米，面对面站立，进攻队员运用假动作设法摆脱防守，抢占有利位置。防守队员利用转身设法将攻方挡住，并起跳模仿抢篮板球的动作。练习一定次数后，攻守交换。

(2)两人一组，站在距离球篮3米处，一人进攻，一人防守，教师在罚球线投篮。开始时攻方可以消极移动，守方练习转身挡人抢篮板球。也可以让守方消极移动，攻方练习冲抢篮板球，然后逐渐加强对抗性。

(3)半场二对二、三对三的抢位练习。要求攻方只许传球、投篮，投篮后进攻队员积极摆脱对手，冲抢篮板球。抢到球继续进攻，守方则积极挡人，抢篮板球。可规定守方抢到若干次篮板球后，攻守交换。

(4)半场五对五抢篮板球结合发动快攻第一传练习。守方明确接应第一传的队员和区域，当防守队员抢到篮板球后力争在空中转体将球传给接应第一传的队员。如果空中不能传球，落地后马上传出。

（二）起跳和空中抢球练习

此练习强调抢篮板球的起跳准备姿势，踏跳、空中抢球及落地的动作要领。要求掌握好起跳时间，在空中保持好身体平衡，身体充分伸展，跳到最高点时用单手或双手抢球。注意整个动作的协调性。

(1)原地连续双脚起跳，单手或双手触篮板或篮圈10～20次。

(2)前、后转身跨步连续起跳，单手或双手触篮板或空中标记10～20次。

(3)自抛自抢，跳到最高点时用单手或双手抢球15～30次。

(4)两人一组，一人向篮板或篮圈抛球。另一人开始面向持球人，然后转身跨步(上步)起跳用单手或双手抢球。数次后两人交换练习。

七、易犯错误与纠正方法

（一）易犯错误

(1)起跳时机把握不好。

（2）对球反弹方向与落点判断不准确，不会卡位。

（3）抢到球后，保护球的意识差。

（4）抢篮板球时只顾球不挡人，或只抢位挡人而不顾球。

（5）空中抢球动作不伸展，动作过大易犯规。

（二）纠正方法

（1）让学生多做投篮后向球的方向快速移动到位接球的练习，提高学生的预判能力和快速移动能力。

（2）多做自抛自抢的空中练习，体会起跳时机，提高判断的准确性。

（3）强调保护好所抢下的篮板球的重要性。

（4）给学生讲明白挡人抢位与抢球是相互关联的，两者缺一不可，挡人的目的是抢球。

（5）强调篮板球的重要作用和保护好球的重要性，提高学生抢篮板球的积极性，进行保护球的训练。

思考题

1. 移动技术包括哪些内容？

2. 如何快速起动？

3. 滑步时易犯的错误有哪些？如何纠正？

4. 试述各种传球方法的运用时机。

5. 传接球的教学与训练应该注意哪些问题？

6. 简述原地单手肩上投篮的动作方法及要领。

7. 投篮技术在教学和训练中应注意哪些问题？

8. 试述运球的几个环节。

9. 试述在篮球比赛中如何把握持球突破的运用时机。

10. 在学习持球突破技术时，易犯哪些错误？

11. 如何进行防守选位？

12. 怎样防守无球队员的横切和纵切？

13. 抢篮板球技术由哪些环节组成？

14. 结合个人实际，试述如何提高自己抢篮板球的能力。

第四章
篮球战术教学

📱 内容提要

本章主要介绍篮球战术基础配合、快攻与防守快攻、半场人盯人防守与进攻半场人盯人防守、全场紧逼人盯人防守与进攻全场紧逼人盯人防守、区域联防与进攻区域联防等战术的配合方法、基本要求、运用时机及教学方法。

篮球战术是篮球比赛中队员之间有策略、有组织、有意识地协同运用技术进行攻守对抗的布阵行动，是以篮球技术为基础，在一定的战术指导思想和战术意识支配下的集体攻守方法。其目的是充分发挥本队的特长，制约对方，掌握比赛的主动权，争取比赛的胜利。由于篮球竞赛是在一定时间与空间内以球为争夺物进行攻守对抗的竞技活动，随着球权的控制与争夺，双方不攻即守、攻守交替。由此，根据篮球运动的对抗特征和攻守特点，通常将篮球战术分为进攻与防守两大系统。根据战术配合的区域和人数，两大系统又可分为整体配合与基础配合两个层次。基于以上分类方法，本章建立了一个篮球战术网络系统（图 4-0-1），这样不仅可以明晰各个篮球战术的隶

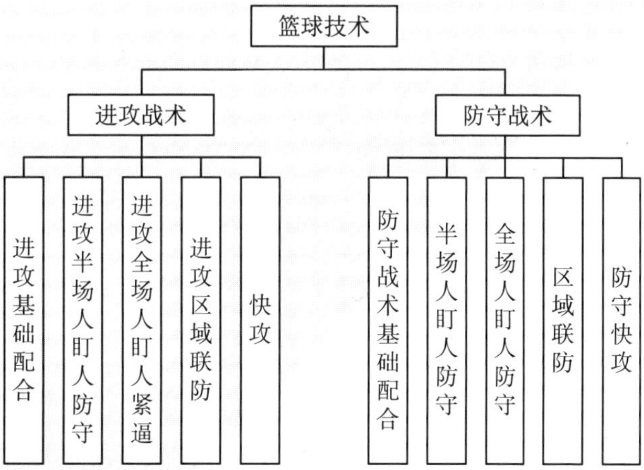

图 4-0-1　篮球战术网络图

属关系，更为篮球教学与训练的组织提供了便利。

篮球比赛的胜负一定程度上取决于战略与战术是否合理。战略是指比赛中全局性的决策，是在一定指导思想下制定的计划，是战术制定的主导。战术则是比赛中具体的攻守方法，是战略目标的具体实施手段，战术服从战略目标，战略目标的实现有依赖于战术的良好执行与完成。两者既是从属关系，又相互依存，相辅相成。篮球战术实施要充分认识到比赛情况的千变万化，既要以完成战略目的的整体战术配合为主，又要以临场情况变化为依据；既要允许队员机动灵活的个人行动，又要充分发挥集体与个人的积极性。为了实现战术意图还应善于控制比赛节奏，使战术配合更具有实效，以达到掌握比赛的主动权的目的。

篮球战术教学与训练要注意把意识、技术、形式和方法融为一体。意识支配行动，技术保证质量，队员只有具有较好的意识、扎实的基本技术，才能在战术行动上提高定向、抉择、反馈和支配的能力。

第一节　篮球战术基础配合

篮球战术基础配合是指在篮球比赛中两三人之间有目的、有组织、协调行动的攻守配合方法。它是组成全队战术配合的基础，任何一种整体战术配合都离不开基础配合。战术基础配合包括进攻战术基础配合和防守战术基础配合两个部分，是培养队伍篮球意识的重要手段。熟练掌握战术基础配合数量的多少与运用质量的好坏，直接决定着全队战术的实效性与灵活性的强弱，并与本队比赛的胜负有着密切的关系。

一、进攻战术基础配合方法

进攻战术基础配合是在篮球比赛中，进攻队员两三人之间简单的配合方法。进攻战术基础配合包括传切配合、突分配合、掩护配合、策应配合。

(一)传切配合

传切配合是指进攻队员之间利用传球和切入技术组成的简单配合。它包括一传一切和空切配合。传切配合是一种最基本的简单易行的进攻方法，一般在对方采用扩大人盯人防守战术或区域联防时运用。

1. 传切配合的方法

(1)一传一切配合：指持球队员传球后，利用起动速度或假动作摆脱防守，向篮下切入接回传球投篮的配合。

如图 4-1-1 所示，④传球给⑤后，④向左侧做切入假动作，同时观察❺的移动情况，然后突然从右侧切入，侧身面向球接⑤的传球投篮。

(2)空切配合：指无球队员掌握时机摆脱对手，切向防守空隙区域接球投篮或做其他进攻配合。

如图 4-1-2 所示，④传球给⑤时，⑥乘其对手不备，突然横切或从端线切入篮下接⑤的传球投篮。

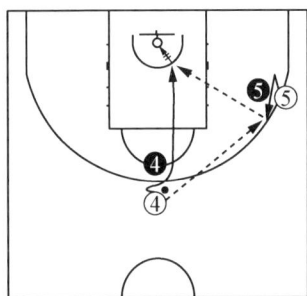

图 4-1-1　一传一切配合　　　　　图 4-1-2　空切配合

2. 传切配合的基本要求

(1)必须有一定的配合空间及合理的切入路线。

(2)切入队员要掌握好切入时机，根据对方的防守情况，利用假动作与速度结合，快速摆脱防守，切入篮下，并注意准备接球。

(3)传球队员要利用瞄篮、突破、运球等假动作吸引、牵制对手，当切入队员摆脱对手处于有利位置时，及时准确地将球传给切入队员。

（二）突分配合

突分配合是指持球队员突破对手后，遇到对方补防或协防时，及时将球传给进攻位置最佳的同伴进行攻击的一种配合方法。

当对方采用人盯人防守或区域联防时，运用突分配合，可打乱对方的整体防守部署，压缩防区，给队友创造最佳的外围投篮或篮下进攻机会。

1. 突分配合的方法

(1)如图 4-1-3 所示，④持球从端线突破❹后，❻补防④，❺补防⑥，④及时传球给切入到有利位置的⑤投篮。

（2）如图 4-1-4 所示，⑤持球突破❺后，当❹补防⑤时，⑤及时传球给移动到有利位置的④投篮。

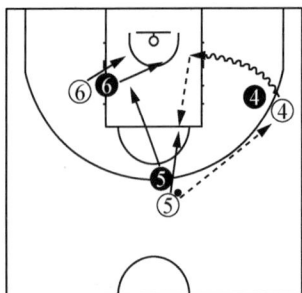

图 4-1-3　突分配合(一)　　　　　图 4-1-4　突分配合(二)

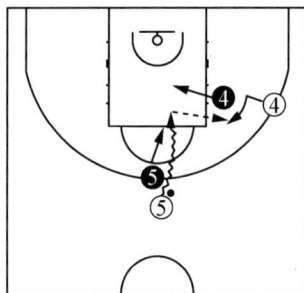

2. 突分配合的基本要求

（1）进攻队员突破时要快速和突然，在突破过程中要随时观察场上攻守队员位置的变化，及时、准确地将球传给进攻位置更好的同伴。

（2）当持球队员突破后，其他的进攻队员都要摆脱对手，离开原先的位置，切向空隙区域，准备接球进攻或抢篮板球。

（三）掩护配合

掩护配合是进攻队员采用合理的行动，用自己身体挡住同伴的防守队员的移动路线，使同伴借以摆脱防守的一种配合方法。

掩护配合有多种形式和方法，根据掩护者做掩护时站位的不同，有前掩护、侧掩护和后掩护三种形式。根据掩护者的移动路线、方法和变化，有反掩护、假掩护、运球掩护、定位掩护、行进间掩护和连续掩护等。

从组成掩护配合的行动来看：一是掩护者主动给同伴做掩护，用身体挡住同伴防守者的移动路线，使同伴借以摆脱防守；二是摆脱者主动利用同伴身体和位置把对手挡住，使自己摆脱防守。掩护配合能否成功，关键是在掩护的一瞬间能否创造出空间和时间差。从掩护的应用范围来讲，有球队员为无球队员做掩护、无球队员为有球队员做掩护和无球队员之间的掩护都是篮球场上常用的掩护配合。

1. 掩护配合的方法

（1）侧掩护配合

侧掩护是指掩护队员站在同伴防守者的侧面进行掩护配合的方法。

示例一：给无球队员做侧掩护（反掩护），如图 4-1-5 所示，⑤传球给④后，即向相反方向跑动给❻做侧掩护，当⑤跑到❻侧面掩护到位时，❻摆脱防守者切入篮下接④的传球投篮。

示例二：给持球队员做侧掩护，如图 4-1-6 所示，④持球做投篮或突破的动作，吸引❹的防守，当⑤掩护到位时，④立即从左侧贴着⑤的身体运球突破。⑤掩护后及时移动到有利的位置接球或抢篮板球。若⑤做掩护后对方换防，④就采用不向篮下突破而适当向外拉开运球，⑤则及时利用转身把❹挡在身后而向篮下切入，接④的传球投篮。

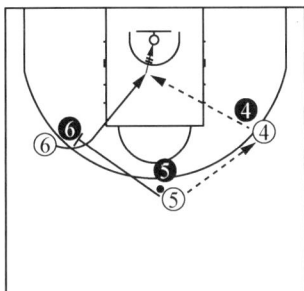

图 4-1-5 给无球队员做侧掩护

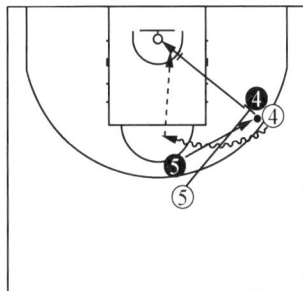

图 4-1-6 给持球队员做侧掩护

（2）后掩护配合

后掩护是指掩护队员站在同伴防守者的侧后方进行掩护配合的方法。

如图 4-1-7 所示，④为⑤做后掩护。⑤传球给⑥时，④跑到❺身后给⑤做后掩护，⑤传球后做向左切入假动作吸引❺的防守，当④掩护到位时⑤突然向右侧切入篮下接⑥的传球投篮。又如图 4-1-8 所示，④给⑤做后掩护时，❹与❺换防，④及时转身切向篮下，接⑥的传球投篮（掩护后出现的第二次机会）。

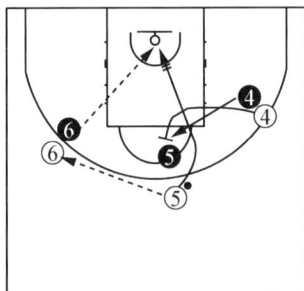

图 4-1-7 后掩护（一）

图 4-1-8 后掩护（二）

（3）前掩护配合

前掩护是掩护者跑到同伴防守者身前，用身体挡住防守者向前移动的路，使同伴借机摆脱防守接球进行攻击的一种掩护方法。

如图 4-1-9 所示，⑥跑到❺的前面给⑤做前掩护，⑤利用掩护拉出，接④的传球投篮或做其他攻击动作。

图 4-1-9 前掩护

2.掩护配合的基本要求

(1)掩护要符合规则的规定,不能有推、拉、顶等非法的动作,与对方队员发生身体接触时不能再用跨步等动作去阻挡。

(2)如果掩护建立在静立对手的视野之外,掩护队员必须允许对手向他迈出正常的一步而不发生接触。

(3)掩护时,要注意同伴之间的配合时机、角度,被掩护的队员要隐蔽行动意图与方向,不让对方发现同伴的掩护意图。

(4)掩护时同伴之间的配合时机非常重要,过早或过迟的行动都会使掩护失败,掩护时队员配合要默契,并且要根据临场防守的变化,争取第二次机会。

(四)策应配合

策应配合是指进攻队员背对或侧对球篮接球后,通过多种传球方式与外线队员的空切、绕切相结合,借以摆脱防守、创造各种里应外合进攻机会的配合方法。

1.策应配合的方法

示例一:如图 4-1-10 所示,④摆脱防守插到罚球线作策应,⑤将球传给④,向右侧压切,然后以④为枢纽从左侧绕切,同时策应队员④先做传球给⑤的假动作,然后转身把❺挡在身后,将球传给绕切过来的⑤,⑤接球可以投篮、突破或传给策应后下切的④。

示例二:如图 4-1-11 所示,④传球给策应者⑤,并从⑤身边切入篮下,⑥向端线下压后绕出,⑤可将球传给④篮下进攻或传给⑥外围投篮,也可以自己进攻。

图 4-1-10　策应配合(一)　　　　　图 4-1-11　策应配合(二)

2.策应配合的基本要求

(1)策应队员要突然起动摆脱对手,占据有利的策应位置,采用绕步抢前接球动作,接球时两脚开立,两膝弯曲,两肘外展,用身体保护球。准确判断场上的攻守变化情况,接球后结合转身、跨步等动作协助同伴摆脱防守,及时地将球传给进攻位置最好的同伴或个人进攻。传球后,要转身跟进接球或抢篮板球。

(2)外围传球队员要根据策应者的位置,及时准确地传球给策应队员,做到人到球到,传球后利用起动速度或假动作摆脱防守，接到策应队员的传球后迅速做出最佳选择（投篮、突破或传球）。

二、进攻基础配合教学建议

（1）首先应通过讲解和演示，建立基础配合的概念，明确配合的时机、移动路线、配合方法与变化等。

（2）在无防守或消极防守下的练习，分三步：先练习基础配合所运用的基本技术，打好基础；在无防守的固定条件下练习；在消极防守的情况下练习，纠正错误。

（3）在积极或强对抗条件下的练习，分两步：逐渐加大攻防的对抗程度，不断解决出现的技术和配合意识等问题，注意配合的节奏与变化，不断提高学生的应变能力与配合的质量；在教学比赛中，可以使用加分的方法鼓励运用配合的行为，提高战术意识，提高完成战术基础配合的质量。

三、进攻基础配合练习方法

（一）传切配合的练习

1. 两人连续空切的练习

如图 4-1-12 所示，全队分成两组，用一个球。⑤将球传给移动上来的④，向左做切入的假动作后，突然快速从右侧切入，④接球后做传球给切入队员的假动作后，把球传给⑦，接着做假动作，然后突然向篮下切入。切入篮下的队员分别跑到对方排尾，依次进行练习。

要求：假动作要逼真，变向切入要快速而突然，切入时随时准备接球。

2. 三人连续传切练习

如图 4-1-13 所示，全队分成三组，④组、⑤组每组各持一球，④传球给⑥后，向左侧做摆脱的假动作，然后迅速从右侧切入接⑤的传球投篮。⑤传球给④之后，向右侧做摆脱的假动作，然后迅速横切接⑥的传球投篮。④⑥抢篮板球，按顺时针方向换位，依次进行练习。

要求：队员接球后应面向球篮，做投篮、突破等假动作吸引防守者，抓住时机，合理、及时、准确地传球。

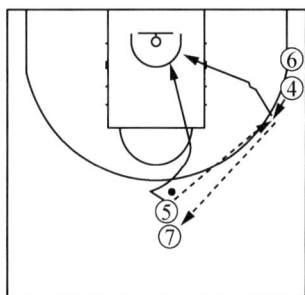

图 4-1-12　两人连续空切

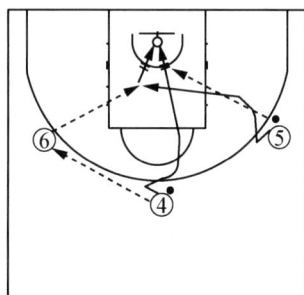

图 4-1-13　三人连续空切

(二)突分配合的练习

1. 无防守的突分配合练习

如图 4-1-14 所示，④在突破过程中分球时，⑤突然切入到罚球区内，⑥同时快速向端线移动，④可根据⑤⑥的情况分球，⑤或⑥接球后投篮。按顺时针方向换位，依此进行练习。

要求：无球队员可向不同方向移动，持球队员传球动作要隐蔽、及时、准确。

2. 有防守的突分配合练习

如图 4-1-15 所示，练习者分成三组，⑤传球给④，④底线突破，❻补防，此时，❺兼顾⑤和的防守。④根据❺的防守，判断后将球传给⑤或⑥中最有利进攻的那个。防守队员按顺时针换位回队尾，进攻队员回原位防守，每组的下一名队员进攻。

要求：突破动作要突然，随时注意分球，传球要隐蔽、及时、准确。

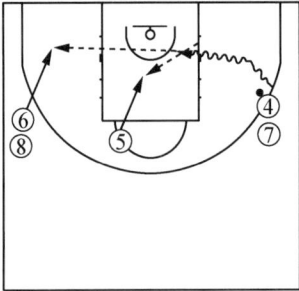

图 4-1-14　突分配合

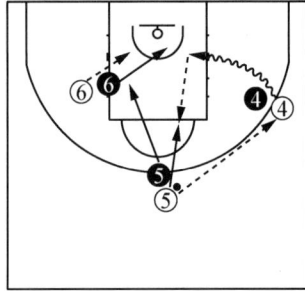

图 4-1-15　突分配合

(三)掩护配合的练习

1. 给有球队员侧掩护

如图 4-1-16 所示，全队分成两组，⑦给④做侧掩护，当⑦掩护到位时，④从右侧向篮下突破，⑦同时转身跟进准备接回传球或抢篮板，❹⑦互换位置回队尾，④回原位防守，其他队员依次练习。

要求：掩护动作要正确，距离要适当，④突破前要做假动作，掩护到位时再迅速突破，突破时不要低头看球，把握好第一进攻机会直接投篮或伺机传球给⑦。

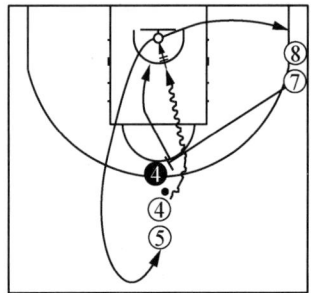

图 4-1-16　侧掩护配合(一)

2. 给无球队员做侧掩护

如图 4-1-17 所示，两人一组，④传球给教师 C 后去给⑥做掩护，⑥利用④的掩护向篮下切入，教师根据防守的情况将球传给④或⑥投篮。⑥切入前要做假动作，④掩护后转身跟进抢篮板球。❹❻互换位置至队尾，④⑥回原位防守，⑤⑦进攻，依次进行练习。

要求：④不能过早转身，④⑥掩护后左右应拉开一定距离，不要和球在同一路线上。可先要求防守队员在消极防守的条件下换防或不换防，待学生初步掌握配合路线与方法后，再要求防守队员积极防守。

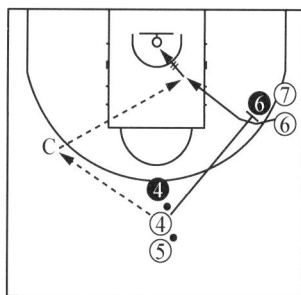

图 4-1-17　侧掩护配合（二）

（四）策应配合的练习

1. 两人策应配合练习

如图 4-1-18 所示，队员分成两组，⑦传球给⑥后先做摆脱上插至罚球线，抢占有利的策应位置，接⑥的传球后向⑥切入的方向做传球的假动作，然后把球传给⑧，传球后跑到④的后面，⑥跑到⑧的后面，依次反复进行练习。

要求：策应队员应合理运用假动作摆脱防守，不要站在限制区内。

2. 三人策应配合练习

如图 4-1-19 所示，⑤和⑥在外围互相传球时，当球传给⑥时，④突然摆脱防守上插至罚球线后接⑥的传球做策应。⑥传球后摆脱对手与⑤交叉切入接球进攻。④根据情况传球给⑥或⑤，也可以自己进攻。练习熟练后，可做攻守对抗练习。

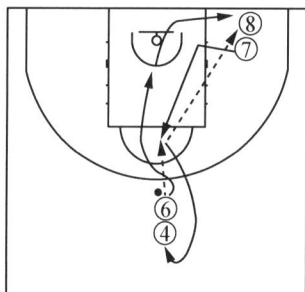

图 4-1-18　策应配合（一）

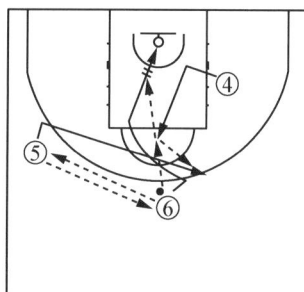

图 4-1-19　策应配合（二）

要求：策应队员插上要及时到位，采用绕步抢前接球动作，外围队员传球应做到快速及时，人到球到。对抗练习时先做二防三，后做三防三，从消极防守到积极防守。

四、防守战术基础配合方法

防守战术基础配合是指在篮球竞赛中，防守队员两三人之间所采用的协同防守配合的方法，包括挤过、穿过、绕过、交换、关门、补防、夹击及围守中锋等。防守战术基础配合是组成全队整体防守战术配合的基础。

（一）挤过配合

挤过配合是指对方进行掩护时，防守队员在掩护队员接近自己的一刹那，迅速抢前横跨一步贴近自己的对手，并从两个进攻队员之间侧身挤过去，继续防守自己对手的配合方法。

当对方距离球篮较近，外围队员想利用掩护投篮或由于身高的差别而不宜交换防守的情况下，运用主动性很强的挤过配合，可以破坏对方的掩护配合。

1. 挤过配合的方法

如图 4-1-20 所示，④传球给⑤后给❻做掩护，❻在④靠近自己的一刹那，迅速抢前一步贴近❻，并从❻和④中间挤过去继续防守❻。

2. 挤过配合的基本要求

(1)不要过早暴露挤过配合意图，以防止对方反方向切入。

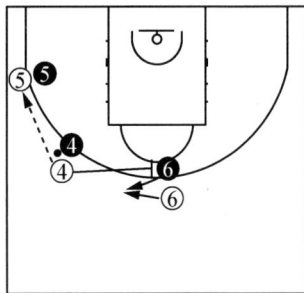

图 4-1-20　挤过配合

(2)在两个进攻队员身体靠近之前，果断抢步贴近对手，快速侧身挤过。

(3)防守掩护者的队员应站在能够兼顾防守两个进攻队员的位置上，及时提醒同伴注意对方的掩护意图，做好可能换防的准备。

(二)穿过配合

穿过配合是指当对方进行掩护时，防守掩护者的队员及时提醒同伴，并主动后撤一步，让同伴及时从自己和掩护队员之间穿过去，继续防守自己对手的配合方法。

当对方掩护发生在弱侧区域，距离球篮较远、无投篮威胁、不宜换防的情况下，运用穿过配合可有效地破坏对方的掩护配合。

1. 穿过配合方法

如图 4-1-21 所示，⑤传球给⑥后去给④做掩护。❺要及时提醒同伴，❹当⑤掩护到位前的一刹那主动后撤一步，从⑤和❺中间穿过去，继续防守④。

2. 穿过配合的基本要求

(1)防掩护队员要及时提醒同伴，并主动后撤一步选好位置，留出让同伴穿过的通路。

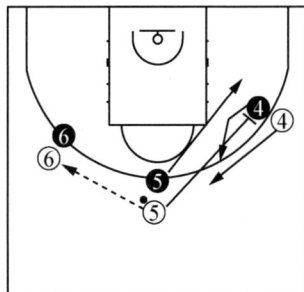

图 4-1-21　穿过配合

(2)防守被掩护者的队员要撤步侧身，避开掩护队员及时穿过。

(三)交换配合

交换配合是指进攻队员做掩护配合时，防守掩护者的队员与防守被掩护者的队员及时主动地交换自己所防对手的配合方法。

只要换防以后的新对手在身高和技术方面无明显的差别，运用交换配合可有效地遏制和破坏对方的掩护配合。交换配合通常在对方进行横向掩护时采用。

1. 交换配合的方法

如图 4-1-22 所示，⑤去给④做掩护，❺要主动发出换人的信号，及时堵截④向篮下突破的路线。此时❹应及时调整自己的防守位置，防止⑤向篮下空切。

2. 交换配合的基本要求

(1)防守掩护者的队员应及时发出信号提醒同伴，相互换防堵截进攻队员的攻击路线。

(2)防守被掩护者的队员应及时撤步，在掩护队员转身切入前抢占有利的防守位置。

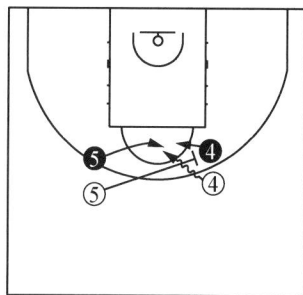

图 4-1-22　交换配合

(四)"关门"配合

"关门"配合是指邻近的两名防守队员靠拢，协同堵截进攻队员运球突破的一种防守配合方法，通常在区域联防和半场人盯人防守战术中运用。

1."关门"配合的方法

如图 4-1-23 所示，当⑤运球向右侧突破时，❹和❺进行"关门"，不给突破队员留有空隙，当突破队员分球时，❹快速回防自己的对手。向左突破时，❻和❺进行"关门"。

2."关门"配合的基本要求

(1)防突破的队员应及时向侧后方滑步卡位，堵住进攻队员的突破路线。

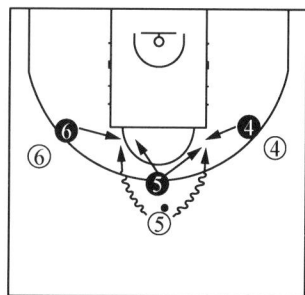

图 4-1-23　"关门"配合

(2)邻近突破一侧的防守队员，应快速向同伴移动靠拢进行"关门"配合，同时根据持球队员的停球和传球，决定围堵和回防。

(3)"关门"配合时，防守队员要两肩靠紧，微屈膝，含胸，两臂自然上举或侧举，发生身体接触时要用暗劲，避免受伤。

(五)夹击配合

夹击配合是指两个以上的防守队员，利用对手在场地边角运球或运球停止时，突然快速上前封堵和围夹持球者的一种防守配合方法。

夹击配合是一种主动性、攻击性很强的防守配合方法，能有效地控制持球队员的活动，迫使对手失误，创造断球反击的机会。夹击配合通常在紧逼人盯人防守、区域紧逼防守或带有夹击式的扩大联防战术中运用。

1. 夹击配合的方法

如图 4-1-24 所示，当⑧在底角运球停止时，❼与❽一起夹击⑧，❻堵防强侧的回传球，❹与❺向有球方向移动准备断球。

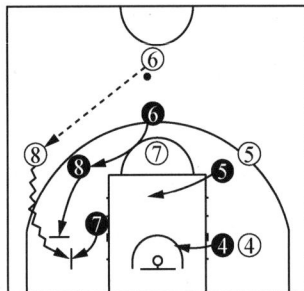

图 4-1-24　夹击配合

2. 夹击配合的基本要求

(1)当对手沿边线埋头运球或在场角、中线附近和限制区内运球停止时，是夹击的最好时机。

(2)夹击的目的不是从持球队员手中抢球，而是迫使持球队员传球失误，给队友创造抢断球的机会，因此应减少夹击时的犯规。夹击时，两个防守队员的身体要靠紧，两臂垂直上举，随对方的球摆动，封堵其传球。

(3)已形成夹击后，其他队员要随时轮转补位，严防对方近球区域队员的接球，远球区域的防守队员要以少防多，选好断球位置。

(六)补防配合

补防配合是指防守队员被对手突破或出现漏防时，立即放弃自己的对手，去补防那个威胁最大的进攻者，与漏人的防守队员及时换防的一种协同防守配合方法。

补防可以阻截对方一次直接的投篮或阻止对方一次最有威胁的进攻。

1. 补防配合的方法

示例一：如图 4-1-25 所示，⑤传球给④后，突然摆脱❺的防守直插篮下，此时，❻放弃对⑥的防守而补防⑤，❺去补防⑥。

示例二：如图 4-1-26 所示，⑥从中路突破❻时，❺立即补防⑥，❹向篮下移动补防⑤，❻补防④。

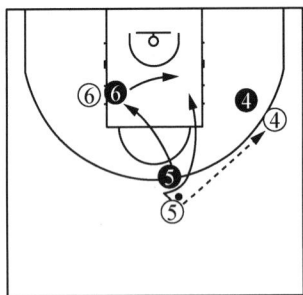

图 4-1-25　补防配合(一)

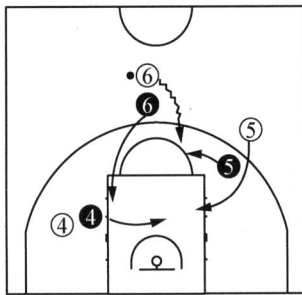

图 4-1-26　补防配合(二)

2. 补防配合的基本要求

(1)防守队员应全面观察和判断场上出现的漏防情况，一旦发生漏防，邻近队员应果断补防，迅速抢占有利位置，避免犯规。

(2)被对手突破的防守队员应快速向补防队员方向移动,并观察对方的传球意图,争取抢断球。

(3)补防后要及时调整防守位置,仍然保持人、球兼顾的位置。

五、防守战术基础配合的教学建议

(1)首先通过讲解和演示等方法,使学生明确基础配合的概念、配合方法、移动路线、行动的顺序、运用的时机和要求等。

(2)在复习提高进攻战术基础配合的过程中,渗透防守战术基础配合的教学内容,使攻守战术配合有机结合,在对抗练习中提高学生的战术意识和配合质量。

(3)在防守基础配合的教学训练中要严格要求,不断强调防守意识,使学生在提高个人防守能力的基础上掌握防守基础配合的方法。应提醒学生注意配合中防守位置的选择与调整,时机要及时合理。

六、防守战术基础配合的练习方法

(一)挤过配合的练习

1. 半场二防二

如图 4-1-27 所示落位,④传球给固定传球人后给⑤做侧掩护,❺在④掩护到位的一刹那迅速抢前一步贴近⑤继续防守⑤。固定传球人将球传给④或⑤。进攻结束后,❹❺抢篮板球,换位至排尾,④⑤立即回原位防守,依次进行练习。

要求:进攻的掩护由慢到快,由消极到积极,逐步提高防守配合的质量。防守必须采用挤过防守,加快攻守转换速度。

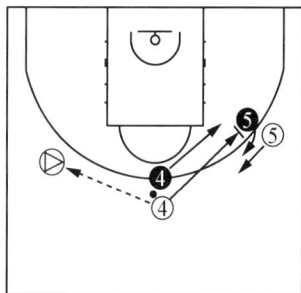

图 4-1-27 挤过配合(一)

2. 半场三攻三守

进攻队员给有球队员做侧掩护,防守队员练习挤过配合。如图 4-1-28 所示,⑥将球传给⑤,④给有球队员⑤做侧掩护,防守者❺练习抢过配合,接着⑤将球传给④,⑥给④做侧掩护,❻挤过继续防守⑥。依次反复练习若干次后,攻守互相交换。

要求:抢过时要贴近对手,向前抢步要及时、有力,掩护队员的防守者要及时提醒同伴并做好换防的准备。进攻的掩护由慢到快,由消极到积极。

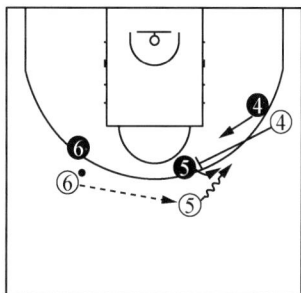

图 4-1-28 挤过配合(二)

（二）穿过配合的练习

与挤过配合类似，穿过配合的练习方法也是在对方掩护时，要求防守掩护者的队员及时提醒防守被掩护者的同伴，并主动后撤一步，让同伴及时从自己和掩护队员之间穿过去，继续防守自己的对手。

要求：必须采用穿过防守，加快攻守转换的速度。

（三）交换配合

交换配合的练习方法同挤过配合，只是对方掩护时，要求防守掩护者的队员与防守被掩护者的队员及时主动地交换自己所防的对手。

要求：防守掩护者的队员必须发出信号，通知同伴进行交换配合，攻守转换速度要快，加大练习密度。

（四）"关门"配合练习

1. 半场三防三

如图 4-1-29 所示，⑤传球给④，④从左侧突破，❺与❹协同"关门"，❻调整防守位置。④传球给⑥，❻防底线突破，⑥从右侧突破，❺与❻协同"关门"。做若干次后，防守队员按顺时针换位继续练习，然后攻守交换。

要求："关门"时要注意把握好时机，动作要快、要靠紧、不留空隙。

队员可随意选择突破方向，增加难度，提高质量。

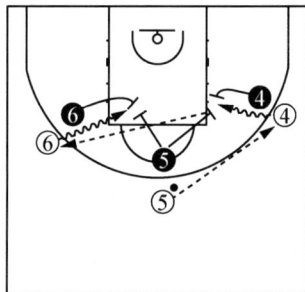

图 4-1-29 "关门"配合（一）

2. 半场四防四

如图 4-1-30 所示，⑦持球突破，❻❼协同"关门"，⑦传球给⑥，待❻防守回位时⑥突破，❺❻协同"关门"。依次进行练习，当④接到球时运球向右前方突破，练习反向（按逆时针）进行，❹❺协同"关门"。练习数次后，攻守交换。

要求：防守队员积极移动，快速回位。"关门"时不留空隙，熟练掌握后，进攻队员可随意选择突破方向，增加难度，提高质量。

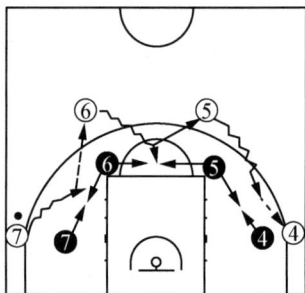

图 4-1-30 "关门"配合（二）

（五）夹击配合的练习

1. 半场二防二

如图 4-1-31 所示，④传球给⑤，❺迫使⑤向场角运球，❹及时上前和❺一起夹击⑤，封阻其传给④的路线，造成 5 秒违例。练习若干次后攻守交换。

要求：夹击时，两名防守队员的身体要靠紧，两臂垂直上举，随对方的球摆动，封堵其传球。

2. 半场三防三

如图 4-1-32 所示，⑤传球给④，❹迫使④运球到场角，❺及时而迅速地和❹进行夹击，❻及时移动，调整位置迅速补防，并准备断球，④传球给⑥，防守回原位依次进行练习。练习数次后，调整防守位置或攻守交换。

要求：严格执行夹击配合的基本要求，快速移动紧逼有球队员。

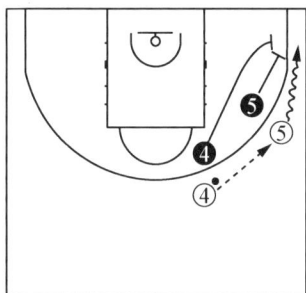

图 4-1-31　夹击配合（一）　　　　图 4-1-32　夹击配合（二）

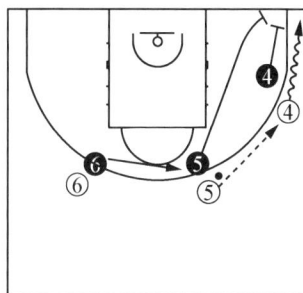

3. 中场夹击练习

如图 4-1-33 所示，④沿边线运球推进，❹在④的侧前半步防守，控制其运球行进的速度和方向。当④运球刚过中线时，❼及时而迅速地上前迫使④停球并与❹一起夹击④。两组可以同时练习，队员按逆时针换位进行练习。

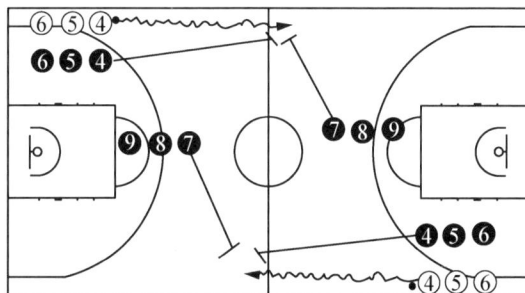

图 4-1-33　夹击配合（三）

要求：夹击时行动要果断突然，不要急于抢对方手中的球，要保持正确的夹击位置和身体姿势。

（六）补防配合的练习

1. 补防无球的切入队员

如图 4-1-34 所示，⑤传球给④后，突然摆脱❺的防守直插篮下，此时，❻放弃对⑥的防守而补防⑤，❺去补防⑥。完成防守后，抢篮板球，防守队员按顺时针方向换位至排尾，进攻队员立即回原位防守，依次进行练习。

要求：补防时应果断、迅速地抢占有利位置，避免犯规。

2. 补防运球突破的队员

如图 4-1-35 所示，⑥从中路突破❻时，❺立即补防，❹向篮下移动补防⑤，❻补防④。完成防守后，抢篮板球，防守队员按顺时针方向换位至排尾，进攻队员立即回原位防守，依次进行练习。

要求：补防时移动迅速，减少犯规。

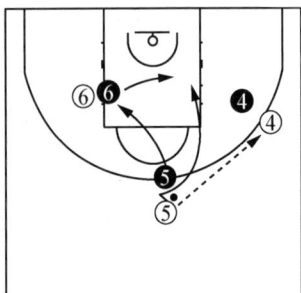

图 4-1-34　补防配合（一）　　　　　　图 4-1-35　补防配合（二）

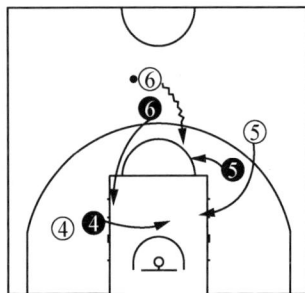

第二节　快攻与防守快攻

快攻是指防守队由守转攻时，全队以最快的速度、最短的时间，将球推进至前场，争取造成人数上和位置上的优势，以多打少，果断而合理地进行快速攻击的一种进攻战术。防守快攻是防守战术的重要组成部分，是在由攻转守的瞬间组织起来阻止和破坏对方快攻的防守战术。

快攻与防守快攻是现代篮球运动重要的攻防战术组织形式。随着篮球技术的发展和运动员技战术水平的提高，在比赛中快攻得分成了最有效、最轻松、最能打击对方士气的进攻手段。运动员尽管在比赛中有不同的位置分工，但必须在个人攻防技术运用的基础上都能胜任快攻与防守快攻的具体要求，才能为有效地完成比赛提供保障。

一、快攻

（一）发动快攻的时机

发动快攻的时机有：获得后场篮板球时、抢断时、跳球时、对方投中后掷端线界外球时。其中，获得后场篮板球后发动快攻的比例最高，抢断后发动快攻的成功率最高。

（二）组织快攻的基本要求

（1）全队要有强烈的快速反击意识，不放过任何一次发动快攻的机会。

（2）获球后，队员要迅速有组织、有层次地按阵型合理分散。

（3）发动、接应、阵型分散快下和跟进的整体行动要始终保持纵深队形，扩大攻击范围，增加攻击点。

（4）在整个快攻过程中，个人和整体行动都要避免延误时机，尽量缩短推进的时间。

（5）快攻结束时，动作要果断、快速、隐蔽，不要降低速度，要果断投篮和冲抢篮板球，减少限制区内的不必要传球。

（6）在展开快攻反击过程中，要善于把握和调整进攻的节奏，避免盲目性，同时要重视由攻转守的部署。

（三）快攻的结构

快攻由发动与接应、推进、结束三个阶段所组成。

1. 发动与接应阶段

比赛时，防守队员获得球便是发动快攻的信号，全队队员应及时按既定的快攻战术方案和战术行动路线分散快下，获球队员应快速准确地将球传给快下队员或接应队员，或者果断地快速运球突破防守对手。接应队员的任务就是要保证接到第一传后能及时将球迅速转入推进阶段。接应队员要灵活机动，选择有利于接球的位置，抓住时机有意识、有决心地加快推进至前场，展开速决战结束进攻。

2. 推进阶段

推进阶段是快攻战术中承前启后的衔接阶段，要抓住时机加快推进速度和提高相互协同配合，做到人、球在位置上的主动是关键。不论传球推进或运球推进，都要突出一个"快"字，有快的意识，有快的行动。

3. 结束阶段

结束阶段是快攻的最后攻击阶段。发动与接应是前提，推进是纽带，而快速、果断、有效地结束攻击则是快攻的根本目的。

（四）快攻的组织形式及发动、接应和推进阶段的配合方法

快攻在组织形式上，分为长传快攻、短传与运球结合的快攻和个人运球突破快攻三种类型。下面以抢到后场篮板球为例，分别介绍三种快攻的发动、接应与推进阶段的配合方法。

1. 长传快攻

长传快攻是队员在后场获球后，用一次或两次传球把球传给快下的同伴进行攻击的一

种方法。这种快攻只有发动和结束两个阶段，特点是时间短、速度快、战术组织简单。但要求快下队员意识强、速度快，发动队员传球要及时、准确、视野开阔。这是一种成功率较高的快攻战术形式。长传快攻的形式有以下几种：抢篮板球后长传快攻、掷后场端线球的长传快攻、断球长传快攻。

如图 4-2-1 所示，④抢到篮板球后，首先应观察全场情况，掌握发动快攻的时机，⑦和⑧及时快攻越过防守，④根据情况，长传球给⑦或⑧进行快攻。④⑤⑥应随后插空跟进。

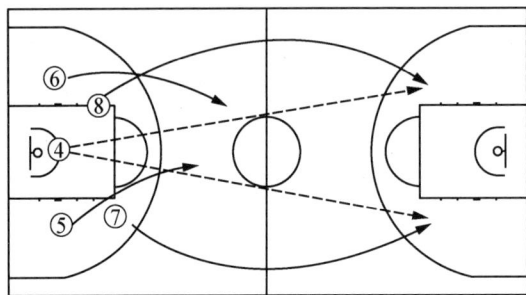

图 4-2-1　长传快攻

2. 短传与运球结合的快攻

(1) 发动与接应阶段

发动与接应是快攻的重要环节，队形分散和一传的速度是非常重要的。因此，控制球的队员要有发动快攻的意识，能全面观察场上情况，并迅速、及时、准确地进行第一传。接应队员应迅速摆脱防守，及时选择有利位置，如前场罚球线附近或其两侧边线、本队习惯的接应点等。接应后，必须快速、合理地向前场传球推进。

快攻的接应分为固定接应和机动接应两种。固定接应又包括固定地区固定队员的接应、固定地区不固定队员的接应、固定队员不固定地区的接应等形式。机动接应是防守队员抢到篮板球后，根据对方的具体情况，谁处于有利的接应位置就将球传给谁。这种接应不易被对方发现，机动灵活，更能争取时间。

快攻的发动与接应形式分为获后场篮板球后快攻的发动与接应、断球后快攻的发动与接应、跳球后和掷后场端线界外球时快攻的发动与接应。

(2) 快攻的推进阶段

快攻的推进阶段是指快攻发动与接应后，至快攻结束前中场配合的阶段。在推进过程中，全队队形要迅速地按层次散开，5 名队员应保持前后、左右的纵深队形，以便快速顺利地完成推进任务。

推进的形式有运球推进、传球推进、传球与运球结合推进等形式。

第一，运球推进。

运球推进指接应队员接球后立即快速向前场运球突破。运球推进中要随时观察场上情况，及时将球传给快下的同伴，以免影响快攻的速度。

如图 4-2-2 所示，⑥拼抢防守篮板球后，传给接应队员⑧，⑧快速运球推进，将球传给快下的④或⑤，④或⑤接球后快速上篮。

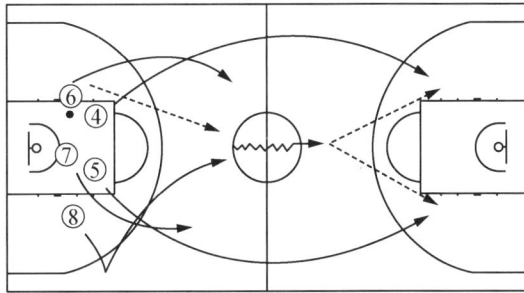

图 4-2-2　运球推进

第二，传球推进。

传球推进指队员间运用快速传球向前场推进。这种推进特点是速度快，对队员行进间传接球的技术要求高。推进过程中队员间要保持纵深队形，无球队员要积极摆脱防守，并随时准备接球；有球队员要判断准确、传球及时，尽量斜传球，避免横传球。

如图 4-2-3 所示，①拼抢防守篮板球后，②插中上前接应，②接球后立即把球传给快下的④，④传球给③，③传给⑤，⑤接球后快速运球上篮。

第三，传球结合运球推进。

传球结合运球推进指防守队获球后根据场上情况，立即以快速的短距离传球与

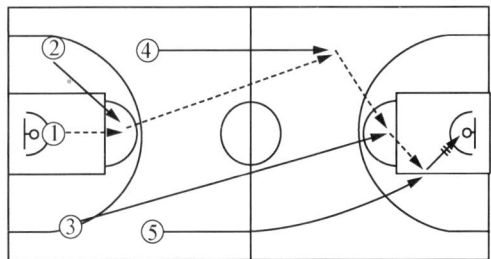

图 4-2-3　传球推进

运球相结合，及时快速向前场推进。这种推进的特点是机动性大，在推进过程中能传就不运，不能传要立即快速运球突破，以保持推进速度。

如图 4-2-4 所示，①拼抢防守篮板球后传给接应队员②，②接球后快速运球推进，将球传给中路的③，③运球从中路快速推进并将球传给快下的⑤或④上篮。

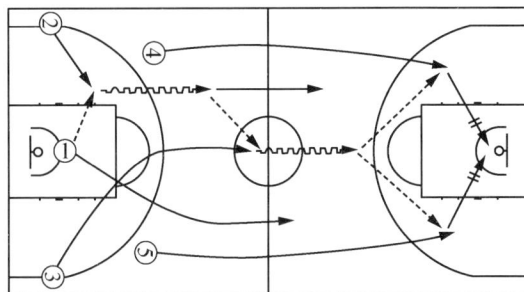

图 4-2-4　传球结合运球推进

3. 个人运球突破快攻

个人运球突破快攻是指个人抢断球或抢获篮板球后，抓住战机，快速运球越过防守，自己投篮得分或传球给机会更好的同伴进行攻击的方法。这一方法的特点是，衔接环节减少，对个人的运球能力要求较高，主要是个人攻篮。

(五)快攻结束阶段的配合方法

快攻的结束阶段是指快攻推进到前场最后完成攻击的阶段，能否快速果断有效地结束攻击则是快攻成败的关键。快攻结束阶段要求进攻队员对防守的意图加以预测和判断，并及时、果断地选择进攻点。持球队员要判断准确，传球或投篮及时果断，无球队员要占据有利位置，伺机接球投篮，积极冲抢篮板球或补篮。

快攻结束阶段一般有以下几种配合方法。

1. 二攻一配合

快攻推进至前场形成二攻一的局面时，进攻队员要拉开适当的距离，扩大进攻范围，利用快速传球、快速运球突破等进攻手段，创造进攻的机会投篮。

(1)利用快速传球投篮。

如图 4-2-5 所示，①②在快速传球推进中，防守队员❷前来防守①，①迅速把球传给切入篮下的②投篮。

(2)突破分球投篮。

如图 4-2-6 所示，②快速突破，❷前来堵截，②及时把球传给①进行投篮。

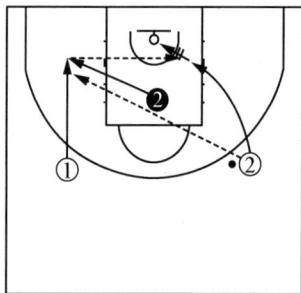

图 4-2-5　利用快速传球投篮　　　　　图 4-2-6　突破分球投篮

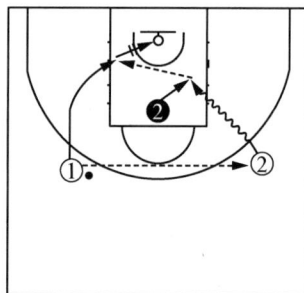

2. 三攻二配合

快攻推进至前场形成三攻二的局面时，左右两侧的队员要向边线拉开且略突前，中路队员稍靠后，保持三角形队形，扩大进攻面。在攻击时，要根据防守的阵形，决定是从中路运球突破，还是从边线运球突破，并且在突破中根据防守的变化果断、及时地处理球。

(1)防守队员平行站位时的进攻方法。

如图 4-2-7 所示，中路防守力量比较弱，⑦从两名防守队员之间运球突破，突破中遇到

❻的堵截时，立即将球传给❻投篮。当❻接球后遇到❺的堵截时，❻则将球传给⑧投篮。

（2）防守队员采用前后站位时的进攻方法。

如图4-2-8所示，中路防守力量比较强，因此进攻队员应从两侧发动进攻。⑦运球推进到前场后，把球传给向篮下切入的⑥，若❺前来堵截，⑥可及时将球传给⑧投篮。

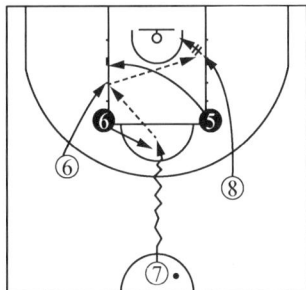

图4-2-7　三攻二（防守平行站位）　　　图4-2-8　三攻二（防守前后站位）

（3）防守采用斜线站位时的进攻方法。

如图4-2-9所示，④从中路运球突破，遇到❹堵截时立即把球传给切入篮下的⑥投篮。若⑥在篮下接球后又遇到❺的补防时，⑥可以把球传给⑤投篮。又如图4-2-10所示，④从中路运球推进，由于❹后撤防守⑥的空切，而❺及时移动堵截④的中路突破时，④应立即把球传给⑤投篮。

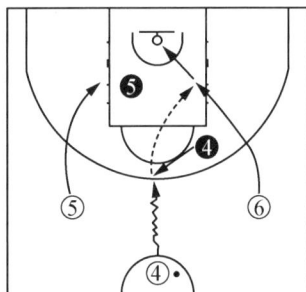

图4-2-9　三攻二（防守斜线站位1）　　　图4-2-10　三攻二（防守斜线站位2）

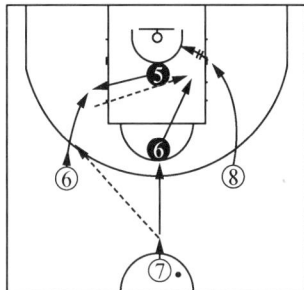

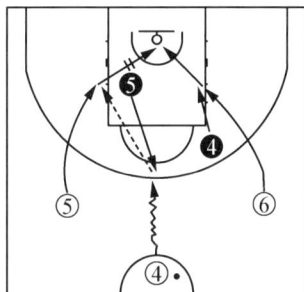

3. 人数相等时的进攻方法

在快攻结束阶段攻防人数相等时，在进攻中常用突分、传切、掩护、策应等配合造成局部以多打少的攻击局面。

（六）快攻战术的教学建议

（1）快攻是进攻战术的主要内容，一般安排在攻、防战术基础配合之后进行教学。快攻教学应结合技术教学反复练习。

（2）快攻战术的教学，应首先通过讲解和演示使全体队员明确快攻的概念、组织结构、组织形式和基本要求。

(3)先进行分解练习，后进行结合练习，最后进行完整的快攻战术练习。教学中应先教长传快攻，再教短传与运球相结合的快攻；先教快攻的发动与接应阶段配合，再教快攻的推进阶段配合，最后学习快攻结束阶段配合。

(4)快攻战术教学应先在固定形式下练习快攻的基本方法，逐步过渡到机动情况下练习，先从无防守再过渡到消极防守，直至在积极防守情况下进行练习。

(5)快攻教学以抢后场篮板球发动快攻、短传与运球结合的推进、以多打少的结束段为教学的重点。在教学中要及时提醒全队队形的分散和队员跑位，重点抓中路推进的分球与突破；结束段要抓三攻二和二攻一等配合，应先教二攻一配合，后教三攻二配合。

(6)在快攻教学中，要注意培养学生的快攻意识，以"快"为中心，做到接应快、队形分散快、分球快，把身体素质、心理素质和作风培养等有机结合起来。

(七)快攻战术的练习方法

1. 长传快攻的发动与接应练习方法

(1)抢篮板球后长传快攻的发动。

如图 4-2-11 所示，④和①各持一球，各自抛向篮板，并自抢篮板球后分别长传给沿边线快下的⑤和②投篮，然后站到⑥和③的后面，⑤和②自抢篮板球再传给快下的⑥和③。

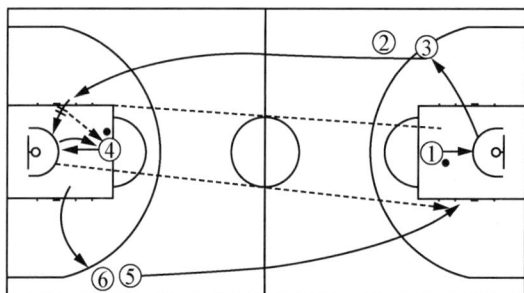

图 4-2-11　抢篮板球后的长传快攻

要求：长传球要及时、到位，做到以球领人，快下的队员要侧身跑。

(2)抢篮板球后长传快攻的发动与接应。

如图 4-2-12 所示，⑥抢到篮板球后，④沿边线快下，⑤插上接⑥的传球，然后迅速长传给④投篮。⑦⑧⑨以同样的方法从另一侧依次进行练习。换位时⑤到⑥的位置，⑥到④的位置，⑨到⑤的位置，④到⑧的位置。

要求：抢到篮板球后不准运球，要迅速传出第一传，接应队员要及时插上，并根据快下队员的速度及时准确地传球，快攻的队员应随时准备接球投篮。

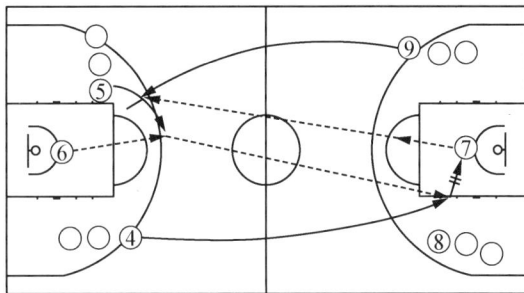

图 4-2-12　接应后的长传快攻

2.传球结合运球快攻的发动、接应及推进练习方法

(1)两人短传快攻推进。

二人一组沿边线或中路短传推进至篮下投篮。

要求：抢到篮板球后不准运球，要迅速传出第一传，传球推进过程中根据队员的速度及时准确地传球。

(2)三人短传快攻推进。

如图 4-2-13 所示，三人直线向前场快速传球推进至篮下投篮，再以同样方法返回。

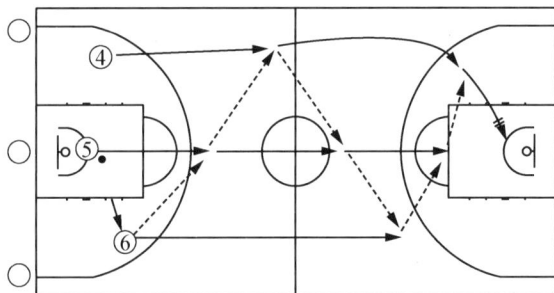

图 4-2-13　三人短传快攻推进练习

要求：传球要准确、到位，做到以球领人，无球队员侧身跑准备接球。

(3)发动与接应

如图 4-2-14 所示，教师 C 持球抛向篮板，④抢到篮板球后，根据②的接应地点及时将球传给②，②接球后排到⑤的后面，④传球后排到①的后面。

要求：抢到篮板球后不准运球，迅速传出第一传，接应队员要及时起动接应。

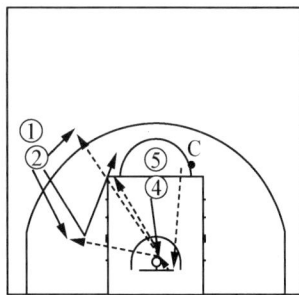

图 4-2-14　发动和接应练习

(4)发动与接应结合短传推进。

方法同上(见图 4-2-14)，④传②后，两人沿边线短快攻。

(5)边线接应、中路运球三线推进。

如图 4-2-15 所示，⑤抢篮板球后迅速传给拉边的⑥，⑥及时将球再传给插中的④，④接球后快速从中路向前场运球推进，⑤和⑥沿边线快下并随时准备接④的传球上篮。

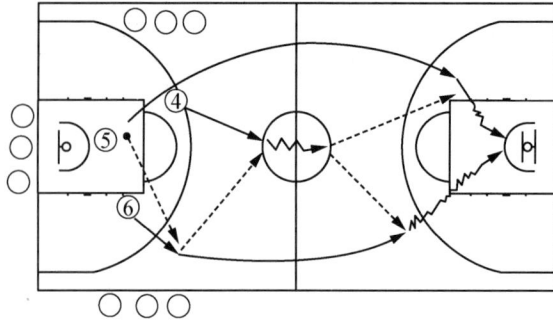

图 4-2-15　边线接应、中路运球三线推进练习

要求：抢到篮板球后不准运球，要迅速传出第一传，接应队员要及时插上并快速运球推进，及时准确地传球，快下的队员应随时准备接球。

(6)中路接应，中路、边线传运结合三线推进。

如图 4-2-16 所示，④抢篮板球传给插中的②后沿左边线快下，②接球后向前场运球中及时传给沿边线快下的③，③接球后快速运球上篮或将球传给④或②投篮。

要求：抢到篮板球后迅速传出第一传，接应队员要及时插上并快速运球推进，并根据边线快下队员的速度及时准确地传球。

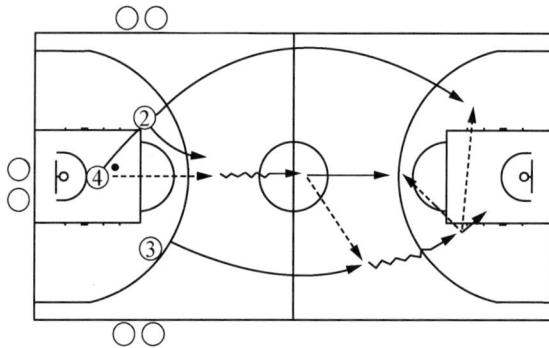

图 4-2-16　中路接应，中路、边线传运结合三线推进练习

3. 快攻结束阶段的练习方法

(1)半场二攻一。

学生在中线站成二路纵队，篮下设一个固定人防守，两队的第一人开始用传球或运球向篮下进攻，依次进行。

(2)半场三攻二。

学生分三组站在中线后边，篮下设两人防守，各组的第一人开始由中线发动，根据不同的防守站位队形进行攻击。

（3）全场二攻一。

如图 4-2-17 所示，④和⑤快速传球向前场推进，⑧去堵截⑤，⑤及时传球给④投篮。⑧抢篮板球后和⑨以同样的方法进攻，⑥或⑦防守，依次进行。

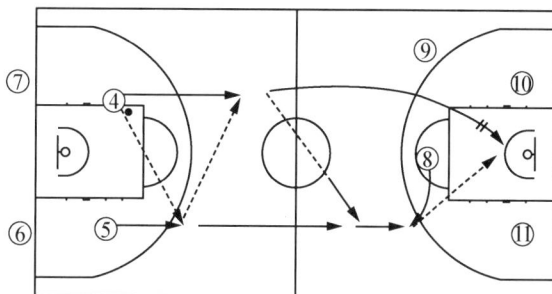

图 4-2-17　全场二攻一练习

（4）全场三攻二。

如图 4-2-18 所示，④⑤⑥为一组短传结合运球推进，①和②防守。进攻结束后，防守的①和②与③迅速转守为攻，⑦和⑧防守，往返依次练习。

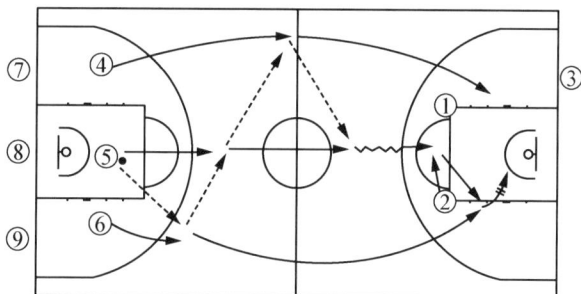

图 4-2-18　全场三攻二练习

二、防守快攻

防守快攻是指由攻转守的瞬间及时组织防守阵形，合理地运用封、夹、断等方法主动阻止、破坏对方组织快攻的防守战术。现代篮球比赛速度不断加快，提高防守快攻的技战术质量尤为重要。防守快攻战术具有整体性，必须根据对手攻势的展开，有针对性地去防守，力求延缓对手进攻的速度，打乱其进攻节奏，推迟其进攻时间，以利于迅速组织阵地防守。

（一）防守快攻的方法

1. 提高进攻成功率

提高进攻成功率，减少失误，可以控制对方抢后场篮板球和抢断球的次数，从而减少对方发动快攻的机会。

2. 积极拼抢篮板球

现代篮球比赛中，根据资料统计看，大多数快攻发生在抢到篮板球以后。因此，队员任何一个队员投篮，其他进攻队员都应该积极拼抢篮板球，以减少对方发动快攻的次数，或为本队防守快攻争取时间。

3. 封一传，堵接应

有组织地堵截快攻的一传和接应，是制止对方发动快攻的关键。当对手获球转为进攻时，近球队员要迅速上前封锁对手的传球路线，伺机夹击防守，干扰其第一传，同时其他队友切断接应路线，伺机断球，延缓其进攻速度，争取时间补防；当对方掷后场端线球或者后场边线球时，一方面防守队员要迅速退防，防止其偷袭，另一方面应阻挠掷端线球，延缓其进攻速度，组织好阵地防守。

4. 防守快下队员

由攻转守时，在后场的防守队员要迅速控制后场，在退守过程中要控制中路，要对快下的队员严加防范，切断对方长传快攻的路线。

5. 控制对手推进速度

防守快攻时，前场防守队员不能消极后撤，而应与对手保持一定的距离，边撤边防，控制对手的推进速度，以便及时组织防守阵势。

6. 提高以少防多的能力

在快攻结束阶段，如果出现以少防多的局面，防守队员要积极移动选位，运用假动作干扰其传球，制造进攻队员左右为难的局面，迫使对方失误或延缓进攻速度，为同伴争取退守时间。

(1)一防二。

当防守出现一防二的局面时，防守队员要保持冷静，注意占据有利于人球兼顾的防守位置，积极移动并利用假动作干扰，使进攻队员失误或者延误其进攻时机，为同伴争取退守的时间。在防守中要注意观察对手的意图和行动，看准时机迅速、果敢地进行抢断，封盖、干扰对方投篮，并积极拼抢篮板球。

(2)二防三。

两名防守队员积极移动，紧密配合，内外兼顾，左右照应。两名防守队员中一名队员侧重防守有球队员，时刻保持紧逼防守，另一队员要选择合适的位置，做到既能控制篮下，又能同时兼顾两名球员的行动，看准时机，果断进行抢断，争取转守为攻。

二防三的防守阵型有二人平行站位、二人重叠站位、二人斜线站位三类。

二人平行站位：这种防守适用于对付边线突破能力较强的队员，但中路防守薄弱。如图4-2-19所示，当⑤沿边路持球突破时，❺对⑤进行紧逼，❹向限制区移动，控制篮下并注意⑥和⑧的行动。当⑤把球传给⑥时，❹上前堵截⑥，❺立即撤向篮下并注意⑤和⑧的行动。

二人重叠站位：这种阵型可有效地阻止对方中路突破，但边路防守薄弱。如图 4-2-20 所示，当进攻队员⑤从中路运球推进，④和⑥沿边线快下时，❹在前堵截中路，❺在后注意④和⑥的行动。当⑤把球传给⑥时，❺前去堵⑥，❹迅速后撤控制篮下并注意④和⑤的行动。

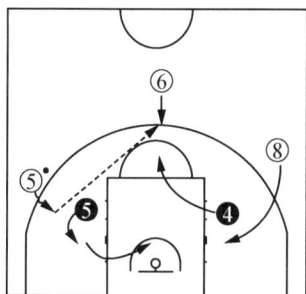

图 4-2-19　二人平行站位　　　　　图 4-2-20　二人重叠站位

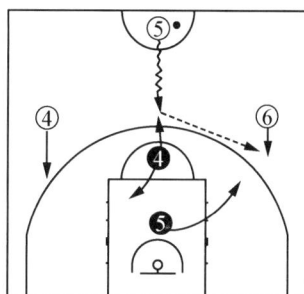

二人斜线站位：这种防守阵型比前两种站位有利，可有效防止中路突破，缩短补防距离。如图 4-2-21 所示，当④和⑤进行短传推进时，❹先选择偏左的位置防守，当④将球传给⑤时，❹要立即移动堵截⑤，❺向篮下移动，并注意④和⑥的行动。又如图 4-2-22 所示，如⑤把球传给⑥时，❺前去堵⑥，❹后撤控制篮下注意④和⑤的行动。

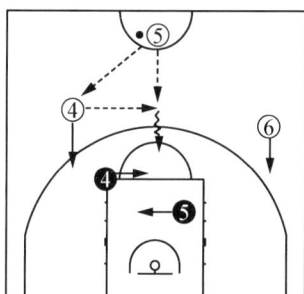

图 4-2-21　二人斜线站位　　　　　图 4-2-22　二人斜线站位

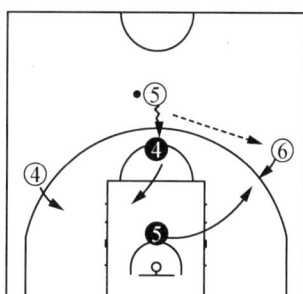

(二)防守快攻的教学建议

(1)防守快攻的教学要与快攻教学结合进行，一般在快攻教学完成之后，再教防守快攻，以提高攻守质量。

(2)应首先把防守快攻的方法与基本要求讲清楚，使学生对防守快攻有初步的了解，能够合理地使用防守技术。教学中应以一守二攻、二守三攻作为练习的重点。在整个教学过程中，应始终注意对学生加强拼抢篮板球、防运球突破、补防、以少防多等防守技术运用和配合能力的培养，提高他们的防守快攻的质量。

（3）防守快攻教学应先分别对堵截快攻第一传与接应、防守对方推进、防守结束阶段进行教学，在学生已掌握各阶段方法的基础上，再进行整体防守战术的教学。

（4）把培养学生防守快攻的意识、坚忍不拔的意志和积极拼抢的作风贯穿于整个教学之中，通过教学比赛，不断提高学生防守快攻的质量。

（三）防守快攻的练习方法

1.堵截快攻的发动与接应

（1）三对三堵截快攻的发动与接应。

如图 4-2-23 所示，教师 C 投篮未中，当防守队员❺抢到篮板球时，⑤立即转攻为守，迅速上前挥臂封其一传，⑥和④分别堵截❻和❹接应一传。两组进行若干次后，换组练习。此练习也可要求两组队员在教师将球投向篮板时候都积极地拼抢篮板球，抢到篮板球的一组迅速组织快攻，另一组进行防守。

（2）三对三夹击第一传。

如图 4-2-24 所示，当❺抢到篮板球时，④和⑤合作夹击，⑥放弃快下的❻，而及时去堵截❹的接应，并随时准备断❺传出的球。

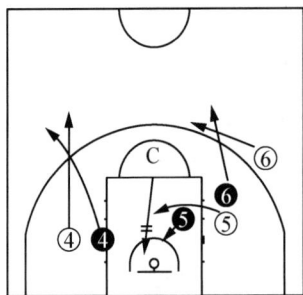

图 4-2-23　三对三堵截快攻的发动与接应

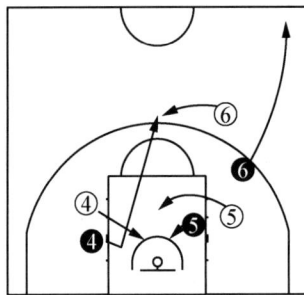

图 4-2-24　三对三夹击第一传

2.防快下的队员

如图 4-2-25 所示，教师 C 投篮未中立即上前抢到篮板球时，④和⑤立即起动沿边线快下，而❹和❺也随即快退，并在退防时密切观察场上情况，准备断长传球。每次练习后，攻守交换回到对组排尾。

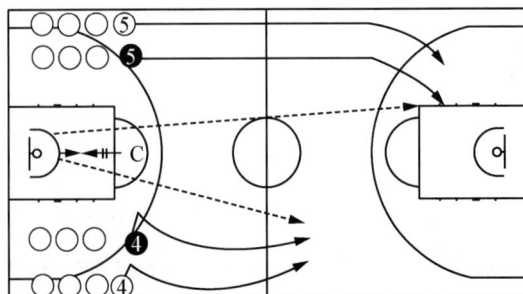

图 4-2-25　防快下的队员

3. 快攻结束阶段以少防多

(1) 半场一防二。

如图 4-2-26 所示，当④把球传给⑤，⑤沿边线运球推进时，❹由中路稍向⑤一侧退防，在退防中要利用假动作干扰对手，当⑤又把球传给④时，❹立即移向④一侧篮下，并随时断④回传给⑤的球，或及时起跳封盖④的投篮，拼抢篮板球。防守者防守成功后与进攻失误者交换防守。

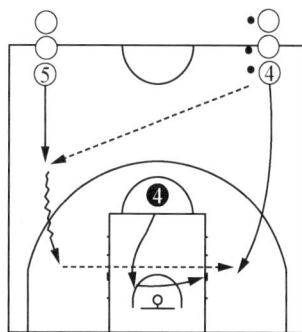

图 4-2-26　半场一防二

(2) 全场一防二。

如图 4-2-27 所示，⑤和④快速向前场推进，❹防守。❹防守后接着与⑤向对侧球篮进攻。⑥和⑦出一人防守，反复进行练习。

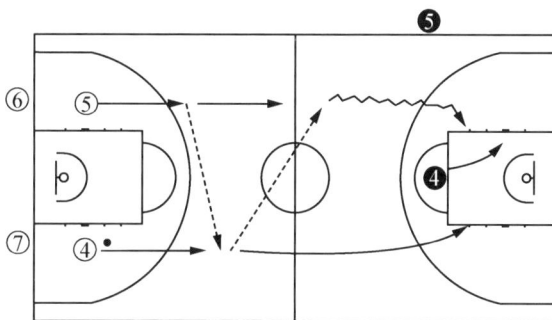

图 4-2-27　全场一防二

(3) 半场二防三。

如图 4-2-28 所示，④从中路运球推进时，❹在前堵中路，❺在后成重叠防守。当④把球传给⑥时，❺上前防守⑥，❹立即后撤兼顾防守④和⑤。又如图 4-2-29 所示，当⑥沿边线运球突破时，❺随之移动防守⑥突破上篮，这时❹要占据中区有利位置兼防④和⑤。当⑥把球传给④时，❹要立即移动堵截，❺迅速向篮下移动兼防⑤和⑥。练习中防守要协同配合，人球兼顾，真假动作结合。

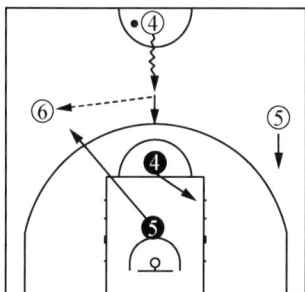

图 4-2-28　半场二防三(一)

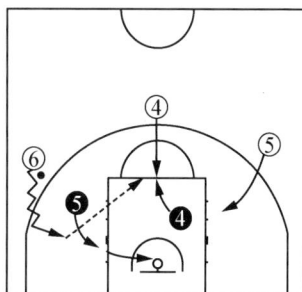

图 4-2-29　半场二防三(二)

(4)全场二防三。

如图 4-2-30 所示，三人一组，开始由①②③向前场快速进攻。另一组的⑦和⑧进行防守，⑨在边线外不参加防守，⑦、⑧防守后与⑨一起向对面组织进攻，由第三组的④⑤进场防守。依次往返进行练习。

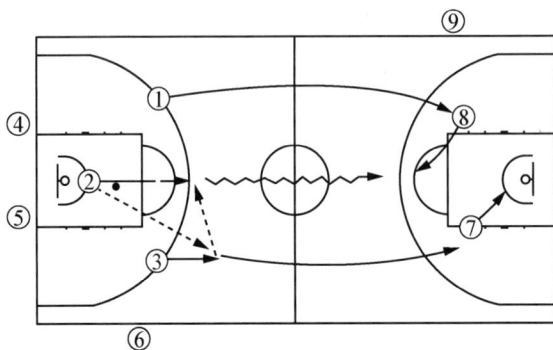

图 4-2-30　全场二防三

4．全场五对五攻防练习

练习在进攻半场人盯人防守和区域联防后即刻转入防守，同时要求由守转攻也要快，不断提高攻守转换的意识和能力。

第三节　半场人盯人防守与进攻半场人盯人防守

人盯人防守是指每名防守队员在积极地盯住自己对手的同时，与同伴进行共同协防的全队整体性防守战术。它根据防守区域的范围通常分为半场人盯人防守和全场人盯人防守两种形式。人盯人防守是篮球防守系统中运用最广泛、最基本的防守战术。

半场人盯人防守战术是指由攻转守时，全队有组织地迅速退回后场，在半场范围内，每个防守队员负责盯住一个进攻队员，控制其行动，并协助同伴完成全队防守任务的整体防守战术。它具有分工明确、责任到位、针对性与攻击性强、便于掌握等特点。在对抗日趋激烈的现代篮球比赛中，运用半场人盯人防守战术能有效地破坏对方进攻时的习惯打法，充分发挥个人的防守能力，调动个人防守的积极性。它的不足之处在于个人防守能力弱、协防往往也不到位的球队容易被各个击破，这容易导致队员丧失信心。当进攻队员运用掩护时，容易形成错位。

进攻半场人盯人防守战术，是根据半场人盯人防守战术特点，合理组织进攻落位阵型，运用进攻基础配合所组成的全队进攻战术。它要求队员既要有良好的战术意识、个人进攻能力，又要有集体协作精神，依靠队员间的互相配合，攻破对方的防线。

一、半场人盯人防守

半场人盯人防守战术在实战中的应用主要有半场缩小人盯人防守和半场扩大人盯人防守两种。由于它们之间的任务和防守区域不同，因此战术形式和方法也不同。但防守的基本原则一致。

（一）半场缩小人盯人防守

1. 运用时机

半场缩小人盯人防守是以加强内线防守、保护篮下为目的防守战术。这种战术多用于篮下攻击力较强，外围攻击力较弱的球队。它的防守区域小，有利于协防、控制内线、抢篮板球和组织快攻反击。

2. 防守方法

（1）强弱侧的防守方法。

以球场纵轴线为标准，有球一侧为强侧，无球一侧为弱侧。强侧的防守，对持球队员要紧逼防守，限制其投篮、突破、传球。对于强侧无球队员，采取积极的错位防守，从防接球做起，限制其移动路线。弱侧的防守要注意回收、进行协防，同时注意抢断高吊球，及时堵截对方的背插和溜底线。

如图 4-3-1 所示，⑤持球时，❺紧逼⑤，❼内侧侧前防守⑦，❹紧逼防守④，❽回缩篮下，防⑤的高吊球及❽的横切等，❻可适当向强侧靠拢。如果弱侧队员⑥接球（图 4-3-2），❻紧逼⑥，❼侧前防守⑦。❹错位防守④并准备协防。弱侧的❺向中锋一侧靠拢，保护中锋。❽错位防守⑧的接球或空切篮下。

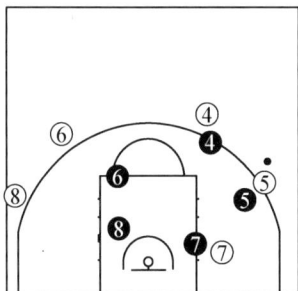

图 4-3-1　强弱侧防守（一）　　　　图 4-3-2　强弱侧防守（二）

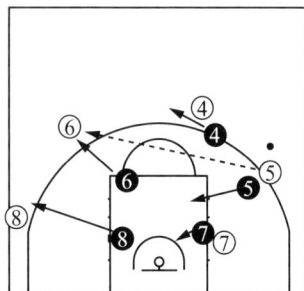

（2）防掩护进攻的配合方法。

当对方进行掩护进攻时，要运用挤过防守，尽量避免换防。尤其对中锋与外围队员的掩护更是如此。防止出现大防小、小防大的局面。如果外围无球队员在弱侧区域进行掩护，则采用交换和穿过配合。

如图 4-3-3 所示，③持球，对于弱侧②和⑤的掩护，防守队员❷和❺不要换防，❷穿过掩护队员⑤继续防守②。对于强侧④与③的掩护，❸要全力进行挤过或从内侧绕过。

（3）防中锋进攻的配合方法。

防守中锋进攻的关键是阻止中锋接球。一旦中锋接到球，应及时进行协防或夹击迫使中锋把球传到外围。

如图 4-3-4 所示，④持球时，❹紧逼④，❽绕前防守中锋⑧，❼回缩篮下防④的高吊球，如果⑧接到④的高吊球，❼必须与❽围夹⑧，迫使⑧将球传出。❻回缩篮下以防❼空切，❺准备抢断⑧的传球。

（4）防移动进攻的配合方法。

移动进攻的特点是在球不断转移的过程中，无球队员利用连续掩护和个人技术摆脱防守，连续切入篮下接球进攻。因此防守时要做到积极移动，选位及时、准确，控制进攻的传球速度，堵截进攻队员的移动路线，延缓其进攻速度，为防守选位争取时间。当进攻队员掩护时，根据情况采用挤过、穿过、绕过等方法，以破坏进攻配合。

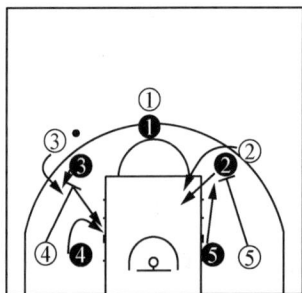

图 4-3-3　防掩护进攻　　　　　　图 4-3-4　防中锋进攻

（二）半场扩大人盯人防守

1. 运用时机

半场扩大人盯人防守是在对方前场，以控制对方进攻速度、加强外线防守并切断内外线联系、遏制对方习惯性打法为目的，采用夹击、断球、协防等一系列防守配合方法，使对方心理紧张，破坏对方进攻并及时组织快攻反击的一种整体性防守战术。它是一种防守目的明确，主动性、攻击性很强的防守方法。但由于扩大了防区，运动员的体能消耗很大，不利于协防，容易出现漏人现象。当对方外围投篮准确，突破能力及全队的整体进攻配合较差时，采用半场扩大人盯人防守战术可有效遏制对方的习惯性打法。

2. 防守方法

由攻转守时，防守队员应首先迟滞对方的反击速度，迅速退回后场。当对方持球队员进入前场后，防守队员要以紧逼盯人迟滞持球队员的进攻速度，阻止其运球突破。防无球队员要及时选位，以防止对手接球或切入。

第一夹击区的配合：如图 4-3-5 所示，以左侧为例，当❶采取紧逼防守迫使①在图中深色区域停球时，❸果断放弃③，与❶协同进行夹击①，此时，❺要积极向③移动补位紧逼③，随时准备断球。❷依然紧逼②，但主要防②上前接应要球；❹向篮下回收，注意防⑤④，一防二，并随时准备抢断①的传球。

第二夹击区的配合：如图 4-3-6 所示，当持球队员⑤在端线场角被迫停球后，❸协同❺在底角夹击⑤，❶移到强侧紧逼防守③并准备断⑤的传球，❹向拦下封堵④的路线，并准备断⑤的传球；❷移动，注意②④的动向，一防二，并随时准备抢断的传球。

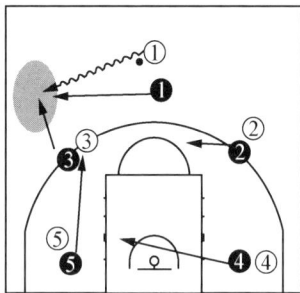

图 4-3-5　第一夹击区的配合

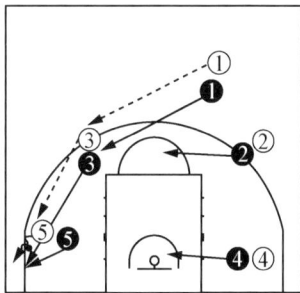

图 4-3-6　第二夹击区的配合

（三）半场人盯人防守的基本要求

（1）要在不同的防区采取不同的防守方法，每个队员在场上的位置感要清晰，要与同伴前后呼应，积极、果断、大胆地与同伴进行协防、夹击、补防，充分体现防守的整体性、主动性和攻击性，使 5 名防守队员形成一个统一的整体。由于半场扩大人盯人防区过大，队员要有充沛的体力和良好的防守意识。

（2）遵循人球兼顾，以人为主的防守原则，对持球队员采用贴身紧逼的防守，不给对方轻易传球、运球、投篮的机会。被对手突破后，在追防的同时，要注意场上情况，根据同伴补防的情况来判断自己的防守走向。

（3）对无球队员要进行错位防守，做到人、球、区兼顾。根据对手所处的位置及时调整自己的防守位置，在积极移动中堵截无球队员的切入、掩护或接应，以及抢断来球。

（4）现在篮球场上队员位置逐渐淡化，所以根据场上情况，或教练安排，对于掩护积极地作出正确的响应。

（四）半场人盯人防守教学建议

（1）要让学生掌握半场人盯人防守的配合方法，应首先从个人脚步动作、防守技术运用及防守战术基础配合抓起，在此基础上引导学生学习半场人盯人防守战术配合。在对抗练习中让全队掌握防守战术配合的方法，提升防守战术配合的能力。在教学比赛中提高学生的实战对抗能力，培养学生的实战对抗意识。

(2)加强队员身体素质的训练，提高体能，以确保战术教学与训练任务的完成。

(五)半场人盯人防守练习方法

1. 提高个人防守技术的练习

从防守的各种基础脚步练习开始，过渡到全场的一对一对抗练习，在对抗中重点提高个人的脚步移动速度和防守技术以及场上的位置感。

2. 提高基础配合质量的练习

反复进行半场的二对二、三对三，甚至四对四练习，对防守掩护、策应、传切、突分等基础配合，统一思想、加强练习，为提高全队的整体防守水平打好基础。

3. 全队防守的选位练习

(1)在球动人不动条件下的选位练习。

如图 4-3-7 所示，进攻队员原地不动，相互传球，让防守队员按照防守持球队员和防守无球队员的原则进行选位。练习数次以后，防守队员按顺时针方向换位 4 次，然后攻守交换，依次进行练习。此练习要求，防守时防守队员只许移动选位，不许断球；进攻时进攻队员不允许投篮，防守队员选好位置以后再传球。练习熟练以后可加快传球速度。

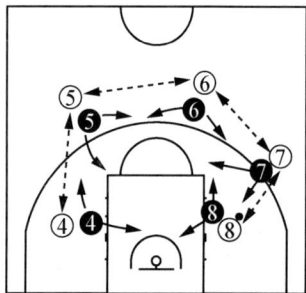

图 4-3-7　全队防守的选位练习

(2)在人动球不动的条件下进行练习。

球依次固定在每个队员手中，让其他 4 名队员练习如何防掩护、纵切、横切、溜底线等。持球队员可做适当的移动，但不要传球，其他进攻队员可以连续掩护、空切等。练习数次后攻守交换。

(3)在人动球动条件下进行练习。

进攻队员除了不能进行投篮以外，可以采取任何进攻方式进行进攻。防守队员严格按照选位原则进行防守，控制对方的传切、掩护、突分、策应等基础进攻配合。如果抢断成功，攻守交换。

4. 五对五攻防对抗练习

(1)半场五对五攻防。

进攻投篮命中后，从中圈发球继续进攻，进攻队员抢到前场篮板球以后可以补篮或二次进攻。防守队员抢到后场篮板球或抢断成功，应从中圈开始发球进攻。

（2）全场三组队员五对五攻防。

两个半场各留一组进行防守，另一组在中圈附近任选一个半场进攻。进攻队员抢到前场篮板球以后可以补篮或二次进攻。当防守队员抢到后场篮板球或者抢断后，立即由防守变为进攻，向另一个半场移动，两队进行攻防。依次循环练习。

（3）全场五对五实战。

要求提高攻守转换速度，练习中由攻转守时，首先封一传、堵接应，赢得时间迅速退守，进行半场缩小或扩大人盯人防守。在对抗练习中发现问题、解决问题，以提高队员的应变能力、修正不足之处，提高全队防守的整体性及攻击性。

二、进攻半场人盯人防守

进攻半场人盯人防守战术是由掩护、策应、传切、突破分球等配合所组成的。在组织进攻战术时，不仅要遵循进攻半场人盯人的一般原则，而且还必须根据本队的身体、技术、风格等特点，最大限度地发挥本队的特长，充分调动每名队员的积极性，发挥每个人的长处，合理地组织战术打法。

进攻半场人盯人防守战术主要有两种模式：一种是"机动型"打法，它以两三人配合为基础，在半场局部范围内采取的"快速进攻战术"；另一种是"连续攻击法"打法，它以全队配合为中心，队员位置快速轮转，组织整体进攻。

（一）进攻半场人盯人防守的阵型与方法

1. 进攻半场人盯人防守的阵型

根据对方的防守能力，结合本队队员的身体条件、技术特点和战术素养来选择能够充分发挥本队特点的进攻阵型。常见的进攻落位阵型有单中锋进攻的 2-3 阵型（图 4-3-8）和 2-2-1 阵型（图 4-3-9）、双中锋平行站位的 1-2-2 阵型（图 4-3-10）和 1-4 阵型（图 4-3-11）、双中锋纵向站位的 1-3-1 阵型（图 4-3-12）、无固定中锋的 1-2-2 阵型（图 4-3-13）等。

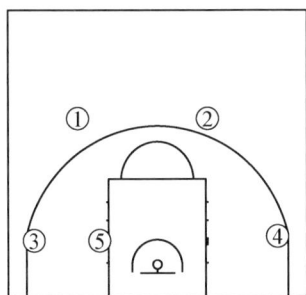

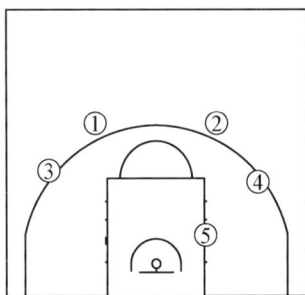

图 4-3-8　2-3 阵型　　　　图 4-3-9　2-2-1 阵型　　　　图 4-3-10　1-2-2 阵型

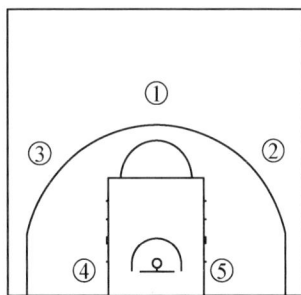

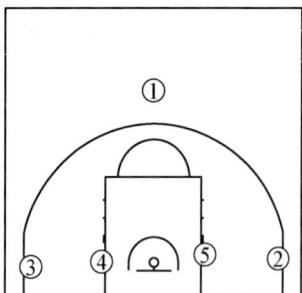

图 4-3-11　1-4 阵型　　　　　图 4-3-12　1-3-1 阵型　　　　　图 4-3-13　1-2-2 阵型

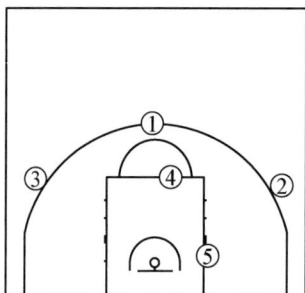

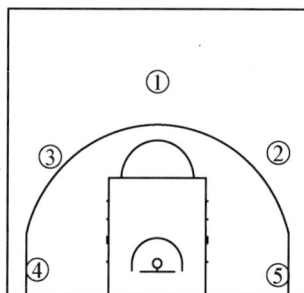

2. 进攻半场人盯人防守的配合方法

(1)单中锋进攻法。

方法一：如图 4-3-14 所示，以 2-1-2 阵型落位，④传球给⑧，④给⑤做侧掩护，然后以⑧为中枢做交叉策应，⑥向三分线弧顶移动补位，④掩护后若没机会接球则顺下给⑦做掩护。这个配合的攻击点有：⑧可将球传给⑤，⑤突破受阻可分球给⑥或⑦投篮；⑧可将球传给掩护后横切的⑦；⑧在策应过程中，也可个人攻击。

方法二：如图 4-3-15 所示，中锋⑤上提到罚球线策应，⑥传球给中锋⑤，同时④溜底，中锋⑤得球后⑦和⑥交叉掩护，⑧拉后保持攻守平衡。这个配合的攻击点有：中锋得球后传给溜底的④投篮；中锋⑤背向得球后向自己的右侧突破；传给交叉切入的⑥投篮，或传给⑦外围中距离跳投。

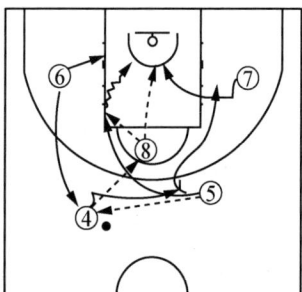

图 4-3-14　单中锋进攻法(一)　　　　　图 4-3-15　单中锋进攻法(二)

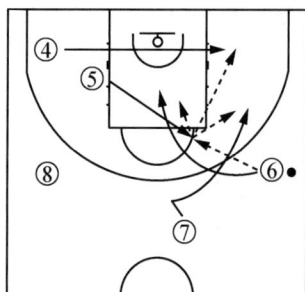

(2)双中锋进攻法。

方法一：如图 4-3-16 所示，以 1-2-2 进攻阵型落位，④传球给⑤，⑧上提给④做后掩护，⑥向弧顶移动补位，⑤将球传④，④直接上篮。如果④没机会接球，⑤可将球传球给⑧，④与⑦在端线做交叉掩护。⑦横切，④拉开，⑧传球给⑦或④投篮，⑧也可自己进攻。

方法二：如图 4-3-17 所示。进攻中锋④给⑤掩护，⑦传球给⑤后向左侧空切，⑥和⑧交叉掩护，拉开篮下，使防守队员无法协防。这个配合的攻击点有：⑤传给④攻击；⑤得球后可传给切入的⑦投篮；⑤传给⑥⑧投篮；⑤自己进攻。

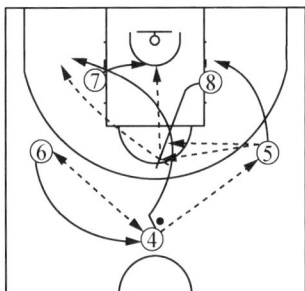

图 4-3-16　双中锋进攻法（一）　　　　图 4-3-17　双中锋进攻法（二）

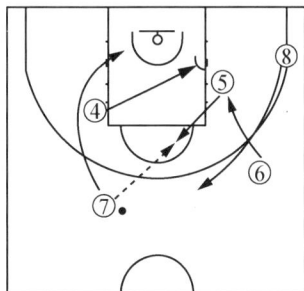

（二）进攻半场人盯人防守战术的基本要求

（1）根据对手防守特点，结合本队队员的身体条件、技术特点，合理地组织阵型，充分发挥本队进攻特点和个人特长，利用基础配合组成全队的进攻战术。

（2）做到在移动中相互配合，有目的地连续穿插、掩护、换位。配合中着重于主要的攻击区域和攻击点，点面结合，内外结合，强调进攻中的灵活性和机动性。注意攻守平衡。

（3）要积极拼抢，争取抢到前场篮板球，力争二次进攻，提高攻守转换速度。

（4）提高队员单兵作战能力，在关键时刻本队的核心球员要挑起大梁。

（5）进攻中抓住对方防守的薄弱环节，实施强攻。

（三）进攻半场人盯人防守战术的教学建议

（1）队员应首先学习掌握半场人盯人防守战术，然后学习进攻半场人盯人防守战术。两者要结合进行，以提高攻守质量。开始练习时，要让每个队员了解全队的战术落位阵型、进攻时机、移动路线、主要攻击面和攻击点及变化规律。

（2）先讲解战术配合的方法，使队员初步熟悉进攻战术的路线，明确主攻点、关键和难点，以及战术的变化；然后，二对二、三对三练习局部配合，提高配合质量；接着，在无防守、消极防守、诱导性防守、破坏性防守等特定的情况下练习五人进攻配合，逐步提高进攻配合的熟练程度和应变能力；最后，在半场五对五比赛和全场比赛中，提高全队战术质量。

（3）在实战中检验队员对全队战术理解和掌握的程度，通过比赛的信息反馈，不断总结分析，以此提高战术水平。

（四）进攻半场人盯人防守战术的练习方法

进攻半场人盯人配合方法虽然有很多种，但都是以四种基础配合为基础，根据本队的特点和个人技术特长，将不同基础配合串联，衍生出一系列的进攻配合方法。无论何种打法，从总体上来说，教学与训练的程序设计是基本相同的。

1. 局部配合练习

首先在无防守情况下，进行两人或三人之间多球分位的练习。这一阶段练习的主要目的是解决进攻配合路线及各进攻点的技术运用。熟练掌握后，可在消极防守状态下进行练习，初步掌握配合时机和提高技术运用能力，逐渐过渡到积极防守对抗练习。应从实战出发，严格要求，掌握局部战术配合的方法，提升局部战术配合的质量。同时，在集训阶段教练员要根据本队队员的具体情况及对手的特点让队员专注于某个位置或者某种配合的练习。

2. 五对五练习

五对五的练习可按照以下五个步骤展开。

(1)在无防守的情况下，将整体的配合衔接在一块，让队员熟悉落位以及自己在场上的职责，按照战术配合的时机和路线要求，进行人、球移动练习。

(2)当全队整体配合熟练后，进行消极防守情况下的半场五对五练习，让队员了解全队进攻的移动规律，掌握发动的时机，提高各个攻击点的技术运用能力。

(3)进行半场积极的五对五练习，在积极的对抗练习中，掌握进攻变化规律，教练员应严格要求，完成进攻的具体指标后进行攻守转换。必要时，对于出现的共性问题和一些细节的把握，可让队员分组进行讨论，研究解决，以提高他们的战术意识以及分析问题、解决问题的能力。

(4)全场三组队员五对五攻防。两个半场各留一组进行防守，剩余的一组在中圈附近任选一个半场进攻。进攻队员抢到前场篮板球以后可以补篮或二次进攻。当防守队员抢到后场篮板球或者抢断后，立即由防守变为进攻，向另一个半场移动。两队进行攻防转换，依次循环练习。

(5)有目的地组织教学比赛，检查教学训练效果，总结、分析在实战中出现的问题，为今后的针对性训练提供可靠依据。

第四节　全场紧逼人盯人防守与进攻全场紧逼人盯人防守

一、全场紧逼人盯人防守

全场紧逼人盯人防守战术是指由攻转守时，每个队员立即看守住邻近的对手，并在全场范围内紧紧盯住对手，利用夹击、换防和补防等攻击性防守配合，以破坏对方有组织的进攻，打断进攻节奏，迫使对方带球撞人、违例等为目的的一种攻击性和破坏性很强的防守战术。

全场紧逼人盯人防守战术移动面宽、争夺激烈、速度快，能充分发挥队员的特长和有效地制约对方活动，打乱对方部署和习惯打法，造成对方心理紧张和技术失误，从而取得比赛的主动权。但由于防守区域较大，防守队员分散，容易产生漏防，漏防以后难以再组织有效的集体防守。所以，全场紧逼人盯人防守对个人的防守技术、体能、意识、心理、智能，以及全队防守的整体性要求都非常高。

全场紧逼人盯人防守的运用时机为：对方体力较差，为消耗对方体力时；突然改变战术，攻其不备，以达到挽回败局或扩大战果时；身材小，但速度快、灵活性较好的球队，与身材高大的队比赛，为摆脱篮下被动局面时；对方中投准，控球能力和突破能力较差时。

（一）全场紧逼人盯人防守方法

全场紧逼人盯人防守是在全场范围内，当对手获得球权时，立即与对手展开激烈对抗和争夺的一种配合方法。由于在全场范围内，不同的区域防守任务不尽相同，所以把球场划分为前场、中场、后场三个防域（图 4-4-1）。

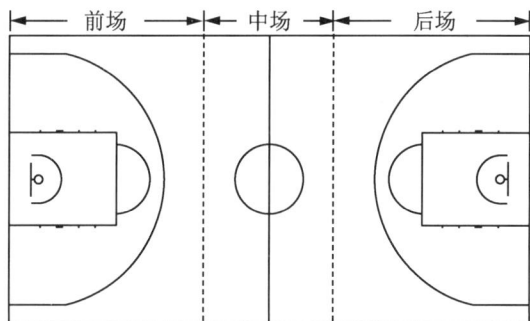

图 4-4-1　全场紧逼人盯人防守区域划分

1. 前场紧逼人盯人防守的方法

前场防守是全场紧逼人盯人防守的重要阶段，也是防守的第一道防线。在前场必须采取以夺取球为目的的防守策略，要求队员由攻转守时，快速找到自己的防守对手，立即进行紧逼，迫使对方减慢推进速度，选择有利于断球和夹击的位置，并造成强大的声势，给对方施加压力，迫使对方失误和违例。

（1）对方掷端线界外球的防守方法。

当对方掷端线界外球的时候，有一对一紧逼防守、夹击接应队员的紧逼防守、机动夹击的紧逼防守三种防守方法。下面分别进行介绍。

方法一：一对一紧逼防守。如图 4-4-2 所示，在⑤准备好发端线界外球之前，防守队员应迅速找到自己的对手，选择好有利的位置，❺紧逼⑤，❺积极挥动双臂，封堵⑤的传球角度，迫使⑤传出质量不高的球，甚至直接断球。❹❻❼❽积极堵截各自防守对手（④⑥⑦

⑧）的接球路线，迫使⑤发球失误或 5 秒违例。当⑤把球传入场内时，防守队员一定要逼球走向，让持球者沿边线运球。

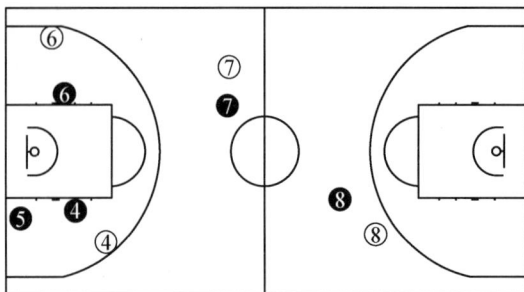

图 4-4-2　一对一紧逼防守

方法二：夹击接应队员的紧逼防守。这种方法主要用于防守对方技术全面、控球能力强、善于组织进攻的队员。如图 4-4-3 所示，❺放弃对⑤的防守，去协助❹夹击技术全面的④，迫使⑤将球传给控球能力较差的队员。❻❼❽除控制接球外，还要根据场上的变化，及时调整防守位置，注意补防或断球。如果球已掷入界内，❺应及时调整位置，仍防守⑤。

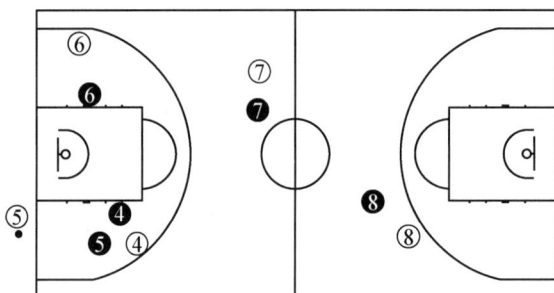

图 4-4-3　夹击接应队员的紧逼防守

方法三：机动夹击的紧逼防守。如图 4-4-4 所示，当⑤掷界外球时，❺主动放弃⑤，充当"游击队员"，他可站在两个接球队员的前面，也可站在后面。❺要判断⑤的传球方向，及时移动进行断球或与❹❻协同夹击接应的④或⑥。❼和❽应在⑦和⑧的侧方错位防守，随时准备断长传球和补防。如果对方已将球掷进场，而夹击、抢断又未成功，❺和其他队员应及时调整位置，进行紧逼人盯人防守。

图 4-4-4　机动夹击的紧逼防守

（2）对方在边线掷界外球时的紧逼方法。

当对方在后场边线掷界外球时，一般不紧逼持球者，而采用上述夹击接应队员的方法防守。

（3）投篮未中对方抢获篮板球时的防守方法。

当对方抢到后场篮板球时，应立即展开一对一紧逼防守，在移动中就近找人，最主要的是对抢到篮板球和接应的队员及时紧逼，堵截快下的队员，破坏其传球路线，争取直接断球。

2. 中场紧逼人盯人防守方法

当前场的防守未达目的，立即展开中场争夺。前场的紧逼为中场防守赢得了时间，对于中场的防守，要逼球走向边线，迫使持球队员沿边线运球或传球，制造夹击机会，防守队员要高度默契，积极主动地进行夹击、抢防、换防、补防等配合，以提高集体协防力量，取得更好的效果。

（1）中场夹击与轮转配合。

如图 4-4-5 所示，当①持球后，❶控制①的运球路线，把他往中线和边线的夹角逼，当①运球刚过中线时，❸要果断放弃③，去堵截①，并与❶一起夹击①，此时，❹防③，❺防⑤，❷防离球最远的②和④，形成的站位如图 4-4-6 所示。

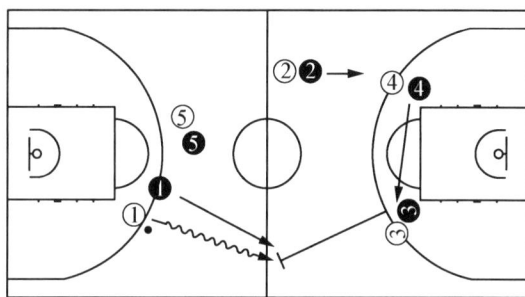

图 4-4-5　中场夹击与轮转配合

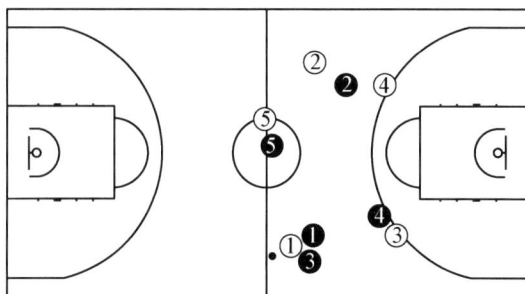

图 4-4-6　中场夹击与轮转配合

(2)防中路策应。

中线附近的策应配合是破坏全场紧逼将球推进到前场的有效方法。因此，应该及时识破对手的意图，抢前防守策应队员，断其策应路线，破坏其配合。如图 4-4-7 所示，当②运球中路被阻时，④企图上前策应，❹要及时发现④的意图，立即抢前防守④，堵截④的移动路线。但同时要注意，在堵住④上前策应的同时，也要避免④的假动作返回篮下接②的吊高球。如果④接到球以后，❶❷❺要迅速后撤，避免①②⑤的空切。同样，❹要迫使④向边线运球，❶看准时机协助❹夹击④。❸要切断③插上接应和空切篮下的接球路线。

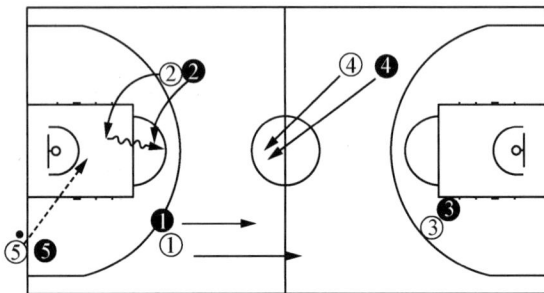

图 4-4-7　防中路策应

(3)防掩护配合。

防给有球队员的掩护时，力争挤过防守，不得已才交换防守；防给无球队员的掩护时，可采用穿过防守，以破坏掩护进攻。

(二)全场紧逼人盯人防守战术的基本要求

(1)听从教练员安排，统一思想，积极主动，协作配合，防守要具有攻击性。

(2)由攻转守时，就近迅速找人，抢占有利的防守位置，紧逼自己的对手，同时注意场上情况，及时协防。

(3)防持球队员，首先防突破，迫使其沿边线运球并在边角停球，制造夹击机会，若对手突破，同伴要进行积极的补防。防掩护配合时，力争挤过和穿过防守，尽量减少交换防守。

(4)防无球队员时，以控制对手接球为主，迫使对手向远离球的方向移动。当同伴被突破或者摆脱，要果断进行堵截和补防。

(5)要设法诱使对手长传球或者吊高球，制造抢断机会。

(6)全队要运用 8 秒、5 秒、球回后场等规则，造成对手失误。

(三)全场紧逼人盯人防守的教学建议

(1)全场紧逼人盯人防守要安排在半场人盯人防守教学之后，与进攻全场紧逼人盯人防守教学结合起来进行。

（2）在教学中，应先向学生讲清楚战术的特点、方法与要求，使学生对该战术有一个明确的认识。

（3）重点学习前场和中场的紧逼防守方法。先进行二、三人配合练习，后进行全队战术配合练习。要加强个人防守和防守基础战术配合的练习，加强攻守转换速度的练习。

（4）在教学与训练过程中，要加强学生、队员身体素质的训练，尤其是速度和耐力的训练，培养学生、队员勇敢顽强、坚韧不拔的战斗作风。

（四）全场紧逼人盯人防守的练习方法

1. 三攻三掷后场端线界外球紧逼练习

（1）一对一紧逼。

如图 4-4-8 所示，让 6 名练习者围绕合理冲撞区跑圈，教师鸣哨后，立即展开攻防，在④准备好发端线界外球之前，防守队员应迅速找到自己的对手，选择好有利的位置，❹紧逼④，积极挥动双臂，封堵其传球角度，迫使④传出质量不高的球，甚至直接断球。❷❸积极堵截各自防守对手的接球路线，迫使④发球失误或 5 秒违例。当④把球传入场内时，防守队员一定要逼球走向，让持球者沿边线运球。进攻队员将球推进过中线后，本组练习结束，从场外返回篮下，攻守交换，换下一组队员开始练习，依次进行。

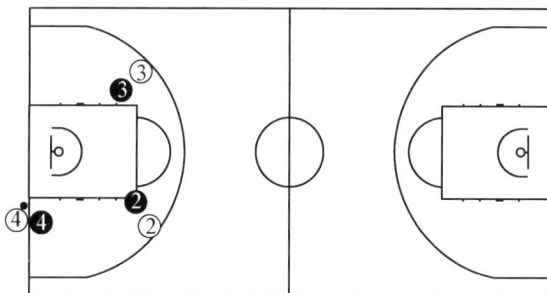

图 4-4-8　一对一紧逼

（2）夹击接应队员。

如图 4-4-9 所示，④掷端线界外球，❹协助❷夹击②，❸紧逼③，不让②③接球，并争取断球或造成对方 5 秒违例，如球传到场内，队员❹立马上前去防④。进攻队员将球推进过中线后，本组练习结束，从场外返回篮下，攻守交换，下一组队员开始练习，依次进行。

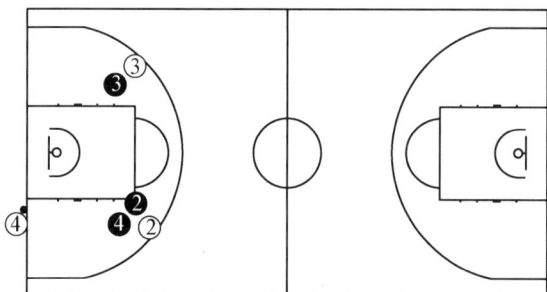

图 4-4-9　夹击接应队员

（3）机动夹击。

如图 4-4-10 所示，❺放弃⑤，当"游击队员"与同伴配合夹击接球可能性大的进攻球员，争取断球或造成对方 5 秒违例。球掷进场后，防守队员要及时调整位置，利用紧逼、换防、抢前防守等方法破坏对方配合。进攻队员将球推进过中线后，本组练习结束，从场外返回篮下，攻守交换，换下一组队员开始练习，依次进行。

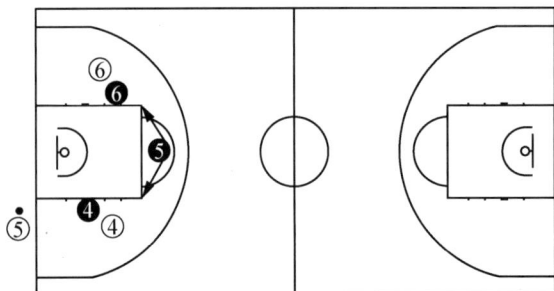

图 4-4-10　机动夹击

2. 对方抢获后场篮板球时的紧逼练习

如图 4-4-11 所示，⑤罚篮未中，❹抢获后场篮板球，④迅速上前紧逼❹，⑥迅速紧逼❻，⑤迅速紧逼❺。进攻队员将球推进过中线后，本组练习结束，从场外返回篮下，攻守交换，换下一组队员开始练习，依次进行。

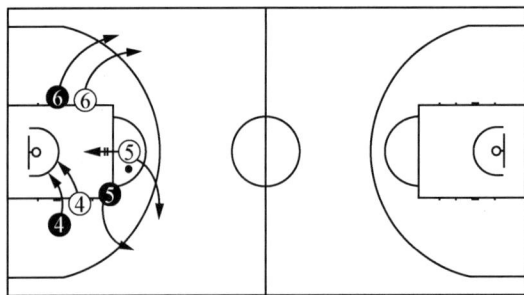

图 4-4-11　对方抢获后场篮板球时的紧逼

3. 中场夹击轮转补防练习

如图 4-4-12 所示，④运球，❹堵中放边，迫使④沿边线运球。当④运球刚过中线时，❼迎前阻截，迫使④在边角停球，❹与❼夹击④。❽迅速向❼方向移动补防❼，❺向❽方向移动，兼防离球最远的⑤和⑧，❻紧逼近球端的⑥。

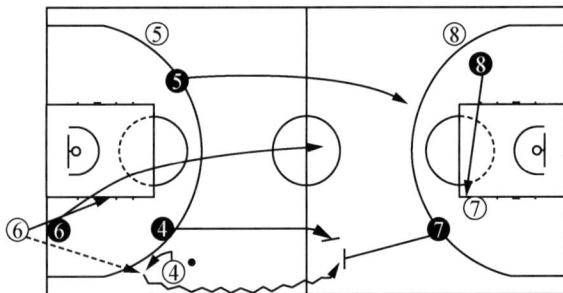

图 4-4-12　中场夹击轮转补防

4. 全场三对三、四对四、五对五攻防练习

学生通过上述的练习熟练掌握全场紧逼人盯人防守配合方法后，可进行全场三对三、四对四、五对五攻防练习，在竞赛中检验、总结、训练，提高战术质量。

二、进攻全场紧逼人盯人防守

进攻全场紧逼人盯人防守战术是指进攻队为了破坏对手在全场范围内紧逼人盯人防守所采用的进攻方法和行动的总称。为了有效地进攻全场紧逼人盯人防守，应充分了解全场紧逼人盯人防守的基本方法、特点和变化规律，针对个人防守面积大、队员分散、不利于协防的弱点，结合本队实际情况，合理地组织进攻配合，破坏对方防守，争取进攻主动。

(一)进攻全场紧逼人盯人防守的方法

进攻全场人盯人的防守的方法有很多，从进攻的形式上可归纳为两种：一种是快速进攻法即抢攻法，另一种是阵地攻击法。

1. 抢攻法

是指由守转攻时在对方未组成集体防守阵型或者布局时，迅速发动进攻。这是破坏人盯人最有效的方法。具体方法可参阅快攻战术。

2. 阵地攻击法

阵地攻击法是指，由守转攻时如没有快速反击的机会，队员应迅速落位，有目的地运用传切、突破、掩护、策应等配合方法突破对方紧逼人盯人防守的方法。

这种进攻全场人盯人防守战术阵型有两种基本的落位阵势：一是由守转攻时，全队 5 名队员集中于后场或扩大到中线一带区域，以便组织固定的进攻配合，并有意造成前场空虚，以便快速突破和偷袭快攻；二是全队 5 名队员迅速分散部署在全场，造成对方协防困难，利用其防守的薄弱环节和空当，进行个人战术攻击和配合进攻。

(1)进攻一对一的紧逼防守。

如图 4-4-13 所示，当对方采用一对一防掷界外球时，⑥利用④的掩护摆脱❻，接⑤的传球，⑥运球突破遇阻时，可运球给⑤做掩护，⑤及时反跑并利用⑥的掩护摆脱，接⑥的传球后，从中路突破，如遇阻，⑦及时上提做策应，并接⑤的传球。⑦策应后转身可传球给两侧快下的④或⑥进攻。如机会不好，⑦也可把球传给组织后卫⑤，迅速部署半场进攻阵型展开进攻。

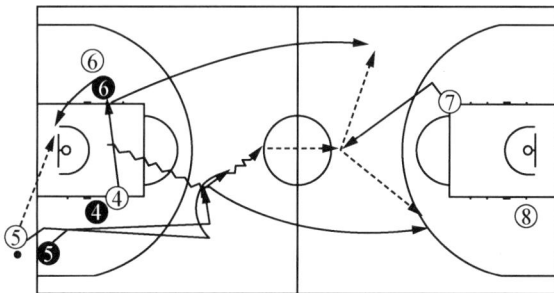

图 4-4-13　进攻一对一的紧逼防守

(2)进攻夹击接应队员的紧逼防守。

如图4-4-14所示，当对方采用夹击接应队员的紧逼防守时，⑤应向边线拉开，目的是把❹和❺引开，给⑥创造摆脱和接球的机会。⑥接球后及时传给斜插到中圈附近的⑦，由⑦利用运球突破或传球，进入前场。

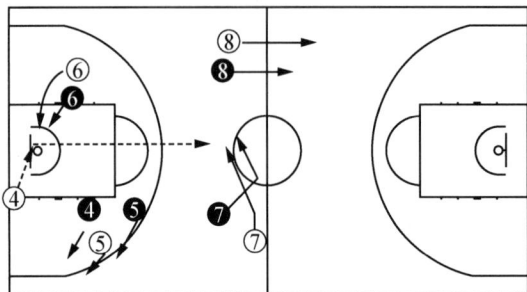

图4-4-14　进攻夹击接应队员的紧逼防守

(3)进攻机动夹击的紧逼防守。

如图4-4-15所示，当对方采用机动夹击时，④掷界外球，⑦和⑧分别给⑤和⑥做掩护，⑤⑥利用掩护摆脱防守接球。如⑤⑥没有接球机会，④传球给⑧后，④迅速跑进场内接应。

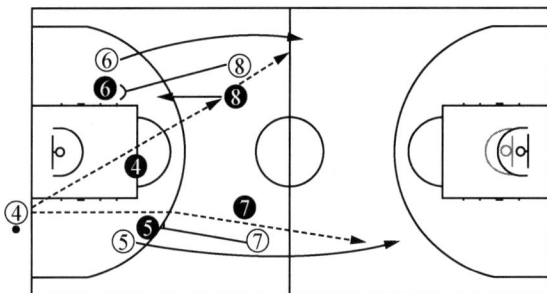

图4-4-15　进攻机动夹击的紧逼防守

(二)进攻全场紧逼人盯人防守的基本要求

(1)当对方采用全场紧逼人盯人防守时，全队要沉着冷静，听从教练员的安排，行动一致，力求快速反击，打乱对方部署。

(2)进攻重点在于突破对方前场与中场的紧逼，在对方前场不要做过多的运球，以短传为主，避免横向传球，尽量少用吊高球和长传球。

(3)运球时要选好突破方向，不能在边角停球，以免对手夹击。如遇夹击，持球队员要抢在被夹击之前把球传出，若来不及传球，要注意保护好球，尽可能利用跨步、转身获得传球空间，力争把球传出。邻近的同伴应及时迎上接应，帮助持球同伴摆脱夹击。

(4)进攻队员在场上的落位要保持一定的距离，拉大防区，避免对方协防和夹击。要掌握好进攻节奏，无球队员要多穿插，连续进行传切、空切、掩护、策应等配合，抓住对方防守上的漏洞，创造突破和以多打少的机会。

(三)进攻全场紧逼人盯人防守战术的教学建议

(1)进攻全场紧逼人盯人防守的教学，应放在全场紧逼人盯人防守后面进行，并与全场紧逼人盯人防守紧密地结合起来练习。

(2)教学重点是要使学生了解进攻全场紧逼人盯人防守战术的特点和要求，通过练习熟练掌握抢攻法与阵地进攻法。

(3)教学中采用分解教学法，让学生先学习后场推进和中场的配合方法，再学习整体战术配合方法。先在无防守和消极防守的情况下进行战术分位练习，提高个人技术运用能力和基础配合质量；然后进行全队的战术配合练习，在此基础上加强防守，提高练习难度。

(4)练习时，重点加强后场和中场的掩护、传切、突分和策应配合的训练，同时加强由守转攻时的反击速度和反击意识的训练。

(5)在实战中检验队员对全队战术理解和掌握的程度，通过比赛的信息反馈，不断总结分析，以此提高队员的战术水平。

(四)进攻全场紧逼人盯人防守战术的练习方法

1. 全场一攻一守运球突破练习

如图 4-4-16 所示，两组同时进行全场一攻一守的练习，然后分别站到对面的排尾。依次轮流练习。

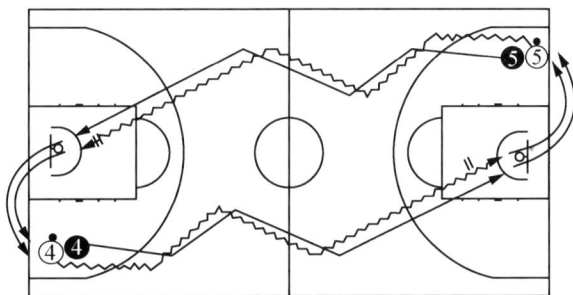

图 4-4-16　全场一攻一运球突破练习

2. 全场二对二的攻守转换练习

如图 4-4-17 所示，①掷后场界外端线球。防守队员❶❷可以选择不同的防守方法(一对一紧逼或夹击接应队员)进行防守。①必须在 5 秒内发出界外球，8 秒内把球传给中圈内的C，或运球突破过中线，计成功一次。练习多次后攻守转换。

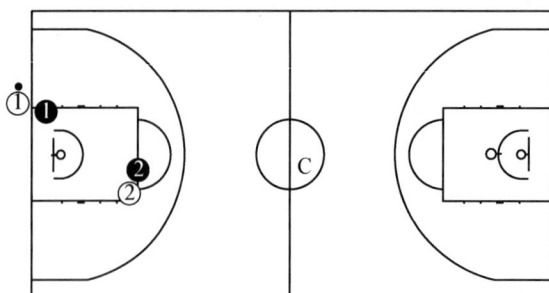

图 4-4-17　全场二对二的攻守转换练习

3. 全场一攻二运球突破结合策应练习

如图 4-4-18 所示，⑥发后场端线球，⑤⑧站在固定位置不动，❶❷防守④，④要进行积极的摆脱接球。当接到球后，全场一攻二，当被夹击或者在后场停球的危机发生时，④可把球传给策应队员⑤或⑧，接着进行摆脱接球直至进攻结束。

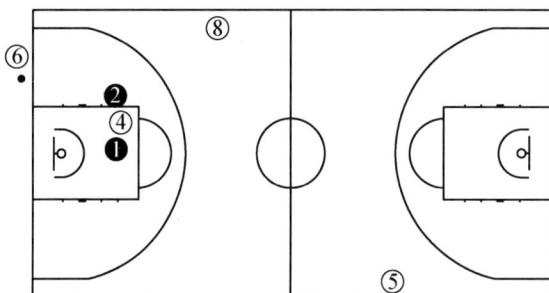

图 4-4-18　全场一攻二运球突破结合策应

4. 全场三对三的攻守转换练习

进攻队员从中圈发球开始进攻，另一队紧逼防守。进攻队投中篮后，攻守交换，由防守队掷端线界外球，原进攻队立即进行全场紧逼防守。进攻队投篮未中，进攻队抢获进攻篮板球继续进攻，防守队抢获篮板球快速进行反击，原进攻队立即进行全场紧逼防守，若快攻成功，仍由进攻队在中圈发球进攻。此练习要求攻防转换要快，防守要积极。

5. 全场四对四攻守转换练习

练习方法和要求与全场三对三的攻守转换练习一样。

6. 全队进攻配合练习

先在无防守情况下练习战术落位、移动路线、配合方法和时机。然后增加难度，最后在竞赛中检验、总结、再练习，逐步完善配合，提高全队战术水平。

第五节　区域联防与进攻区域联防

区域联防是由攻转守时，防守队员迅速退回后场，按照一定的阵型落位，每一个队员分工负责协同防守一定的区域，把每一个防区的同伴有机地联系起来，严密防守进入该区的球和进攻队员的一种集体联合防守战术。

进攻区域联防是针对区域联防的阵型和变化特点，结合本队的实际情况，组织相应的落位阵型，有目的地通过传球及队员的穿插，破坏对方整体防御部署，创造良好的内外线进攻机会的阵地进攻战术。区域联防与进攻区域联防是一种篮球实战攻防战术体系，是在个人与两三人配合攻防策略与方法基础之上更为高级与强悍的全队攻防战术手段，其中蕴含着丰富的理论与实践内容。

一、区域联防

现代联防战术的特点是，防守队员随球的转移和进攻队员的穿插积极地移动和协防，位置区域分工明确，在有球区以多防少，无球区以少防多。因此，有利于内线防守、组织抢篮板球和发动快攻。但由于受区域分工的限制，每一种区域联防都存在一定的薄弱区域，容易被对方在局部区域形成以多打少而陷于被动。

当对方中远距离投篮较差，内线威胁较大时，或对方频繁地采用穿插移动和运球突破，而本队个人防守技术较差或犯规较多时，运用区域联防能够发挥集体防守的优势，弥补个人防守技术不足，限制对方的内线进攻，减少本方犯规，有利于组织抢后场篮板球发动快攻。当前，区域联防已扩大了防区，从单一的固定防守阵型向着综合多变的方向发展，并经常采用轮转换位、紧逼、夹击等手段，形成了对位区域联防，使区域联防战术具有针对性、攻击性、综合性的特点。

（一）区域联防的站位阵型与运用时机

区域联防站位阵型有"2-1-2"阵型（图4-5-1），"2-3"阵型（图4-5-2），"3-2"阵型（图4-5-3），"1-3-1"阵型（图4-5-4）等，其中"2-1-2"是基本的站位阵型。图中的黑线区为联防共管区，也是联防薄弱区。

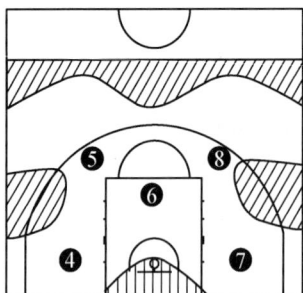

图 4-5-1 "2-1-2"阵型

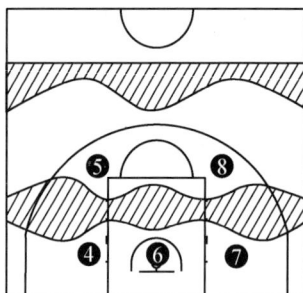

图 4-5-2 "2-3"阵型

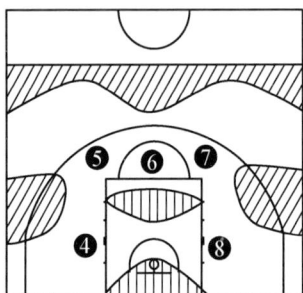

图 4-5-3 "3-2"阵型

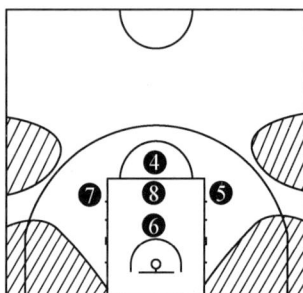

图 4-5-4 "1-3-1"阵型

在"2-1-2"阵型中，区域联防队员分布比较匀称，移动距离近，机动性比较大，有利协防和调整阵型，较适用于防守正面突破和篮下进攻威胁较大，但圈定三分投篮较差和不善于组织两腰进攻的球队。"2-3"区域联防可以加强篮下的防守，能较为有效地遏制擅长篮下进攻的球队，特别适用于防守外围只有个别队员投篮准，但善于利用端线进攻的球队。"3-2"区域联防可以破坏对方的外围进攻，制造抢球、打球、断球的反攻机会，适用于防守外围中投较准，但篮下进攻能力不强、控制球能力及组织配合能力较差的队。"1-3-1"区域联防加强了正面、罚球区和两侧的防守，有利于分割进攻队员之间的联系，较适用于防守善于正面和两腰进攻的球队。

（二）区域联防的基本要求

（1）根据双方队员的身高和技术特长，合理地采用联防阵型，分配队员的防守区域。把移动速度快的队员放在外线防守，把身材高大、补防能力强，善抢篮板球的队员分配在内线防守。

（2）由攻转守时，积极阻止对方的攻势，迅速有组织地退回后场，落位布阵。

（3）在分工负责区域的基础上，5位队员必须协同一致，人球兼顾，随球积极移动，并张开和挥动双臂，相互照应，形成整体防守。根据情况，可以换区、越位防守。

（4）防守持球队员时，应按照人盯人防守的原则，积极干扰和破坏对手的投篮、传球和运球，严防对手从端线运球突破。

（5）防守无球区域时，要贯彻以防人为主，球、区兼顾的要求，当无球队员通过溜底线、背插、纵切等方式进入自己的防区时，要先卡位，堵防第一接球点，然后护送出自己的防区交给同伴防守。另外，随时准备协助同伴进行关门、夹击补防等配合，特别对篮下攻击能力较强的内线队员必须进行围守。

（6）当进攻队投篮后，每名防守队员都要堵位和抢位，有组织地争夺篮板球并及时发动快攻。

（三）区域联防的方法（以"2-1-2"阵型为例）

1. 球在三分线弧顶时的防守配合

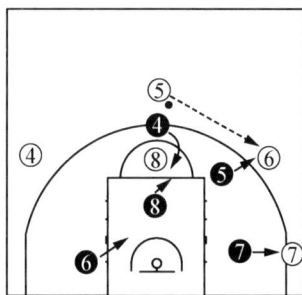

如图4-5-5所示，当处于三分线弧顶的⑤持球时，由于⑥和⑦都在防守队的右侧，所以应由❹上前防守⑤，❺稍向左侧移动，协助❽防守⑧，防止⑤传球给⑧。❽稍上提，注意⑧的行动。❻略向左前方移动，准备在④接到球而❹未回防之前协防④。❼向中区靠拢，并注意⑦的动向。

2. 球在右侧时的防守配合

如图4-5-6所示，⑤将球传给⑥时，❺应快速滑步或跑上去防守⑥，不让其投篮或突破，❹移动到⑧的右前方，协助❽防守⑧，防止⑥传球给⑧。❽稍向右侧移动，注意⑧的行动，❼可稍向右侧移动，注意⑥可能把球传给⑦，也可能持球突破。若⑥突破，❼应配合❺进行"关门"或补防，❻稍向右前移动，防止④向篮下空切。

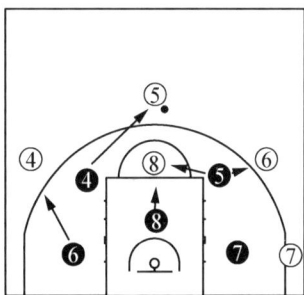

图4-5-5　球在三分线弧顶时的防守配合　　　　图4-5-6　球在右侧时的防守配合

3. 球在左侧时的防守配合

如图4-5-7所示，⑥传球给④，❻在判断准确的情况下可出击断球，否则向左前方移动协助❹防④，防其投篮或从端线突破。此时❹要尽快地从⑧和❽之间穿过回防④，❻等❹回防④时再退回。❽稍向左侧移动，注意⑧的行动。❼要向左侧移动保护篮下，同时兼顾⑦，若⑦溜底线，❼应堵截⑦的移动路线，并将⑦护送到左侧篮下交给❻后，再回到原来的防区。如果❻还没退回来而④又把球传给了⑦，则❼要继续防⑦，防止其投篮和突破。

❺向罚球线移动协防⑧。

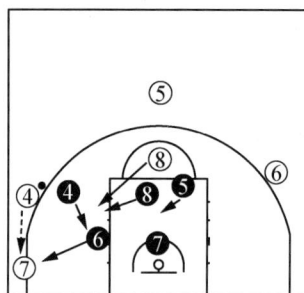

4．球在底角时的防守配合

如图 4-5-8 所示，④传球给⑦，❻上去防⑦投篮或从端线突破。❹向下滑动，协助❻防守。这时如果中锋⑧下顺到限制区左侧，则❽应立即向左移动，严防⑧接球。如果⑦把球传给⑧，❽要防⑧投篮和突破。同时❻应适当回缩，❹❻❽三人围守夹击⑧。❺向中区靠拢，阻止⑤插向中区接球，并抢这一带的篮板球。❼向篮下移动，阻止⑥向篮下空切，并抢篮下右侧的篮板球。

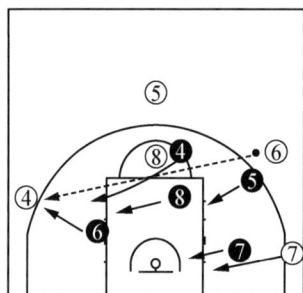

图 4-5-7　球在左侧时的配合　　　　图 4-5-8　球在底角时的防守配合

5．防守罚球线中锋策应的配合

如图 4-5-9 所示，当④传球给中锋⑦时，❼上前防守，❹❺回缩协防⑦，❻防堵⑤向篮下空切，❽防堵⑧横切和⑥向篮下空切。

图 4-5-9　防守中锋策应的配合　　　　图 4-5-10　围守端线中锋的配合

6．围守端线中锋的配合方法

如图 4-5-10 所示，当⑦传球给⑧时，❹立即与❻❽围夹⑧，迫使其将球传出，❺向右移动防⑤纵切，❼稍向篮下移动防⑥空切。

（四）区域联防的教学建议

（1）区域联防教学应安排在人盯人防守及进攻人盯人防守之后进行，并与快攻紧密结合。

（2）区域联防的教学应以"2-1-2"区域联防为重点内容，在此基础上学习其他的防守阵型。

（3）教学中应首先通过讲解与演示，让学生了解区域联防的基本原理和配合方法，明确各种防守阵型的战术特点及作用，初步形成正确的区域联防概念。

（4）先进行分解的、局部配合的练习，待局部配合熟练后，再进行结合的、整体配合的练习。先做"球动人不动"的选位练习，然后在进攻队员移动的情况下练习如何防守无球队员的背插、溜底线以及"关门"配合等。

（5）先在消极进攻的情况下进行防守练习，逐步过渡到在积极进攻的情况下进行防守练习，最后在由攻转守的情况下进行防守练习，逐渐增加防守的难度，使学生在运用中巩固和提高已掌握的方法。

（五）区域联防的练习方法

1. 二防二移动选位练习

如图 4-5-11，④⑤相互传球，❹❺快速移动选位，选位熟练后进攻队员可以突破，❹❺练习"关门"配合（图 4-5-12）。若干次后，防守的一组到队尾，进攻的一组变为防守，新上来的一组进攻。

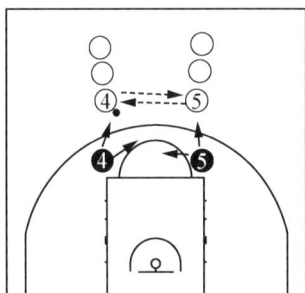

图 4-5-11 二防二移动选位（一）　　　　图 4-5-12 二防二移动选位（二）

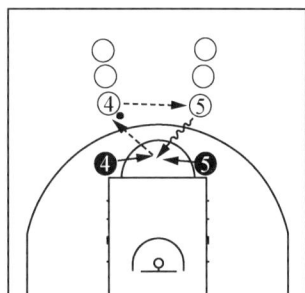

要求：防守人要始终保持正确的姿势，对有球队员要立即上前紧逼，防无球队员的防守者要向同伴一侧滑动，进行保护。当持球队员向两防守者之间突破时，防守队员要迅速后撤靠拢，进行"关门"。在对手将球传出后，防守队员要能够马上分开，并立即顶上去，防守有球队员。

2. 三防三围守中锋练习

如图 4-5-13 所示，⑤持球时，❺上前紧逼防守⑤，❻侧前防守⑥，❹回缩协防。④持球时，❹上前紧逼防守，❻侧前防守⑥，❺回缩协防。⑥持球时，❹❺❻三人围夹。

要求：防守队员随球转移迅速选位，夹击完成，球传出后，及时调整防守位置。

3. 四防四移动选位练习

如图 4-5-14 所示，④⑤⑥⑦原地传球，防守队员按要求快速移动选位，待选位熟练后，持球队员可以突破但不允许投篮，徒手队员不允许空切。

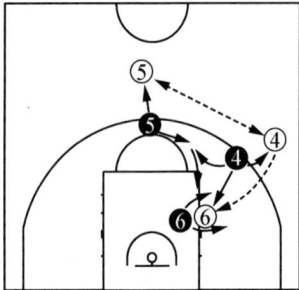

图 4-5-13　三防三移动选位　　　　　图 4-5-14　四防四移动选位

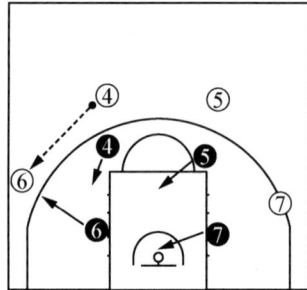

要求：防守队员要积极、快速滑动。防有球队员的防守人要上前紧逼，防投为主，防突为辅。邻近的防守队员要进行保护并"关门"。离球远的防守队员偏向有球侧，但要做到人球兼顾。

4. 半场五防五练习

进攻队员可以传球、突破、溜底线、背插，但不允许投篮，防守队员要与邻近的同伴做好交接配合，避免漏人。

5. 半场五对五实战

进攻时以传球、持球突破、背插、溜底线、中锋进攻为主，以此提高个人防守意识和整体防守配合质量。防守成功若干次后，可进行攻防交换。在此基础上进行全场的五对五攻防对抗练习。

要求：由攻转守时要快速退回后场站好位，防守者要积极滑动，扬手举臂，在防好自己区域进攻队员的同时，还要注意球的位置，协助其他同伴防守。

二、进攻区域联防

在进攻区域联防时，要针对区域联防的阵型及每人防守一定区域的特点，合理部署队员占据联防的薄弱地区，避免与防守队员形成一对一的站位，集中优势兵力，在局部区域形成以多打少的优势，并进行穿插、迂回、声东击西，调动和打乱对方的联防阵型，创造投篮的机会。

（一）进攻区域联防的阵型

常用的进攻落位阵型有"2-3"阵型（图 4-5-15），"2-2-1"阵型（图 4-5-16）、"1-3-1"阵型（图 4-5-17）、"1-2-2"阵型（图 4-5-18）等。

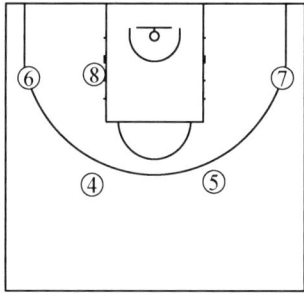

图 4-5-15 "2-3"阵型

图 4-5-16 "2-2-1"阵型

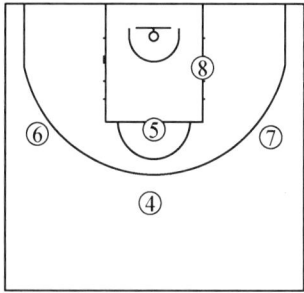

图 4-5-17 "1-3-1"阵型

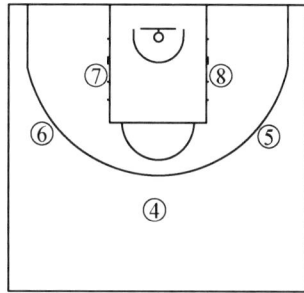

图 4-5-18 "1-2-2"阵型

（二）进攻区域联防的基本要求

（1）提高由守转攻的速度，积极发动快攻，打乱对方的战略部署。

（2）根据区域联防的特点，占据防守薄弱区域，快速转移球和频繁穿插，扰动对方防守，使对方防守顾此失彼，创造以多打少和连续进攻的机会。

（3）组织中、远距离投篮，迫使对方扩大防区，以利于内外结合的攻击。

（4）运用策应、溜底线、背插、掩护、突分等配合破坏对方防守的整体布局，创造投篮机会。

（5）拼抢篮板球，争取二次进攻机会。还应注意保持攻守平衡，准备退守。

（三）进攻区域联防的方法

下面以"1-3-1"阵型为例介绍破解"2-1-2"联防的方法。

1. "1-3-1"阵型特点

如图 4-5-17 所示，队员分布面广，④⑤⑥⑦都占据防守的薄弱地区，攻击点多，内外结合，在局部形成二对一、三对二的有利局面，有利于组织抢篮板球，保持攻守平衡。

2. 配合方法

（1）快速转移球，创造中远距离投篮机会。

如图 4-5-19 所示，④⑤⑥⑧之间快速传球，调动❹❺❽来回滑动，迫使对方三防四，顾此失彼。这时，要抓住时机，果断地进行中远距离投篮。也可由④⑤互相快速传球，假攻右侧，当把❹和❺吸引上来时，⑤或④立即把球传给⑥进行中、远投。投篮后，⑤⑧⑦准备抢篮板球，④⑥准备防守。

（2）突破分球创造进攻机会。

如图 4-5-20 所示，⑦接⑥的传球以后，从底线突破。如果❽补防，⑧迅速向篮下切入，这时⑦可用低手传球或反弹球将球传给⑧投篮，若❺跟防⑧，⑦可传球给⑤投篮。

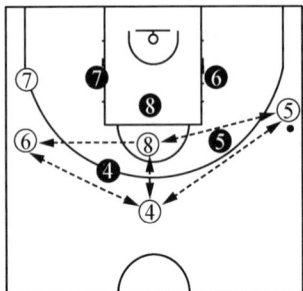

图 4-5-19　"1-3-1"进攻配合（一）　　图 4-5-20　"1-3-1"进攻配合（二）

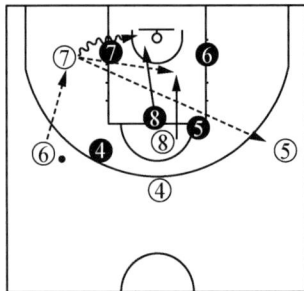

（3）掩护创造投篮机会。

如图 4-5-21 所示，⑤传球给④以后，快速向篮下空切，利用⑦的掩护跑到左侧底角，④传球给⑥，⑥将球传给⑤投篮。如果❼抢前防守⑤，⑤传球给⑦，若❽下移防⑦，⑦可将球传给顺下的⑧投篮。

（4）背插、溜底线创造进攻机会。

如图 4-5-22 所示，外线队员④⑤⑥在传球过程中调动防守，组织中、远距离投篮，迫使对方扩大防区。如果没有机会，当⑤接球时，④背插至右侧底角，接⑤的传球后，可传给纵切的⑦或上提的⑧。⑦或⑧可以远投或回传给⑤重新组织进攻。

（5）中锋策应进攻。

如图 4-5-23 所示，外围队员⑤将球传给中锋⑥，⑥接球后，除个人进攻外有三个传球点：第一个，传给横切队员⑧；第二个，传给两侧顺下的⑦或④；第三个，回传给后卫队员⑤。

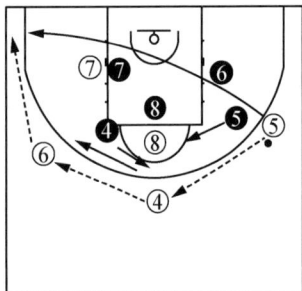

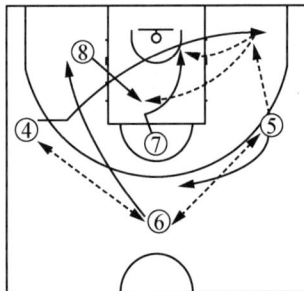

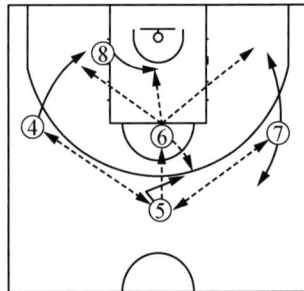

图 4-5-21　"1-3-1"进攻配合（三）　图 4-5-22　"1-3-1"进攻配合（四）　图 4-5-23　"1-3-1"进攻配合（五）

（四）进攻区域联防战术的教学建议

（1）通过讲解与演示，使学生了解进攻战术阵型、队员位置分工和进攻配合方法，建立完整的战术概念。

（2）先进行局部的分位练习，让队员明确各个位置上的进攻配合方法，然后进行全队的完整配合练习。

（3）先在无防守或消极防守条件下练习，然后在积极防守对抗条件下练习，最后在教学比赛中巩固、提高。

（4）以"1-3-1"阵型进攻"2-1-2"区域联防为重点教学内容，在此基础上学习其他配合方法。

（五）进攻区域联防战术的练习方法

1. 背插接球投篮练习

如图 4-5-24 所示，队员分成左右两组，④溜底线至右侧接⑦的传球，⑦传球后至左侧接⑤的球投篮，⑤传球后与④一样溜底线至右边接⑧的球投篮，各自抢篮板球，交换位置回队尾，依次练习。

要求：在移动中完成接球并急停转身投篮，传球的时机要准确。

2. 三人三球内外线配合练习

如图 4-5-25 所示，⑤传球给教师 C，教师 C 传球给⑧，⑧接球的同时，⑥横切并接⑧的传球投篮，⑧传球后接⑦的传球投篮，⑤在⑥横切的同时向下移动接⑨的传球投篮。投篮后各自抢篮板球回原位，练习数次后按逆时针方向交换位置，依次进行练习。

要求：注意传球和切入的时机，练习要流畅，投篮后迅速抢篮板球。

3. 半场无防守的 5 人跑位练习

要求：熟练掌握配合的整体结构，明确各攻击点的任务、传球路线及队员穿插移动的配合时机。

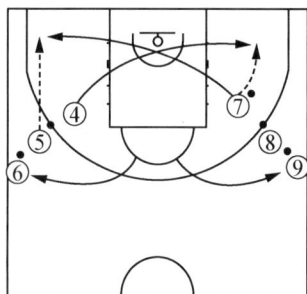

图 4-5-24　背插接球投篮

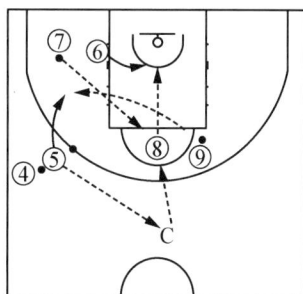

图 4-5-25　三人三球内外线配合

4. 半场五对五

运用"1-3-1"阵型破解"2-1-2"区域联防。

要求：防守由消极防守逐渐过渡到积极防守，进攻队员通过运用传球、穿插、突破、策应来为内外线创造攻击机会。在攻守对抗过程中，进攻方要明确战术配合要求，熟悉配合方法和行动路线。

5. 全场五对五教学比赛

在实战中发现问题，及时解决，提高进攻联防战术的配合质量和运用能力。

要求：进攻方要把快攻和阵地进攻结合起来，要迅速地、有针对性地落位，掌握好进攻节奏，要把内线和外围、突破和中投、球动和人动结合起来。

思考题

1. 简述篮球战术的概念，以及分类和分类依据。

2. 什么是篮球战术基础配合？具体有哪些配合？

3. 绘图说明侧掩护配合方法，并探讨配合中的变化。

4. 根据你的实战观察，举例说明战术基础配合在 NBA 或 CBA 中的运用。

5. 试述进攻战术基础配合教学步骤，并举例解析练习方法。

6. 什么是快攻？发动快攻的时机有哪些？

7. 快攻战术的结构包括哪几个部分？快攻有哪些组织形式？

8. 绘图说明快攻结束阶段二攻一和三攻二的配合方法。

9. 防守快攻的方法有哪些？

10. 简述半场扩大人盯人防守战术在比赛中的作用及运用时机。

11. 根据进攻半场人盯人防守的基本要求，图示说明一种进攻配合方法。

12. 图示在半场人盯人防守战术中的强、弱侧防守方法。

13. 什么是区域联防？这种防守战术有哪些特点？

14. 绘图说明"2-1-2"区域联防的防守方法及基本要求。

15. 简述进攻区域联防战术的基本要求。

16. 举例并图示说明"1-3-1"阵型破解"2-1-2"区域联防的配合方法。

17. 如果你是一名篮球教师，你如何进行进攻区域联防的教学？

第五章

篮球意识及其培养

📖 **内容提要**

本章主要介绍篮球意识的概念、作用、特点、形成过程、结构要素及培养的途径与方法。

第一节　篮球意识的作用、特点与结构要素

一、篮球意识的概念及作用

(一)篮球意识的概念

篮球意识是指篮球运动员在从事篮球实践活动过程中，经过大脑思维过程，遵循篮球运动规律，对比赛中发展的事态快速作出相应反应的能力。一名优秀篮球运动员的良好篮球意识，是从长期的篮球运动训练、无数次激烈比赛的认识过程中积累提炼出来的正向心理和生理机能，能在比赛中转化为正确的反射性行动。篮球意识涉及内容多、范围广泛。随着篮球运动的迅速发展，技术有限性在一定程度上限制了运动水平的提高，但是篮球意识的无限性可以弥补篮球技术缺陷，并不断推进篮球运动向更复杂的运动形式发展。有专家认为，篮球意识是运动员最宝贵的"精髓"，是比赛中指导正确行动的"活的灵魂"。回顾

国内外许多优秀的篮球运动员，他们共同特点就是用头脑打球、用意识打球、用灵感打球，他们具有良好的篮球意识。

（二）篮球意识的作用

在篮球赛场上，会出现各种各样的复杂情况，攻守态势瞬息万变。运动员不但要有精湛的、全面的技术，也要有较强的战术思维，还要有较强的篮球意识。运动员的一切行动都是由自身意识所引导的，没有篮球意识，不可能发挥出良好的技战术水平。实践证明，篮球意识有以下三个方面作用。

1. 支配性作用

运动员在训练或者比赛中的各种合理动作，以及应变能力，都是在正确的篮球意识支配下产生的。具有良好的篮球意识，就能以正确的潜在意识支配自己的合理行动，决断应变时机，自觉主动并创造性地根据已经变化的情况，或预测到的可能变化的情况，及时调整自己的思路与决策，从而有效地发挥自己和全队的特长，表现出高度意识化的主观能动性作用和对篮球技战术与谋略运用的放大性作用，最终在激烈复杂的对抗比赛中把握全局的主动权。

2. 行动选择作用

篮球运动员在比赛的过程中，某一时刻或者瞬间所意识到的攻守对抗情况不是单一的，而是根据比赛分层次和有明确选择的。通常情况下，运动员会意识到纷杂的比赛中的攻守对抗态势，尤其会意识到与自身行动最为密切的信息，进而迅速作出准确的判断和选择，为个人技战术行动作出正确的定向。

3. 行动预见作用

篮球意识不但是对比赛对抗现实情景的主动反映，而且可以预见攻守态势的下一步发展和某种可能。篮球运动员可通过对攻守态势发展的预测，来主动调整个人技战术行动。

二、篮球意识的特点

1. 潜在性

篮球运动员在场上的大部分动作、行为，是有目的、有意识的，是通过大脑思维对客观事物的应答，是基于在篮球比赛中的感觉、表象、判断而决定的行动。篮球运动员的篮球意识是在训练、比赛中长期积累知识和经验而逐步形成的，并在大脑中以观念的形式存在，平时看不见、摸不着，具有潜在性，但在篮球比赛中，运动员的篮球意识就会由潜在变为显在，并自觉地对运动员的行动起指挥作用。

2. 能动性

篮球意识的能动性表现在运动员在行动前主动反映攻守态势的情况，在意识的支配下主动地、积极地、创造性地调整自身的技战术行为。发挥能动性、能使运动员在比赛中最大限度地限制对手的优势，充分发挥自己的技战术优势、体能优势和其他方面的优势。

3. 连续性

篮球比赛过程中的攻守转换是很快的，而且变化多端，所以在比赛中的攻守行动极少是单一的，而常常表现为连续的、不间断的。运动员在连续的行动过程中，必然会产生连续的意识活动，以支配不间断的行动。一次技战术行动的结束，往往是下次技战术的开始。因此，运动员的精力必须高度集中，根据比赛状况，通过大脑思维和决策，迅速地分析判断来作出决定。

4. 限时性

在篮球比赛中，运动员的技术、战术行为往往都发生在转瞬之间，这就需要运动员反应敏捷，即从观察、判断、思维到决策、做出动作等一系列意识和行活动，必须在一瞬间完成，否则将会失去最佳攻守时机。

5. 择优性

在篮球比赛中，运动员可根据场上情况，来发挥自己篮球意识的作用，在一瞬间从多种具体的行动方案中选择出最佳的一种行动方案，尽可能夺取比赛主动权。行为方案的确定原则有两点：防守中要选择利大于弊、效率最高的，进攻中要选择威胁性较大、方法较简单易行、成功可能性大的。

三、篮球意识的形成途径

篮球意识的形成过程也是运动员在训练比赛中对篮球运动规律的认知过程，这些篮球运动规律包括各种技战术方法，以及它们的变化形式、运用条件、时机等内容。在这个过程中，运动员的篮球意识表现为意识和行动的相互作用。一是运动员的自我意识活动。时刻意识到自己在全队中的地位和作用，同时必须意识到自己在对抗中所处的位置、条件和应该采用的行动方法，这是意识对行动实施调节作用的前提。二是意向指引下的积极行动。运动员在主观意向的指引下，意识活动时刻都在主动获取攻守情况变化和行动结果的反馈信息，进而在战术思维的参与下，选择更为有效的行动方法。当所采取的行动奏效时，效果信息将使意识得到进一步强化和提高。篮球意识的形成途径具体包括以下方面。

（一）在训练比赛实践中的观察感知

感知即意识对内外部信息的察觉、感觉、注意、知觉的一系列反应过程，是运动员意识的前提条件，没有感知就不可能产生意向和思维。运动员是通过视觉观察的感知来获得场上信息的。一般情况下，优秀的篮球运动员都具有良好的观察能力，他们的视野范围超过普通人，这是他们经过多年刻苦训练、激烈比赛积累的结果。运动员的观察感知还具有择优的特点，因为在比赛中，如此复杂多变的信息，运动员不可能都注意到。因此，运动员必须有目的地选择相关程度高的信息，其他信息可以忽略不计。

（二）在激烈对抗环境下的思维判断与决策

在篮球比赛中信息常常瞬息万变，运动员必须时刻注意场上情况的变化，这需要运动员在对抗瞬间通过对情况分析、综合等思维活动，作出准确的判断，进而施行正确的策略。一般情况下，具有良好篮球意识的运动员，在激烈对抗条件下，能够迅速地作出准确判断及理智决策，动作果断自如、协调正确。所以，篮球运动员瞬间思维、判断与决策过程是篮球意识的核心部分，培养篮球意识必须紧紧围绕瞬间思维判断与决策能力来进行。

（三）培养积极、合理、准确的行动应答

篮球意识对训练、比赛等实践的能动作用，往往表现在运动员能够积极主动地观察场上情况，及时地作出准确合理的攻守行动应答。在比赛中，运动员为了进行决策与行动，必须对事态细心观察、感知并判断。因此，培养行动应答的积极性、主动性、合理性、准确性，可以说是篮球培养的重要途径。

（四）意识行动效果的评价与反馈

在篮球比赛中，运动员攻守行动的结果与行动的意向目标密切相关。因此，运动员会始终意识到攻守过程的成效。在运动员的大脑中枢内，存在着与行动结果相对应的智能评价模型，这些模型是篮球意识的重要组成部分。具体来说，运动员依据评价模型能够意识到哪些行动是奏效的，哪些是失败的。因此，评价与行动时刻相伴。成功的行动可对意识进行强化，失败受挫的行动可使意识中的智能模型得到修正，运动员的篮球意识在不断的评价与反馈过程中得到完善。

四、篮球意识的结构要素

（一）知识体系

正确掌握篮球运动的基本技战术方法与原理、基本技战术的运用规律、篮球规则和裁判知识、专项基本理论知识和应用理论、发展前沿和趋势等，是篮球运动员培养篮球意识并将其转化为行动的理论基础。因此可以说作为一名篮球运动员必须正确地理解和运用篮球运动规律，而且要具备足够的篮球知识。

（二）实践经验

篮球运动员在比赛中对技战术的运用和应变规律的经验，是篮球运动员对攻守信息进

行思维判断的基础，这种经验是篮球运动员在长期篮球运动实践过程中积累的结果。

（三）心智活动能力

心智活动能力是篮球运动员进行意识活动的大脑机能。具体包括以下五个方面。

1. 观察能力

观察是篮球运动员进行意识行动的基本条件和窗口。一切反应以及随之采取的一切行动，都取决于对场上事态瞬间观察所获得的信息。篮球运动员要想提高观察能力，最重要的还是要接受专门的视野范围训练。刚开始应该注意对运动员进行观察能力和观察习惯的训练，在此基础上，应加强对运动员视觉选择能力的培养，使之在全面观察的基础上，善于把视线集中在重点的位置、区域和人身上，然后从中进行分析与抉择并及时付诸行动。

2. 分析判断能力

分析判断能力是意识活动的前提，良好的分析判断能力常表现为决策准确、及时，并且带有预见性。篮球比赛十分激烈，强对抗，瞬息万变。即使运动员及时正确观察到场上的情况，但是，如果不能做出准确的分析与判断，就不会取得很好的效果。篮球运动员要了解技战术的特点和篮球运动规律，同时结合比赛中的具体情况进行分析和判断，并正确地估计对方行动的意图。

3. 快速反应能力

具有良好的篮球意识的运动员能对场上的情况正确分析判断并作出快速反应，能及时、准确地抓住有利战机。但是运动员分析判断的结果需要通过运动神经传导至肌肉产生相应的变化，这是一个非常复杂的活动过程，经过科学的合理的训练，可以提高这个活动过程的效率。

4. 战术思维能力

战术思维能力是指在执行战术方案时，积极地调动及运用自己的多种心智能力，去预测可能发生的情况和事态的趋势，并且快速正确地分析判断对手、自己和全场的情况，最后明确自己的战术意图和抉择战术方法的能力。战术思维能力也是篮球意识培养的重要内容。

5. 自我控制能力

自我控制能力是意识形态形成的重要心理基础。在复杂多变的比赛环境下，要能够克服内外界环境因素的影响，适度地调整自己的心态与技战术，使之更好地适应比赛需求。

第二节　篮球意识的培养

篮球意识的形成具有自身独特的规律，它是"实践—认识—再实践—再认识"的升华过程。篮球意识不是通过几次理论课、几场比赛、几天的训练就能形成的，而是需要长期受到科学、合理、系统的文化知识熏陶，并在训练、比赛中进行渗透，需要运动员主动积极地在篮球运动实践中练习、加工、提炼、自我总结，才能最终形成。教练员对运动员有组织、有计划地进行培养，才能使运动员的意识与身体素质、技战术能力得到良好的和谐发展。篮球运动实践是形成篮球意识的源泉，篮球意识的培养要贯穿于技战术训练的始终。在技术训练中渗透意识培养，是培养运动员篮球意识的基本途径；反复练习战术配合及比赛，是培养与提高运动员篮球意识的主要手段；丰富运动员的理论知识，改善和提高运动员的知识结构，重视与心理训练的结合，可以促进运动员篮球意识的形成与深化。

从篮球运动员的意识活动过程看，从对攻守信息的感知到以"标准模式"为依据的思维决策，直到具体行动，都与运动员的观察能力、分析判断能力、反应能力、战术思维能力密切相关，这些正是篮球意识结构中的心智活动能力的要素。可见，培养运动员的篮球意识，就是要在训练和实战过程中使其建立正确的思维模式，使其在正确思维模式的引导下不断总结，积累实战经验，巩固正确的篮球意识。

一、在技术训练中渗透篮球意识的培养

在技术训练中渗透篮球意识培养，是培养运动员篮球意识的基本途径。篮球意识是长期、有计划地在整个训练过程中不断渗透才形成的。一名篮球运动员从开始参加篮球运动训练到结束篮球运动生涯，教练员都在不间断地采取各种手段和方法潜移默化地对其进行篮球意识的培养与熏陶，这就是对运动员进行不知不觉的、点点滴滴的意识加工、渗透与提炼，使其产生和形成一种正确的潜意识的过程。运动员之所以能在球场上随心所欲地运用技术、战术，正是因为其潜意识的作用，而最初的技术基础训练阶段是关键。在技术对抗性训练阶段，特别要重视在技术动作的个性训练中培养运动员的篮球意识，着重解决运动员心智能力中的观察能力和分析判断能力提高的问题，并在能力培养过程中丰富运动员的基本知识体系，积累技术运用经验。

(一)培养观察能力

培养观察能力是形成篮球意识的前提。在篮球比赛中，运动员对任何一个技术动作的运用与应变，都首先取决于能否在瞬间作出正确的观察。为此，在技术训练初期就必须重视对观察习惯和观察能力的培养，加强视野训练，并且在训练一般观察能力的基础上，进一步培养运动员的视觉选择能力。

1. 加强视野训练，提高眼睛余光的观察能力

篮球比赛瞬息万变，绝大多数情况下要用眼睛余光来观察全场情况的变化，捕捉战机，及时应变，如观察运动员的面部表情，移动的速度、方向、角度、节奏，球的落点，配合的路线，教练员手势，等等。所以要着力培养运动员用眼睛的余光来扩大视野，提高其用余光观察的能力。在技术训练中，可用有助于扩大视野的技术动作来培养运动员的余光观察能力。比如：在练习运球技术时，要求运动员用余光看球或不看球，观察的重点是场上双方全面的攻守情况，可以让运动员根据教练员的手势做相应的运球动作，或者观察教练员出示的手指个数并报数；在练习传接球技术时，可采用在防守情况下多人快速传接球练习，要求用余光观察接球人及其被防守情况，接球后立即将球传出，并要求传球及时、准确、到位。在两个技术动作以上的组合性技术衔接中，特别要注意对观察能力的培养，这对提高运用技术的应变能力极为重要。比如，"运球突破—传球或运球突破—急停跳投"这一过程，要求运动员不仅要考虑自己的被防守情况，而且还要观察场上同伴的位置、移动及其被防守的情况，以便于及时、准确地作出判断。

2. 培养视觉选择能力

视觉选择能力是在全面观察的基础上，把视线集中在特别重要的位置、区域和队员身上的能力。培养篮球运动员的视觉选择力，就是要通过训练使运动员善于把场上其他队员的行动收入自己的视野范围，并从中进行选择与分辨，以便正确决策行动。实践证明，篮球运动员在比赛中对攻守信息的获取是有先后顺序的。比如，抢到后场篮板球时，观察的一般方法是：首先观察前场，然后观察中场，最后观察后场；在突破和投篮时，要重点观察篮下的变化；抢篮板球时，要考虑投篮队员的距离，以及自己和篮圈所形成的角度、对方队员抢篮板球的组织特点和队员的位置等，但观察的重点是球的落点。在技术训练中，不断总结带有规律性的"观察模式"并组合成某种练习方法应用于教学训练之中，是培养运动员篮球意识的重要任务和有效方法。

(二)培养分析判断能力

通过技术动作的实战运用训练，可培养篮球运动员的分析判断与运用技术的应变能力。基本技术中的每个动作都有其特点、应用范围、条件及"规格"标准，在比赛中具有相对独

特的战术价值。这些既是运动员在比赛中意识活动的理论基础，又是技术训练中培养运动员篮球意识的重要内容。篮球比赛激烈多变，每个技术动作在运用方式上不可能一成不变，同一动作在不同时间、不同位置、不同条件下都可能千差万别。所以，要重视在技术动作个性训练中培养篮球意识，在对抗因素和对抗条件中培养篮球意识，在运用真假技术的变化中培养篮球意识。这就要求教练员在运动员掌握正确动作"规格"的基础上，使运动员的技术动作具有对抗性、应变性和实效性，使运动员能以简练适时的方式去解决临场的各种具体问题。通过技术动作的实战运用训练，可使运动员在掌握"规格"标准的技术动作基础上，进一步强化对技术运用的特点、范围、条件及变化规律的认知，为在比赛情况下合理地运用技术、创新发展个性绝招技术打下认知的基础。同时，不断培养运动员在各种攻守具体情况下的分析判断和应变能力，积累技术运用与应变的实践经验，就能使运动员在篮球比赛中做到分析判断及时、准确，应变合理，运用有实效。

二、在战术训练及比赛中培养篮球意识

在战术训练中培养篮球意识，首先应在单个战术配合训练时使队员了解战术的结构及配合的规律、方法、特点和每个战术位置的职责、作用，提高战术变化的灵活性。战术训练最重要的任务就是培养、提高运动员个人和整体协同作战的战术行动能力，提高运动员整体竞技水平，而发展运动员的战术行动能力要以培养运动员的篮球意识为目的。

战术训练不仅是为了熟练掌握一种或多种战术配合方法，更是为了培养战术素养，提高运动员的篮球意识。在比赛中，运动员的每一个行动都属于战术性的活动，有其明显的战术目的。在与同伴的战术配合中，意识起着支配行动的作用，决定战术的实现。篮球意识的核心要素是战术思维能力，所以在战术训练阶段培养运动员的篮球意识，应主要发展运动员的战术思维能力。一方面，篮球运动员在训练与比赛的思维决策中，需要用已有的概念、原则、原理等理论知识去思维，形成理论思维；另一方面，篮球运动员意识活动的思维决策又需要用从运动实践中获得的诸多经验，进而形成经验思维。此外，比赛中的攻守态势是极其复杂和瞬息万变的，在对抗状态下进行战术思维活动，常常要以经验的"直觉"方式进行思维决策，去解决自己面临的战术任务，从而形成直觉思维。篮球意识活动的思维类型不同，对于运动员的思维决策起的作用也不相同。

为此，教练员对于设计组织每种战术配合都要有个"标准模式"，并用这个"标准模式"去衡量运动员的战术行为是否适当。运动员应在思维决策过程中以"标准模式"的思维方式进行活动。实际上，运动员接受教练员的指导和训练的过程，就是运动员在战术决策及行动方面向"标准模式"趋近的过程。篮球比赛中攻守对抗情况瞬息万变，随着赛场情况和位置的变更，进行思维决策的主导因素是不相同的，其战术决策的"思维模式"因主导因素及

主次作用的变化也在变更，因而在不同的位置和不同的攻守对抗状态下的战术思维决策，应有不同的"思维模式"。对运动员来说，在平时训练中依照教练员的"思维模式"进行战术思维活动，是提高篮球意识的有效途径。这就要求教练员在篮球战术训练过程中，有计划、有步骤地将各种战术行动的"标准模式"以思维决策的形式传授给运动员，并通过比赛的反复磨炼和典型的战例分析，不断总结经验，不断提高运动员的篮球意识。

总之，教练员在战术训练中要使运动员掌握不同战术的运用时机、结构、特点、配合规律及变化，要使运动员明确战术位置的分工职责与各位置的相互关系，要加强现代战术打法的对抗训练与实战训练，选择典型战术应用演示，提高运动员的战术意识。

三、提高理论水平，优化知识结构，丰富篮球意识

现代科学技术的发展和各学科的相互渗透对体育科学产生了深远的影响，推动着各专项体育运动的迅速发展，篮球运动也不例外。一名篮球运动员具有的知识结构水平的高低，是直接影响其形成篮球意识的重要因素。因为篮球运动员头脑形成的某种意识，都是以相应的理论知识结构为基础的。理论知识结构不同，功能水平也就不同。理论知识水平不高，对篮球运动训练的原理、篮球比赛的规律、现代篮球发展趋势就很难理解，并且在重要的比赛中技战术运用就常常缺乏预见性、主动权、灵活性，效果不佳。尤其是现代篮球比赛的高度集体性和综合化，更需要运动员具有篮球意识，而掌握必要的知识对提高他们的篮球意识起着保障作用。

篮球运动员必须善于运用概念、原理、原则、规律等思维语言，这些思维语言属于理论知识范畴，是以相关文化科技知识作基础的。理论知识在一定的时期内是相对稳定、较为系统的，具有高度概括性和普遍指导意义，可促使运动员的篮球意识的快速发展。因此，在训练中重视文化理论知识的传授，有利于加速培养和发展运动员的篮球意识。

篮球运动员的知识主要包括：了解运动生涯过程中必备的常规知识、专项运动的发展趋势，理解技术和战术的特点、原理、专项运动规律以及规则裁判法，掌握各种相关学科的基础理论知识；掌握马克思主义哲学的基本观点、唯物辩证法的基本原理和逻辑学；还要阅读一些古今中外的兵法、战例等，借以开阔思路，拓宽思维领域，从各种文化知识中汲取营养，丰富智慧，增加灵感，提高想象力、理解力和创造力。此外，还要特别重视通过训练把他们具备的知识充分地运用到篮球实践上。通过理论知识的学习，每名运动员都成为既具有共性又具有个性的不同知识结构的人。

运动员的篮球意识绝不是孤立存在的，单纯就篮球意识来进行意识培养是很难奏效的。篮球意识的提高涉及诸多因素，如运动员的观察能力、分析判断能力、对教练员作战意图的理解能力、综合分析能力、抽象思维能力、理论知识水平及实践经验等。一名有良好意

识的优秀篮球运动员，其综合分析能力和抽象思维能力必须是较强的。为了提高运动员的篮球意识，必须重视他们文化素质的提高。教练员平时训练中结合战例分析、传授理论知识，提高运动员的综合分析和抽象思维能力，是培养和丰富运动员篮球意识的有效途径。

四、通过心理训练来培养运动员的篮球意识

篮球意识是运动员心智能力的集中表现，提高运动员心理水平是培养和提高篮球意识的重要辅助手段。在激烈的、对抗的高强度比赛中，具有良好的心理素质能促进运动员的篮球意识正常发挥，让其表现出超强的技战术运用能力，从而把握住主动权，克敌制胜。认知训练、意志训练和心理调整训练等一般心理辅助训练，可使运动员的心智能力得到改善和提高，为篮球意识的提高打下坚实的基础。如果运动员没有过硬的心理素质，在比赛关键时刻把握不住机会，比赛就会失误和失利。因此，应通过平常、赛间、临场进行心理训练，使运动员的心理处于最佳水平，进而促进其在正确的篮球意识支配下采取自己的行动。比如，在训练中可以多模拟赛中的情节，让运动员在高强度、大压力状态下练习罚球。

总之，平时应多加强训练，多进行比赛实践，锻炼篮球运动员的心理素质，让其积累经验，培养运动员勇敢、坚强的意志品质和良好的心理稳定性，从而提高运动员的篮球意识。

思考题

1. 谈一谈你对篮球意识概念的认识。
2. 简述篮球意识的特点。
3. 简述篮球意识的作用。
4. 篮球意识的结构包括哪些？
5. 如何培养篮球意识？

第六章
篮球运动员的体能与心理训练

▮□ 内容提要

本章主要介绍篮球运动员的体能特征、体能训练的要求与方法，以及心理训练的任务、原则与方法。

第一节　篮球运动员的体能训练

明确篮球运动项目的特点是有效组织篮球运动员体能训练的重要保证。篮球运动是"以投准为目的的速度力量型、高强度对抗性技能——体能类项目"，所以篮球运动员体能的训练必须结合篮球运动这一特点来组织实施。

篮球运动的体能训练是以发展篮球运动员的机能潜力和与机能潜力有关的体能要素为目的的大负荷训练，突出对运动员各器官和机能系统的超负荷适应训练，以达到挖掘机能潜力、提高整体运动能力和培养顽强意志的目的。篮球运动员的体能主要由专项力量、专项速度、运动耐力三个方面构成。

一、篮球专项力量素质的训练

力量素质是篮球运动中的首要素质，对其他素质的发展起着重要的作用。力量素质的提高，对于篮球技术、战术水平有极大的推动作用，对于防止肌肉拉伤和意外事故的发生具有预防作用，对提高心理素质、增强拼搏精神具有保证作用。总之，力量素质对取得优异成绩的作用是非常突出的。按不同的分类标准，可将力量素质分成不同的种类。不同种类的力量，训练的原理和方法也不尽相同。按运动时肌肉克服阻力的表现形式，可将力量素质分为最大力量、速度力量、力量耐力三种。

(一)篮球专项力量素质的特征

篮球运动员的力量素质具有全面发展的特点。不仅要求上肢、下肢、腰背部肌群均衡发展，而且要求肌肉的爆发力、耐久力、最大力量在整场比赛中都很强。在训练中不能单一发展某种力量能力而忽视其他。

现代篮球运动要求运动员身高而敏捷，体格强壮，对抗力强，瞬时输出功率大。在行进间跑跳过程中力量的冲撞与对抗对争取比赛主动、取得比赛胜利起着重要作用。

(二)篮球专项力量素质训练的要求

(1)训练要针对运动员的专项素质弱点，做到差什么练什么，不能盲目地安排力量素质训练，要力求做到区别对待。

(2)篮球青少年运动员的力量素质训练要以小负荷力量训练为主。一般认为篮球运动员的力量在20岁左右时达到最佳水平。因此，较大负荷的力量训练应在16岁以后进行安排。

(3)要科学地安排训练计划。篮球运动员的力量素质要求比较全面，不同力量素质能力既有联系又有区别。一般在安排力量素质训练计划的过程中，要重视发展爆发性的力量，每组力量负荷量应从实际出发，有针对性地强调次数要求。对于发展肌肉力量的无氧耐酸训练可采用轻重量、持续时间长、组间间歇时间短的方法。

(4)篮球运动员的力量训练要注意各肌肉力量的平衡发展。不仅要重视大肌肉群练习，而且要重视小肌肉群练习；不仅要较多地采用上下肢的练习，而且也不可忽视腰背肌群的练习。

(5)篮球运动员的力量训练要适时地专门安排训练时间。根据专项特点和运动员力量训练之后疲劳的消除规律，专门组织力量练习，练习间隔一两天，也就是一周安排两三次课，也可以每天连续地交替安排不同肌群练习。

(6)篮球运动员的力量训练要根据训练任务的不同安排相应的训练计划。在训练的准备前期应以中小力量为主；在训练提高期应以大中力量为主，小力量为辅；在比赛前期应以小负荷、轻重量、小肌肉群力量为主，尤其是远端肢体应为小力量负荷；在比赛期和休整期应该用小负荷、轻重量，保持肌肉的收缩能力。

(三)篮球专项力量素质训练的方法

1. 增加肌肉生理横断面的最大力量训练方法

负荷强度：采用本人最大极限负重量的60％～85％的强度进行重复练习，100％的极限负荷强度应慎用和少用。

练习重复次数和组数：每组4～8次，可做5～8组，最后几组必须按规定次数完成。

练习持续时间：每次练习的动作速度要稍慢一些，通常在4秒完成一次动作。

组间的间歇时间：在上一组练习肌肉所产生的疲劳得到基本消除后，再进行下一组练习。高水平运动员一般2～3分钟即可消除疲劳，力量水平较低的运动员可适当延长组间间歇时间。

2. 改善肌肉协调能力的最大力量训练方法

负荷强度：最大极限负重量的85％以上强度。

练习重复次数和组数：每组1～3次，可做5～8组。

练习持续时间：每次练习的动作速度要适当加快，通常2秒左右完成一次动作。

组间间歇时间：一般3分钟左右，或者再长一些时间。如果只是局部肌肉参与工作，间歇时间可短一些，反之则长一些。

3. 负重练习发展速度力量的方法

负荷强度：一般多采用本人最大极限负重量的40％～60％的强度。

练习重复次数和组数：通常每组重复练习5～10次，做3～6组。

练习持续时间：应该用自己最快的速度完成每次的练习。

组间间歇时间：间歇时间应宽裕些，休息应充分些，通常2～3分钟。

4. 不负重发展速度力量的方法

跳深练习：一般从50～60厘米的高度跳下，双足落地后，立即往另一个100厘米左右的高度上跳。以6～8次为一组，做6～8组，组间间歇2～3分钟。

5. 力量耐力的主要训练方法

负荷强度：若发展克服较大阻力的力量耐力，采用本人最大极限负重量的75％～80％的强度进行重复练习；若发展克服较小阻力的力量耐力，则最小负荷强度不能低于本人最大负荷的35％。

练习重复次数和组数：一般要达到自身极限的重复次数，组数应视运动员具体情况而定。

练习间歇：要在未完全恢复的情况下进行下一组练习。

6. 结合专项动作的力量素质训练

(1)利用专门器材进行技战术训练。常见的有用加重的篮球练习投篮、传球，穿沙衣进行各种技战术训练。

(2)结合球的爆发力的训练。常采用结合球的各种跳跃训练,如连续抢篮板球、扣篮和抢断球。

(3)提高身体对抗能力的训练。通过对抗性的练习,强化运动员在移动中的时空感觉,掌握动作用力的时机,使正确的用力方法与比赛的要求一致。常常采用的训练方法有以下几种。

第一,以少打多的训练方法。在教学的组织中安排一打二、二打三、三打四,或者以小打大、以弱打强,设置训练障碍,增加对抗用力的频率和难度。

第二,辅助阻力的训练方法。常常在各种基本技术训练中,人为地制造阻力,提高有碰撞的技术用力,如在挤、压、推、拉的条件下强行突破投篮,在顶挡的情况下拼抢篮板球、挤过、穿过、绕过等练习。

第三,采用激励的方法增强对抗积极性。比如,规定篮下有对抗投篮得 3 分、抢前场篮板球二次进攻命中得 3 分等。

二、篮球专项速度素质的训练

速度素质是指运动员在比赛中快速进行位移的能力。篮球运动中按照动作过程有反应速度、动作速度和移动速度之分。反应速度是指运动员对外界刺激(声、光、触等)快速应变的能力,也就是作出反应的潜伏时间;动作速度是指运动员快速完成某一动作的能力;移动速度是指单位时间内运动员通过一定距离的能力。

(一)篮球专项速度素质的特征

(1)篮球运动员的速度在高强度比赛中主要表现为连续反复的快速度冲刺。这种基本能力不仅要求磷酸原系统供能,而且要求糖酵解供能。因此,篮球运动员在临场中表现出起动速度快,长时间的变速能力强。

(2)篮球专项速度素质要求运动员对复杂的运动过程判断清晰,对篮球技术动作的时空特征熟悉,对对手的动作行为事先有感知。对球场、球速和个人控制的空间范围都能准确地把握。

(3)篮球运动员的速度素质在动作结构方面的特点,是身体重心低,不断改变运动方向,在短距离内能发挥最大的速度能力。

(二)篮球专项速度素质训练的要求

(1)在发展速度方面,要特别注意发展动作的频率。

(2)正确安排速度训练的顺序。在周期训练中应尽量将速度训练安排在前期,在各素质训练的安排中速度训练应安排在力量和耐力素质的前面，使运动员能在较好的体能和精神状态下完成速度练习的量与强度。

（3）要培养运动员对时空特征的反应判断能力，并使运动员具有良好的反应起动速度。

（4）篮球运动员的快速跑动应与技术动作协调，运动员在运用技术过程中不降低跑动速度，或者减少速度损失。

（三）篮球专项速度素质训练的方法

1. 各种攻防脚步练习

（1）原地快频率碎步、小步跑、左右侧交叉步、加速度跑、变向跑、侧身跑等练习。

（2）各个方向的滑步练习。

2. 各种反应速度练习

（1）在原地或运动中，接到视觉、听觉或触觉信号刺激后，迅速起动，并加速跑 10～30 米。

（2）折线跑。以罚球线、中线和端线为界，进行折线跑。

（3）两人对面站立，接到信号后进行追逐跑。

（4）端线背向球场碎步，后转身加速跑。

（5）抢篮板球后第一传起动跑。

3. 持球技术动作速度练习

（1）30 秒或 1 分钟的自投自抢投篮练习。定时自投自抛投篮是一种以锻炼运动员多方面技能的一种训练，不仅可以锻炼运动员的体力与抢篮板的意识，还能增进手感，锻炼运动员的出手速度以及空间感与方位感，是一种非常值得提倡的训练方法。具体训练方法是：运动员以限制区为训练区域进行投篮练习，篮球出手后，无论是否进筐都要快速上前控制住篮板，出限制区，再次投篮。每次练习的时间根据个人的能力量力而行，通常情况下为每组 1 分钟。

（2）直线或折线全场自抛自接 2 次或 3 次后投篮。

（3）全场变向运球(运球变向后要加速)。

（4）全场三打二快攻练习。

三、篮球专项耐力素质的训练

耐力素质是指运动员在运动中长时间抵抗神经、肌肉疲劳的能力。它是篮球运动员重要的素质。疲劳是训练后的必然结果，没有疲劳就没有训练。但疲劳又会使有机体的工作能力下降，而不能保持长时间工作，所以疲劳又是训练的障碍。运动员在训练和比赛过程中抗疲劳的能力，反映了他的耐力素质水平。

篮球运动员必须具备很好的耐力素质，才能在比赛中始终保持充沛的精力和旺盛的斗志，才能保证技术、战术水平的正常发挥。运动训练过程中由肌肉工作引起的体力上的疲劳，是耐力素质训练所要克服的主要疲劳。耐力素质的发展对篮球运动成绩的提高有着十分重要的意义。

(一)篮球专项耐力素质的特征

篮球运动员的耐力素质主要体现在速度耐力方面，所以篮球运动员的耐力素质主要以糖酵解的供能形式为主。因此，在篮球专项耐力的训练安排中，要以最大耐乳酸的能力训练为主，有氧氧化供能形式的训练为辅，并且要处理好两者之间的训练关系。有氧氧化供能形式的训练是糖酵解供能形式训练的基础，有氧氧化供能能力强，运动员在比赛和训练中的恢复能力就强，而糖酵解供能是保证篮球运动员在比赛中长时间保持快速移动的物质要素。

篮球运动员的身材高，体重大，通常左心室壁较厚，而且心脏房室的容量大。运动过程中做功多，运动员的心肺功能强，表现出每搏输出量大。许多优秀的篮球运动员在安静时表现为运动性的心跳徐缓，基础代谢率低。快速的运动中，在加快心率的同时，每搏射血量较其他运动项目的运动员更大。

(二)篮球专项耐力素质训练的要求

(1)在阶段训练计划中，在准备阶段前期应更多地发展有氧耐力，在准备阶段后期和赛前阶段则应更多地发展无氧耐力。在周训练计划中，每周一般只安排2~3次强度大或者持续时间较长的大运动量耐力训练。要充分考虑负荷的指标要求，运动员的营养状况、睡眠情况、身体的恢复是否适应新的刺激等因素，避免运动员过度疲劳而影响其他素质和技术、战术的训练。

(2)篮球运动员的耐力训练，要突出专项耐力。专项耐力训练要先增加运动量，再增加运动负荷的强度。在每次的训练中，要逐渐增加练习的次数和组数，然后再增加训练的强度要求。要合理分配体力，使运动机能节省化。

(3)耐力训练要长期进行，练习内容要多样化，逐步提高对各种新异刺激的适应性，避免因练习内容单调，使训练积极性下降，引起思想上的厌倦。

(三)篮球专项耐力素质训练的方法

1. 持续训练法

这种训练的基础是保持最大吸氧量水平，提高人体有氧代谢水平，心率控制在150次/分左右。常采用匀速跑、变速跑和超速跑的方法，如长时间安排快攻、防守步法、趣味性活动,又如折线跑、"8"字围绕、连续跑动 28 米折返、连续碰板 100～200 次。

2. 间歇训练法

这种训练的基础是有氧和无氧的混合代谢。负荷采用 50%左右的有氧和 50%左右的无氧进行(速度约为 5 米/秒以上),心率上限为 28 次/10 秒左右,间歇时间是在没有完全恢复的情况下(心率 18 次/10 秒左右)进行下一次的刺激。比如,反复进行 400 米跑、100 米快速跑、100 米放松跑。也可采用各种连续跑动 40 秒左右的练习,重复进行,例如:3 人直线快攻,3 个或 4 个往返为 1 组,完成 5～10 组;两点移动快速投篮,投中 10 个为 1 组,完成 5 组;连续篮下一打一或者一打二,进 10 个球。

第二节　篮球运动员的心理训练

心理训练是指有意识、有目的地对运动员的心理过程和个性心理特征施加影响的过程。其目的在于发展篮球运动员在训练和比赛时所需要的良好心理能力和心理品质,形成比赛和训练所需要的良好的心理准备和稳定的心理状态。篮球心理训练是适应现代运动竞赛的需要而运用发展起来的。现代篮球竞赛的最大特点,就是对抗性越来越激烈,在比赛双方身体、技术、战术水平势均力敌的情况下,胜负往往取决于心理素质训练水平的高低。实践已经证明,运动员在竞赛中不仅会消耗很大的体力,而且要消耗很大的心理能量。如果篮球运动员心理品质和个性心理特征发展不好,即使身体素质、技战术训练比较好,也不可能在比赛中取得优异成绩,一些高水平的比赛,最后往往是心理因素起着决定胜负的作用。

一、篮球运动员的主要心理素质

篮球运动中的主要心理素质包括意志品质和情绪稳定。

(一)意志品质

意志是有意识地支配、调节行为,经过克服困难,以实现预定目的的心理过程。人的意志的强弱是不同的,人的意志中的某些比较稳定的方面,就是人的意志品质。意志品质具有独立性、果断性、坚定性、有自制力等特点。

篮球比赛中所要求的各种心理能力都要通过意志行动来表现,意志坚强是运动员精神的典型特征。运动员的意志品质对比赛胜负起着重要作用。意志品质强者能在比赛落后时不气馁,失败时不泄气,在激烈紧张中勇敢顽强,全力拼搏,发挥出超常的技术水平。然而，意志品质薄弱的队员在比分紧咬，体力消耗较大的情况下，会变得信心不足、动作整体不协调、技术变形，表现得很急躁、很紧张；有的队员因过于兴奋，会产生焦躁，从而会忙中出错。因此，加强运动员的意志品质训练，培养集体主义精神是不可忽视的课题。

篮球运动员的意志品质主要表现在两个方面：一是积极、自信、好强和不服输，为实现动机而坚韧不拔、百折不挠地去克服困难；二是能独立思考，有主见，敢于承担责任，对在比赛中所承担的职责持创造性态度。

(二)情绪稳定

运动员心理状态中最重要、最核心的内容是最佳情绪状态。篮球运动员的临赛心理状态主要表现在情绪方面，它是影响动作效果和比赛效果的重要心理因素。在心理学上，情绪是人对客观事物的态度体验及相应的行为反应。它包括刺激情境及对其的解释、主观体验、表情、神经过程及生理唤醒等内容。最典型的情绪状态有心境、激情、应激和挫折四种。

从心理情绪看，情绪受自身兴趣和性格的影响，篮球比赛胜利的强烈愿望常常激励着运动员，但运动员有时又不能摆脱失败的消极情绪。比赛中，运动员的情绪随着比赛的起伏发生变化，这些变化对运动员行动效果产生了直接的影响。大赛中运动员表现出的行为异常，如动作变形、心神不定、焦躁不安、注意力不集中、行为改变、运动效能下降等，都是一种过度应激的表现。过度应激时的消极感受掠走了他们的心理能量，往往导致失败的结局。过度应激往往在某种较强的刺激作用下发生，它引起运动员的情绪波动。

在训练或比赛中，有些运动员由于主客观原因，导致训练或比赛成绩下降，因而产生消沉、失意、悲观的情绪状态，这就叫心理挫折。引起运动员心理挫折的客观原因有：训练或比赛中得不到重用，队员之间及队员与教练之间的人际关系发生冲突，裁判不公正及伤病等。在训练或比赛中，运动员随时随地都可能遇到挫折，但挫折并不都对心理和行动产生消极影响。相反，它对运动员锻炼坚强的意志、创造性解决问题、提高技战术水平有着积极的影响。如果运动员所遭受的心理挫折过分强烈，则可能引起运动员的情绪低沉，降低训练比赛的积极性，从而影响成绩的提高，因此，我们必须特别重视消除其消极影响的一面。

二、篮球运动员的心理训练的目的及任务

(一)心理训练的目的

心理训练的目的在于发展篮球运动员在训练和参加比赛时所需要的良好心理能力和心理品质，形成比赛和训练所需要的良好的心理准备和稳定的心理状态。

心理训练能促进篮球运动员心理过程的完善，心理过程包括认识过程、情感过程和意志过程三个方面。通过心理训练可以使篮球运动员具有精确的运动感知觉和清晰的运动表象能力、高度发展的思维敏捷性和灵活性，以及快速的运动反应能力，并能迅速地分析比赛中对手的行动，有效地完成战斗任务。同时还能使运动员将注意力长时间集中或迅速转移和分配到特定对象上，有利于提高运动员的意志品质，克服在训练、比赛中遇到的困难，控制在篮球比赛中的千变万化的情感，更好地进行训练和比赛。

心理训练可以促进篮球运动员个性心理特征的形成和发展，个性心理特征包括性格、气质、能力、兴趣、动机等方面。在激烈紧张的篮球比赛中，对运动员运动行为特点影响最大的个性心理特征是运动员的动机、对训练和比赛的感兴趣程度及个人的性格特征和气质，心理训练有利于运动员进行良好的训练，有利于运动员的比赛动机的形成、兴趣的改善和某些专项需要的气质的提高。

心理训练还能促进参加训练和比赛的适宜心理状态的形成。心理状态是一个活性最大，最易变化的心理结构，是各种心理机能的综合表现。良好的心理状态的形成对训练和比赛的效果影响较大。尤其在比赛中，运动员对自己心理状态的自我控制效果将直接影响比赛的成绩，心理训练有利于形成稳定而良好的心理状态。

（二）心理训练的任务

（1）培养与提高篮球运动所需要的良好的心理品质和心理能力。

（2）形成对篮球训练和比赛的良好动机和态度；形成适宜的心理状态，提高对紧张、激烈比赛的适应能力。

（3）克服在篮球训练和比赛中的心理障碍，保证训练和比赛的正常进行。

（4）促使心理和体力上疲劳的消除，加速动作技能的形成和战术心理能力的提高。

三、篮球运动员心理训练的原则

心理训练是有意识地对运动员的心理活动施加影响的教育过程，为了使心理训练取得良好效果，应该遵循以下教学原则。

（一）自觉积极性的原则

运动员心理训练的效果，取决于运动员的自觉性、积极性，因为任何心理训练手段的掌握和运用，都不可能脱离人的主观状态而起作用。如果没有对心理训练的自觉积极态度，被动地接受心理训练，就失去了内部动力，甚至会产生厌烦、对立情绪。为了提高运动员心理训练的自觉积极性，教练员首先要让运动员掌握心理学的相关知识，了解青少年的心理发展变化规律，充分认识到心理训练的重要性，从而掌握心理训练的方式方法，自觉、主动地加强心理训练。同时教练员还要注意做好启发引导工作，帮助运动员自我分析个性特点和心理品质的特点，逐步学会自我分析、自我检查、自我评定、自我调节和自我控制的方法，促进心理品质不断发展和完善。

(二)循序渐进及与篮球技能训练相结合的原则

篮球运动员的心理训练应由易到难，逐步提高，使之有计划、有步骤地进行，不能操之过急，要持之以恒。另外，心理训练应同篮球的身体训练、技术训练、战术训练等有机地结合起来，把心理训练的内容贯穿到身体、技术和战术训练中去，贯穿到每个动作的正确掌握和错误动作的纠正中去，使篮球训练全面渗透着心理训练的内容。如在体能训练中，有目的、有计划地提升训练难度和训练强度，包括训练环境、训练条件、人为设定的疲劳状态等，要求运动员克服自身存在的惰性、克服环境带来的阻力等完成任务。运动员在此过程中，主观意识感受到战胜困难的喜悦时，自身的信心就会增加，意志品质就会增强。

(三)无形训练和有形训练相结合的原则

在运动心理训练过程中，可采用仪器、问卷等有形的辅助仪器进行训练测试。运用辅助仪器的定量分析，可以让教练员和运动员清晰地认识到运动训练过程中运动心理存在的不足。也可以采用语言、心理暗示等方法对运动员进行长期的心理调节。在实际的训练中，应将有形心理训练和无形的心理训练结合起来，以无形心理训练为基础，以有形心理训练为手段，解决运动员在实践训练、比赛中存在的心理障碍。

(四)区别对待与重复性原则

区别对待原则是指在进行心理训练时要根据每个运动员的性格特点、气质类别、产生原因等区别对待。例如，活泼型、兴奋型运动员，他们的优点是灵活性较高、转移能力强，但缺点是稳定性较差；安静型运动员，则表现为稳定性好、灵活性不足，教练员应根据运动员的性格特点的差异，加强活泼型运动员的稳定性心理训练，加强安静型运动员的灵活性心理训练。又如，运动员在篮球比赛中容易产生恐惧、胆怯的心理状态，有的是技术原因引起的，有的可能是经验不足引起的，有的是由困难引起的。教练员应该根据不同的原因，采用不同的方法和措施区别对待，帮助运动员克服胆怯的心态。

重复性原则是指心理训练要反复进行，反复实践。因为有些心理表现，特别是中枢神经系统对自主神经系统的控制和调节，必须经过长期的重复性训练和实践才能实现。

四、篮球运动员心理训练的方法

心理训练是一个教育过程，应根据不同对象(性别、年龄、智力水平等)和不同要求，有重点、有区别地进行心理训练，训练要有针对性，特别是要注意全面与重点相结合，必须与身体、技术、战术等训练有机地结合起来。运动员心理训练的方法很多，常用的心理训练方法有以下几种。

1. 放松训练

放松训练是通过自我暗示改变肌肉紧张度，使肌肉放松，从而促使心理安定（尤其是情绪安定）的一种心理技能训练。它可以有效地降低大脑皮层的兴奋度，克服紧张或烦躁不安的情绪。放松训练有自我放松法和渐进放松法两种。

2. 表象训练

表象训练又称念动训练、想象训练，是指有意识地、积极地利用自己头脑中已形成的运动表象进行回顾、重复、修正、发展和创造自己的动作，从而起到巩固技术动作，提高技术动作和技术的精确度，帮助增强比赛的适应性和调整情绪、提高斗志等作用。

3. 模拟训练

模拟训练是一种适应性训练，它是人为地设置某些对象、境况、环境等，让运动员在这种条件和环境下进行训练或比赛，使之逐步适应，产生与之对应的抗干扰能力，以利于在正式比赛时保持比较稳定的心理状态。模拟训练可分为语言、图像模拟和实战情景模拟两类，具体做法是模拟对手的特点、比赛时观众的噪声，人为地改变比赛局势、认知压力等。

4. 生物反馈训练

生物反馈训练是借助现代电子仪器，显示运动员的心率、血压等内脏活动信息，使之与主观感受相联系，从而在一定程度上能反射性地控制内脏活动，实现自主神经系统的学习和强化，以降低紧张程度的一种训练方法。生物反馈训练的特点是使运动员逐渐体验到某种精神状态、姿势、方法与生理变化之间的关系，便于控制内脏活动，使生理变化朝着篮球运动需要的方向发展。

5. 催眠术

将一套语言暗示和动作暗示，作用于运动员的听觉、视觉和触觉，使之进入介于觉醒和睡眠之间的特殊心理状态。催眠在心理训练中的作用在于：它有助于散发精神力量，提高信心，克服紧张和恐惧情绪；有助于学习、校正和提高动作技能。

6. 系统脱敏训练

系统脱敏训练主要用于帮助运动员克服恐惧症和顾虑等。

五、篮球运动员赛前和赛时的心理控制策略

心理控制是决定运动员赛前和赛时运动表现的关键因素之一。赛前和赛时积极的心理控制策略包括如下几点。

(1)在心里准备每个比赛的细节，积极思考将要采取的策略。

(2)在头脑中回忆并再现某一项技术或者战术的技巧。

(3)在心里用自己和本队的强项与对手的弱点做对比。

(4)当使用自我交流和其他心理技巧时，将肌肉放松。

(5)回忆过去成功的经历，想象自己是所有运动员中最好的一个。

(6)回想教练员曾经给予的积极评价。

思考题

1. 试述篮球运动员的体能及心理素质在篮球运动中所处的地位与作用。

2. 篮球运动员体能训练有哪些要求？

3. 篮球运动员心理训练有哪些原则？

4. 篮球运动员体能的三个方面各有哪些特征？

5. 如何才能针对篮球运动员的专项特征为其选取最佳的体能、心理训练方法？

6. 分析体能、心理素质两者之间的关系，并思考怎样处理两者的关系从而提高篮球运动员的运动水平及运动成绩。

第七章
中小学篮球队训练与比赛指导

📖 内容提要

本章介绍中小学篮球队的训练目的与任务、选材与组队、训练计划制订、训练内容与要求、训练方法，以及比赛前准备工作、临场指挥、比赛后的总结等内容。

第一节　中小学篮球队训练

中小学篮球队的训练不同于专业篮球队的训练，其主要是面向中小学生的课余训练，对于推动学校篮球活动的开展，吸引广大学生参与篮球运动，促进学校篮球运动保持较高水平有着积极的作用。少年强则国强，积极开展中小学生篮球的训练在一定程度上也可以提高我国篮球水平。

一、中小学篮球队训练的目的与任务

中小学篮球队的训练是教练针对学生生理与心理特征，遵循动作技能形成规律，为全面发展学生的身体素质，提高篮球技术、战术水平，不断提高篮球运动成绩而进行的专门的、系统的、有组织的教育过程。它是中小学体育教学过程的延续，对贯彻党的教育方针，丰富和活跃学生文化生活，促进学生德智体全面发展有着重要的意义。

（一）中小学篮球队训练的目的

（1）培养学生积极参与篮球训练的兴趣，促使他们通过体育训练与竞赛，树立远大的理想，形成良好的道德品质、团结合作的集体主义精神、顽强拼搏与灵活机智的竞赛作风等。

（2）增强学生体质，发展学生的生理、心理潜能，提高运动技术水平，创造优异的篮球运动成绩，为学校获得荣誉，为较高水平的篮球基地输送人才。

（二）中小学篮球队训练的任务

（1）使学生正确掌握篮球基本技术，扎实练好基本功，掌握基础的攻守配合方法，在比赛中不断丰富篮球意识，提高比赛的实战技能。

（2）根据篮球运动的规律和学生的年龄特点，合理地、科学地安排身体训练，注意重点与一般相结合，促进学生身体的全面发展和健康水平的提高。

（3）注意发现篮球运动人才。对具有良好身体条件，或初步表现出篮球竞技才能的学生，要通过基础训练，进行科学的观察与测试，做好有计划的筛选和培养，为优秀篮球运动队输送后备人才。

二、中小学篮球队的选材与组队

要根据篮球运动的特点和要求，经过考察和测试后，挑选适合篮球训练的品学兼优的学生组成运动队。要根据篮球项目的需要和运动队位置的分工确定队员名额，在班主任和学生家长的积极配合下通过比赛的方式选拔队员。

（一）中小学篮球队的选材

中小学篮球队的选材，要根据运动队的发展方向、任务、队员条件等情况选拔爱好篮球运动，且有一定天赋或有一定基础的学生。选材依据如下。

（1）身体形态：宜选身材较同龄人高大，体形匀称，腿长臂长，肩宽腰细，脚大足弓深、跟腱长而清晰的学生。

在选材时还要比较详细地了解学生的遗传因素和家庭情况。以调查学生父母身体状况（如身高）、有无体育运动史等来预测其未来身高和运动能力的发展。

（2）身体机能：要求身体健康，心肺功能良好，视觉、听觉、位觉和本体感觉功能正常。

（3）身体素质：要求能在短时间内充分发挥身体各部分潜力，因此反应速度、爆发力、灵活性和关节柔韧性要好。

（4）技术基础：这是选拔队员的重要条件。可以通过测试队员运球、投篮、传接球及防守等技术水平，观察评估其反应能力和协调性，动作的规范程度以及配合意识、球感等。

（5）心理素质：要选择那些心理稳定、善于控制情绪、判断和接受能力强、想象力丰富、有思维创造能力、精力充沛、好胜不服输的学生。

（二）中小学篮球队的组队

篮球传统学校和非篮球传统学校开展篮球运动的情况不同，篮球队的组队也略有不同。

1. 篮球传统学校组队

篮球传统学校是指篮球运动的开展具有悠久的历史，校篮球队长期坚持课余训练，有定期的竞赛任务，经常参加各级各类比赛，学校训练场地、设备条件好，学校领导和上级领导重视，师资力量强，经费来源稳定的学校。这一类学校在组建篮球队时，为保证球队的连续性，应考虑年龄层次、位置结构等因素，留有筛选、流动、补充的余地。每队人数放宽到 15～18 人。正式参加比赛时，可从中选择竞赛规则规定的人数报名参赛。运动队训练可分为一般训练和集训。

2. 非篮球传统学校组队

非篮球传统学校篮球运动的开展可能有一定的基础，但没有定期的竞赛任务，一般是临时组队参加比赛。这类学校组建篮球队前，可在校内先组织一次班级之间或年级之间的比赛，从中选拔篮球水平相对较高、具有较好篮球基础，并有一定战术意识的学生组成校代表队，然后利用课余时间进行集训。正式参加比赛时，按竞赛规则规定的报名人数组队参赛。

三、中小学篮球队训练计划的制订

训练计划是对未来的训练过程预先做出的设计方案。它是进行训练工作的重要依据和计划文件。制订训练计划可使训练工作有目的、有组织、有步骤地进行，并在实践中严格地执行和检查，增强训练的科学性和时效性，避免盲目和片面，同时也可积累资料，总结经验，不断提高训练质量，使训练工作朝着一个明确的目标和方向迈进。

中小学篮球队训练计划主要包括多年训练计划、学年训练计划、阶段训练计划、周期训练计划和课训练计划等。

（一）多年训练计划

中小学篮球队多年训练计划的年限，可根据学校的学制年限来制订。一般把多年训练计划定为 3 年。对于这一计划的制订，要做到目标明确，任务具体，体现逐年提高训练量和进度的措施；标明训练指标、测验手段、负荷安排、应用数据和比例，体现训练计划的系统性，以及参加比赛的粗略安排，反映多年训练的发展前景。

(二)学年训练计划

根据中小学学年分配现状，把学年训练计划分为两个阶段实施。这一计划在训练的要求、内容、方法和手段上要能符合运动队和运动员的实际需要，指标要具体，数据要明确，注意训练计划的完整性、针对性和连续性以及训练阶段的划分、比赛安排、训练的考核、检测等。

(三)阶段训练计划

为了使训练安排更加周密、详细，可以按学期计划安排阶段训练计划。它有利于各系统之间的相互衔接，能够及时调整训练内容，针对性强，保证学期计划中各个时期任务的完成。训练内容的安排、运动负荷、阶段检测的项目，要具有鲜明的针对性，时间的安排要详细到月，并注意留有机动时间。

(四)周训练计划

制订周训练计划，要以技战术和素质训练为主，技战术和素质训练、运动强度和负荷的安排要合理，具有实效；每次训练内容要突出重点，选用不同的训练手段和方法，训练次数、运动负荷分配、测验和比赛安排都要按阶段训练计划的具体安排分别落实于周训练计划之中。

(五)课训练计划

要根据周训练计划确定课的类型、任务、顺序和时间分配，做到内容衔接、节奏鲜明、指标落实，包括准备部分、基本部分、整理部分，训练选择运用的方法、手段、运动负荷大小，以及各项内容的时间分配等。

篮球训练课的组织形式要有分有合，根据中小学生的特点，可适当采用一些竞赛性练习，多变换一些练习方法和形式。一堂训练课的内容虽然包括身体、技术和战术训练，但课的主要任务要明确。

中小学篮球队训练计划的制订要从实际情况出发，根据运动队训练的目的、任务、要求以及运动员各方面状况，提出明确的训练目标，并根据比赛任务和学校场地、设备及气候条件等，提出明确的训练任务和指标，要有完成任务和实现指标的具体措施，还应全面考虑并作出细致安排，解决好训练中的有关问题和矛盾，确保训练计划可行。

四、中小学篮球队的训练内容与要求

中小学篮球队训练内容与要求是根据业余训练的特点与篮球运动训练的一般规律，以及中小学篮球队实际的水平制订的，包括以下几个方面。

(一)身体训练

篮球运动技战术的掌握和运用是以身体素质为基础的，身体素质的好坏直接影响技战术水平的发挥。一般来说，身体训练应以提高速度、灵敏性和柔韧性为主，力量和耐力为辅，主辅结合，安排得当。

1. 速度训练

速度是篮球训练中最重要的素质，是比赛中争取时间优势的重要条件。速度训练包括移动速度、反应速度和动作速度三个部分。在篮球运动中，要求短距离内迅速发挥出最快速度，并能迅速控制重心的变化。因此速度训练要与身体素质的全面发展同步进行。在此前提下，其训练要长期坚持，不能停止或间断。

2. 灵敏性训练

灵敏性是篮球运动中的一项重要素质，它取决于人的大脑皮层神经系统的灵活程度以及人体速度、爆发力等其他素质的发展和运动员掌握技能的数量和质量。灵敏训练能使运动员在各种复杂变化的条件下做出相应迅速、准确、协调的动作。在培养、训练运动员的动作能力、反应能力、平衡能力、观察能力和节奏感时，要注意训练手段的多样性，避免模式化。

3. 柔韧性训练

发展篮球运动员的柔韧性，不仅能加强韧带弹性，加大关节活动范围，提高伸展能力，有助于掌握和运用各种技术动作，而且对减少运动损伤的发展，提高身体健康水平有着积极作用。篮球运动中各种跑、跳、投、封盖等技术动作都对运动员的柔韧性提出了较高的要求。柔韧性训练应注意保持肌肉的弹性，使肌肉柔而不软、韧而不僵，其训练要保持经常化。

4. 力量训练

力量，是篮球运动员的一项极其重要的基础素质，任何水平的球队都应重视力量训练。中小学生骨骼弹性好，不易折断，但稳固性差，易弯曲。因此，中小学篮球队不可进行大强度力量训练，应多做发展力量耐力和快速力量的训练，通过小负荷特别是克服自身体重的练习(如做俯卧撑、仰卧起坐、反复下蹲等)使全身肌肉力量得到发展。力量训练的着眼点应放在发展肩、腿、踝、腕、指的快速力量反应以及运动员的力量耐力上。训练中力量训练不宜过多，应以动力练习为主，少用或不用静力性练习，特别要尽量避免出现憋气动作，以免因胸内压的突然变化而影响心脏的正常发育。

5. 耐力训练

篮球运动项目的特点要求运动员具备良好的速度耐力以适应比赛的激烈对抗。训练过程中要在一般耐力的基础上加强速度耐力训练，加强呼吸节奏和动作节奏的一致性。儿童青少年阶段逐步加强这项素质的训练，不仅是篮球运动本身的要求，而且对培养学生的坚毅顽强、刻苦耐劳的意志品质有极大帮助。耐力训练可结合专项身体训练和技战术训练进行。

（二）技术训练

根据中小学篮球队训练的目的、任务，技术训练包括基本功和常用基本技术训练。

1. 基本功训练

篮球基本功包括手功、脚功、腰功、观察能力、篮球意识等。

（1）手功：手功是指手对球的感应能力，控制球的能力和手指手腕的集中爆发用力的能力。各种持球、支配球、争夺球的动作，都是通过手臂、手腕，以及手指的伸、挥、摆、绕、拉、翻、转、点拨等动作来完成，训练中要使手对球能为所欲为，达到运用自如的熟练程度。

（2）脚功：脚功的训练包括蹬、伸、起、停、转、碾、滑等动作，以控制身体重心的转移和平衡。训练中要重点解决好在快速移动中完成动作，以及动作转换时的连贯性。

（3）腰功：腰胯功简称腰功，腰部动作的训练包括腰、腹、背等部位的弯、转、侧、含、收、挺的用力技巧和用力习惯，训练中要重点解决好腰胯的弯、转时机和动作的连续性。

（4）观察能力：观察能力对于学生战术意识的培养具有重要作用，是学生采取合理战术行动的前提。观察能力的训练与学生技术动作运用的熟练程度有关，技术训练水平越高，视野范围就越大。因此，观察能力训练必须结合技术训练进行。训练中学生要重点解决好扩大场上视野范围，提高洞察能力和判断能力的问题。

（5）篮球意识：篮球意识的训练与培养是基本功熟练程度及比赛经验积累的集中体现，也反映出学生能动地、自觉地适应比赛情况的能力，训练中要把意识的培养有计划地落实到每次的训练课中。

2. 基本技术训练

中小学篮球队训练要使学生全面学习并掌握移动、传接球、运球、投篮、持球突破、防守、抢篮板球等基本技术动作，确立以速度为中心，以投篮为重点，以基本功为基础的全面技术训练，鼓励学生尝试学习并掌握先进技术，做到全面、准确、熟练、实用。

（1）移动：移动技术是篮球运动各项技术的基础，包括各种走、跑、跳、停、转、滑等动作。在单个移动技术动作训练的基础上，结合身体训练和其他技术训练，要求能在有对抗的情况下较熟练地掌握各种移动技术。

（2）传接球：传接球是篮球运动的重要技术之一，全面熟练地掌握传接球技术，才能把5个队员联成一个整体。掌握常用的传接球方法，通过系统训练提高传球速度、准确性、隐蔽性，养成摆脱对手接球和接球后迅速衔接下一个动作的习惯。

（3）运球：运球是进攻中推进，甩开或吸引防守，突破对手，发动进攻配合时常用的基本技术。学生应掌握各种运球技术，并能在对抗中熟练运用，可进行一些对变向变速等运球技术的练习，提高控制、支配球的能力，发展弱手运球的能力。

（4）投篮：根据学生不同的年龄特征、身体条件等，要求掌握几种最基本的投篮技术，进行动作的规范化训练，加强投篮准确性和结合其他动作的运用能力训练。

（5）持球突破技术：要求两脚都能作为中枢脚，两侧都能进行突破，并要求掌握好突破时机和技巧，提高个人的攻击能力。

（6）防守：不断强化防守意识，积极主动、合理地运用攻击性较强的防守技术，提高防守能力和防守的时效性。

（7）抢篮板球：抢篮板球是篮球运动的主要技术之一，篮板球控制的好坏，对比赛的主动或被动地位，甚至比赛的胜负都起着很大的作用。抢篮板球是一项较复杂的技术动作，它是由判断方向、抢占位置、起跳动作、空中抢球动作和得球后的动作组成的。在训练中学生应该把这几个环节有机地联系起来训练。

（三）战术训练

战术是比赛中攻守对抗的方法，战术训练绝不仅是站位置、跑路线，而是要教会学生根据场上情况，有计谋地战胜对手的方法。

（1）中小学篮球队战术训练内容的选择，必须从实际出发，抓好对个人攻守战术意识的培养，以及基础攻守配合和常用的全队攻守方法的训练，重点训练人盯人和快攻两种全队攻防战术，确立一套适合本队的攻防战术体系。

（2）比赛中战术效果取决于很多因素，如技术基础、战术组织的合理性、配合的默契度、队员的意识，以及全队人员的分配、规则的理解与运用、临场观察判断能力等。这些都需要通过训练过程中的讲、做、练、用来实现。战术训练要与身体、技术、心理、智力等训练有机结合，并通过实践逐步提高战术运用质量。

（3）战术训练一般先局部后整体，攻守要结合进行，但不论防守还是进攻训练都要明确要求，不同时期可以有所侧重，做到以守促攻，以攻代守，共同提高。

（四）心理训练

心理训练以培养运动员良好的心理品质为目的，使其在比赛的特殊条件下具备积极稳定的心理状态。心理训练是通过专项运动训练的过程而获得的。中小学篮球队的心理训练应以培养顽强、果断的意志品质及自控能力为主。运动员要在训练中学会有意识地对自己的行为和活动进行自我控制和调节，并渗透于身体训练、技战术训练、作风训练等内容之中。心理训练的方法主要有模拟情景训练、自我暗示训练、集中注意力训练、放松训练等。

（五）智能训练

智能训练是通过有目的、有计划地向运动员传授篮球运动知识，使其较深入地理解篮球运动规律，提高比赛中的分析判断能力、战术运用能力等篮球智能。运动员的篮球智能是通过理论知识的掌握和各种手段方法的运用逐步提高的。在对运动员进行智能训练时应根据对象接受知识的能力，确定方法，选择内容。智能训练可通过篮球理论课、技战术分析课、规则裁判课等进行，也可通过写训练日记、训练体会、赛前发言、赛后总结等途径开发运动员的智能。

（六）作风训练

作风训练是篮球运动训练与思想教育相结合的一个重要方面，它直接关系到一个球队风格特点的发展方向，也关系到每个运动员的人格养成和训练任务的顺利完成。因此，教练员应要求运动员在训练中树立不怕苦、不怕累、不怕困难，勇于挑战困难、战胜困难的信心和决心，练出过硬的本领。在比赛中树立敢打敢拼，勇猛顽强，敢于竞争，胜不骄、败不馁，团结协作，互相促进的良好品质。

五、中小学篮球队的训练方法

（一）分解练习法

分解练习法是指教练员把完整的动作或战术配合，合理地分成若干部分或几个段落，要求运动员逐个进行学习或掌握的一种练习方法。这种练习方法主要用于一些技术动作较复杂，一般难以一次性完成的动作或战术配合，或教练员为纠正错误动作以及在进行战术练习时采用的。

（二）完整练习法

完整练习法是指教练员在训练中要求运动员对一个技术动作不分部分和段落一次性地完整完成的练习方法。这种练习方法主要是根据篮球技术动作结构的特点，为保持动作结构的完整性和提高动作的协调性、节奏性，使该技术动作的练习能与技术动作的运用相一致而采用的，一般适用于比较简单的技术动作练习。

（三）重复练习法

重复练习法是指教练员为有效地巩固提高运动员的机体机能和技战术动作质量而在相

对固定的条件下，按照一定的要求反复进行同一种练习的方法。这种练习方法在运动训练中是经常采用的基本练习方法，无论哪种技战术动作的掌握都必须经过反复练习，才能运用自如。因此，在运用中要掌握、控制好四个基本关系：距离和持续时间、速度和负荷量指标、数量和练习次数、重复和间歇时间之间的关系。

（四）综合训练法

综合训练法是指教练员为了解决某些技术动作的练习与实际运用脱节等问题，将几种练习方法有机结合而形成的一种练习方法。这种练习方法能较有效地提高运动员的练习效率，增强运动员对技战术动作的运用能力和运用的熟练程度，更好地培养战术意识。但在运用中教练员要以提高练习质量为目的，抓住关键环节，解决主要矛盾，合理设计和选择综合练习。

（五）游戏练习法

游戏练习法是指教练员为调动运动员的积极性，使训练能够达到最佳效果，结合游戏进行训练的一种练习方法。游戏特别是篮球游戏作为一种训练手段，既适用于一般训练和专项训练，又适用于篮球技术、战术训练，同时还可以作为身体训练和恢复手段加以运用。但游戏练习法在运用时，须对游戏内容、形式的选择有明确的目的，要根据训练的需要来安排和组织，游戏中要规定游戏规则，引导运动员运用已掌握的技战术动作进行练习。

（六）比赛练习法

比赛练习法是指教练员为提高运动员的实战能力，使其在接近比赛或正式比赛的条件下运用所学技战术动作，增强篮球意识，提高篮球运动素养的一种练习方法。篮球比赛可以解决身体训练、技术训练、战术训练中难以解决的问题。比如，提高场上的判断能力、提高攻守转换能力、提高位置选择和同伴的配合能力、提高理解和运用规则的能力等。从比赛中积累经验，这是篮球运动训练的必经之路，也是培养运动员迅速成长的重要环节。比赛训练法的运用有如下几种形式：练习比赛、教学比赛和正式比赛。教练员要根据中小学篮球队训练的不同阶段，采取相应的比赛形式。

第二节　篮球比赛的指挥工作

篮球比赛的胜负，取决于参赛双方运动员的思想作风、身体素质、技术、战术、心理素质、智力水平及教练员的临场指挥能力。教练员应在平时训练的基础上，充分发挥自己的指挥才能，正确地指挥比赛，调动全队的积极性，组织并调配好全队的力量，千方百计地使本队的运动技术水平得到充分发挥，同时限制对方水平的发挥，争取比赛的胜利。比赛的指挥工作包括比赛前的准备、临场指挥和比赛后的总结三个方面。

一、比赛前的准备工作

比赛前的准备工作是比赛指挥工作的重要组成部分，是取得比赛胜利的前提。不论对手是强、是弱还是与自己旗鼓相当，教练员都要对双方具体情况进行认真全面细致的调查、分析和研究，并由表及里、去伪存真，找出双方各自的优势与不足，然后在此基础上扬长避短，制订出符合双方实际情况的比赛方案。赛前准备工作主要包括以下几个方面。

（一）了解对方情况

赛前做好对方的信息收集工作，充分了解对方情况对正确地制订比赛方案至关重要，可为本队在比赛中做到"用己之长、攻彼之短，抑彼之长、避己所短"创造条件，发挥本队优势，达到取胜目的。

1. 了解的方法

可通过直接或间接的方式进行，即直接观察对方的训练、比赛或通过临场技术统计和录像等有效手段和途径了解对手。

2. 了解的内容

需要了解的内容有：对方的防守战术有哪些变化和特点；对方的进攻人盯人或区域联防有哪些主要配合方法；对方队员身体条件、心理素质、技术特长、首发阵容、后备力量的调配等情况。重点掌握对方攻守战术的主要配合方法，对方的主要得分手段及攻击点、技术特点、中锋的攻防能力，以及教练员的个性特征等。

（二）制订比赛方案

比赛方案是比赛所要采用的策略及具体的战术实施方法，应体现出教练员对比赛的攻防战略指导思想、具体的攻防战术、应变措施、关键时刻的打法和要求等。因此，要根据本队运动员的身体条件、技战术特点、竞技状态及了解到的对方信息资料，客观全面地分析研究，从中找出彼此的优缺点，群策群力，倾听各方面的意见，制订出周密的比赛方案。比赛方案应包括以下内容。

1. 确定攻防战略指导思想

从实际出发确定面对不同对手的攻防战略指导思想，以我为主、扬长避短。因此，比赛中要以计谋制约对手的优势，有效进攻对手的弱点。

例如：本队身高占优势，进攻与防守转换速度较慢，则要重视掌握节奏，迫使对手打阵地攻防，进攻时确立以变制胜、以内为主、强攻内线的战略指导思想；反之，对方身高处于优势，特别是中锋队员身材高大，篮下防守严密，攻防转换速度慢，则应确立以快取胜、内外结合、以外为主的进攻思想，充分发挥外线队员中远距离投篮的特点。内线队员以策应、掩护为主，为外线队员创造中远距离投篮的机会。同时结合频繁的穿插移动和突破打乱对方的防线，使对手防不胜防。

防守战略指导思想同样也要根据双方实际情况来确定。如对方身高明显优于我队，可优先考虑采用全场紧逼人盯人或区域紧逼战术与对手在全场范围内展开争夺，力求把主战场放在自己的后场和中场，最大限度减少自己篮下的威胁，这样就能充分发挥本队身材矮小但头脑反应快、脚步移动快、协防关门快、夹击抢断快的优势，以主动出击的防守方式来扬长避短，使本方逐渐占据优势。当转入阵地战时，防守可采用区域联防、夹击中锋的防守方式，同时要切断对手外线队员与内线队员的连接点，不让有中锋一侧的外线队员接球，限制对方中锋随意移动。

2. 确定攻防战术与阵容配备

攻防战术方案的制订与阵容配备，是在通过分析双方情况，确立攻防战略指导思想的基础上，遵循以我为主、扬长避短的原则，针对比赛中出现的彼强我弱，或我强彼弱，或实力相当，或遭遇战的情况，提出具体的攻防战术方法，确定首发阵容及各位置队员的职责，并对替补队员做好分工和部署。攻防战术方法中应明确，对手的优势是什么，弱点在哪里，本队是采用联防还是人盯人防守，对手会采用什么防守方法，本队采取什么方法进攻，由谁来担任主攻，怎么攻等。另外，对抢前后场篮板球的组织、快攻发动与接应采用的方法，以及推进和攻击方法等都需要合理安排，制订出详细的计划。

3. 准备应急方案

教练员在赛前除了做好正常应敌作战方案之外，还应做好克服各种困难的准备。比如：当开局不利、进攻不得分时应该怎样解决进攻问题？当防守漏洞大、犯规多时应该怎样解决防守问题？当比分由领先对手到被对手追平甚至反超，队员产生急躁或埋怨情绪时应该怎样解决队员心态问题？教练员面对这些情况，在赛前有充足的思想准备和应变措施，才能在比赛的关键时刻临危不乱、镇定自若，给队员以充足的信心。例如：在防守方面，半场防守不理想时应果断采用全场防守，人盯人防守效果不好时立即变区域联防；在进攻方面，内线进攻不得力时应加强外线中远投篮和突破，相反外线进攻不利时就应及时加强内线攻击。

应急方案的措施应简单有效，任务明确具体，力求出"奇"兵，出奇制胜，力争最短时间内改变不利局势。特别要准备决战阶段对己方不利时的几种应对方案，以便及时调整与应急，争取最后的胜利。

(三)做好思想准备

在摸清对方情况后，应用辩证的观点去看待双方的优势和弱点。因为比赛中存在许多不可预测的因素，在一定的主客观条件下，强可以变弱，弱也可以变强。教练员要根据球队训练与比赛方案、主力阵容配备、比赛任务和相互实力对比，以及球队中产生的各种不同的思想状态等，有针对性地做思想工作，以使全体参赛人员在阵容配备、训练与比赛方案以及比赛任务方面达成共同认识；同时引导队员减轻压力，正确对待胜负，不能想赢怕输，背上思想包袱，也不能轻视对方，使全队上下形成一种任务明确、思想统一、团结奋进、积极争优、士气高昂和精神饱满的迎战局面。

(四)做好技术和战术准备

赛前技战术训练是日常训练的深化，是针对性极强的精雕细刻，是一种强化性、特殊性的训练，其根本的目的是完善本队基本攻守打法，发挥优势，重点改进不足。因此，训练既带有强制性，又讲求实效性，更重视针对性。在进攻方面，应对队员的投篮、运球突破、传球技术进行强化训练，创造良好的进攻机会；在防守方面，应以重点防守对方的得分手运球突破进行强化训练。此外，学生还应加强对前、后场抢篮板球的训练。战术上的准备，应以针对对方的主要进攻、防守的战术打法，以及主要战术配合环节、攻守转化速度进行强化训练。

(五)开好准备会

赛前准备会的目的有两个。一是进行实战思想动员，内容应宏观简明，但对联赛实际进程、战绩、胜负名次排列也应客观分析。对队员要以正面引导、鼓舞士气、解除包袱为主，使队员树立起敢打必胜的信心。二是明确战略指导思想，重点部署落实比赛方案，确定具体打法与应变谋略，组织好首发阵容及梯队人员配备，部署力量，发挥优势，使每名队员都清楚了解自己在本场比赛中的攻守任务，做到个个心中有数，力求打出水平，力争达到最好效果。因此，准备会一定要充分发扬民主，积极听取队员意见，以求决策正确。召开准备会时，先由教练提出比赛方案，全队讨论，进行修改补充，也可以在球场召开准备会，边演示、边讲解。赛前准备会时间不宜过长，教练员的讲话要简明扼要，重点突出，语气坚定，富有鼓动性，使队员明确战略指导思想与比赛方案。

二、临场指挥

投入比赛后，教练员的工作就是指挥全队执行比赛方案，并根据比赛情况的变化，及时修改原定作战方案，改变战术打法或力量调配，从而争取比赛的主动与胜利。要做好临场的指挥工作，教练员要坚持运用唯物辩证法去掌握比赛的规律，观察问题，抓住关键，及时采取对策，组织力量，运用战略战术，调动对方，力求使指挥符合比赛客观实际。

（一）打好开局

开局阶段教练员的主要任务是了解情况，及时发现问题。例如，对方的力量配备，攻守战术的特点，攻守转换的速度，反击的组织，进攻的重点人、重点区，防守的薄弱环节，以及本队攻守中都带有影响全局的关键问题。如果是遭遇战的话，教练员在开局初期可从人员配备或战术运用中进行试探性侦察，以便尽早掌握情况，及时采取措施，顺利打开局面。这样不仅能鼓舞士气，也为争取全场主动奠定基础。

（二）抓好中间阶段的比赛

这是全队攻守变化的重要阶段，比赛时间长，中间阶段的比赛起伏大，这个阶段教练员的主要任务是寻找战机，及时根据双方攻守变化的需要，灵活地运用战术，调配力量，掌握攻守节奏，不失时机发动进攻，努力扩大战果，力争优势地位。特别要注意抓住中场休息的时间进行临场小结，肯定成绩，找出问题，重新部署战略、战术，力争下半时开局就先发制人。

（三）组织好决战

决战是比赛的最后阶段，决战阶段的指挥工作是临场指挥的高潮，它直接影响比赛的结果，领先的球队要乘胜扩大战果，夺取最后的胜利，落后的球队则应全力以赴，力求迅速扭转局势，挽回被动局面。决战时的比赛更为激烈，情况也更为复杂。特别是两队比分接近，变幻莫测，形成拉锯状态时，要求教练员保持清醒的头脑，沉着、镇静、有条不紊地处理问题，既要注意安定情绪、坚定信心，防止松劲、泄气现象，又要善于抓住战机、果断地采取有力的措施去赢得或巩固比赛的胜利。

（四）掌握好暂停的时机

教练员应利用暂停的权利，对队员在比赛中出现不利的现象或问题予以控制和纠正，或对阵容进行调整，或部署新的战略战术。由于规则对暂停次数和暂停时间的限制，因此，教练员要特别重视比赛中暂停的使用时机，特别是第四节比赛暂停的使用更是要慎之又慎。教练员一定要在比赛最关键时刻有暂停的权利，否则就失去对比赛的控制或主动权。如果开局顺利，中场起伏小，应有计划地使用暂停权，尽量借助换人和对方的暂停时间达到面授机宜的目的，以便之后在特殊环境下或决战阶段从容地指挥比赛。

在利用暂停进行部署时，要抓住关键、点中要害，做到任务简明、要求具体、言语坚定有力，严防埋怨和指责，要留有时间让队员相互交换意见。暂停的时机有：对方打出小高潮时；本方需要重新部署战术打法时；队员身体疲劳，又无人可换时；等等。

（五）合理调配队员

换人是教练员临场组织力量的重要手段，比赛中主动、及时、恰当的换人，调配力量，不仅能鼓舞士气，扭转战局，而且往往对比赛的胜负起着重要的作用。但换人的目的要明确，要心中有数，若不是特殊战略或战术上的需要，不宜过于频繁地替换队员或一次替换过多队员，更不应该把换人作为变相的惩罚。

教练员在换人时应提前告诉即将上场的替补队员，让其有个心理和身体准备，应向替补队员交代清楚目的、任务，让他注意观察他所要替换的队员在进攻和防守中的问题，以便上场后知道如何进攻与防守。通常遇到下述情况应及时请求换人：队员技术发挥严重失常；战术应变的需要；主力队员犯规较多，需要保存力量；比赛激烈体力消耗太大；队员作风、风格上表现不好；有目的地培养新人进行实战锻炼。

三、比赛后的总结

篮球比赛后的总结，是一次最现实、最生动的教育过程，认真总结对球队全体成员在培养素质、养成作风、磨炼技术和战术、增强篮球意识、提高篮球理论与分析能力等方面都有裨益，是运动员成才的重要途径。赛后总结是一个大课堂，运动员、教练员都要积极发言，评价这场球赛，分析胜负原因，总结的内容应包括：攻守战略指导思想、技术与战术的优势与劣势、临场战机的捕捉与掌握、队员的思想作风、比赛的准备工作、阵容配备、临场指挥，以及主要经验和教训、解决问题的办法和建议等方面。总结的目的是"肯定成绩，提炼经验，分析问题，纠正错误，以利再战"。

不仅每场比赛后要总结，而且整个赛事结束后也要总结。单场比赛后的总结往往结合准备会进行，这时的总结，解决具体问题较多，如临场暴露的配合问题、防守上责任不明问题、队员之间一些小的分歧问题，以及战术上的改进问题。比赛后的总结一般应在有充分准备的情况下进行，有条件时可以结合比赛录像、技术统计资料，使队员温故知新。总结时，要正确对待输赢，因为决定比赛胜负的因素很多，有些因素是自己可以控制的，有些是自己根本控制不了的，还有些意想不到的突发因素。因此，要赢得起输得起，对成绩要肯定，问题要提出，要分析原因，研究纠正办法，不要埋怨和指责，也不要将责任推卸给裁判员。教练员一定要放手发动队员，让队员人人谈体会，找差距想措施，要善于引导大家把讨论的中心集中到技战术训练研究与应用，以及提升临场应变能力上。总结不仅要动脑，还要动手、动笔，运动员要写出心得体会、经验教训，促使以后更自觉地投入训练。教练员的总结要有详尽的技术资料，要高度概括运动员的分析建议，向队员提出几条提高训练质量的意见。教练员还应表现出高姿态、高风格，实事求是地承担自己的责任。这样不仅能够把感性认识上升到理性认识，使总结工作更深入，更全面，也有助于培养队员分析问题、解决问题的能力。

思考题

1. 如何合理地制订中小学篮球队训练计划？

2. 针对自己身边的比赛，讨论该场比赛的临场指挥情况。

3. 如何进行中小学篮球队的选材组队工作？

4. 简述中小学篮球队的训练方法及其运用。

5. 在比赛中教练员如何运用暂停与换人？

6. 中小学篮球队教练员如何进行赛前准备工作？

第八章

幼儿篮球运动

内容提要

本章主要介绍幼儿篮球运动的特点、价值，幼儿篮球教学内容和方法，以及幼儿篮球比赛规则等方面的内容。

第一节　幼儿篮球运动的特点和价值

一、幼儿篮球运动的概念与特点

（一）幼儿篮球运动的概念

幼儿篮球是指在遵循成人篮球运动的基本规则的基础上，根据幼儿的年龄、身体、认知的特点，简化篮球运动技术及规则，调整场地设施，形成的一项适合幼儿参与的篮球运动形式。组织者根据幼儿的年龄特点，设计适宜幼儿的篮球运动环境、内容与形式，包括设计适合幼儿使用的篮球场地、篮球架、篮球等硬件设施，以及适宜的活动内容和方式，并根据幼儿的认知理解能力与心理承受程度，在一定范围内修订篮球比赛规则，开展适宜幼儿的篮球运动。

(二)幼儿篮球运动的特点

1. 游戏性

游戏是幼儿的主要活动内容和方式，幼儿年龄越小，游戏占有的地位越重要。幼儿篮球运动简单易行，趣味性很强，可以因人、因地、因时、因需而异，通过变换各种活动方式使幼儿参与篮球游戏，获得乐趣。

2. 表演性

幼儿篮球具有较强的表演功效。个人技术可以表演，集体活动也可以表演。游戏方式可以展示，对抗活动也可以展示。这些都能够满足幼儿的表演欲望。

3. 多样性

幼儿篮球活动的组织方式、方法灵活多样，约束性小，可以根据幼儿的实际情况设计变动，可以通过个人、小组、集体、区域性等进行，也可与家长、教师、同伴等互动进行。

4. 社会性

幼儿篮球的社会性表现在多个方面。显而易见的是通过篮球活动，幼儿的团队意识得到很大程度的提高。篮球活动为幼儿创造了独特的团队场景和团队活动，使他们能够真正理解团队的含义。

二、幼儿篮球运动的价值

《3～6岁儿童学习与发展指南》指出，要开展多种有趣的体育活动，培养幼儿积极参加体育锻炼的积极性，提高其对环境的适应能力。幼儿篮球运动是一种全身运动，符合幼儿发展的规律及特点，能促进幼儿体能与心理素质的良好发展，培养幼儿良好的集体主义精神及组织纪律性，是发展幼儿综合素养的有效途径之一。教师要根据幼儿的年龄特征与发展需要，为幼儿设计适合其身体素质和身高的篮球活动及篮球运动环境。教师要在争取家长理解与支持的前提下，以丰富多彩的篮球游戏引起幼儿对篮球运动的兴趣，并根据幼儿的年龄特征，合理制定科学适宜的篮球运动技能发展目标及实施手段，促进幼儿认知、个性和身体的全面发展，提高幼儿适应社会的能力。

(一)增强幼儿的身体素质

篮球运动作为体育运动的一种，是能够比较好地把体育运动基本技巧"跑、跳、投"完美结合在一起的项目，其身体锻炼价值也是非常突出的，能够促进人体速度、耐力、力量、灵敏性、协调性等多方面素质的全面发展。

科学研究表明，长期从事篮球运动对于提高人的反应速度、动作速度和移动速度都有很大的作用，具体表现在对人的神经反应速度和肌肉能力等方面的锻炼。从事篮球运动有助于提高人的身体灵敏性，长期从事篮球运动可以有效地提高关节韧带和肌肉的柔韧性，保护肌肉和关节，并且提高关节的灵活性。

幼儿的身体处于高速发育状态，各方面素质可塑性都较强，而篮球运动对于幼儿的力量、速度、弹跳、灵敏性、柔韧性、耐力、协调性等多方面身体素质都有不同程度的锻炼作用。

(二)促进幼儿生理机能发育

(1)进行篮球运动时，肌肉的紧张活动促使心脏工作增加，心肌的血液供应和代谢加强，心肌纤维增粗，心壁增厚，心脏体积增大，外形圆满，搏动有力，血液供应良好。大量研究表明，经常进行篮球运动的幼儿，心血管系统的发育良好且心脏功能得到了增强。

(2)经常进行篮球运动，使呼吸肌的力量增强，胸廓运动的幅度也随之增大，表现在胸围和呼吸差的增大，从而促进和改善呼吸系统的结构，有效地提高呼吸机能。经常进行篮球运动的幼儿，肺的弹性好，呼吸肌的力量强，肺活量比一般的同龄幼儿大。

(3)篮球运动能改善神经系统的调节功能，提高神经系统对人体活动时错综复杂变化的判断能力，并及时做出准确、迅速的协调反应。经常进行篮球运动的幼儿，大脑皮质神经细胞的兴奋性、灵活性和耐久力都会得到提高，灵活性提高了，反应也就更快了。

(4)篮球运动会增强体内营养物质的消耗，使整个肌体的代谢增强，从而提高食欲；促进胃肠蠕动和消化液分泌，改善肝脏和胰腺的功能，从而使整个消化系统的功能得到提高，为健康提供良好的物质基础。

(三)培养幼儿良好的心理品质与团队精神

(1)篮球运动能增强幼儿的竞争意识，尤其是幼儿园大班的幼儿。平时活动中，个个竞争意识很强，动作都比着做。

(2)篮球运动能培养孩子遵守纪律、克服困难的品质。有些孩子由于家长的溺爱，有不能吃苦耐劳和自制力弱的特点。篮球运动对队员有较强的组织纪律要求，幼儿在篮球活动中必须遵守纪律、独立自主完成各项任务、千方百计争取优异成绩，其克服困难的勇气和纪律观念会有较大提高。

(3)各种形式的篮球活动，能使幼儿变得更加自信，在活动中的行为举止及抗焦虑的能力会得到很大提高，促进幼儿情绪、情感的发展。

(4)篮球运动需要大家的配合和共同协作，一个人的错误往往会影响一支队，幼儿通过组合参加比赛，可以认识到团结的重要性。比赛能培养他们的集体主义精神，逐渐增强他们的集体观念。通过集体游戏、表演或竞赛，幼儿的团队观念、互助精神和利他行为、维护集体荣誉的行为等都能有很大的改善。

(四)提升幼儿的思维能力和审美能力

思维的发展受到身体和大脑的多方面影响。研究证明，体育运动是身体和大脑的有效结合，任何技巧都需要大脑的参与和支配，而且从事体育运动也对大脑的思维能力有一定的提升，尤其是团体运动的发展和战术的增多更是对运动员的思维能力要求大大增加。篮球运动技术繁多，战术变幻莫测，更是有诸多规则限制和约束，运动员在场上随时都要保持大脑的高速运转，思考和分析多方位、多角度传来的信息，结合自身能力和知识进行瞬间判断。

长期从事篮球运动对于幼儿的思维发展是很有帮助的。相比于其他领域对于幼儿思维能力的培养作用，篮球运动显得更为实用，无论是一物多玩，还是篮球游戏、表演、比赛等，都能使幼儿将身体和大脑有效结合，提升思维能力，即对幼儿的观察分析力、想象力和判断力有着特殊的提升作用。

审美能力是现代人的重要素质之一，这里的审美并不单单指形态美，还包括了思想美、道德美、社会美等，每个人的审美能力和视角是与其实践经验密不可分的，同时又受到教育、社会、家庭等多方面的影响和制约。篮球这种"游戏"也可以理解为一种审美活动，篮球运动之美包含了很多内容，既有内在的精神之美，也有外在的形体之美、技战术之美，可以提升幼儿的审美能力，对于幼儿的心理发展和价值观构建也具有一定的正确导向作用。

(五)提升幼儿社会交往能力、养成体育锻炼的习惯

篮球运动提供了幼儿学习的人际环境，幼儿在与同伴、教师、家长或其他人一起活动的过程中，在自身需要被理解和发现的同时，也会理解和发现他人的需要。这种活动或游戏提供和创造人际交往的机会，使幼儿与陌生人单独交往时不拘谨，和小朋友交往时和谐、融洽，在众人面前敢于展现自我。各种形式的篮球活动，能够将正确的人际交往准则、严格的行为规范逐渐渗透到幼儿的思想之中，逐步培养幼儿的团队意识，进而促进幼儿社会交往能力的发展。

篮球运动的趣味性和多样性，能吸引幼儿参与到篮球游戏、表演或比赛中，促进幼儿运动能力的提升，使幼儿加深对篮球运动的兴趣，从小培养幼儿良好的运动习惯。

第二节　幼儿篮球教学的内容与方法

针对幼儿，在篮球教学中不可太过死板。首先要求教师的语言生动形象，足够儿童化，

对于刚刚接触篮球的幼儿，可以通过设置故事情境引导幼儿进行动作模仿学习。训练内容要生动有趣，不宜过多过难，训练中应经常给予鼓励，增强幼儿的自信心。

一、球性练习

球性是篮球技能中的基石，是幼儿每次训练的必要环节。球性练习的目的是让幼儿学会用手指、手腕以及手臂的力量控制篮球，为之后的篮球学习奠定基础。

（一）持球姿势——"三威胁"

"三威胁"动作是篮球运动中持球的准备姿势，代表做好了传球、投篮和运球突破三个动作的准备。

1. 动作要领

双脚自然分开与肩同宽，双膝略微弯曲，上体微向前倾，双手手指自然分开，拇指相对成"八"字形，用指根以上部位持球两侧于胸前，掌心空出，两臂屈肘。

2. 教学方法

将手比喻成章鱼爪子，并作出手上动作让学生模仿，之后逐步教会孩子做持球姿势，再通过游戏进行巩固。

3. 游戏：猎捕章鱼

将小朋友比作章鱼，小篮球比作盾牌，教师做猎人，要求小朋友们跟随音乐在规定区域内滚动自己的小篮球，音乐停止，猎人开始逮捕章鱼，小朋友需做持球姿势保护自己，猎人轻触小篮球，如果小篮球掉落则小章鱼就会被吃掉。

（二）手指拨球

手指拨球动作是学习篮球最基础的球性练习，可以锻炼幼儿手指的灵敏性，加强练习会帮助幼儿学会手指自然用力。

1. 动作要领

让幼儿蹲下，把篮球放于身前，左右手五指自然张开，全指触球，手腕摆动，指尖拨球，让球在身前左右滚动。熟练后，可要求幼儿目视前方，用手指手腕让篮球围绕着身体转圈。

2. 教学方法

将小篮球比作汤圆，带领幼儿以搓汤圆的方式，进行拨球，逐渐将胳膊伸直，换位置，来锻炼幼儿从不同角度拨球的能力。

3. 游戏

（1）小球过山洞：幼儿站立，两脚打开略宽于肩，弯腰，稍稍屈膝，将球放于身前，运用手指、手腕拨动篮球，使篮球穿过自己两脚，就像在书写一个 8 字一样，来回拨动。左右手交替进行。

（2）小矮人滚球：幼儿蹲下，扮小矮人，向前推着球走。此动作对体力要求比较高。

（3）滚球追赶：幼儿弯腰，稍稍屈膝，篮球放在身体一侧，用手指、手腕拨动球前进。可用比赛形式进行。

二、运球

在熟悉球性的基础之上，就要着手运球练习了，把握好教法练法，会让幼儿有很大的进步。

（一）原地运球

原地运球是指幼儿原地用单手连续拍按由地面反弹起来的球。

1. 动作要领

高运球时，两腿微屈，上体稍前倾，眼平视，以肘关节为轴，前臂自然屈伸，拍球手五指自然张开，指根以上部位及手掌外沿接触球，掌心空出，用手腕、手指柔和而有力地按拍球的正上方，球的落点在体侧，使球反弹的高度在胸、腹之间；低运球时，降重心，两腿深屈，上体前倾，身体半蹲，目视前方，用手腕和手指短促地按拍球的正上方，球的落点在体侧，用上体和腿保护球，球反弹的高度在膝关节以下，非运球的手臂架起。球的落点要尽可能控制在运球手能控制的范围内，熟练后可要求其落点在运球手同侧脚的外侧。

2. 教学方法

针对 5 岁以上的幼儿，可让他们进行模仿，从拍球一下开始循序渐增，可配合游戏增强训练效果。

3. 游戏：老狼老狼几点了

教师扮老狼，幼儿扮小羊，幼儿在规定区域出发，问："老狼老狼几点了?"教师回答数字后，幼儿拍相应次数球，反复进行。当老狼喊道"开饭了"时小羊迅速把球举头上蹲下，否则将会被老狼吃掉。运球熟练后，行进间运球也可运用此游戏，教师回答数字后，幼儿走相应的步数并拍相应次数球。

（二）行进间运球

行进间运球是指幼儿在移动中用单手连续拍按由地面反弹起来的球。

1. 动作要领

球的落点尽可能控制在拍球手同侧脚的外侧，五指张开，控制球的运动方向，拍按球的后上方，使球向前运动。

2. 教学方法

幼儿熟悉运球的基础后，可以让他们学习运球绕过雪糕桶，雪糕桶间隔两米，要求幼儿左右手全面发展，在雪糕桶右侧用右手，左侧则用左手，绕完雪糕桶，全速运球回到起点。

3. 游戏：球儿跟我走

将小朋友按男、女分成若干组，成横队站于起点线后，听到指令后拍球直线行进，边拍边走，看谁最快到达终点。注意球不能滚走，此游戏也可变为曲线运球。

三、投篮

（一）原地投篮

投篮是篮球比赛中得分的唯一手段。考虑到幼儿上肢力量差的特点，并且为了正确投篮姿势的养成，尽量要求幼儿学习原地双手胸前投篮。

1. 动作要领

双手持球于胸前，身体正对篮筐，两肘自然下垂，两脚前后开立，两膝微屈，后脚跟提起，重心位于两脚之间，两眼瞄准篮筐，手臂随着腿的蹬伸用力向前上方伸出，手掌外翻，通过拇指、食指、中指的均匀用力将球投出。

2. 教学方法

做徒手投篮练习，基本掌握后，让幼儿持球，做不对篮圈的投篮练习，对幼儿手型、出球方向、发力点进行纠正。配合一定的口令口号，如教师喊1，幼儿做持球准备姿势并喊"嘿"，教师喊2，幼儿进行投篮。当幼儿初步掌握投篮的出球方向、发力点后，再让其对着篮圈练习。起初篮筐高1.5米，可根据幼儿实际情况进行调整，不可过高，否则不宜养成正确的投篮习惯。

3. 游戏：收西瓜

将幼儿分成两组，将篮球比作西瓜放置于规定区域，听到哨声开始，每组只能有一个幼儿出发，去瓜田里收西瓜，并站到固定区域内进行投篮，投进了则收获一个西瓜，没投进则西瓜作废。结束后，统计数量，看哪一组厉害。

（二）行进间投篮

幼儿在移动过程中，完成投篮的技术动作即为行进间投篮。

1. 动作要领

以右手为例，右脚跨出一大步接球，接着左脚跨出一小步，腾空后，上体稍向后仰，右手向前上方伸直，当投篮手达到最高点时，食指、中指发力拨球。

2. 教学方法

幼儿在篮球场边排成一路纵队，逐个快速运球，接近篮筐时进行投篮。

3. 游戏：抢西瓜

将篮球比作西瓜，放在规定区域。将幼儿分成两组，各排成一路纵队，听到哨声后，每组各有一名幼儿出发，到规定区域抢西瓜，谁抢到西瓜谁快速运球到篮筐前进行投篮，投进则该组得一分。

四、传球

由于幼儿反应相对迟钝，为防止他们因被球砸伤而失去学习兴趣，幼儿双手传接球的练习要从双手胸前抛球开始，相继学习接球、双手胸前击地传球、双手胸前传平直球。

（一）双手胸前抛接球

双手胸前抛接球对幼儿的注意力、身体协调性要求比较高。

1. 动作要领

幼儿双脚开立与肩同宽，球放于胸前，双手用力将球沿直线向上抛。

2. 教学方法

将幼儿分散开，对于初学幼儿，抛球高度要求应比较低，逐渐增加抛球高度。要求幼儿在球下降时主动伸手接球，而不是等球落在手里。幼儿熟悉后可增加难度，如抛球后击掌一次再接球。

（二）接球

接球对学生的反应速度要求很高，如果不注意就会造成砸伤，故要注重教学方式。

1. 动作要领

双手手指张开，大拇指相对成"八"字形，掌心朝向传球人，两手成一个半球状，当球触及手掌，立即将球握住。

2. 教学方法

教会学生接球姿势后，进行教师传球、幼儿接球的练习，教师传球由手递手开始，慢慢增加距离，以此来加强幼儿接球能力。这样训练的好处是，即使幼儿可能没有接触到球，但不会因为传球者力量过大被砸到，因此对幼儿起到保护作用。

3. 游戏：滚西瓜

将幼儿分为两人一组，两两相对坐在地上互相滚球，要求幼儿在接球时用刚刚学习到的接球方式。

（三）双手胸前击地传球

双手胸前击地传球，是初学双手胸前传球最好的训练内容，既能避免砸伤，又能训练传接球动作。

1. 动作要领

两手五指自然张开，两拇指呈八字形，用指根以上部位持球的两侧后下方，掌心空出，两肘自然弯曲于体侧，置球于胸腹之间，双脚前后开立，眼平视传球方向。传球时，后脚蹬地发力，身体重心前移，两臂向前下方伸出，两手腕随之旋内，急促抖腕，同时拇指用力下压，食、中指用力拨球，将球击地于距离传球人三分之二处。

2. 教学方法

让幼儿两两相对，安排口令："1"，幼儿持球做准备传球姿势；"2"，击地传接球。分组练习，逐个调整幼儿传球姿势。起初控制好传球距离，熟练后配合力量练习，增加传球距离。

(四)双手胸前传平直球

双手胸前传平直球是最基本最常用的篮球传球技术，一般在中、近距离传球时运用，由于其传球距离短、准确性高、容易控制，所以在众多传球技能中，它是幼儿容易掌握的一种传球技能。

1. 动作要领

两手五指自然张开，两拇指呈八字形，用指根以上部位持球的两侧后下方，掌心空出，两肘自然弯曲于体侧，置球于胸腹之间，眼平视传球方向。双脚前后开立，传球时，后脚蹬地发力，身体重心前移，两臂前伸，两手腕随之旋内，急促抖腕，同时拇指用力下压，食、中指用力拨球，将球直接传至接球人胸前。

2. 教学方法

在幼儿掌握接球动作之后，安排他们两人一组，进行分组练习，逐个指导，随后在相应口令下练习。

3. 游戏

(1)打大灰狼：教师引导幼儿用双手胸前传球的方法砸中墙上的大灰狼。"瞧，森林里最近来了几只可恶的大灰狼，经常要去偷吃小白兔，我们用手中的眩晕弹把它们炸晕，让它们不能来偷吃兔子。"教师带领幼儿去打大灰狼，"我们找找看，森林里到底躲着几只大灰狼，你能打中吗？"请打中的幼儿来教师这里击掌庆祝。

(2)传球追触：全体幼儿分散站在场内，教师指定3名幼儿为"追逐者"(系上红带标志以示区别)，其中一位幼儿手持篮球做好准备。其余幼儿为被追逐者。游戏开始，3名"追逐者"在移动过程中进行传、接球，并努力用手中的球触及其他幼儿，"被追逐者"可在游戏区域内跑动躲闪。"被球触及者"系上红带标志，加入"追逐者"行列进行游戏，"追逐者"不断增加，直到剩下最后一名幼儿为止。

五、对抗性练习

对抗是篮球比赛的核心，故增强对抗练习势在必行。对抗性练习主要以力量为主，可以用以下游戏，教会幼儿合理利用身体部位进行对抗。

1. 抢地盘

让两名幼儿在规定区域运球进行对抗，通过边运球边对抗的方式，将对方挤出区域则获胜。该游戏竞争性强，更有效地锻炼了幼儿运球发力的协调性，增强了幼儿运球对抗的技能。

2. 保卫西瓜

将篮球比作西瓜，每个幼儿在规定区域运球，并想办法将对方的球打出界外，留到最后者保卫成功。这个游戏有效地训练了幼儿自主运球，自主护球，自主攻击的习惯，促进对抗意识的养成。

3. 球球大作战

将幼儿按身体条件分成两人一组，将球摆放至规定区域，让幼儿在同一起点同向出发，抢到球的人进攻，没抢到球的防守，进一球得一分。

六、幼儿篮球操

（一）3～4 岁幼儿篮球操

3～4 岁幼儿，力量有限，身体不够协调，在做篮球操的时候不宜设置过难的动作。其主要有以下几类动作。

1. 托球、举球

托球、举球是球性练习中最基本的动作，动作简单，用在篮球操中，既能保证难易程度，又能保持篮球操的整齐度，主要为单手托球，双手举球，练习时双脚开立，手臂伸展，五指张开托球或举球。若幼儿力量不错可以增加搓球动作。

2. 地滚球

地滚球动作可原地做也可运动中进行，主要锻炼幼儿的手感。做原地地滚球时，双脚自然开立，将球放置右脚边，用右手将球滚至左手，根据音乐的节奏，调整滚球速度。做行进间地滚球时，幼儿呈半蹲姿势，五指张开放于球后下部托球地滚，教师根据音乐节奏和幼儿能力安排节奏。

3. 单手运球

针对 4～6 岁的幼儿，运球动作最好分次进行。例如：可根据音乐节奏，一个 8 拍里，一二三四运球，五六七八抱球，这样既能保证难易程度，又能控制球不乱跑，保证篮球操的整齐度。

(二)4～5 岁幼儿篮球操

4～5 岁幼儿，若有一定的篮球基础，则可以完成相对简单的篮球操，动作也比较多。大致分为以下几类：

1. 单、双手运球

4～5 岁幼儿可进行的篮球操动作有单手原地运球加同伴换球，双手体前拉球，双手运两球，行进间运球，等等。

2. 传接球

传接球主要有原地抛接球、双手击地传球、双手胸前传平直球三种方式。

(三)5～6 岁幼儿篮球操

1. 技巧性单/双手运球

其主要有原地单/双手坐姿运球，跳步胯下运球，以及行进间双手高低运球、双手轮转运球、背后运球、多人围成一圈双手运球轮转换球等。

2. 技巧性传接球

其主要有原地抛接球加互换位置、双手胸前传接球加互换位置。

(四)幼儿篮球操教学建议

(1)针对幼儿篮球操，在幼儿学会的基础上还要考虑创新，不论是队形、服装，还是篮球操的情境都要适合幼儿身心特点。

(2)对于篮球操的内容，如果幼儿对篮球操动作不够熟悉，那么排练起来就会很棘手，故在排练幼儿篮球操时，教师要做的就是选定合适的歌曲、动作、队形，然后再进行练习。

(3)在篮球操难易程度上，针对水平相当的幼儿，可统筹安排篮球操动作，针对水平不一的幼儿群体，可通过部分表演来控制球操难度。例如：双手运球熟悉的孩子与不熟悉的孩子一组，在转换时可让熟悉动作的孩子进行双手运球，不熟悉的孩子将球给同伴之后做蹲姿拍手。

(4)在篮球操整齐度上，为了篮球操的效果，教师在教动作时就要规定好每个动作的落球点、球的高度、姿势的角度，然后跟着相同节奏的音乐进行练习，使动作看起来整齐划一。此外，可以配合相应的口号来凸显篮球操的气势和氛围。

(5)在篮球操队形上，为了使幼儿了解自己的位置，教师可以用地标进行辅助，并在幼儿不运球的情况下进行队形变换，反复进行后，加上运球进行练习。

总之，在教授篮球操时，教师要足够灵活，能根据幼儿群体的情况合理设计，在保证幼儿身心健康的基础上创作出精彩的篮球操。

第三节　幼儿篮球比赛规则

幼儿篮球比赛是一项较为复杂的对抗活动，具有很强的挑战性，通常针对有一定篮球技术且对篮球有浓厚兴趣的幼儿，经过一定时间的练习与比赛，可逐步培养幼儿遵守规则、团队合作以及自我保护的意识，能够有效提升幼儿的综合素养。当前开展的幼儿篮球比赛主要有三种形式：半场三对三、全场五对五、亲子五对五。每种形式都有其特点，幼儿园可以根据本园实际开展相应的篮球比赛。幼儿篮球比赛目前全国没有统一的规则，我们参照国际篮球联合会发布的《小篮球规则》，根据幼儿的年龄特点和体能发展水平，制定了相应的《幼儿篮球规则》，以供参考。《幼儿篮球规则》中未提及的情况，可依据国际篮球联合会发布的《篮球规则》执行。

一、幼儿篮球场地与器材

(一)比赛场地

(1)幼儿篮球场地应该是一块平坦且无障碍的硬质地面，建议篮球场地尺寸为：长18米，宽9米。

(2)所有的线都应该用白色油漆画出，线宽度是5厘米，并清晰可见。

(3)比赛场地由两条端线和两条边线的界线所限定，这些线不是比赛场地的部分。任何障碍物包括在球队席就座的人员都应距离比赛场地至少2米。

(4)中线应从两条边线的中点画出，平行于端线。它向每条边线外延伸0.15米。中线是后场的一部分。

(5)中圈应该画在比赛场地的中央，从圆周的外沿丈量，其半径是1米。如果中圈内着色，它必须与限制区的颜色相同。

(6)两个罚球半圆应该画在比赛场地上，它们的圆心即两条罚球线的中点，从圆周的外沿丈量，其半径是1米。

(7)罚球线应该与每条端线平行，从端线内沿到它的最外沿应该为2.5米，其长度是2.5米，它的中点应该落在连接两条端线中点的假想线上。

(8)两个限制区应该是画在比赛场地内的两个正方形区域，每个限制区由端线、延长的罚球线、罚球线两端点与端线垂直的两条线组成。除了端线，这些线都是限制区的一部分。

限制区内必须着同一种颜色。

(9)以端线内沿中点为圆心，以 3.5 米为半径(外沿)画出的区域是第二限制区，是进行半场三对三的进攻起始线及亲子五对五的家长的最近投篮线。

(10)球队席区域由端线的延长线和距离端线 4 米且垂直于边线的一条线画出，且在离边线 2 米的范围内。

(二)器材

1. 篮球架、篮板和篮圈

通常幼儿园使用的是升降式可移动的组合器械。各幼儿园根据本园幼儿实际情况调整篮圈高度，进行篮球活动。有条件的幼儿园可以用固定的前伸式篮架。这里建议的器械规格为：篮圈高度 1.80 米，篮圈内径 0.38 米。

2. 篮球

建议 3～4 岁幼儿用 3 号球，重量为 300～340 克，周长为 56～57 厘米；5～6 岁幼儿用 4 号球，重量为 430～460 克，周长为 62～66 厘米。

3. 比赛中其他器械

其他器械包括计时钟和秒表、记录表、声响信号设备、犯规标识牌、交替拥有指示牌、记分牌。

二、幼儿篮球比赛规则

(一)半场三对三

半场三对三是两队各 3 名队员，在标准幼儿篮球场地的半场内进行对抗的一种比赛方式。其组织方便，灵活性大，攻守转换快。只要幼儿掌握传接球及投篮技术，就可以组织此类比赛。参考规则如下。

1. 比赛通则

(1)每队可报运动员 6 人，上场队员 3 人，替补队员 3 人。

(2)比赛由 3 节组成，每节时间为 5 分钟，节间休息 2 分钟(双方也可以根据比赛性质，协议适当调整比赛时间)。比赛中罚球、暂停等情况均不停表，每队每节允许 1 次暂停，暂停时间为 30 秒。

(3)比赛开始，双方以掷硬币的形式确定发球权，然后在发球区掷界外球开始比赛，在第一节中获得发球权的队，第二节则不再获得发球权，第三节的发球权由前两节得分而定，前两节总分低的队获得第三节的发球权。

(4)中圈弧线内算作发球区。发球区的地面(包括线)属于界外。在发球区掷界外球算作发球。

(5)无 3 分投篮，一次投篮中篮计 2 分，一次罚球中篮计 1 分。

(6)无 3 秒、5 秒、24 秒违例。

2. 攻守转换

(1)每次投篮命中后，都由对方发球。

(2)在交换球权的情况下(如违例、界外球及投篮命中后)均为死球，应在发球区发球，继续比赛。在不交换发球权的情况下(如不执行罚球的犯规)，则在就近的第二限制线外发球，这种情况必须由裁判员递交球。

(3)守方队员断球或抢到篮板球，必须将球运(传)出第二限制区线，持球队员的双脚必须踏在第二限制区线外，才可以组织反攻，否则判进攻违例。

(4)为保证幼儿顺利开展此类比赛，持球队员在进行运球、传球、投篮时可走或跑两步，超出两步判违例。

3. 犯规罚则

(1)比赛中，允许每个队员有 3 次犯规，第 4 次犯规罚出场。

(2)每支队累计犯规 6 次及以上时，则由对方执行 2 次罚球。如果被侵犯的队员投篮命中，且这次是犯规队的第 6 次及以上的犯规，则追加一次罚球。前 5 次犯规中，凡对正在做投篮动作的队员犯规，如投中，记录得分但不追加罚球，由守方发球；如投篮不中，则判给攻方被侵犯的队员 1 次罚球，罚中得 1 分，并由攻方继续掷界外球，如罚球不中，仍由攻方继续掷界外球。

4. 决胜规则

比赛结束，以得分多者为胜方。如得分相等，执行一对一依次罚球，只要某队领先 1 分即为胜方。

5. 纪律

各队必须穿统一的篮球服装(每人有各自号码)上场比赛，不得佩戴违规物品。比赛中应绝对服从裁判，以裁判员判罚为最终判决。为保证比赛安全顺利地进行，裁判判罚尺度要适当。

(二)全场五对五

幼儿掌握了一定技术后，就可以组织幼儿进行小组对抗性游戏，然后开展全场五对五比赛，幼儿篮球比赛规则要根据幼儿年龄特点和技术能力程度制定，以保证安全顺利进行为宗旨，适当放宽，具体细则由组织单位规定。

参考规则如下：

(1)男女不限，每队可以报 12 人。

（2）每场 3 节，每节时间 5 分钟，节间休息 2 分钟。

（3）各队必须穿统一的篮球服装，服装上印有不同号码，不得佩戴违规物品。

（4）第 1 节，跳球开始比赛，后两节交换发球，如有加时继续交换发球。

（5）每节可暂停一次，暂停时间 30 秒，死球可换人。

（6）比赛时间到时比分相等，比赛延续，先进球的一队为胜，比赛结束。

（7）运球：单手运球，持球队员允许两次运球，超出两次作违例。

（8）带球走：持球队员在进行运球、传球、投篮时可跑或走两步，超出两步作违例。

（9）犯规：比赛时队员出现推人、拉人、撞人等违反体育道德的判作犯规。每个比赛队员允许有 4 次犯规，第 5 次犯规退出本场比赛（换人）。全队每节累积 6 次及以上犯规时，由对方执行罚球 2 次，每罚中 1 次得 1 分（无论犯规时对方是否为投篮动作，均执行罚球，被侵犯的队员投篮命中时只追加一次罚球）。

（10）每节比赛中最后 2 分钟暂停要停表。

（11）无 3 秒、5 秒、8 秒、24 秒等时间违例和球回后场违例。

（12）无 3 分投篮，一次投篮中篮计 2 分，一次罚球中篮计 1 分。

（13）比赛中应服从裁判员，以裁判员判罚为最终判决。为保证比赛安全顺利地进行，裁判员判罚尺度要适当。

（三）亲子五对五

为有效开展幼儿篮球，很多幼儿园在缺乏教师资源时，会利用家长资源，组织开展各类幼儿篮球活动。亲子篮球是一项非常受欢迎的项目，源于亲子游戏。起初幼儿之间很难开展活动，为此，有人建议通过家长参与把这项活动开展起来，逐步形成现在的亲子五对五。参考规则如下。

1. 人员构成

每队 3 名幼儿，2 名家长上场。每队可报 5 名家长和 7 名幼儿。

2. 幼儿规则

亲子五对五中幼儿的规则同幼儿全场五对五。

3. 家长规则

（1）设立家长限制区。家长不得进入场地第二限制区内（端线中点为圆心，3.5 米为半径的圆弧线内），任何情况下踩线即判违例。

（2）家长在第二限制区外的场地上，可以投篮，前提条件是第一限制区（篮下正方形的区域）内没有幼儿，否则均判违例。

（3）家长不准抢断幼儿手中的球。

（4）家长不准主动阻挡幼儿前进，如有幼儿向家长所在位置方向移动，家长在原地不动即可。

（5）家长不参与发界外球。

（6）因犯规造成家长罚球，罚球位置为第二限制区的弧顶。

思考题

1. 简述幼儿篮球的特点和价值。

2. 幼儿篮球教学要注意哪些方面？

3. 编写一套幼儿篮球操。

4. 制定幼儿篮球比赛规则时应注意哪些事项？

第九章
篮球游戏

内容提要

本章主要介绍篮球游戏的概念、在教学训练中的作用、创编原则与创编步骤、组织篮球游戏教学的原则，以及篮球游戏的基本方法。

篮球游戏是体育游戏和篮球运动相结合的一种活动形式，它既具有一般体育游戏的特点，又突出了篮球运动的特征。在篮球运动教学与训练中有目的、有计划、有组织地通过游戏与趣味的"教"与"学"、"教"与"练"的协同活动，能使学生（或队员）充分发挥其主观能动性，全身心地投入教学训练中去，最大限度和最快速度地掌握篮球运动的基本技术、战术，提高篮球教学训练水平。所以，篮球游戏已成为现代篮球运动教学训练中的一项基本内容。从某种意义上讲，篮球游戏是把篮球运动的基本技术、战术及身体素质训练等教学训练内容，按一定的目的和特定的规则组织起来的，借以活跃学生身心、提高兴趣与篮球技战术水平的特殊练习形式。科学、合理地运用篮球游戏和趣味篮球活动这种"特殊的手段与方法"，对于有效地完成篮球教学训练任务，能起到其他练习方法难以替代的作用，收到事半功倍的效果。

第一节　篮球游戏概述

一、篮球游戏的概念

篮球游戏是一种以篮球为主要工具，为达到特定目的和任务，在特定的规则和范围内实施的某种活动形式和方法的总称。由于它的内容丰富，形式多样，生动活泼，简明易做，同时带有竞争性，所以对学生有较大的吸引力。篮球游戏大多是分队集体进行，通过游戏不仅能协作完成教学训练任务，而且可以培养学生的集体主义精神，以及遵守纪律、团结互助、机智灵活、勇敢顽强等优良品质，能提高其观察与判断能力，有利于其篮球意识的形成和强化。

二、篮球游戏在教学训练中的作用

(一)有利于提高教学训练的质量

篮球游戏能调动学生的学习积极性，使学生保持持久的兴奋性和旺盛的求知欲，提高教学训练的质量。在篮球技术动作中，很多都需要多次反复练习才能建立动力定型，学生往往在练习时会感到枯燥无味，如果在适当时候以这些技术动作为素材，采用竞赛的游戏形式来练习，则能激发学生的学习热情和兴趣，调动学生的学习积极性，对学生掌握篮球技战术能起到事半功倍的效果。另外，在一节课的不同阶段实施篮球游戏也会有不同的效果，如准备部分的游戏可提高学生体温和兴奋性，基本部分的游戏可作为一种练习形式巩固所学技战术，结束部分的游戏可达到放松和消除疲劳的目的。

(二)有助于教学训练目标的实现

篮球游戏是对篮球运动的模拟和改编，它为学习篮球技能和培养篮球意识创造了一个轻松愉快的环境，有助于教学训练目标的实现。篮球运动是一项兼具时间、空间特征的综合对抗运动项目，对参与这项运动的人的感觉器官和机能的敏感性、稳定性与思维能力的提高，有着积极的意义。经过改编后的篮球游戏是对篮球运动环境的模拟，为学生的学习创造了一个轻松愉快的环境，可以有效地提高学生感觉器官和机能的敏感性、稳定性与思维能力。

(三)有利于培养学生的良好品德

第一，游戏是在一定的规则约束下进行的，通过游戏可以培养学生自觉遵守规则、遵守纪律的良好习惯；第二，游戏一般都是集体进行的，在游戏中，参加者必须互相配合，才能取得胜利，通过游戏可以培养学生团结协作的集体主义精神；第三，在游戏中，常采用对抗竞争的形式，有的游戏还具有一定的体力与智力难度，通过这些游戏可以激发学生的进取精神，培养学生的机智、勇敢、顽强等优良品质。由于游戏具有趣味性，学生是在轻松愉快的情况下接受教育的，因此这种教育更加有效。

(四)有利于发展学生的智力

篮球游戏以增强学生体质，提高篮球运动水平为主要目的，也在一定程度上具有发展学生智力的作用。在一些对抗竞赛的游戏中，个人或团队如何在规则允许范围内选用最佳合作方案，采用更加有效的动作完成游戏，以战胜对方，需要开动脑筋去思考。此外，游戏内容复杂，游戏的动作、条件、环境经常变换，这对学生智力的发展以及适应环境的能力的提高均起到良好的作用。

三、篮球游戏的创编原则

篮球运动是一项融集体性与对抗性特点于一体的体育项目，因此在创编过程中不但要体现出篮球运动的特点与团队意识，且要以增强身体素质、提高篮球技战术能力为主要参考依据，结合练习者的年龄、性别、体质状况等特点，既要锻炼身体也要达到娱乐、教育的目的。

(一)学、练统一性原则

以篮球游戏的形式进行教学，必须重视把增强体质，掌握技战术和提高应用能力及培养兴趣结合起来，这是提高学生学习篮球运动积极性和促进学生掌握技术的重要原则。有些篮球技术、战术的训练比较枯燥、单调，但又必须通过无数次反复练习才能形成。青少年的注意力不易持久集中而造成练习效果不佳是常见的现象。因此，以篮球技术动作和战术配合为素材创编成游戏，使学生在游戏中练习这些技术动作和战术配合，可避免枯燥感，在一般性练习中难以掌握的技战术通过游戏往往可以达到目的。

在以篮球运动技战术为素材的游戏中，学生往往会由于兴奋性高或求胜心切，出现不注重动作质量，甚至使动作变形的问题。因此在创编篮球游戏时，要注意从游戏规则上保证动作规格，使学生在好胜心和高质量的双重动力驱动下全力投入，认真做好这些练习，达到又学又练又提高的目的。

（二）趣味性与教育性原则

"寓教于乐"是体育游戏的最大特色，创编篮球游戏必须遵循趣味性原则，因为只有这样才能吸引学生，调动学生的积极性。索然无味的游戏，学生不愿意参加，更不用说达到锻炼或教育的目的了。篮球游戏的趣味性，不仅在于它的竞争性，还在于创编者要设计和采用一些与日常习惯不同的或相反的动作、难以协调的动作、有惊无险的动作、逐步提高难度的动作，还要设计一些有趣的规则，以激发他们跃跃欲试的心理，让其在比较轻松、愉悦的状态下参与游戏，从而吸引学生全身心地投入游戏之中，进而获得一种通过自己的努力而取得成功的满足感。

在组织篮球游戏教学活动中，还要考虑到它的教育性因素，即从游戏的设计、命名、形式、方法到具体要求和建议，都要立足于它的教育价值，避免单一的趣味性。通过篮球游戏要能培养学生机智勇敢、灵敏果断、友爱活泼、团结协作、勇于克服困难的精神品质，这样才最能体现篮球游戏的价值。

（三）目的性与针对性原则

要明确篮球游戏的创编目的。在篮球教学训练中运用和组织游戏，只是一种手段，其根本目的是激发学生兴趣，使他们通过篮球游戏掌握篮球技战术，发展与篮球有关的各种素质和能力。

创编篮球游戏必须遵循针对性原则，要根据教学训练的内容与任务、学生的具体情况、教学训练的客观条件，诸如场地、器材设备、人数、天气等进行创编。

（四）竞争性与奖罚适度原则

创编的篮球游戏应具有竞争性，因为竞争性可以增加游戏的吸引力，提高学生的参与度，同时还能培养学生的竞争意识与协作能力。设计游戏时应有严格的规则和要求，使游戏者在平等的条件下进行公平竞争，对比赛的胜方要给予奖励，对负方要有适度的惩罚。

（五）安全性原则

创编篮球游戏不能只关心游戏的趣味性，还要从细节着手，分析一些游戏在实施过程中潜在的不安全因素，充分考虑学生的运动能力与游戏规则，杜绝危险性过大的动作，避免造成伤害事故，确保游戏的安全性。

四、篮球游戏的创编步骤

（一）明确游戏的目的

每个篮球游戏，必须有其具体的目的。例如，为学习某种技战术，或为提高某项身体素质，或培养兴趣等。

（二）选择游戏素材

篮球游戏素材要根据游戏的目的从篮球运动本体内容中来选取。例如，学习或复习某项篮球技术，可以以该技术动作为素材；有时也可以把几项技术动作巧妙地糅合到一个游戏中。

（三）确定游戏方法

游戏方法通常包括游戏的准备，进行形式，队形及其变化，活动的时间、空间地域范围及路线，接替方法，以及动作要求等。

（四）制定游戏规则

游戏规则是保证游戏顺利进行、评定游戏胜负的依据。制定规则时，要注意篮球规则的基本要求，规则要符合技术与战术的运用规范，要明确合理与犯规、成功与失败的界限，明确对犯规者的处理办法。另外，规则要有利于维护学生的安全，要留有让学生思考、创新的余地。

（五）确定游戏名称

游戏命名要具有教育性、象征性、形象性、激励性，同时要简单易懂，能反映该游戏的主要特征。

（六）进行游戏演示

进行游戏演示，检验游戏的可操作性，进一步优化游戏的设计。

五、组织篮球游戏教学的原则

（一）注重对学生进行品德教育

篮球游戏的选择一定要符合全面发展的教育方针，通过游戏培养学生机智、勇敢、灵敏、果断、友爱、勇于克服困难等品质。

（二）紧密结合篮球教学

在篮球教学训练中组织篮球游戏，其主要的任务是全面发展学生的身体素质，巩固和提高篮球运动水平。篮球游戏的内容和方法既要符合学生的年龄特点，适应学生生理和心理发展的需要，又要紧密配合篮球教学的任务，通过游戏提高学生的技能。游戏的内容太简单或难度太大，不符合学生的身体素质水平和掌握技术的熟练程度，其教学效果都会受到很大影响。

(三)适度控制游戏的运动量

一方面，根据不同人群的不同需要，灵活确定篮球游戏的距离、次数；另一方面，还应有意识地选择不同的篮球游戏来调节运动量。同样的游戏，由于教法不同，运动量就会不同，锻炼的效果也不同。

上述原则是相互联系、相互制约的统一体，因此在篮球教学训练中组织篮球游戏时，应全面地考虑这些原则。

第二节　篮球游戏的基本方法

篮球游戏的种类繁多，方式方法也有所不同，选用时应与教材基本教学内容对应，通常可以将篮球游戏对照篮球基本技术进行分类。

一、移动游戏

(一)原地判断起动追拍

1. 目的

提高学生的快速反应、快速起动、奔跑的能力以及动作的敏捷性。

2. 场地器材

篮球场 1 个。

3. 方法

如图 9-2-1 所示，教师把学生分为人数相等的两队站在球场中线两侧，并指定一队为单数队，另一队为双数队。游戏开始，教师高声报出 10 以内的"单数"或"双数"，被报号的队立即起动追拍对方。

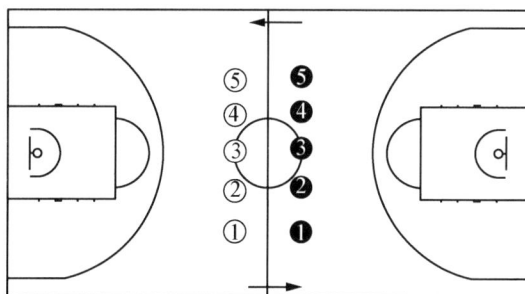

图 9-2-1　原地判断起动追拍

4．规则

(1)两队距中线的距离必须相等。

(2)追拍的队必须在场内"触拍"到对方才算有效。

(3)追拍者"触拍"到对方则可，不得推人。

5．建议

此游戏也可采用未被报号的队去追拍报号的队的方式。教师也可用长、短哨声作为两队的代号，教师鸣哨后，学生根据哨声作出判断并立即起动追拍对方。

(二)智夺圈中球

1．目的

发展学生的快速起动和应变能力。

2．场地器材

篮球场 1 个，篮球 3 个。

3．方法

如图 9-2-2 所示，在球场的三个圆圈内各放一个篮球，学生分成人数相等的两队，成横队面向场内，站于两边线外，两队各出三人面向三个圆圈(两个罚球半圆和中圈)相对而立。游戏开始，听到信号后两队的六人迅速跑向三个圆圈去争抢圈内的篮球，抢到球并跑出圈者得 1 分；如果抢到球但还未跑出圈，被对方拍到身体，则双方均不得分。然后两人回到各自的队尾，由两队第二批三人按同样的方法再争圈中球。游戏直至全队每名队员都完成一次结束，以积分多的队为胜。

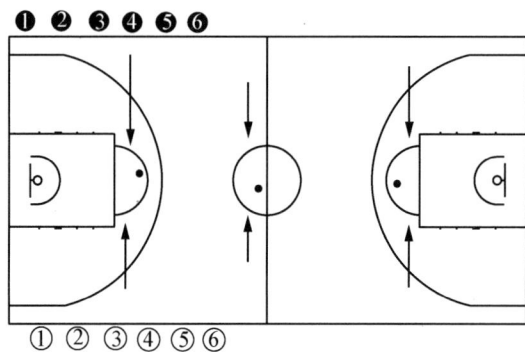

图 9-2-2　智夺圈中球

4．规则

(1)不得抢跑，否则必须重新开始。

(2)在争抢圈中球时，双方若速度接近，可在圈外寻找机会抢球。一旦进入圈内而不抢球即算失败，若一人被判为失败则判给对方得 1 分；若双方被判为失败则双方均不得分，退回本队重新开始。

(3)抢球时，双方只能用手触拍对方身体，不得推、拉、撞、打或用脚绊对方，否则算对方得分。

5. 建议

若参加游戏的人数较多，可分为 4 队或者 6 队，每两队一组进行对抗。

(三)螃蟹运球接力赛

1. 目的

培养学生团结协作的精神，提高学生的身体协调性。

2. 场地器材

篮球场一个，篮球和标识物若干个。

3. 方法

将学生分为人数相等的若干组，站于端线后。每组学生又以两人一组分为若干小组并依次排好，两名学生背向而立，两手反向相扣。游戏开始后，两名学生于背部夹一球侧向目的地端线快速移动前进，到达目的地端线后绕过标识物返回，并将球交给下一小组的两名同学。依次进行游戏，直至游戏结束。率先完成游戏的一组为胜。

4. 规则

(1)学生不能抢跑。

(2)在行进途中，学生必须按照规定姿势前进。

(3)在途中若出现掉球的情况必须立即将球拾起，从掉球的地方按规定动作继续进行游戏。

5. 建议

可增加游戏的新颖性，如让两名学生面向而立，用双手夹两个球进行游戏等。

(四)报号接球

1. 目的

提高学生的反应和快速起动能力。

2. 场地器材

篮球场一个，篮球一个。

3. 方法

学生成圆圈站立，报数并且记住自己的号数。教师在圈中央拿着球站立好，教师随意叫号且球从腰腹往上抛球，被叫到号的学生应立即起动跑向中间，将要落下的篮球接住，然后呼叫下一个号。游戏继续，未来得及接住球者受罚。

4.规则

(1)持球同学在抛球时应将球垂直向上抛起，放手后注意躲避下一位抛球同学的跑动路线。

(2)抛球同学叫号时，不得叫上一位叫过的同学。

5.建议

游戏人数以6到12人为宜，太多人数可以进行分组，太少时可站得距离远些，以增大圆圈半径。

(五)高抬腿跑腿下交接球

1.目的

提高快速反应能力和上下肢配合的协调性。

2.场地器材

篮球场1个，篮球若干。

3.方法

将学生10人一组分成若干组，看教练手势做向前、后、左、右的高抬腿跑，并做腿下交接球。

4.规则

在规定时间内完成交接球次数最少的同学做5个俯卧撑。

5.建议

次数要数清，做到公平、公正。此游戏也可规定行进距离，在此距离内，比谁的速度快。

二、运球游戏

(一)直线接力

1.目的

提高起动速度，练习急停和转身加速跑技术。

2.场地器材

篮球场1个，篮球若干。

3.方法

如图9-2-3所示，将学生分为人数相等的若干组，每组10人为宜，成几路纵队站于端线后，听信号后，每纵队第一名运球，至罚球线或其延长线时急停，脚踩线，然后折回至端线脚踩线再次起跑，依次踩中线、踩另外半场罚球线及延长线。第三次返回端线后至队尾，将球从本组同学的胯下滚给排头，依次进行，直到原来的排头拿到球，本组游戏结束。最后完成的一组学生受罚。

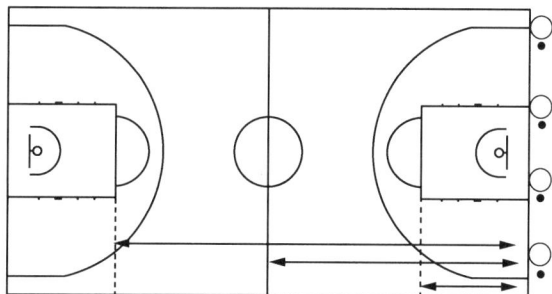

图 9-2-3　直线接力

4. 规则

脚没有踩线的同学应返回原地触及地面后重新起跑。

5. 建议

要考虑队员的间隔距离，以避免跑动时发生身体碰撞。

（二）原地双手高低交替运两球

1. 目的

培养双手运球和控制球的能力。

2. 场地器材

篮球若干。

3. 方法

练习时，右手先放球，当球从地面反弹时，左手再放球，两手交替运球。

4. 规则

(1)运球时，抬头，眼睛不看球，两脚不要移动。

(2)两个篮球必须依次交替从地面反弹上来。

(3)运球中失误丢球时，捡起球继续进行。

5. 建议

运球时一定要严格按照要求，不准看球。

（三）"绕八字"接力

1. 目的

提高学生的侧身跑技术和快速加速的能力。

2. 场地器材

篮球场 1 个，篮球 2 个。

3．方法

如图 9-2-4 所示，将学生分为人数相等的两组，两路纵队站于端线后。运球绕场上三分线弧形跑进行接力，两组同学站在弧形的两端，两组排头迅速按图标路线跑动，至另一侧端线后原路折回，过端线后将球传给本组第二人，依次进行，先完成的组为胜。

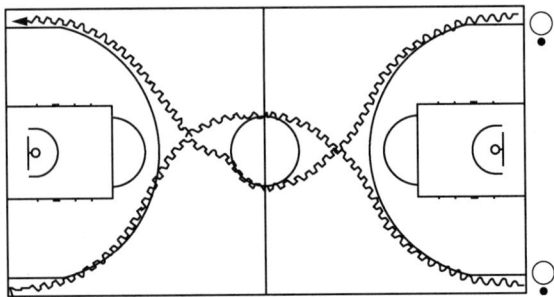

图 9-2-4 "绕八字"接力

4．规则

按图示路线运球跑动，运球不得违例，不能跑到其他路线上。

5．建议

放标识桶在跑动的路线上，增加跑动难度，两组同学在行进中可能会交错，注意减速避让。

（四）抢打球

1．目的

在有干扰的情况下增加控球能力。

2．场地器材

篮球场 1 个，篮球若干。

3．方法

将全班同学分成人数相等的两组，分别站在两个限制区每人一球，每组同学只能在限制区内运球，游戏开始，在 2 分钟时间内，利用身体虚晃、转身及各种动作设法打掉对方运球，球或人出限制区即为失败。2 分钟后还在圆圈内的学生获胜。

4．规则

每位同学运球的时候打掉对方的运球，不能用手臂拉扯对方，只能用手破坏掉对方运球。

5．建议

人数不应过多，如果太多的话建议分组进行。此游戏的规则可变为：出界的同学做 10 个俯卧撑或深蹲跳，允许再次进入限制区进行游戏。

（五）蚂蚁搬家

1. 目的

提高快速传球的能力以及得分能力。

2. 场地

篮球场1个，篮球1个

3. 方法

将学生分成人数相等的两队，由猜拳决定球权，模仿篮球比赛规则，人盯人防守，只能传球推进向篮筐发动进攻，不能运球和抱球走，将球比作蚂蚁，让它回家。先投中5个球的队伍获胜。

4. 规则

防守方不能采用推、拉、抱等动作，违规者应受罚，球权交与对方。运球或抱球跑视为违例，球权交与对方。

5. 建议

分成人数均等的两支队，每组的人数可以是5～10人。

（六）一心二用

1. 目的

巩固与提高学生的低运球技术，发展其下肢力量和身体的协调性。

2. 场地器材

篮球场地1块，篮球若干个。

3. 方法

将学生分成人数相等的若干队，各成纵队站在一条端线后，排头的队员两手各持一球。教师发令后，排头队员用一只手运球，另一只手推滚另一个球前进，至终点线后返回端线，将球交给本队第2人后，站到队尾。第2人用同样方法进行，直到全队结束比赛，率先完成的队获胜。

4. 规则

(1)起始队员必须在统一的端线后。

(2)比赛队员左、右手运球均可，但另一只手推滚球时，必须保持球在身边，不得用力将球向前推出一段距离后，再运球追上去推球。

(3)比赛队员拍、滚球必须过终点线后方能返回。返回后，必须在端线后将球交给下一人。

5. 建议

(1)此游戏也可改设其他标识物，进行不同路线的拍、滚球等，以增加游戏的难度。

（2）此游戏也可规定用不灵活的一只手运球或双手运球，以提高队员的协调性和双手控球的能力。

(七)运球"贴膏药"

1. 目的

提高运球技术和快速反应能力。

2. 场地器材

篮球场1个，每人1球。

3. 方法

在半场内，将学生分成人数相等的两组，围成内外两个圆形，前后两人重叠站立，每人一球，在原地运球。开始派出两名队员做追捕练习。一名队员为追捕者，另一名队员为被追捕者。在追捕过程中，被追捕者可利用其他队员做屏障进行躲闪，也可贴在某一组内侧队员的身前，这样，后面的队员就变为被追捕者。追捕者拍击到被追捕者队员的手臂时即为追上。然后罚被追上的被追捕者3次俯卧撑。之后，追捕者和被追捕者交换追捕，游戏继续。

4. 规则

不可以用手拿球，否则视为违例，加罚5个俯卧撑。

5. 建议

学生左右站位距离要在1.5米左右。

三、传球游戏

(一)打"龙尾"

1. 目的

提高快速传接球的准确性，培养学生灵巧、敏捷和迅速反应的能力。

2. 场地器材

篮球场1个或平整的空地1块，篮球1个。

3. 方法

将学生分为人数相等的甲、乙两队，甲队首先围成一个直径约10～12米的圆圈，乙队在圆圈内排成纵队，后面的人抱着前面的人的腰组成"龙"，排头的队员为"龙头"，排尾的队员为"龙尾"。游戏开始，甲队的人相互传球，捕捉时机用球掷乙队"龙尾"，乙队"龙头"则带领全队迅速奔跑，躲闪或用手挡、打来球，以保护"龙尾"不被球击中。若"龙尾"被击中则到排头担任"龙头"，甲队的人再继续快速传球打新的"龙尾"，直到规定的时间到，两队互换位置，最后计算击中"龙尾"的次数，击中数量多者获胜。

4. 规则

(1)圈外人不得缩小圆圈的直径以进入圈内打"龙尾"，否则打中无效。

(2)只准打"龙尾"腰部以下的部位，否则打中无效。

(3)圈内的"龙"必须保持纵队队形，不能断开，"龙尾"也不能缩在队伍内，否则算被对方打中。

5. 建议

如参加的人数多，可把学生分为 4 个或更多的队轮流进行。

(二)两人传两球

1. 目的

提高快速传、接球的技巧和反应能力。

2. 场地器材

篮球若干个。

3. 方法

将学生按两人一组分成若干组，每人一球，相距约 3 米面对面站立。听到信号后，两人同时将球传给同伴，之后做相互传、接球，并数出两人传球的次数。1 分钟内传球次数多的一组获胜。

4. 规则

(1)传球方法可规定，也可不做限制。

(2)如遇两球在途中相碰落地时，可将球捡起继续对传。

5. 建议

给学生讲明，球的落点在胸前。

(三)传球比多

1. 目的

提高传球准确性，培养学生的团结协作精神。

2. 场地器材

篮球场 1 个，篮球 1 个。

3. 方法

将学生分成若干队，每队 5～7 人，每次两支队在篮球场上比赛，先由两队队长在中圈跳球，得球一方进行传球，每传一次计 1 分，对方则设法断球，抢球后也是每传一次计 1 分。3 分钟后吹哨停止，得分少的队下场，换另一支队上场继续比赛。

4. 规则

(1)在传球中，可以运球，但运球不计分。

（2）不能带球走，带球走一次扣 1 分。

（3）两人靠近传递不得分。

5．建议

如人少也可只分两支队进行比赛，在规定时间内（多于 3 分钟）得分多的队获胜。

（四）传球追赶

1．目的

提高传球准确性的同时，加快传球速度。

2．场地器材

2 个篮球。

3．方法

将学生分成人数相等的甲、乙两支队，两队的队员彼此相邻站成一个圆圈，两队各一个篮球，由面对面站立的甲、乙两队的学生拿着。教师发令后，各队持球人沿逆时针方向依次向本队队员传球，并互相追赶，直至一支队的球超过另一支队为止。

4．规则

（1）要依次隔一人传球，不能隔数人传。

（2）球掉了，捡起后，要从掉球学生处继续传。

（3）不能阻碍别队学生传球，不能打掉别队的球。

5．建议

第二次可沿顺时针方向传，可采用三局两胜制进行比赛。

四、综合类游戏

（一）接地滚球运球上篮

1．目的

提高在快跑动中接地滚球，以及快速运球投篮的能力。

2．场地器材

篮球场 1 个，篮球若干个。

3．方法

将学生分成人数相等的两队，成纵队分别站在两端线处，各队从第二人起每人持一球。听到信号后，各队第二人向场地内抛地滚球，前面的队员在跑动中捡起地滚球快速运球上篮，不论投中与否，抢篮板球跑回本队排尾。当第一人投篮出手后，后面的照样依次进行，在规定时间内投中次数多的队获胜。

4. 规则

(1)跑动队员必须过中线才能捡起地滚球，因此，同伴抛球时必须注意力量的运用。

(2)前一名队员的球未离手，后一名队员不能抛球，否则是违规，必须捡回球重新开始。如果运球中违例，投中无效。

5. 建议

在比赛开始之前可以提示学生尽量沿着直线进行。

（二）接球急停跳投

1. 目的

改进传接球技术，提高接球急停跳投的命中率。

2. 场地器材

篮球场1个，篮球若干个，标识物2个。

3. 方法

如图9-2-5所示，在3分线内限制区外的左右两侧与端线相距约2米处放一标识物，把队员分为人数相等的甲、乙两队，各成纵队面向球篮站立于同一半场的三分线外的左、右两侧。排头第一人不持球，其余的队员每人持一球。游戏开始，各队排头向标识物的方向做侧身跑，跑至标识物外接同伴传来的球急停跳投，无论投中与否均去抢篮板球回本队队尾。依次连续不断地进行，直至规定时间到，命中次数多的队获胜，或先完成规定的命中次数的队获胜。

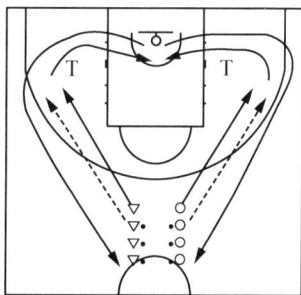

图9-2-5　接球急停跳投

4. 规则

(1)必须依次进行传球投篮，超越顺序者投中无效。

(2)必须在标识物外做跳投，在标识物内投中无效。

(3)传接球失误，由失误者把球捡回排到队尾，不得原地再投，否则投中无效。

5. 建议

(1)可采取三局两胜制进行比赛，每局完后，双方互换场地。

(2)可在两个半场同时进行比赛。

（三）投篮加罚比赛

1. 目的

提高队员在快速移动后的罚球命中率。

2. 场地器材

篮球场1个，篮球2个。

3. 方法

如图 9-2-6 所示，将学生分成人数相等的两支队，成纵队分别站在篮球场中线两端的两侧。各队排头持球。听信号后，两队排头快速运球到前场上篮投中，再到罚球线罚中一球，然后再快速返回，将球递交给下一名队员。如此依次进行，直到每个人做完。先完成的队获胜。

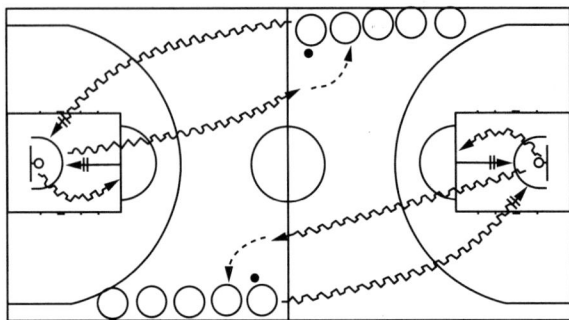

图 9-2-6　投篮加罚比赛

4. 规则

(1)每次投篮和罚球都必须投中为止。

(2)投篮方式不限。

(3)返回时必须过中线才能递交球。

5. 建议

此游戏也可采用计分方式(投中 2 分，罚中 1 分)，规定每人只有一次上篮和罚球的机会，最后以得分多少决定胜负。

(四)跳投比赛

1. 目的

提高投篮命中率，提高对篮板球的判断能力。

2. 场地器材

篮球场 1 个，篮球 2 个。

3. 方法

将队员分为两队，分别在端线内与端线呈零度角按纵队排好，排头队员手持一球。游戏开始后，排头队员原地跳投，投中得 2 分，并可在篮下再跳投一次，如投中再得 1 分；若第一次跳投不中则扣 1 分，且不允许到篮下跳投。投篮后自抢篮板球传给下一名队员。如此反复进行，全队先得 30 分者为胜。游戏时，每队派一名队员为本队计分。

4. 规则

在篮下的跳投，必须是在限制区内获得篮板球才能投，限制区外拿到篮板球不能投，只能传球给下一名队员。

5. 建议

也可在端线内与端线成 45 度角排队，或在三分线的弧顶排队做第一次原地跳投，注意投篮稳定性。

（五）拾、放球投篮接力

1. 目的

提高在快速跑动中捡地面的球运球上篮的能力。

2. 场地器材

篮球场 1 个，篮球若干个。

3. 方法

将学生分成人数相等的两支队，成横队分别站在两端线处。中线两端各放一个篮球。听到信号后，各队排头快速跑到中线，捡起地上的球，快速运球上篮，投中后按原路线运球到中线，把球放在原处地面，然后跑回端线，与第二人击掌。第二个学生跑向中线，依次进行，直到全队做完。最后，速度快的队取胜。

4. 规则

（1）每次投篮必须投中才能返回。

（2）前一队员跑回端线用手触及下一名队员的手后，下一名队员才能起动。

（3）放球时球必须放稳，如有移动必须由放球队员重新放好。

5. 建议

可调换方向，使左右手都得到锻炼。

（六）长传快下上篮

1. 目的

提高长传的准确性及快攻时的快下上篮技术。

2. 场地器材

篮球场 1 个，篮球 2 个。

3. 方法

如图 9-2-7 所示，将队员分成两队，分别在两边的端线外成纵队站好，各排头手持一球，每队派一名队员在中线上作策应队员。发令后，如图 9-2-7 所示路线，两排头在端线外传球给中场的策应队员，并分别沿边线快下至前场接策应队员的回传球上篮，命中后自抢篮板球并立即长传给本队的下一名队员，然后从边线外面跑步归队。以下队员按此法依次进行。全队做完后，快者获胜。

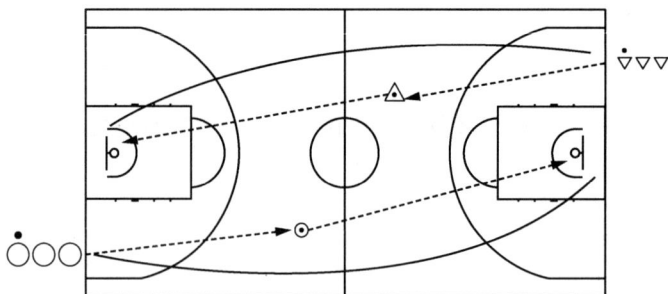

图 9-2-7　长传快下上篮

4. 规则

(1)在端线外传球给策应队员时不得踩线。

(2)上篮必须投中，不中再投，直至中篮。

(3)投中后的长传，要原地传，不能运球，不得走步违例。

5. 建议

场外设置专门的拾球队员。

思考题

1. 篮球游戏在篮球教学训练中的作用有哪些？

2. 组织篮球游戏教学有哪些原则？

3. 篮球游戏的创编原则和步骤是什么？

4. 请从中学篮球教学实际出发，围绕传接球、运球、投篮各编写一个游戏。

第十章
篮球竞赛裁判工作

内容提要

本章通过对篮球竞赛主要规则、篮球裁判员执裁技巧和裁判员能力培养等几个方面内容的介绍，力图使学生初步掌握篮球竞赛裁判工作的基本方法，能较好地完成校内及社会一般性篮球比赛的裁判任务，并具备篮球三级裁判员的能力。

第一节 篮球竞赛主要规则

一、比赛通则及一般规定

（一）篮球比赛的定义

篮球比赛由 2 支队参加，每队出场 5 名队员。每队的目标是在对方球篮得分，并阻止对方队得分。比赛由裁判员、记录台人员和技术代表管理。

（二）球篮：对方/本方

被某队进攻的球篮是对方的球篮，由某队防守的球篮是本方的球篮。

（三）比赛的胜者

在比赛时间结束时得分较多的队，将是比赛的胜者。

（四）球队成员与队员

（1）当一名球队成员按照竞赛组织部门的规程规定（包括年龄限制）已被批准为某队参赛时，他是合格参赛的球队成员。

（2）当一名球队成员的姓名在比赛开始前已被登记在记录表上，并且他既没有被取消比赛资格，又没有发生5次犯规，是有资格参赛的球队成员。

（3）在比赛时间内，一名球队成员：当他在比赛场地上，并且有资格参赛时，是一名队员；当他未在比赛场地上，但他有资格参赛时，是一名替补队员；当他已发生5次犯规，并且不再有资格参赛时，是一名出局的队员。

（4）在比赛休息期间，所有有资格参赛的球队成员，都被认为是队员。

（五）比赛时间

比赛应由4节组成，每节10分钟。在第1节和第2节（上半时）之间，第3节和第4节（下半时）之间以及每一决胜期之间应有2分钟的比赛休息期间，两个半时之间的比赛休息期间应是15分钟。如果第4节比赛时间结束时比分相等，比赛有必要再继续一个或几个5分钟的决胜期来打破平局。

（六）比赛或节的开始和结束

在中圈跳球抛球中，当球离开主裁判员的手时第1节开始。所有其他的节和决胜期比赛，当掷球入界队员可处理球时，该节开始。当结束该节的比赛计时钟信号响时，一节、决胜期或比赛应结束。当篮板四周装有红色光带时，光带信号亮应优先于比赛计时钟信号响。

（七）队员和裁判员的位置

一名队员的位置由他正接触着的地面所确定。当队员跳起在空中时，他保持他最后接触地面时所拥有的相同位置。这包括界线、中线、三分线、罚球线、标定限制区的各线和标定无撞人半圆区的各线。

一名裁判员的位置的确定与一名队员的位置确定相同。当球触及裁判员时，如同触及裁判员所位于的地面一样。

（八）跳球和交替拥有

在第一节开始时，一名裁判员在中圈、在任何两名互为对方的队员之间将球抛起，一次跳球发生。

交替拥有是以掷球入界而不是以跳球来使球成活球的一种方法。

(九)球中篮和它的得分值

当活球从上方进入球篮并停留在球篮内或完全地穿过球篮时，是球中篮。

当有极少部分的球体在球篮中并在篮圈水平面以下时，就认为球在球篮中。

球已进入对方的球篮，对投篮的队按如下方式计得分：一次罚球出手中篮，计1分；从2分投篮区域出手中篮，计2分；从3分投篮区域出手中篮，计3分。在最后一次罚球中，球触及篮圈后，在球进入球篮之前被任一队员合法触及，中篮计2分。如果队员意外地将球投入本方球篮，中篮计2分，此得分登记在对方场上队长名下。如果队员故意地将球投入本方球篮，这是违例，中篮不计得分。如果队员使球整体从下方穿过球篮，这是违例，中篮不计得分。

(十)暂停

主教练员或第一助理教练请求中断比赛是暂停。每队在上半时(第一节和第二节)可被准许2次暂停，在下半时(第三节和第四节)可被准许3次暂停，但在第四节的最后2分钟内，最多可请求2次暂停。每一决胜期可准许1次暂停。

(十一)队员5次犯规

一名队员犯规次数累计达5次时，计时员负责通知裁判员，裁判员应通知其本人，他必须立即离开比赛，并且必须在30秒内被替换。

(十二)全队犯规

在一节比赛中，某队全队队员犯规累计已达4次时，该队将处于全队犯规处罚状态。所有随后发生的对攻方未做投篮动作队员的一般性质的侵人犯规，都应判给攻方被侵犯队员2次罚球。如果这时控制球队的队员或拥有球权队的队员发生了一般性质的侵人犯规，应判给对方一次掷球入界。

二、常见违例

违例是违反规则。罚则是将球判给对方队员在最靠近发生违例的地点掷球入界，正好在篮板后面的地点除外，除非规则另有规定。

(一)队员出界和球出界

当队员身体的任何部分接触界线上方、界线上或界线外的除队员以外的地面或任何物体时，即是队员出界。

当球触及了界外的队员或任何其他人员，界线上方、界线上或界线外的地面或任何物体，篮板支撑架，篮板背面或比赛场地上方的任何物体时，是球出界。

在球出界，以及球触及了队员以外的其他物体而出界之前，最后触及球或被球触及的队员是使球出界的队员。如果球出界是由于触及了界线上或界线外的队员或被他所触及，是该队员使球出界。

（二）两次运球

当在场上已获得控制活球的队员将球在地面上掷、拍、滚、运或弹在地面上，并在球触及另一名队员之前再次触及球，为运球开始。当队员双手同时触及球，或允许球在一手或双手中停留时运球结束。队员第一次运球结束后不得再次运球，如再次运球则是两次运球。除非在两次运球之间，由于下述原因使其在场上已失去了控制活球：①投篮；②球被对方队员触及；③传球或漏接，然后触及了另一队员或被另一队员触及。

（三）带球走

当队员在场上持着一个活球，其一脚或双脚超出规则所述的限制，向任一方向非法移动是带球走。在场上正持着一个活球的队员用一脚（称为中枢脚）始终接触着该脚与地面接触的那个点，而其另一脚不离开与地面的接触点时是旋转。

1. 双脚站在地面上时接到球：一脚抬起的瞬间，另一脚即成为中枢脚。

（1）开始运球，在球离手之前中枢脚不得离开地面。

（2）传球或投篮，队员可跳起中枢脚，但在球出手前任一脚不得落回地面。

2. 一名队员在移动中或在结束运球时拿球，他可以移动两步完成停步、传球或者投篮。

（1）队员获得控制球后，一只脚接触地面或双脚同时接触地面时就视为第1步。在队员确立了第1步后，当他的另一只脚接触地面或双脚同时接触地面时就视为第2步。队员可以跳起中枢脚（第1步）传球或投篮，但在球离手前，任意一只脚不得落回地面。

（2）如果接到球的队员开始运球，他应在第2步（脚接触地面）之前做到球离手。

（3）如果队员在第1步就完成了停步，此时他双脚站在地面上时，或是两脚同时接触地面时，他可以用他的任一只脚作为中枢脚进行旋转。如果随后他双脚跳起，那么在球离手之前，他任一只脚都不得落回地面。

（4）如果队员的脚分先后落地完成（合法）停步，他仅可以用那只先着地的脚作为中枢脚进行旋转。

（5）如果队员第1步是一只脚落地，随即又跳起该脚，他可以双脚同时落地作为他的第2步。在这种情况下，该队员不可以再用任一只脚为中枢脚进行旋转。如果随后他的一脚或双脚离开地面，那么，在球离手前哪一只脚都不得落回地面。如果他开始运球，在球离手之前哪只脚都不得抬起。

（6）如果队员双脚离开地面后又双脚同时落地作为第一步时，那么，在一只脚抬离地面的瞬间，另一脚只就成为中枢脚。

(7)队员结束运球或获得控制球后，他不得用同一只脚或双脚连续地接触地面行进。

3. 当队员跌倒、躺或坐在地面上时的规定：

(1)当一名队员持球时跌倒并在地面上滑行，或躺，或坐在地面上时获得控制球是合法的。

(2)如果之后该队员持着球滚动或试图站起来是违例。

(四)3秒

当某队在前场控制活球并且比赛计时钟正在运行时，该队的队员不得持续停留在对方队的限制区内超过3秒。

(五)被严密防守的队员

一名队员在场上正持着活球，这时对方队员处于一个积极且合法的防守位置，距离不超过1米，该队员视为被严密防守。一名被严密防守的队员必须在5秒内传、投或运球，否则为违例。

(六)8秒

当一名队员在后场获得控制一个活球时，或在掷球入界中，球触及后场的任何队员或者被后场的任何队员合法触及，掷球入界队员所在队仍拥有在后场的球权时，该队必须在8秒内使球进入该队的前场。

(七)24秒

每当一名队员在场上控制一个活球时，或在一次掷球入界中，球触及任何一名场上队员或者被他合法触及，掷球入界队员所在球队仍然控制着球时，该队必须在24秒内尝试投篮。在进攻计时钟的信号发出前，球必须离开队员的手，随后球必须触及篮圈或进入球篮，否则为违例。

(八)球回后场

控制活球的球队不得使球非法地回到他们的后场，否则为违例。宣判球回后场违例必须符合以下三个条件：①该队在前场已控制球。②该队队员前场最后触及球。③球回后场后，该队队员最先触及球。

(九)干涉得分和干扰得分

在一次投篮中，当一名队员触及完全在篮圈水平面之上的球时，并且球是下落飞向球篮中，或球已碰击篮板后，干涉得分发生。在一次罚球中，当一名队员触及飞向球篮的、触及篮圈前的球时，干涉得分发生。

在比赛中出现以下几种情况则干扰得分发生：在一次投篮、最后一次或仅有的一次罚球后，当球与篮圈接触时，队员触及球篮或篮板；在一次罚球（随后还有进一步的罚球）后，球有进入球篮的可能性时，一名队员触及球、球篮或篮板时；队员从下方伸手穿过球篮并触及球时；当球在球篮中，防守队员触及球或者球篮从而阻止球穿过球篮时；队员使篮板颤动或者抓球篮，根据裁判员的判定，这种手段已妨碍球进入球篮或者使球进入球篮时；队员抓篮圈打球时。

(十)掷球入界违例

1. 当发生下列情况时，为掷球入界队员违例：

(1)超过5秒球才离手。

(2)球在手中时，步入比赛场地内。

(3)掷球入界的球离手后，使球触及界外。

(4)在球触及另一队员前，在场上触及球。

(5)直接使球进入球篮。

(6)在球离手前，从界外指定的掷球入界地点，在一个或两个方向上横向移动总距离超过1米。然而，只要情况许可，掷球入界的队员从界线后退多远都可以。

2. 当发生下列情况时，为除掷球入界队员以外的其他队员违例：

(1)在球被掷过界线前，将身体的任何部位越过界线。

(2)当掷球入界地点的界线外任何障碍物和界线之间少于2米时，靠近掷球入界队员在1米之内。

(十一)脚踢球和拳击球违例

队员不能故意踢或用腿的任何部分阻挡球或用拳击球，否则是违例。然而，球意外地接触到腿的任何部分，或腿的任何部分意外地触及球，不是违例。

(十二)罚球违例

1. 当发生下列情况时，为罚球队员违例：

(1)可处理球后，球离手的时间超过5秒。

(2)球进入球篮或触及篮圈前，该队员触及罚球线或进入限制区。

(3)投出的球未触及篮圈也未进入球篮。

(4)做罚球的假动作。

(5)未在罚球线后的半圆内罚球。

2. 当发生下列情况时，为在分位区站位的队员违例：

(1)占据他们无权占据的分位区。

（2）在球离开罚球队员的手前，进入限制区、中立区域或离开他的分位区。

（3）用他的行为扰乱罚球队员。

3. 在球进入篮或触及篮圈前，未在分位区内的其他队员应留在罚球线的延长线和3分投篮线后面，否则为违例。

三、犯规

犯规是对规则的违犯，含有与对方队员的非法身体接触和/或违反体育道德的举止。可宣判一支队任何数量的犯规，不管罚则是什么，都要登记犯规者的每一次犯规，记入记录表并且按照相应的罚则进行处罚。

（一）侵人犯规

无论球是在活球还是死球的情况下，攻守双方队员发生的非法身体接触的犯规是侵人犯规。队员不应通过伸展他的手、臂、肘、肩、髋、腿、膝、脚或将身体弯曲成"不正常的姿势"（超出他的圆柱体）去拉、阻挡、推、撞、绊对方队员，或阻止对方队员行进；也不应放纵任何粗野或猛烈的动作去这样做。

罚则如下。

1. 应登记犯规队员一次侵人犯规。

2. 如果对没有做投篮动作的队员发生犯规：

（1）如果犯规的队此时未处于全队犯规处罚状态（即该队本节全队累计犯规次数少于或等于4次），则由非犯规的队在最靠近违犯的地点掷球入界重新开始比赛。

（2）如果犯规的队此时已处于全队犯规处罚状态（即该队本节全队累计犯规次数已超过4次），则由被侵犯的队员执行2次罚球后重新开始比赛，从而代替掷球入界。但技术犯规、违反体育道德的犯规、控制球队犯规和取消比赛资格的犯规等除外。

3. 如果对正在做投篮动作的队员发生犯规，应按下列所述判给投篮队员若干罚球：

（1）如果投篮出手成功，应计得分并追加1次罚球。

（2）如果投篮不成功，则应根据投篮队员的投篮区域，判给相应的2次或3次罚球。

4. 第四节或加时赛最后两分钟内，当掷球入界的球在界外并且仍在裁判员手中，或掷球入界队员可处理时，防守队员在比赛场内对进攻队员造成身体接触，是掷球入界犯规。犯规性质为普通犯规，不再是违反体育运动精神的犯规，罚则为被犯规队员获得一次罚球，原控制球的球队重新掷球入界[①]。

---

① 此条款引自国际篮联官网《2022年国际篮联官方篮球规则修改》，https://www.fiba.basketball/documents/fiba-official-basketball-rules-changes-2022-v1.0.pdf，从2022年10月1日起执行。

（二）双方犯规

双方犯规是两名互为对方的队员大约同时相互发生侵人犯规的情况。罚则是应给每一犯规队员登记一次侵人犯规，不判给罚球。

比赛应按下列所述重新开始：

(1)在发生双方犯规的大约同一时间，如果投篮得分，或最后一次罚球得分，应将球判给非得分队从该队端线后的任何地点掷球入界；

(2)在发生双方犯规的大约同一时间，如果某队已控制球或拥有球权，应将球判给该队从最靠近违犯的地点掷球入界；

(3)在发生双方犯规的大约同一时间，如果任一队都没有控制球也没有球权，一次跳球情况发生。

（三）技术犯规

技术犯规是没有身体接触的犯规，队员和球队席人员均可能发生技术犯规。

1. 主要犯规行为：

(1)无视裁判员的警告。

(2)无礼地触碰裁判员、技术代表、记录台人员或球队席人员。

(3)与裁判员、技术代表、记录台人员或对方队员交流中没有礼貌。

(4)使用很可能冒犯或煽动观众的粗话或手势。

(5)戏弄或嘲讽对方队员，在对方队员眼睛附近挥手或手保持不动妨碍其视觉。

(6)过分挥肘。

(7)在球穿过球篮之后故意地触及球或阻碍对方迅速地掷球入界以延误比赛。

(8)跌倒以"伪造"一次被犯规。

(9)悬吊在篮圈上，致使队员的重量由篮圈支撑。除非扣篮后，队员瞬间地抓住篮圈，或者根据裁判员的判断，他正试图防止自己受伤或另一名队员受伤。

(10)在最后一次或仅有一次的罚球中防守队员干涉得分，应判给进攻队得1分，随后执行登记在该防守队员名下的技术犯规罚则。

2. 罚则：

(1)判罚队员技术犯规，应作为队员的犯规登记在该名队员名下，并计入全队犯规中；判罚球队席人员技术犯规，应登记在教练员名下，并不计入全队犯规次数中。

(2)应判给对方队员1次罚球，随后比赛重新开始，由因技术犯规停止比赛时的控制球队或拥有球权的球队掷球入界重新开始比赛。

(四)违反体育运动精神的犯规

违反体育运动精神的犯规是一起队员身体接触的犯规，并且根据裁判员判定，包含：

(1)与对方发生身体接触并且不在本规则的精神和意图的范畴内努力比赛。

(2)在尽力抢球或在与对方队员尽力争抢中，造成与对方队员过分的严重身体接触。

(3)一起攻防转换中，防守队员为了中断进攻队的进攻，与进攻队员造成不必要的身体接触。该原则在进攻队员开始他的投篮动作之前均适用。

(4)一起对方队员从正朝着对方球篮行进的队员身后或侧面与其造成的非法接触，并且在该行进队员、球和对方球篮之间没有其他队员。该原则在进攻队员开始他的投篮动作之前均适用。

罚则如下。

(1)应给犯规队员登记一次违反体育精神的犯规。

(2)应判给被犯规的队员执行相应的罚球，以及随后在记录台对面的中场延长部分掷球入界，或在中圈跳球开始第一节。

(3)应按下述原则判给若干罚球。

如果对没有做投篮动作的队员发生犯规，应判2次罚球。

如果对正在做投篮动作的队员发生犯规：如果中篮应计得分并加1次罚球；如果球未中篮，应根据投篮队员的投篮区域判2次或3次罚球。

(4)当一名队员被登记2次违反体育精神犯规，或2次技术犯规，或1次技术犯规和1次违反体育精神的犯规，剩下的比赛他应被取消比赛资格。

(五)取消比赛资格的犯规

队员和球队席人员的任何恶劣的违反体育道德的行为是取消比赛资格的犯规。已被取消比赛资格的教练员应由登记在记录表上的助理教练员接替。如果记录表上没有登记助理教练员，应由队长(CAP)接替。

罚则：

1.登记犯规队员一次取消比赛资格的犯规，并令其在比赛期间到该队的休息室或离开比赛场地。

2.判给对方相应的罚球次数以及随后在记录台对侧的中线延长线掷球入界，或在中圈跳球开始比赛。如果是一起非身体接触犯规，由对方教练员指定任一本队队员执行罚球。

第二节　篮球竞赛裁判法简介

　　篮球裁判工作是搞好篮球运动竞赛必不可少的重要组成部分，它对促进篮球运动的普及与发展具有十分重要的作用。一场圆满的比赛，是裁判员集体合作的成果。它既需要裁判员临场执法做到"公正、准确、积极、稳定"，又需要临场裁判员之间的默契配合，以及他们与记录台工作人员之间的沟通和协作。裁判员是一场比赛的主持者，他应依据《篮球规则》和裁判法的要求，依法有序地对运动员在比赛中表现出来的行为和动作，作出正确的判罚与处理，对比赛双方在比赛中的一切举止和活动进行及时的管理，使比赛得以顺利流畅地进行并最终评定胜负。所以说，裁判员的工作对赛场的精神文明、体育道德的体现，以及双方运动员技战术的发挥和比赛的圆满结束都起着十分重要的作用。

　　一名优秀的篮球裁判员不仅要有良好的思想道德和身体素质，具备稳定的心理素质和团队协作精神，还要精通篮球竞赛规则，全面与深入地掌握和贯彻比赛本身的精神，正确与熟练地掌握和运用篮球裁判法（《国际篮联裁判员手册》），它是国际篮联制定与公布的规范性文件，是指导篮球裁判员临场工作的范本。国际篮联（FIBA）一般每隔四年在修改和通过规则的同时，对《国际篮联裁判员手册》也作必要的修订。《国际篮联裁判员手册》强调执裁每一场比赛的一致性，体现了在执行规则的方法和技巧之中的统一性和规范性要求，以便不同国家或地区、不同语言、不同水平的裁判员能够达成共识，默契合作，很好地完成比赛工作，保证比赛的执裁质量。

一、两人制裁判法中裁判员的执裁技巧

　　两人制裁判法是指一场篮球比赛由两名裁判员共同执裁的方法，在两名裁判员中，有一名主裁判员，一名副裁判员。在具体的临场工作中，根据位置的变化，这两名裁判员分别被称为前导裁判和追踪裁判。

（一）裁判员的占位和责任

　　现代的执裁要求两位裁判员在工作中既要有明确的分工，又要互相合作，一位裁判员负责有球区域，另一位裁判员负责无球区域。为了便于理解，我们把半场划分成①至⑥号矩形区域（图10-2-1）。

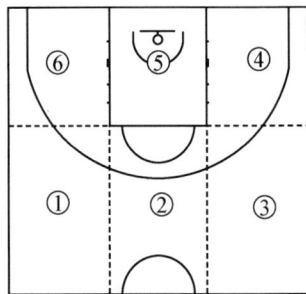

图 10-2-1　半场区域划分

1. 追踪裁判的占位和责任

追踪裁判，顾名思义，是指跟踪、追赶比赛的裁判员，换言之，是跟在球后面的裁判员。当比赛向前推进时，追踪裁判要在球的左后方站位，离球3~5米。

当球在①区时，追踪裁判负责观察球周围的比赛，尤其要观察队员运球、投篮和传球以及防守队员。当球在这个区域时，追踪裁判主要负责有球区域。

当球在②区时，追踪裁判仍负责球周围的区域。

当球进入③区，追踪裁判的主要责任还是在有球区域，并且在必要时还应对他右侧边线处的出界作出宣判。在这种情况下，他需要寻找更好的位置以便观察队员的动作。如果球在③区靠近3分投篮线的地方，在大多数情况下，球将进入④区和⑤区，队员或投篮或传球或运球，为了抢在队员做出动作之前观察他，追踪裁判必须先向他的左侧移动，以便使自己的观察覆盖远离球的比赛。由于他不在动作的近处，有时他需要前导裁判的帮助来观察3分试投，特别是当视角被防守队员挡住时。如果队员骑跨罚球线延长线做了一个3分试投（即③区和④区间），追踪裁判应对此试投负责。如果在③区内出现运球队员被严密防守的情况，追踪裁判可以视情况跑到近处观看，一旦情况允许，就回到正常的追踪位置。追踪裁判对他右侧的端线或边线不负主要责任，当球出界要在那里掷界外球时，则要求他去协助前导裁判。

当球在④区，在追踪裁判右侧最远的角落里，追踪裁判对球和球周围的比赛没有责任。这时，追踪裁判的主要任务是注视离开球的情况，把观察的重点放在弱侧的低策应区。要特别注意可能发生的非法掩护的情况。当传球、运球或投篮的球推向球篮或端线时，追踪裁判必须插到罚球线延长线附近以便更好地寻找队员之间的空间。

当球在⑤区，即在限制区内时，两位裁判员都要看球周围的比赛，特别是投篮的情况。追踪裁判还负责观察2分投篮和3分试投以及球的飞行，察看球是否中篮以及进攻队员或防守队员是否干扰球。对篮板球，特别是对试图从不利的位置上获得球的外围队员保持警觉，也是追踪裁判的责任。

当球在⑥区时，如球在2分投篮区域内，追踪裁判主要负责观察球，并对高和低的策应区给予特别的注意。如球在3分投篮区域内，追踪裁判应注视球和球周围的比赛，尤其要关注投篮的情况。当球在他的左侧边线出界后，追踪裁判还要负责指出掷界外球的比赛方向。每当球进入一个新的矩形区域和出现对有球区域责任的改变时，追踪裁判都应重新建立或调整他与前导裁判的位置。

追踪裁判要记住如下裁判方法的原则：必须不断地移动监控，也就是把所有队员都置于两裁判员之间，当投篮、传球或投篮的球推进到罚球线以内时，要跟进寻找两队员之间的空间。

2. 前导裁判的占位和责任

前导裁判，是指引导、领先比赛的裁判员，换言之，是跑在比赛前面的裁判员。前导裁判应总是位于比赛的前方，这需要他快中求快，尽可能快地跑在前面，让比赛朝他而来。前导裁判到达端线后，要在其左侧的 3 分线和其右侧的限制区边缘之间正常地移动。他没有必要越出这个范围。

当球在①区时，前导裁判占据的位置，要使 10 名队员在他和追踪裁判之间。他的主要责任是观察离开球的比赛，还要特别注意任何可能发生的非法掩护。

当球在②区时，前导裁判的主要责任仍是照顾无球区域。只要保持身体正对比赛，就能预见任何可能出现的球向球篮运动的情况。

当球在③区时，前导裁判的主要责任还是照顾无球区域。他每时每刻都要知道球在哪里，以便当 3 分试投命中时给追踪裁判以帮助。现代篮球比赛中，在低策应区内的队员之间存在大量的接触，前导裁判要确保这种接触不发展成过分和粗野的动作。

当球在④区内，前导裁判负责有球区域，应以身体正对比赛，注视球周围的比赛。

当球进入⑤区时，前导裁判要直接观察球周围的比赛。前导裁判的次要责任是注视有球一侧的低策应区的队员（包括球在④区的队员）。在所有投篮和一对一的情况下，前导裁判都应注视防守队员。

当球在⑥区的 2 分投篮区域内，前导裁判要移到能观察球周围比赛的位置。当球在⑥区的 3 分投篮区域内，前导裁判的主要责任是观察无球区域，尤其要注视低策应区以及远离球的其他队员。

前导裁判应记住以下裁判方法的原则：总是保持移动，监控所有的队员，寻找两队队员之间的空间，从端线向后退以得到更宽的视角。

(二)裁判员在各种比赛情况下的行动与配合

裁判员负责区域的划分，是为了明确责任，避免两位裁判员都把目光集中于球，作出相互矛盾的宣判。然而，分工不是目的，分工只是为了更好地合作。由于比赛情况的错综复杂，两位裁判员只有在任何时候、任何情况下都保持密切的合作，才会有高质量的宣判。

1. 紧逼防守和夹击防守

紧逼防守能够给裁判员造成困难，这需要打乱正常的球场区域分工，并要求更大的专心和合作。在紧逼防守中，如果有 3 名或更多的防守队员在对方的后场内，前导裁判不要急着跑向端线，以便协助追踪裁判观看比赛。一旦球进入前场，前导裁判就要移向端线的正常位置。在紧逼防守中，如只有一名防守队员在对方的后场内，前导裁判必须注视靠近他半场内的所有队员。追踪裁判应根据需要尽量靠近比赛，仔细地观察可能发生的犯规和违例。在夹击防守中，两位裁判员都必须对这种类型的防守保持警觉，恰当地处理好 5 秒违例的宣判。

如果夹击防守发生在前场右角或球篮左下方，前导裁判负责持球队员周围的行动。追踪裁判注视离开球的比赛，但始终要做好准备，在 2 名队员拦阻对方队员时协助前导裁判。如果夹击防守发生在前场右边线与中线交接处或前场左边线与中线交接处，追踪裁判应根据需要尽量靠近比赛，注视可能发生的犯规和违例，前导裁判应使用"监控"原则，注视离开球的比赛。

2. 出界和掷界外球

队员出界和球出界都涉及界线，对界线的责任的划分是：前导裁判负责端线和他左侧的边线，追踪裁判负责中线和他左侧的边线。当球从后场向前场推进中发生了转换时，前导裁判负责左侧的边线和端线，追踪裁判负责端线、中线和他左侧的边线。

掷界外球中，裁判员除应按规则的要求进行外，还要注意位置的选择。当在罚球线的延长线和端线之间的边线外(④区外)掷球入界时，负责观察掷球入界的前导裁判要把球递交给掷界外球队员。由于掷球入界后他将保持前导位置，所以他要站在队员靠端线的一侧来向追踪裁判示意和确认。当在前场靠近中线与边线交接处(①区外)掷球入界时，追踪裁判应将球递交给掷界外球队员。由于要继续保持追踪位置，所以他要站在掷界外球队员的右侧。前导裁判要移到可观察到所有队员的位置上。当在罚球线的延长线和中线之间的边线外(③区外)掷球入界时，追踪裁判将球递交给掷界外球的队员并站在该队员的左侧。当球触及场上队员，追踪裁判再恢复到正常的追踪位置，前导裁判仍要移动到可观察到所有队员的位置。

3. 投篮和干扰球

队员投篮时，追踪裁判负责球的飞行。如果球进入球篮，他还要决定是否算得分。相反，前导裁判应集中精神观察远离球区的情况，但是，当宣判犯规时，总是由宣判犯规的裁判员(前导裁判或追踪裁判都可)决定中篮是否算得分。

当出现 3 分试投时，由追踪裁判打出手势，追踪裁判特别要注意投篮队员的脚，以确定该试投是否是从 3 分投篮区投出的。如果投篮成功，追踪裁判要举起两臂、两手清楚地伸出 3 指来确认得到 3 分。如果队员骑跨罚球线延长线(③区和④区间)做试投，追踪裁判必须从中场裁决这个动作。当投篮出现在④区内，前导裁判有责任协助追踪裁判。

当投篮出现在临近每节比赛结束时，会给裁判员造成困难，特别是当观众很多、信号不易被听到时，更难判定中篮是否算得分。按照规定应由追踪裁判主要负责判断中篮算与不算，前导裁判即使是主裁判员，也应接受他同伴的判断并尽量支持这一宣判。但是，在看不清比赛的情况下，两位裁判员必须先商量，然后由主裁判员作出最终的宣判。

由于追踪裁判负责观察投篮中球的飞行，因此，他必须对干涉得分和对球干扰的情况做出宣判。

二、三人制裁判法中裁判员的执裁技巧

在三人制裁判员执裁过程中，由于三名裁判员始终保持一个相互成比例的宽阔的三角形位置，而且责任明确又节省体力，使裁判员能更好地实施观察，观察和判断无球区的动作，从而作出更加准确的宣判。三人制裁判法要求三名裁判员应具有同一高度的执裁水平，否则易出现漏判和尺度不一致。

三人制裁判法是指一场比赛由三名裁判员在分工合作、重在配合的前提下进行执裁的方法。在三名裁判员中，有一名裁判员是主裁判员(R)，另外两名裁判员是副裁判员(U1、U2)。但在具体的临场工作中，根据位置的变化和转换，这三名裁判员将分别被称为前导裁判、中央裁判和追踪裁判。

(一)重要术语

(1)球侧：根据球的位置而定。将比赛场地用一条连接两个球篮的假想的中轴线分割开，球所在的一侧被称为球侧。

(2)对侧：远离记录台一侧的比赛场地。

(3)强侧：追踪裁判和前导裁判所在一侧的比赛场地。

(4)弱侧：中央裁判所在一侧的比赛场地。

(5)前导裁判(简称L)：是位于端线的裁判员。

(6)中央裁判(简称C)：是位于前导裁判员异侧的裁判员(通常在球侧对面)，大约在罚球线延长线朝向球篮方向两步的地方。依据球的位置，中央裁判可在前场的任一侧。

(7)追踪裁判(简称T)：是大约位于靠近中线的球队席区域边界的裁判员，并与前导裁判在同一侧(球侧)。

(8)轮转：轮转涉及一个活球状况，其时，球的移动或落位促使前导裁判员根据球在前场的位置(记录台一侧或对侧)发动一次位置改变或"轮转"。前导裁判改变位置引起中央裁判和追踪裁判改变位置。在正常比赛中，由前导裁判控制轮转，并且原则上当球转移到球侧或者当球从罚球线外向球篮方向切入时，开始轮转。然而，如果前导裁判或者中央裁判想要观察一个在罚球线上的正在发展的比赛或者紧逼情况时，他们可以移动并发动一次轮转。

(9)转换：转换涉及一个死球状况，其时，犯规的宣判需要裁判改变位置。宣判犯规的裁判员在向记录台报告犯规之后总是移向对侧。每当有掷球入界的情况，两名裁判员总是在球侧。

（二）基本要求

(1)在任何情况下，三位裁判员之间必须保持宽广的三角形，并面向场内观察所有队员。

(2)正常攻守转换时，三位裁判员的换位原则是：追踪裁判→前导裁判；中央裁判→中央裁判；前导裁判→追踪裁判。

(3)宣判犯规的裁判员向记录台报告犯规后，他必须移动到记录台对面的位置上。因此，前导裁判员和靠近记录台的裁判员如未宣判犯规则不换位，如宣判了犯规，则要和记录台对侧的那位裁判员换位；而记录台对侧的裁判员如宣判了犯规也不换位，但他如未宣判犯规，则要和宣判犯规的裁判员换位。

(4)宣判犯规的裁判员，只要跑出人群，就可以向记录台报告。没宣判犯规但需要换位的裁判员，应在观察队员的同时慢慢移向新的位置，另一名裁判员则应选择合适位置监控所有队员，直到向记录台报告的裁判员已经开始了报告程序。

(5)掷前场端线球时，前导裁判应位于篮板与球之间；掷后场端线球时，追踪裁判则应位于边线与球之间。

(6)每位裁判员负责各自就近的界线，追踪裁判还要负责中线。

(7)裁判员要始终知道球的位置、其他裁判员的位置及队员的位置。

（三）比赛开始时裁判员的占位与移动

1.赛前和中场休息准备活动时的占位

见图10-2-2。

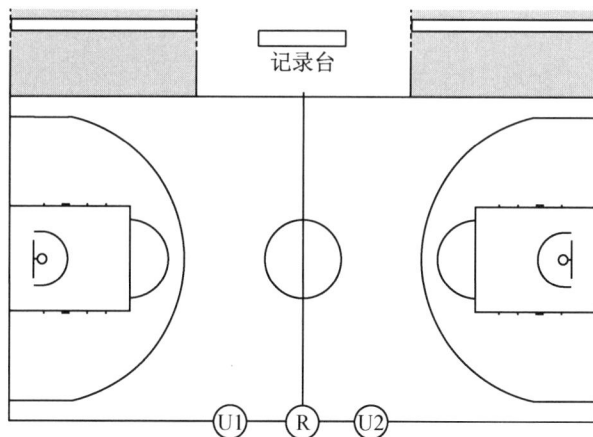

图 10-2-2　赛前和中场休息准备活动时的占位

2.跳球开始比赛时的占位

见图10-2-3。

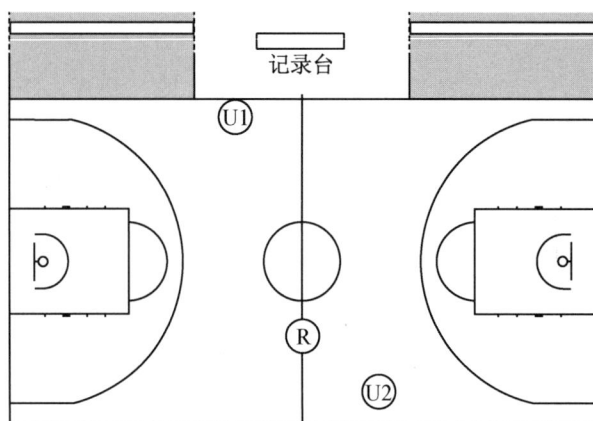

图 10-2-3 跳球开始比赛时的占位

3. 跳球—比赛向主裁判员右方推进时的移动

见图 10-2-4。

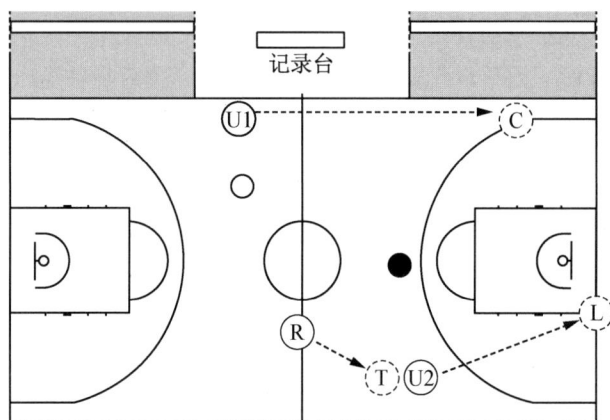

图 10-2-4 跳球—比赛向主裁判员右方推进时的移动

4. 跳球—比赛向主裁判员左方推进时的移动

见图 10-2-5。

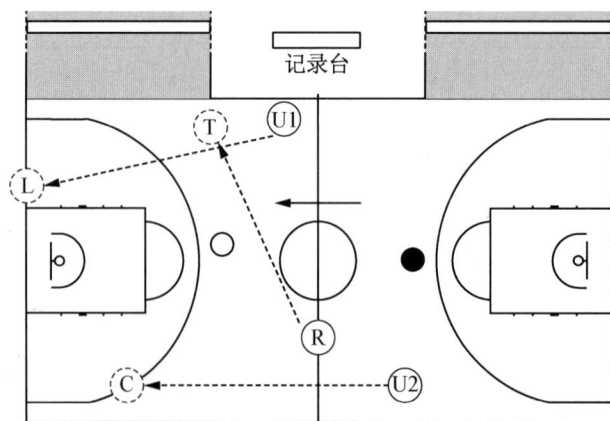

图 10-2-5 跳球—比赛向主裁判员左方推进时的移动

（四）裁判员基本的场地覆盖范围和责任

1. 基本的场地覆盖范围

见图10-2-6。

2. 基本的责任

（1）当球在某裁判员负责的区域内时，该裁判员应负责球周围的比赛执裁。

（2）当球不在某裁判员负责的区域内，而在另一名裁判员的区域内时，该裁判员应负责本区域内的无球队员。

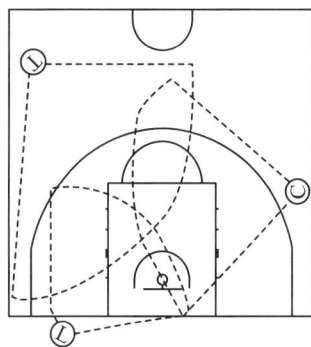

图 10-2-6　裁判员基本的场地覆盖范围

（五）球在前场时裁判员的基本分工区域

球在前场时裁判员的基本分工区域如图10-2-7和图10-2-8所示。

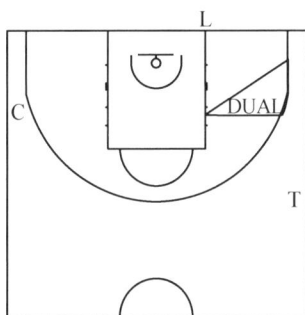

图 10-2-7　球在记录台一侧

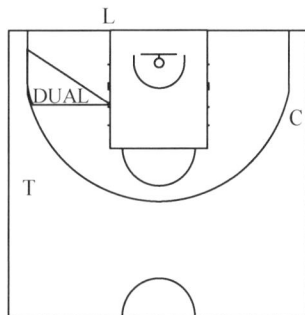

图 10-2-8　球在记录台对侧

（1）每一名裁判员负责一个基本分工区域。

（2）当球在某裁判员的分工区域内，该裁判员对球附近的犯规和违例负责。

（3）当球不在某裁判员分工区域内，该裁判员负责本区域内的所有队员。

（4）前导裁判（L）和追踪裁判（T）负责共管的区域，即图10-2-7和图10-2-8中的三角区域（DUAL）。

（六）球从一侧传或运到另一侧时裁判员的基本移动

球从一侧传或运到另一侧时裁判员的基本移动如图10-2-9和图10-2-10所示。

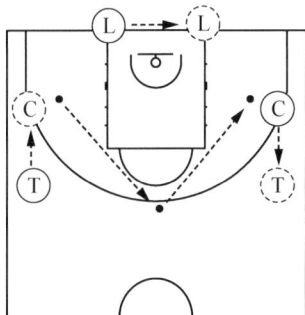

图 10-2-9　球运动到记录台一侧

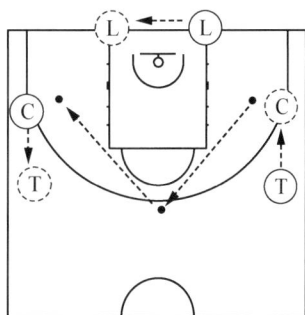

图 10-2-10　球运动到对侧

(1)当球传到离中央裁判(C)最近的罚球线延长部分的前方时，前导裁判(L)移动到球侧，但快速投篮或直接运球上篮时除外。

(2)前导裁判(L)负责发动轮转，并且继续对策应位置的队员负有责任，甚至在移动越过限制区时也是如此。中央裁判(C)应保持不动，直到前导裁判(L)到达并监控住比赛。

(3)追踪裁判(T)移动到中央位置。

(4)中央裁判(C)最后移动到追踪位置。

(5)目光接触很重要。当前导裁判(L)发动轮转时，中央裁判(C)和前导裁判(L)应警觉并知道转换位置。

(七)球从后场到前场行进时裁判员的基本移动

球从后场到前场行进时裁判员的基本移动如图 10-2-11 和图 10-2-12 所示。

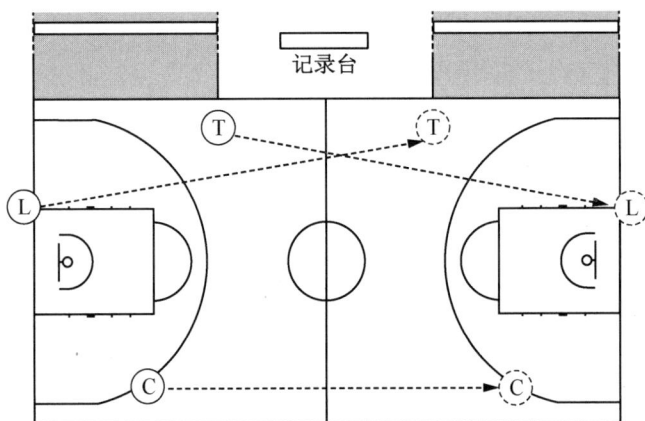

图 10-2-11　轮换移动

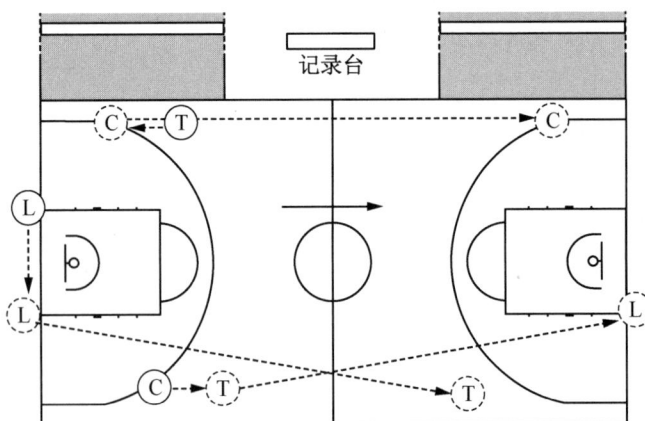

图 10-2-12　轮转后的轮换移动

(1)追踪裁判(T)成为新的 L，负责强侧罚球线以下的所有违例和犯规。

(2)中央裁判(C)移动到新的中央位置，负责在他一侧的罚球半圆顶部之间的区域内的所有违例和犯规。在快速突破传球中，快速地跟上比赛以协助新的前导裁判(L)一起负责有球区域。如果球在他的一侧向球篮行进，则负责有球区域。

(3)前导裁判(L)成为新的追踪裁判(T)，负责确定新的边线责任，以及后场内的所有队员，直到他们移入前场。

(八)紧逼防守中裁判员的基本移动

1. 所有队员在后场

如图 10-2-13 所示，裁判员必须在他们的活动区域使用宽阔的三角形分工来观察比赛。中央裁判(C)和追踪裁判(T)注视后场的比赛活动，前导裁判(L)在中线附近占据位置，使所有的队员都在视野之内。

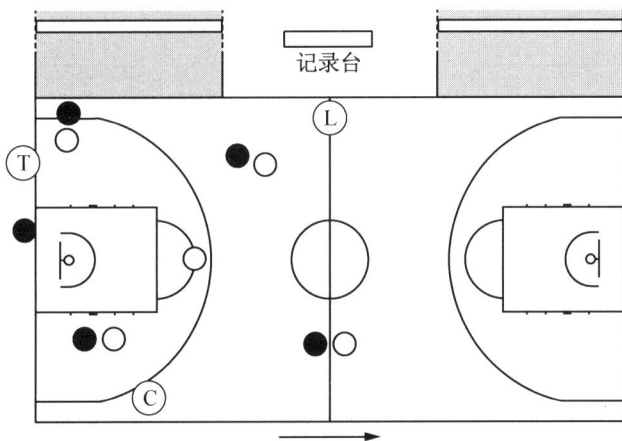

图 10-2-13　所有队员在后场

2. 队员们在前场和后场

如图 10-2-14 所示。

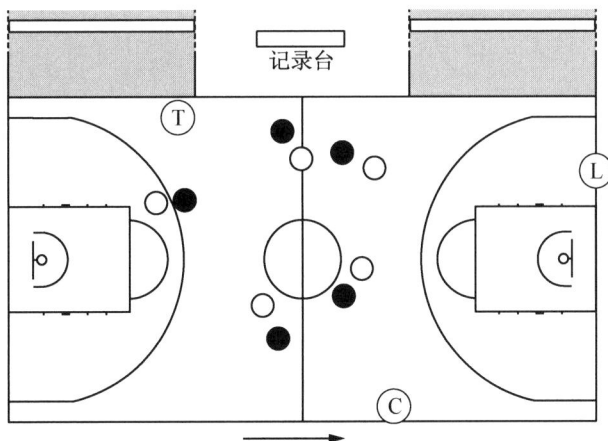

图 10-2-14　队员们在前场和后场

(1)中央裁判(C)和追踪裁判(T)注视后场的比赛活动,前导裁判(L)占据一个能观察前场队员们的位置。

(2)如果紧逼防守出现在弱侧,中央裁判(C)为了注视比赛可以往中线方向回转。

(九)掷球入界时裁判员的占位与移动

1. 从端线掷球入界向前场推进时

如图 10-2-15 和图 10-2-16 所示。

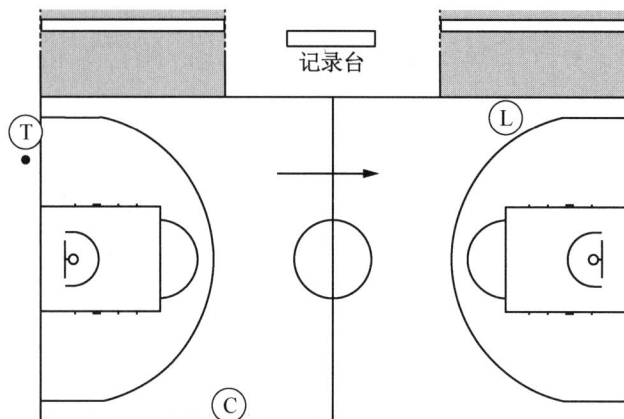

图 10-2-15　球在记录台一侧

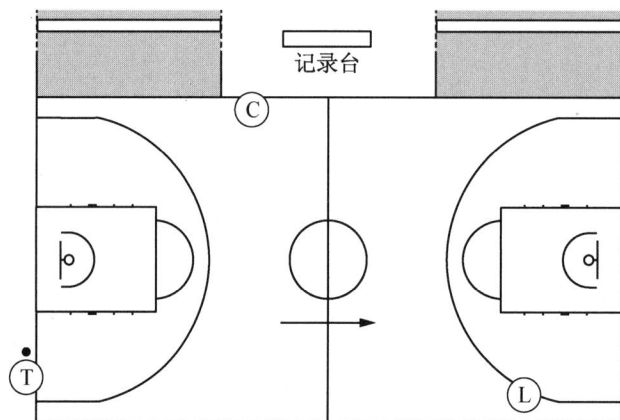

图 10-2-16　球在对侧

(1)追踪裁判(T)在掷球入界队员和边线之间的位置上管理掷球入界。

(2)中央裁判(C)离 T 7~10 米处占位,C 总是在 T 和 L 的对侧。

(3)前导裁判(L)在前场的罚球线延长线占位,并准备调整自己的占位以适应队员的移动,在球和所有的队员运动到前场前,不要求前导裁判(L)移动到球侧。

2.从边线掷球入界向前场推进时

如图 10-2-17 和图 10-2-18 所示。

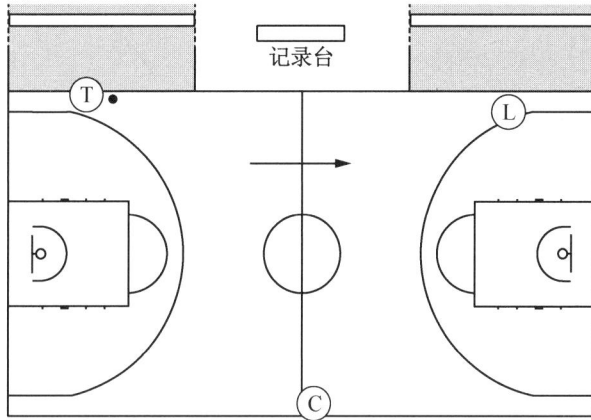

图 10-2-17　球在记录台一侧

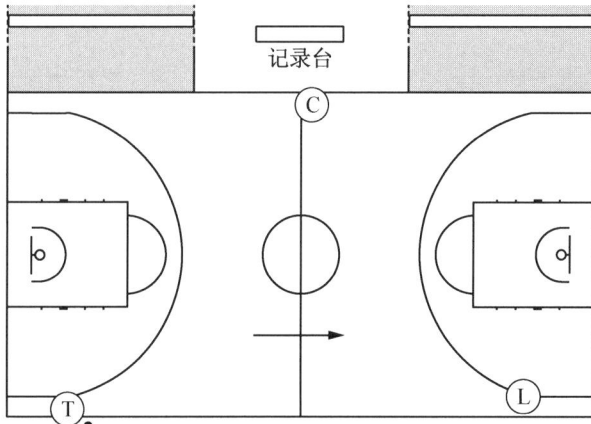

图 10-2-18　球在对侧

(1)追踪裁判(T)管理掷球入界并仍是追踪裁判(T)。

(2)中央裁判(C)离追踪裁判(T)7～10 米处占位,并在掷球入界时准备调整自己的占位以适应队员的移动,此时仍是中央裁判(C)。

(3)前导裁判(L)在前场的罚球线延长线占位,并准备调整自己的占位。

(4)作为掷球入界的结果,倘若球在追踪裁判(T)一侧(后场或前场)出界,那么追踪裁判(T)应继续留在那里并管理掷球入界。

(5)在球和所有的队员已运动到前场前,不要求前导裁判(L)移动到球侧。

3.从端线掷球入界球留在前场时

如图 10-2-19 和图 10-2-20 所示。

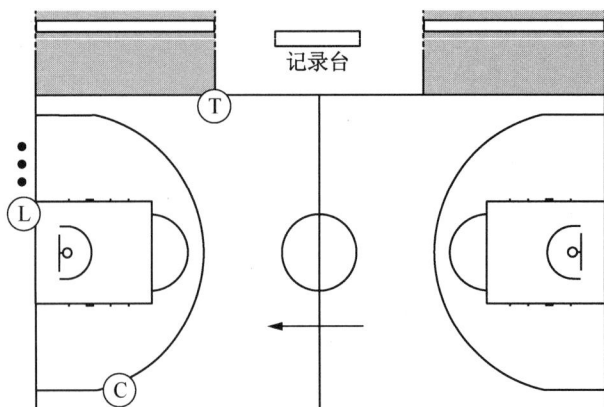

图 10-2-19　球在记录台一侧

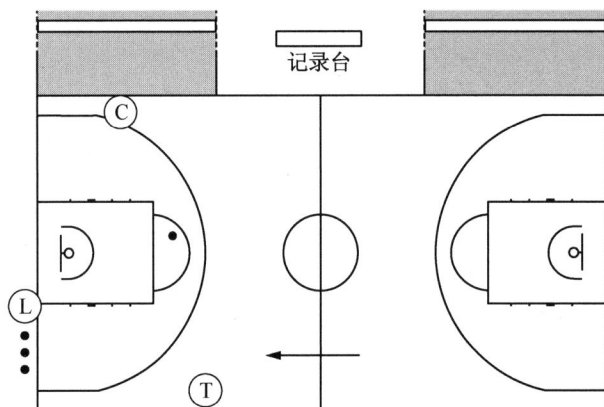

图 10-2-20　球在对侧

（1）前导裁判（L）在掷球入界队员和球篮之间的位置上管理掷球入界。

（2）中央裁判（C）在球场适当一侧的罚球线的延长线以下 2 米处占位。

（3）追踪裁判（T）在球队席区域边界占位。

（十）宣判犯规后裁判员的位置转换

1. 球仍留在前场时的位置转换

如图 10-2-21、图 10-2-22、图 10-2-23 所示。

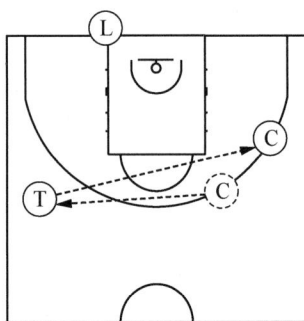

图 10-2-21　中央裁判(C)宣判防守犯规

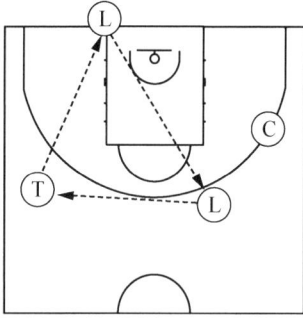

图 10-2-22　前导裁判(L)宣判防守犯规　　　图 10-2-23　追踪裁判(T)宣判防守犯规

2. 球向新的前场行进时的位置转换

如图 10-2-24、图 10-2-25、图 10-2-26 所示。

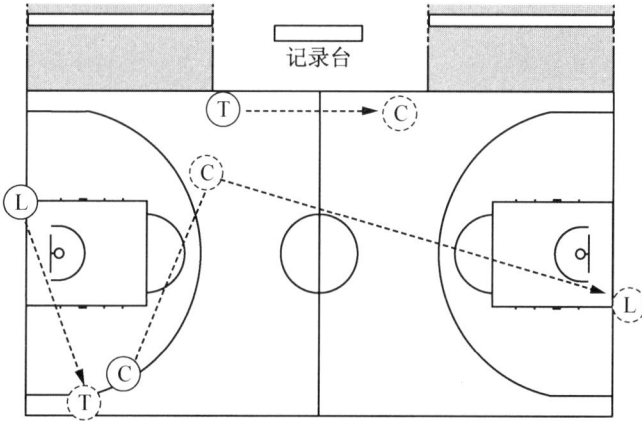

图 10-2-24　中央裁判(C)宣判进攻犯规

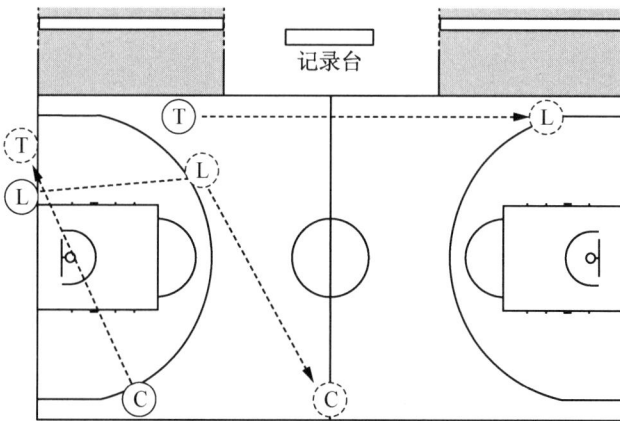

图 10-2-25　前导裁判(L)宣判进攻犯规

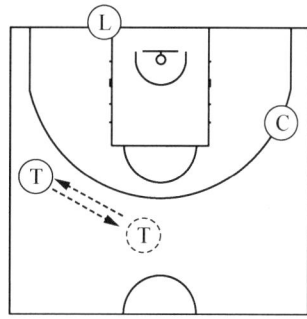

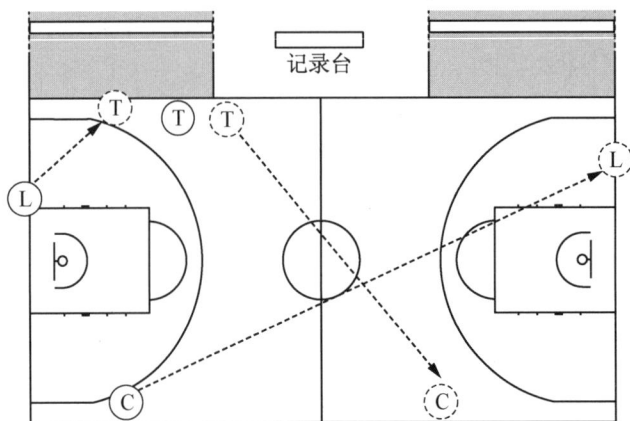

图 10-2-26　追踪裁判(T)宣判进攻犯规

(十一)罚球时裁判员的占位

如图 10-2-27 所示。

1. 前导裁判(L)的责任(位于对侧)

用手势指明罚球次数并将球反弹给罚球队员来管理所有的罚球；注视沿限制区对侧的队员们。

2. 中央裁判(C)的责任

做出罚球次数手势，观察沿限制区对侧队员和罚球队员的脚。

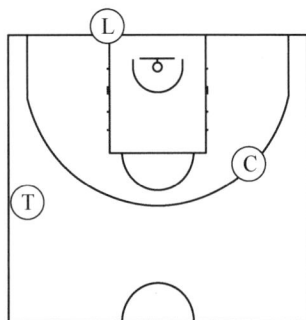

图 10-2-27　罚球管理

3. 追踪裁判(T)的责任

需要时帮助处理罚球违例，管理对侧中线延长线的掷球入界。

三、裁判员的手势

(一)比赛计时及得分手势

1. 比赛时钟信号

如图 10-2-28 所示。

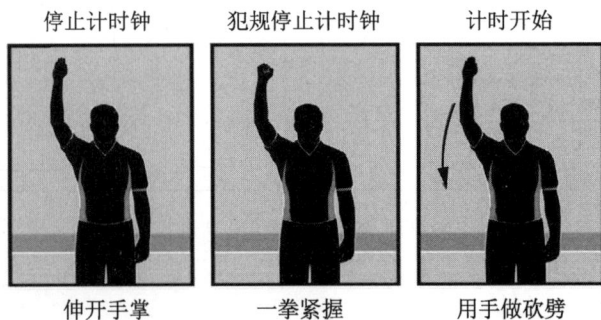

停止计时钟　　　　犯规停止计时钟　　　　计时开始

伸开手掌　　　　一拳紧握　　　　用手做砍劈

图 10-2-28　比赛时钟信号

2. 得分

如图 10-2-29 所示。

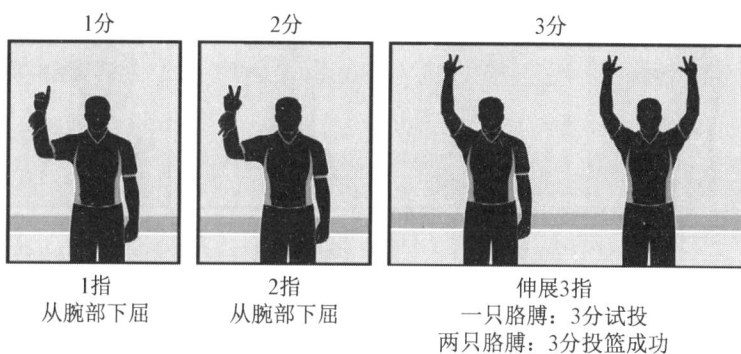

1分　　　　　　2分　　　　　　　　　3分

1指　　　　　　2指　　　　　　　　伸展3指
从腕部下屈　　从腕部下屈　　一只胳膊：3分试投
　　　　　　　　　　　　　　　　两只胳膊：3分投篮成功

图 10-2-29　得分手势

(二)替换、暂停及比赛信息手势

1. 替换和暂停

如图 10-2-30 所示。

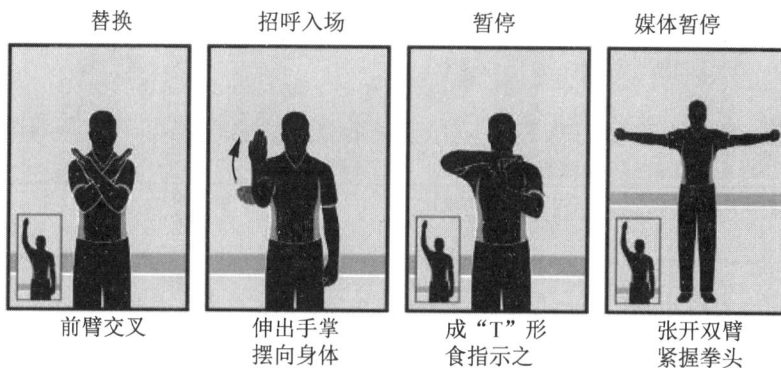

替换　　　　招呼入场　　　　暂停　　　　媒体暂停

前臂交叉　　伸出手掌　　　成"T"形　　张开双臂
　　　　　　摆向身体　　　食指示之　　紧握拳头

图 10-2-30　替换和暂停

2. 提供信息

如图 10-2-31 所示。

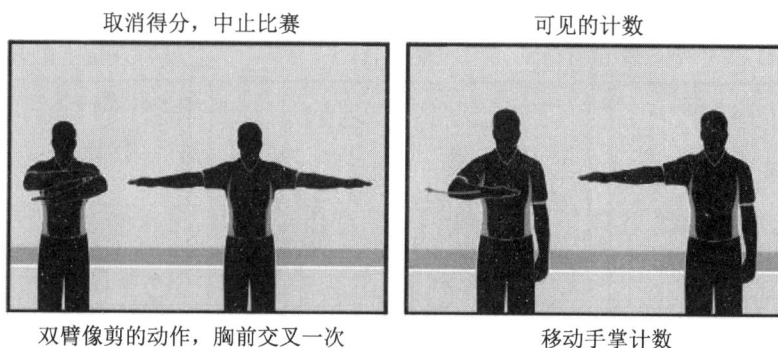

取消得分,中止比赛　　　　　　　可见的计数

双臂像剪的动作,胸前交叉一次　　移动手掌计数

交流	计时钟复位	比赛方向和/或出界	争球/跳球情况
拇指向上	伸出食指并转动手	指向比赛方向，手臂与边线平行	两拇指向上，然后指向交替拥有箭头所指的比赛方向

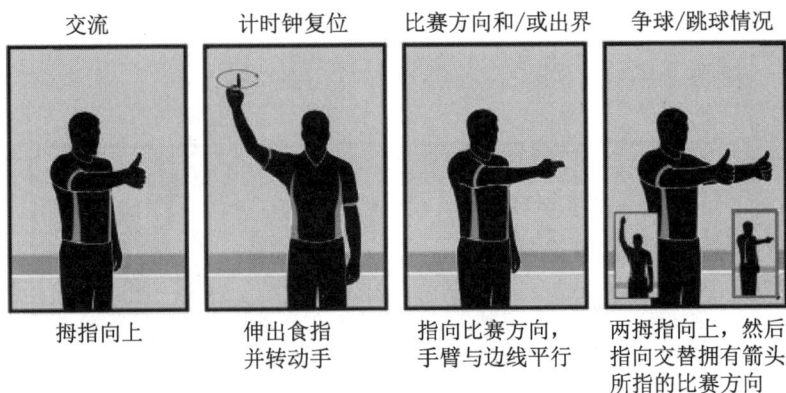

图 10-2-31　比赛信息手势

（三）违例手势

如图 10-2-32 所示。

带球走	非法运球：两次运球	非法运球：携带球
转动双拳	用手掌做轻拍动作	半转手掌

3秒钟	5秒钟	8秒钟
伸出手臂示3指	示5指	示8指

24秒钟	球回后场	故意脚踢或拦阻球
手指触肩	身前摆动手臂	手指指脚

图 10-2-32　违例手势

(四)队员号码

如图 10-2-33 和图 10-2-34 所示。

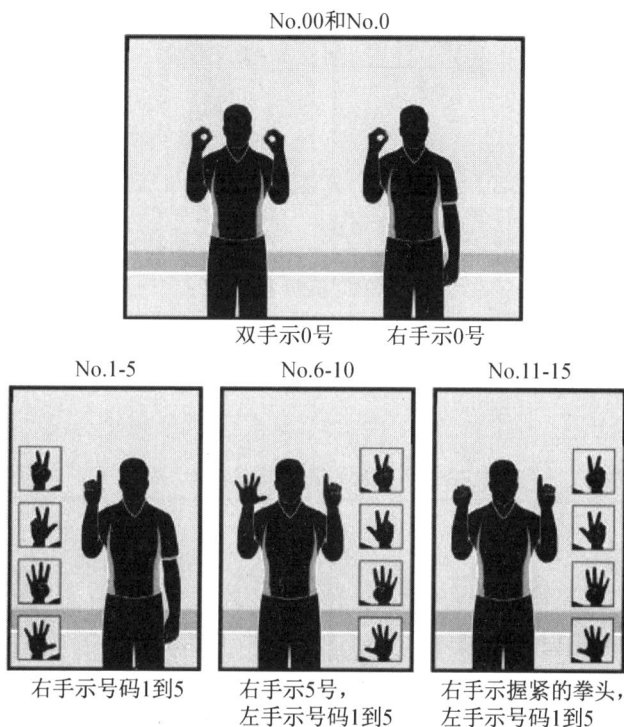

No.00和No.0

双手示0号　　　右手示0号

No.1-5　　　　　No.6-10　　　　　No.11-15

右手示号码1到5　　右手示5号，　　右手示握紧的拳头，
　　　　　　　　　左手示号码1到5　左手示号码1到5

图 10-2-33　队员号码(一)

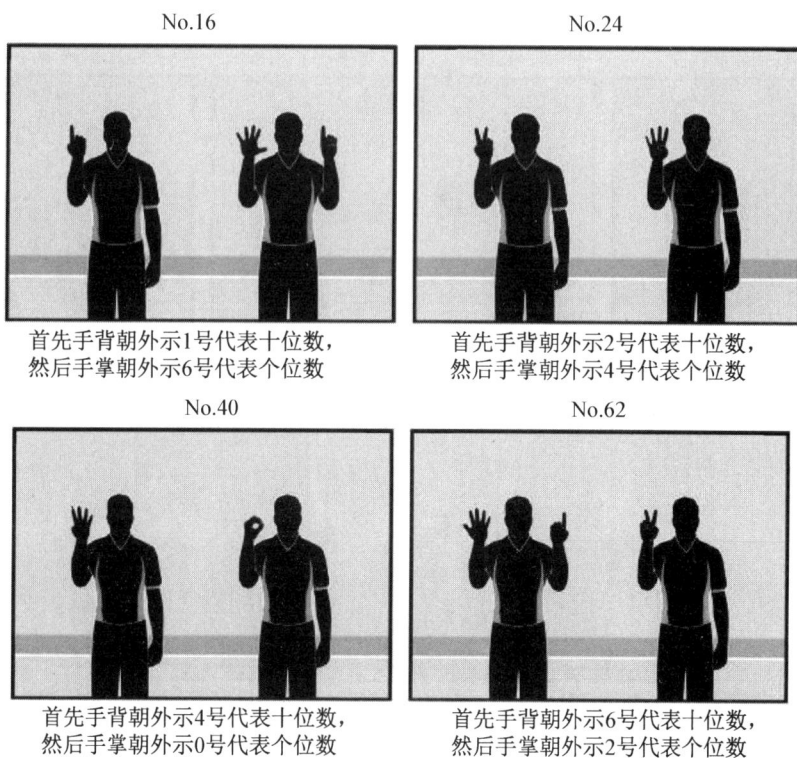

No.16　　　　　　　　　No.24

首先手背朝外示1号代表十位数，　首先手背朝外示2号代表十位数，
然后手掌朝外示6号代表个位数　　然后手掌朝外示4号代表个位数

No.40　　　　　　　　　No.62

首先手背朝外示4号代表十位数，　首先手背朝外示6号代表十位数，
然后手掌朝外示0号代表个位数　　然后手掌朝外示2号代表个位数

No.78 No.99

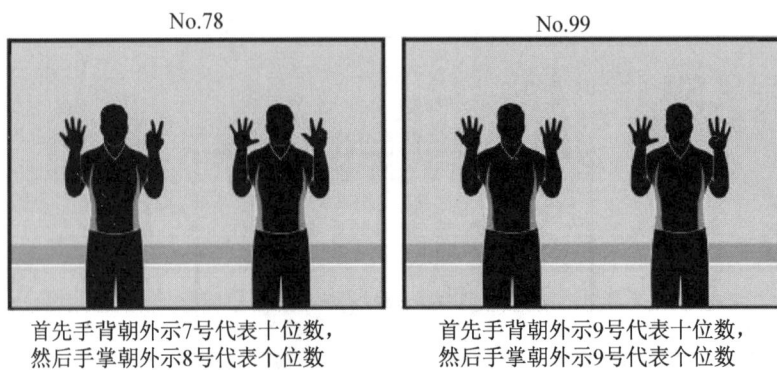

首先手背朝外示7号代表十位数，
然后手掌朝外示8号代表个位数

首先手背朝外示9号代表十位数，
然后手掌朝外示9号代表个位数

图 10-2-34 队员号码（二）

（五）犯规的手势

如图 10-2-35 和图 10-2-36 所示。

拉人　阻挡（防守）
非法掩护（进攻）　推人或
不带球撞人　用手推挡

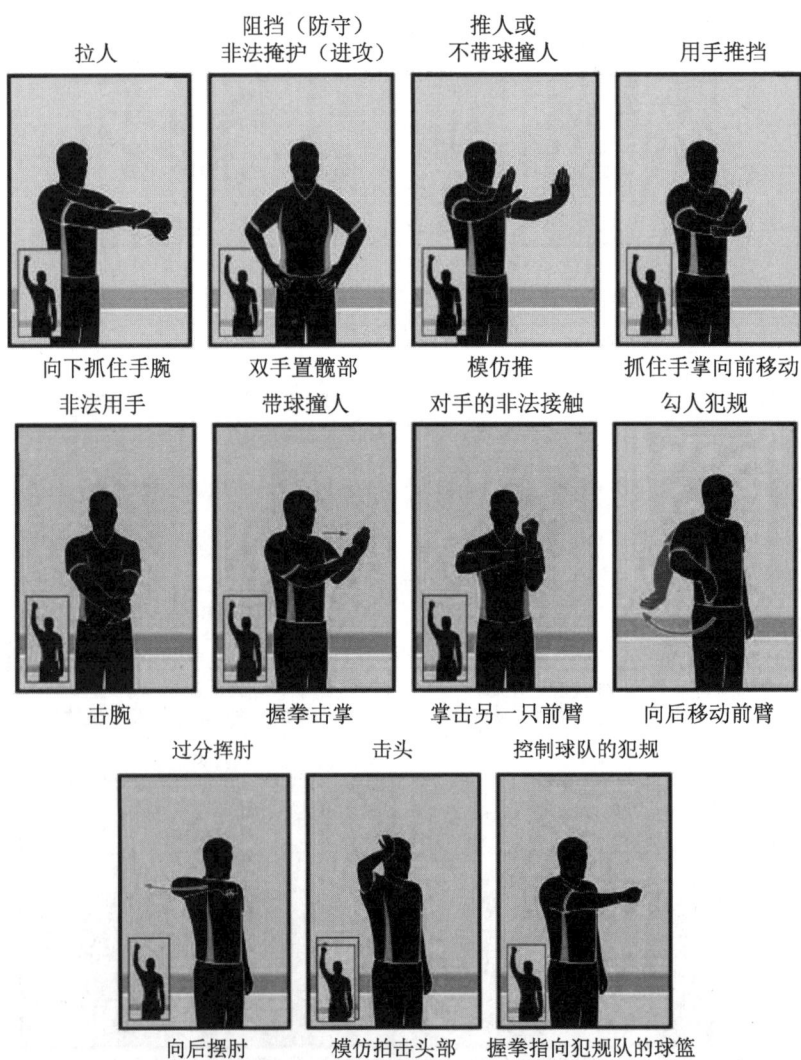

向下抓住手腕　双手置髋部　模仿推
对手的非法接触　抓住手掌向前移动

非法用手　带球撞人　勾人犯规

击腕　握拳击掌　掌击另一只前臂　向后移动前臂

过分挥肘　击头　控制球队的犯规

向后摆肘　模仿拍击头部　握拳指向犯规队的球篮

图 10-2-35 犯规手势（一）

对投篮动作的犯规　　　　　　对非投篮动作的犯规

单臂握拳举起，　　　　　　　单臂握拳举起，
随后指示罚球次数　　　　　　随后指向地面

图 10-2-36　犯规手势(二)

(六)特殊犯规及向记录台报告罚则

如图 10-2-37 和图 10-2-38 所示。

1. 特殊犯规

如图 10-2-37 所示。

双方犯规　　技术犯规　　违反体育运动　　取消比赛资格
　　　　　　　　　　　　精神的犯规　　　的犯规

挥动握紧的双拳　成"T"形手掌示之　向上抓住手腕　紧握双拳

骗取犯规　　　掷球入界非法越线　　调用即时回放系统

前臂上抬两次　　平行于界线摆动手臂　　水平伸直食指
(从高处做起)　(第4节和决胜期最后2分钟)　　转动手

图 10-2-37　特殊犯规

2. 向记录台报告罚则

如图 10-2-38 所示。

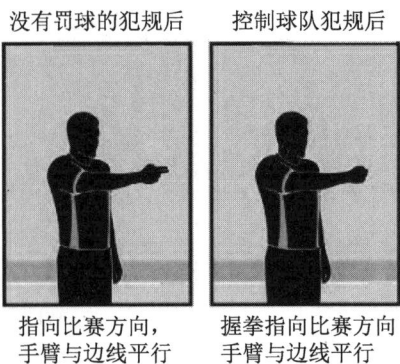

没有罚球的犯规后   控制球队犯规后

指向比赛方向，   握拳指向比赛方向
手臂与边线平行   手臂与边线平行

图 10-2-38 向记录台报告罚则

（七）向记录台报告罚则

如图 10-2-39 所示。

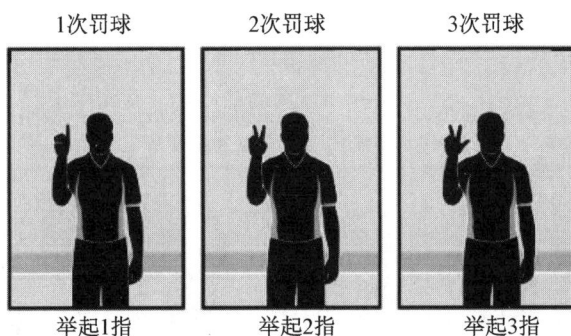

1次罚球   2次罚球   3次罚球

举起1指   举起2指   举起3指

图 10-2-39 向记录台报告罚则

（八）罚球管理

1. 罚球管理——执行裁判（前导裁判）

见图 10-2-40。

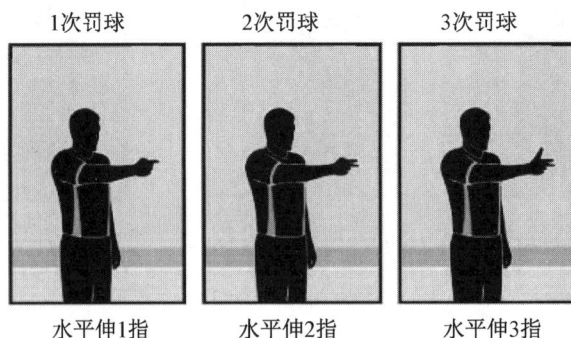

1次罚球   2次罚球   3次罚球

水平伸1指   水平伸2指   水平伸3指

图 10-2-40 罚球管理——执行裁判（前导裁判）

2. 罚球管理——非执行裁判（二人制裁判员执裁之追踪裁判与三人制裁判员执裁之中央裁判）

见图 10-2-41。

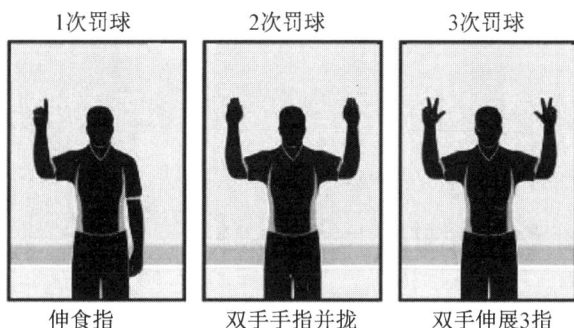

图 10-2-41　罚球管理——非执行裁判(二人制裁判员执裁之追踪裁判与三人制裁判员执裁之中央裁判)

四、宣判程序

（一）违例的宣判程序

每当发生违例时，负责此比赛的裁判员应：

(1)立即鸣一次哨并同时举手在空中，五指并拢，以停止比赛计时钟；

(2)清楚地指出违例的类型，如做出带球走的手势；

(3)接着，用同一手臂更加清楚地指出比赛的方向；

(4)在所有情况下，裁判员都要递交球。

（二）发生一般性质犯规时的宣判程序

每当发生一起犯规时，负责此比赛的裁判员应：

(1)鸣一次哨，同时举直手臂并握拳，以停止比赛计时钟；

(2)出示罚球次数或指向地面；

(3)移至离记录台6～8米处，且在能让记录员看清的位置停住；

(4)用很清楚的手势报告犯规队员的号码，并停留几秒；

(5)接着，指出犯规的类型；

(6)用指出罚球次数或随后的比赛方向来完成联络的程序；

(7)完成手势后，如果必要，两位裁判员交换位置。

（三）发生一般性质犯规并出现投球中篮时的宣判程序

(1)停止计时钟；

(2)出示2分或3分投篮成功或取消得分；

(3)出示罚球次数或指向地面；

(4)跑至离记录台6～8米处，且在能让记录员看清的位置；

（5）出示 2 分或 3 分投篮成功或取消得分；

（6）出示犯规队员号码，并停留几秒；

（7）出示犯规类型；

（8）出示 1 次罚球或比赛方向；

（9）跑至比赛将重新开始的合适位置。

（四）发生带球撞人或掩护犯规时的宣判程序

（1）停止计时钟；

（2）给出控制球队犯规的手势（指向犯规队球篮）；

（3）跑至离记录台 6～8 米处，且在能让记录员看清的位置停住；

（4）出示犯规队员号码，并停留几秒；

（5）出示带球撞人或掩护犯规；

（6）用控制球队犯规的手势指向犯规队球篮，表明新的比赛方向；

（7）跑至比赛将重新开始的合适位置。

（五）发生双方犯规时的宣判程序

（1）停止计时钟；

（2）给出双方犯规的手势；

（3）跑至离记录台 6～8 米处，且在能让记录员看清的位置停住；

（4）一手指向甲方球队席，出示甲方犯规队员号码，并停留几秒；

（5）一手指向乙方球队席，出示乙方犯规队员号码，并停留几秒；

（6）出示进攻方向或跳球（之后根据交替拥有箭头方向），指出比赛方向；

（7）跑至比赛将重新开始的合适位置。

第三节　篮球裁判员能力培养

一、篮球裁判员应具备的素质

篮球裁判员是指在篮球竞赛过程中，依据赛会规则和篮球规则，对参赛运动员、教练员以及随队人员在比赛中所表现出来的动作和行为做出裁决并最终评定胜负的人员。

(一)思想素质

1. 热爱篮球事业，具有敬业精神

作为一名篮球裁判员必须认识到，裁判工作关系到篮球运动的发展，关系到篮球技战术的普及与提高，关系到良好的体育道德的形成与发展，关系到国家的荣誉和声望，只有这样他们才能更加热爱和忠诚于裁判工作，从而在奉献中感到欣慰，从公正执裁中得到满足，从不断提高中受到鼓舞。

2. 具有较高的职业道德修养

篮球裁判应具有良好的职业道德，不弄权渎职，不徇情枉法。此外，高水平的篮球裁判员在为人处世方面也应具有较高的修养，这都将有助于他们去处理场上所发生的棘手问题。

(二)业务素质

1. 精通裁判规则和裁判法

裁判员是受托在规则的框架和裁判法的指导下对比赛进行监察的，为提高裁判水平，裁判员必须把规则和裁判法这两门课程学深学透。事实表明，裁判员错判、漏判及反判的原因，多数是对规则理解不深、对裁判法运用不当所造成的。这里所强调的精通，就是要用心钻研，着重领会裁判规则的精神实质，并把握条文之间的有机联系，除此之外，还要将规则解释及各种判例相结合，达到对整个规则的融会贯通。

2. 通晓技战术知识

从规则来讲，技术是合乎规则要求的正确动作，战术是合乎规则要求的正确配合。裁判员为了正确地鉴别技术动作和战术配合的是与非，必须拥有篮球技战术方面的知识。从裁判工作的角度来说，裁判员只有懂得了技术，才能分析出某些动作是否合理，才能找出违犯的主因，才不会被表象或假象所迷惑。裁判员只有懂得战术，才能及时把握住宣判的重点。凡事预则立，不预则废。裁判员只有在思想上有了充足的准备，才能有较高的预判性，在宣判时才不会惊慌失措，才不会失去执裁的重点。

3. 具有较强的英语能力

英语是被国际篮联规定的国际比赛中的官方语言。在所有的国际比赛中，裁判员如果要使用口语，则必须使用英语。因此，国际篮联对晋升国际级裁判员的笔试和口试都是用英语进行的。裁判员如果不精通英语，那么将很难进行应试。即使他执裁水平很高，如果不懂英语，也会因语言的障碍而直接影响他的判罚水平和形象。所以，无论参加国际比赛，还是与人交流，具有高水平的英语能力就显得尤为重要了。

(三)心理素质

1. 自信

作为篮球比赛"法官"的裁判员，首先要自信。裁判员如果缺乏应有的自信，那么在宣判时就会显得犹豫不决，或者他虽然做出了正确的宣判，但因表现得不够自信，会让运动员对他的判罚的准确性产生怀疑。自信，能够稳定情绪，产生威严；自信，能够鼓舞士气，战胜困难；自信，能够控制行动、发挥能力，所以说，自信是裁判员必须具备的意志品质。

2. 思维敏捷，反应迅速

由于篮球比赛的速度快，变化多，而有些情况稍纵即逝，因此，裁判员只有反应迅速，才能及时捕捉到违反规则的行为，才能正确地作出宣判。同时，对有些问题单凭感觉和直觉是解决不了的，只有通过大脑的思维来判断解决，但比赛又不允许裁判员有太多的时间去思考和判断。因此，具有思维敏捷、反应迅速的素质，对篮球裁判员来说是至关重要的。

3. 果断

裁判工作的特点是瞬间反应。如果裁判员优柔寡断，那么就会错失宣判的最佳时机，从而形成"漏判"。所以，裁判员要善观风色、善择时机、善辨是非，又要当机立断。

4. 沉着、冷静

对裁判员来说，在他遇到异常或出乎意料的事件时，不慌张、不急躁、不失态，并有修养、有克制、有举措，这样才显示出他驾驭比赛的能力。因此说，沉着、冷静也是高水平裁判员应具备的素质。

（四）身体素质

1. 速度快

篮球比赛中运动员的移动速度快，战术变换快，攻防转换快，因而高速度是篮球比赛的特点之一。所以，速度素质对裁判员来说尤为重要。

2. 耐力好

篮球比赛40分钟，而且赛况紧张，争夺激烈，裁判员大部分时间都处于高速奔跑中，如果裁判员没有充足的耐力，特别是速度耐力，那么他就会感到身体疲劳，反应迟钝，从而跟不上比赛的节奏，自然也就做不好裁判工作。所以，耐力素质对裁判员保持和提高工作效率也是必不可少的。

3. 灵敏度高

裁判员在比赛中不但要做起动、疾跑、急停、转身、侧移和后退等各种动作，而且还要准确、及时地对比赛的各种情况作出判断，并适时、规范地作出宣判手势，这又要求裁判员具有良好的灵敏素质。

二、篮球裁判员的基本功训练

（一）鸣哨

1. 选择口哨

口哨是裁判员临场指挥比赛的武器，哨声是篮球比赛中的主要信号，为了适应激烈比赛的需要，裁判员要选择一个声大、音尖的口哨。

2. 含哨方法

(1)含哨要正。要把口哨含在嘴唇正中央，否则，既不好吹，又不好看。

(2)含哨要紧。除上下嘴唇紧紧贴住，还要用上下牙咬住口哨。

3. 鸣哨要求

(1)裁判员临场鸣哨时，应短促洪亮，只鸣单声哨。一般情况下，吹犯规时，哨声略长些、重些，吹违例时，哨声略短些、轻些。

(2)鸣哨时，先吸足气和憋足气，然后再突然快速吐气，只有这样，哨声才洪亮。

4. 注意问题

(1)跳球时，执行抛球的裁判员不要把口哨含在口中，以防受伤。

(2)在活球的任何时候，口哨都要始终含在嘴里，以免急需鸣哨时，措手不及而影响宣判。

(3)鸣哨后，特别是到记录台附近宣判犯规时，则要把口哨吐掉，切勿含口哨宣判。

(二)抛球

1. 抛球要求

(1)高度：球的最高点要超过任一跳球队员跳起时手臂所能达到的高度。一般情况下，男子比赛要达到 3.40 米左右，女子比赛要达到 3.05 米左右。

(2)轨迹：抛出的球不得向前后左右偏离，并确保球在两名跳球队员之间垂直下落。

2. 抛球要领

两脚前后开立与肩同宽，以肩为轴由下向上摆臂，全身协调用力。既可用单手，也可用双手将球垂直抛起。

3. 抛球练习方法

(1)可在篮圈下将球抛起穿过篮圈再落入篮圈。

(2)可在篮板前将球垂直抛到 3.05 米～4 米的高度再落回原处。

(3)可在地上画一圆圈，将球置于圆圈上方后，将球垂直抛起，使球再落在圈内。

(三)默记时间

1. 默记时间要求

(1)默计时间要准确，并与挥臂计算相结合，要使运动员和教练员都能看得清，这样将增加宣判的说服力。

(2)有时在默计时间的同时也可参照 24 秒计时装置的显示。

2. 默记时间的练习方法

(1)用秒表测试。开表之后，默计 3 秒、5 秒或 8 秒，认为时间到时关表，然后检查默记的准确性。

(2)在篮球场上模拟练习。当队员进入限制区时开动秒表并默计时间,当认为3秒时间到时鸣哨,同时停表,然后检查默计的准确性。

(四)移动

移动是裁判员为了改变位置、方向、速度等所采用的各种脚步动作的统称,它是篮球裁判员做好临场工作的基础。移动的目的是寻找判罚角度,扩大视野、观察所有的队员,减少临场中的错判、漏判、反判。为了适应当今篮球比赛的需要,裁判员除必须具备良好的体能外,而且还应掌握移动的技巧。常用的裁判员移动技术有:起动、变向跑、变速跑、侧身跑、急停、转身、侧滑步、交叉步等。其技术动作方法和练习方法可参考本书基本技术中的移动部分。

(五)手势

1. 手势要求

手势应规范、美观、大方。出示号码手势时,应与眼同高。

2. 练习方法

(1)按照裁判员手势图的要求,逐个练习,达到熟练掌握。

(2)自己对着镜子练习手势,边练习边纠正。

(3)在别人的帮助和纠正下练习手势,当帮助者喊出某种手势时练习者快速做出。

(4)结合鸣哨和宣判违例或犯规来练习组合手势。

(5)在实际临场中注意提高运用手势的能力和节奏。

三、篮球裁判员能力培养的教法要点提示

学生篮球裁判员虽然具有较强的理论知识,但由于他们的临场实践机会较少,因而他们的临场实践能力较差,从而也就制约了他们的裁判能力。对于此种状况,教师应在要求学生尽可能多地参加篮球裁判临场实践工作的同时,督促学生多观摩、勤思考,培养学生善于发现问题的良好习惯,从而弥补学生临场实践能力不足的问题。

(1)教师应先讲授篮球规则、执裁技巧等理论知识,再组织学生进行裁判实践技能的学习。

(2)在进行规则讲授时,教师应先给学生讲解清楚违例和犯规的概念、种类以及处理原则,然后再通过观看比赛中的实际判例,引导、启发学生积极思考,从而加深他们对概念的正确理解,进而使他们逐步从感性认识上升到理性认识,从抽象的逻辑思维过渡到具体的形象思维。

(3)在进行执裁技巧讲授时，教师应采取课堂讲解和临场观摩相结合的方法进行。在课堂用图示或录像讲解2名或3名裁判员在临场中的分工配合及移动路线，以及发生各种违例、犯规时的手势和宣判程序。随后，通过教师的临场示范，或观看国内外比赛中的经典判例，让学生用眼看、用耳听、用脑想、用手做、用口说等，从而启发学生的思维，增加学生理论知识的深度和广度，培养他们的观察力、判断力及反应能力，进而提高他们的执裁水平。

(4)有目的、有重点地进行讨论，以使学生进一步熟悉、理解教师所讲授的裁判理论知识，并加深记忆。教师要根据重点章节提出讨论题目，并由学生准备发言提纲。课上先由学生发言，阐述自己的观点，然后其他学生再根据发言者的观点进行讨论与分析，最后由教师进行归纳和总结。

(5)在篮球技战术教学与训练课中，教师应适时地通过对技术动作的讲解、对战术配合的分析、规则和执裁技巧的实践演练，使学生较全面地理解规则并掌握移动与观察比赛的方法、裁判员间配合的要领等执裁技巧，提高执裁水平。

思考题

1. 篮球裁判员应具备哪些基本素质？

2. 篮球裁判员的基本功包括哪些？应如何进行自我训练？

3. 如何确定持球队员的中枢脚？

4. 绘图说明在两人裁判员执裁中的半场区域分工及配合方法。

5. 绘图说明在三人制裁判员执裁中的半场区域分工。

第十一章
篮球竞赛的组织与编排

📖 内容提要

　　本章全面系统地介绍了篮球竞赛的组织工作、篮球竞赛制度与编排方法，以及成绩计算与名次评定的具体方法。

第一节　篮球竞赛的组织工作

　　篮球竞赛的组织工作是有目的地组织、指挥、控制和调节竞赛工作的过程，不论举办何种形式的篮球竞赛，也不论其规模大小和水平高低，都有一定的时限，涉及多方面的准备及工作安排。因此，篮球竞赛的组织工作实际上是一项系统工程，这个系统中横向的协调融合和纵向的连贯流畅，是篮球竞赛活动顺利进行和圆满完成的重要保证。篮球竞赛的组织工作一般可分三个阶段。

一、竞赛前的准备工作

（一）建立竞赛组织机构

　　首先要成立竞赛领导小组，即组织委员会（或称竞赛委员会），它对竞赛的全过程起组织领导作用。然后在它属下，再设立具体的工作机构。这些工作机构负责整个竞赛过程中的各项具体事务，协助领导小组完成竞赛任务。通常情况下，设仲裁委员会、竞赛处、秘书处、总务处等部门(图 11-1-1)。

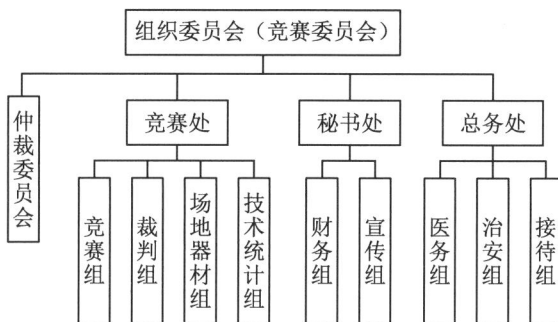

图 11-1-1　大型比赛组织机构图

(二)确定组织方案

组织委员会(以下简称"委员会")要对竞赛的任务、规模、水平、承办单位的硬件与软件质量、组织竞赛的经费等情况有全面的了解。在这个基础上，本着实事求是、精简高效和勤俭节约的原则，对竞赛期间各项活动内容作出计划和安排，对竞赛的各项收支标准作出预算。

(三)制定竞赛规程

竞赛规程是竞赛工作的指导性文件，是竞赛的组织者和参与者都必须遵守的章程。竞赛规程主要包括竞赛名称、竞赛目的与任务、竞赛项目、主办与承办单位、竞赛日期和地点、参加单位及人数限定、运动员资格、报名及报到日期、竞赛方法、竞赛规则、名次评定和奖励办法、抽签日期和地点、注意事项等。基层单位的竞赛如有一些特殊的规定，也要写入规程。规程一经审定，就应保证其严肃性和权威性。

(四)拟订工作计划

根据组织方案、竞赛规程和竞赛的主要工作目标与日程计划，由各部门拟订具体工作任务与计划，经组委会批准后执行。

(1)仲裁委员会的主要工作：解决竞赛中出现的重大问题。

(2)竞赛处的主要工作：做好竞赛的编排工作并编印比赛秩序册；做好裁判组织工作；审查参赛运动员资格；安排各队赛前的训练时间和场地(检查场地、器材设备和各种表格准备情况)；召开领队，教练员会议，讨论有关问题。

(3)秘书处的主要工作：做好比赛的宣传报道工作和票务工作，加强对参赛人员思想和体育道德方面的教育；安排文艺活动、参观游览和有关会议。

(4)总务处的主要工作：搞好接待、生活、住宿，交通；维持好比赛场地的秩序和安全工作；确定医务人员，备好医疗用品等。

二、竞赛期间的工作

竞赛期间的工作是竞赛组织的中心工作，从比赛开幕到闭幕，所有工作都要在组委会的领导下进行，为使比赛顺利进行而努力。这期间的工作可分为比赛活动的管理和非比赛活动的管理。

（一）比赛活动的管理

根据比赛的日程，安排好裁判员、记录台工作人员、技术统计人员、医务人员和场地工作人员，使每一场比赛都能够按时进行，不能因为工作人员的疏忽和器材设备的故障而使比赛延误、停顿、脱节。要按照篮球竞赛规程和规则来管理比赛，建立良好的比赛秩序，使参赛的运动队能够在平等的条件下竞争。

比赛活动的管理，关键在于裁判工作。裁判员的公正、公平和敬业态度反映了比赛的严肃性，裁判员判罚的准确程度体现了其权威性，执法的松紧程度影响着比赛的对抗性，判罚时的待人态度影响着运动员的比赛情绪。因此，加强对裁判员队伍的管理，除了要进行赛前的学习教育之外，赛间的及时检查、小结与监控也是保证比赛健康发展的重要措施。另外，对赛场中可能出现的假球、赌球、"黑哨"和乱扔杂物、干扰比赛正常进行、围攻裁判员等有损文明的突发事件也要有充分的准备。竞赛处、仲裁委员会甚至安保部都要有相应的准备。

（二）非比赛活动的管理

在竞赛期间，有许多非比赛活动需要各工作部门进行组织管理，这些工作对整个竞赛的顺利开展有很大的影响。

1. 对开幕式、闭幕式的管理

不管是较隆重的还是简单的开幕式和闭幕式，都应给予足够的重视。主题要明确，安排要紧凑，场面要热烈，以扩大篮球运动的影响，提高篮球运动的社会地位，增强篮球运动员的责任感。

2. 对赛事服务工作的管理

组织好每次比赛后的新闻发布会，尽快处理和传递当日比赛的信息，安排好每场比赛中间间歇时间的表演。做好对比赛场地器材设备的检查、保养和修理。经常对食堂进行食品卫生检查，预防肠道传染疾病的发生。对住地和赛场休息室进行相应的封闭治保，避免闲杂人员的干扰，保证参赛人员的休息和安全。经常与运动队取得联系，及时了解情况，改善服务措施。

3. 对赛场观众的管理

做好文明观赛的宣传工作，引导观众讲礼貌、守纪律，为比赛双方加油。对观众中可能出现的过激行为要有应急措施，大型的竞赛还要组织好安全保卫和观众的疏导工作。另外，由于竞赛期间各种情况的复杂多变，还需要对各个工作部门进行协调管理，以使比赛更好的运转。

三、赛后工作

赛后的工作包括以下几个方面。

(1)编制和印发总的比赛成绩表、某些单项技术评比名次和其他一些获奖名单；对比赛技术资料进行处理和归档。

(2)组织各参赛队及裁判员进行经验交流，办理参赛队伍的离会手续。

(3)对比赛器材设备进行整理。

(4)组织各部门及时做好工作总结，对竞赛的收支进行财务决算。

(5)为高一层次的队伍选拔和推荐人员。

第二节　篮球竞赛制度与编排方法

篮球比赛中通常采用的竞赛制度有淘汰制、循环制和混合制三种。选用何种竞赛制度，应根据比赛任务、参赛队数、时间、场地、经费等情况确定。

一、淘汰制

淘汰制分单淘汰和双淘汰两种。单淘汰是指在比赛中失败一次者即被淘汰，而获胜者继续比赛，直到决出冠、亚军为止。双淘汰是指在比赛中失败一次后，仍可与另一失败一次者进行比赛，如再次失败即被淘汰，而获胜队则继续比赛，直到决出冠、亚军为止。

淘汰制一般在比赛时间短、参加队数多的情况下采用。淘汰制的缺点是：第一，比赛机会少；第二，由于各队之间的比赛胜负有一定的偶然性，所以除了第一名以外，其余各队的名次不能合理确定。

(一)单淘汰制的编排方法

1. 场数和轮次的计算

$$场数＝参加队数－1$$

轮次是以参加队数为幂、以 2 为底的指数，即"队数＝$2^{轮次}$"。比如，8 支队参加比赛，即为 3 轮，因为 $8=2^3$。如果参加比赛的队数不足 2 的乘方数，则比赛的轮次为稍大的一个以 2 为底的幂的指数，如 14 支队参加比赛，按 16 支队的轮数来计算，因为 $16=2^4$，即为四轮。

2. 第一轮参加比赛的队数的计算

用"$(N-2^n)\times 2$"的公式计算。N 代表队数，2^n 代表略小于队数的 2 的乘方数。如 13 支队参加比赛，即 $(13-2^3)\times 2=(13-8)\times 2=5\times 2=10$，有 10 支队参加第一轮比赛，3 支队轮空。

3. 编排方法

(1) 如果参加比赛的队数正好是 2 的乘方数，就按照图 11-2-1 所示，逐步进行淘汰。

图 11-2-1 8 支队参赛的单淘汰比赛编排

(2) 如果参加比赛的队数不是 2 的乘方数，就要根据参赛队数，选择最接近的、较大的 2 的乘方数作为号码位置数，号码位置数减去参加队数，即为轮空队数。比如，13 支队参加比赛，选用 16 为号码位置数，$16-13=3$，即 3 支队轮空。可选 2、5、10 为轮空的号码位置 (图 11-2-2)。

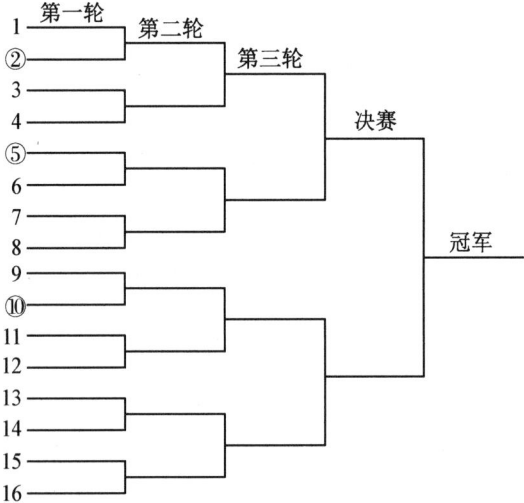

图 11-2-2 13 支队参赛的单淘汰比赛编排

轮空队必须安排在第一轮，可采用抽签来决定轮空队，也可设种子队再确定种子队轮空的区位。为了避免高水平的球队过早相遇而被淘汰，可设种子队，把种子队安排在不同的位置上，使之最后相遇。采用抽签的方法确定其他各队在秩序表上的位置，再填上队名、日期、场地、时间，即成为比赛日程表。

（二）双淘汰制的编排方法

双淘汰制的编排方法是为了使在第一轮中失败的队能够有资格继续参加比赛，有机会争夺第一名，以减少单淘汰中产生的偶然性结果。双淘汰编排，第一轮与单淘汰的编排相同，从第二轮起，把失败的队再编起来比赛，只有第二次失败的队才被淘汰。因此，即使在第一轮比赛中失败的队，只要它在后续比赛中能够保持不败，就有可能去争夺冠军（见图 11-2-3）。

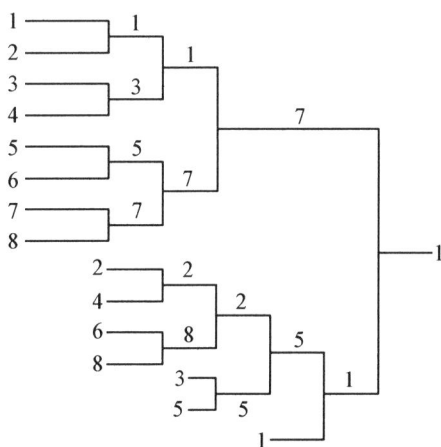

图 11-2-3　8 支队参赛的双淘汰比赛编排

二、循环制

循环制包括单循环、双循环和分组循环三种。

单循环是指所有参赛队在竞赛中均能相遇一次，最后按各队在竞赛中的得分多少、胜负场次来排列名次。单循环一般在参赛队不太多，比赛时间较长时采用。双循环是所有参赛队在比赛中均相遇两次，最后按各队在竞赛中的得分多少、胜负场次来排列名次。双循环一般在参赛队少、比赛时间较长时采用。分组循环是指参赛队分成若干组，分别进行单循环比赛，决出小组名次后再进行第二阶段比赛。分组循环一般在参赛队多，比赛时间有限时采用。

（一）单循环制的编排方法

1. 比赛轮数和场数的计算

（1）比赛轮数的计算：在循环制的比赛中，各队都参加完一场比赛为一轮。当参赛的队为单数时，比赛的轮数等于队数；当参赛的队数为双数时，比赛的轮数等于队数减1。

（2）比赛场数的计算

$$比赛场数＝队数×（队数－1）/2$$

2. 编排竞赛轮次表

不论参赛队是奇数还是偶数，均按偶数进行编排。如果参赛队为奇数，则在队数最后加一个"0"，使其成为偶数，碰到0的队轮空。在编排时，把参赛队平均分成左、右各一半，左一半号数由序号1依次自上向下排，右一半号数按数序依次自下向上排，然后用横线相连，即构成比赛的第一轮。从第二轮开始，轮转的方法有多种，下面介绍最常用的固定轮转编排法。

固定轮转编排法也叫常规轮转编排法，是我国传统的编排方法。表11-2-1为7支队参赛轮次表，它以左边第一号固定不动，逆时针转动，逐一排出。

表 11-2-1　固定轮转编排法

第一轮	第二轮	第三轮	第四轮	第五轮	第六轮	第七轮
1－0	1－7	1－6	1－5	1－4	1－3	1－2
2－7	0－6	7－5	6－4	5－3	4－2	3－0
3－6	2－5	0－4	7－3	6－2	5－0	4－7
4－5	3－4	2－3	0－2	7－0	6－7	5－6

3. 抽签

排好轮次表后，用抽签方法（抽签方法在竞赛规程中说明），将各队抽到的签号填入竞赛轮次表中。

4. 编排竞赛日程表

根据比赛的日期、时间、场地、服装颜色等排出比赛日程表（表11-2-2）。

表 11-2-2　比赛日程表

备注	日期	时间	组别	比赛队	场地
××	××××年 ××月 ××日	15:00	女	××()－××()	××××
		16:30	男	××()－××()	××××
		19:00	女	××()－××()	××××
		20:30	男	××()－××()	××××

（二）双循环制的编排方法

双循环比赛是指参赛队先后进行两次单循环的比赛，在比赛中所有参赛队均能相遇两次，最后按各队在全部竞赛的得分多少、胜负场数决定名次。

双循环的编排方法与单循环相同，只是在第二次循环时，是否重新抽签要视竞赛规程中有无明确规定。

（三）分组循环制的编排方法

分组循环就是把参加比赛的队分成若干组，各组先进行第一阶段的循环比赛，排出各组名次后，再进行第二阶段比赛。

循环比赛的总场数为各小组单循环场次的累加，轮次按小组最高轮次计算。

分组循环的轮次轮转方法和制定竞赛日程表等与单循环相同，只是抽签方法略有区别。

分组循环的抽签方法：先确定种子队，种子队原则上是根据前一次比赛的名次来确定的，数量一般应等于分组的组数或组数的倍数。种子队确定之后，应按照"蛇形"排列的方法，将种子队分别落位到各组中，其余各队再用抽签的方法确定他们在各组中的位置。

以 12 支队参加比赛为例。第一阶段分两组，每组 6 支队进行单循环比赛并排出各组名次，随后进入第二阶段的比赛，竞赛方法有：①同名次决赛，各组第 1 名决 1～2 名，各组第 2 名决 3～4 名，依此类推；②各组前两名编在一组决 1～4 名，3～4 名编在一组决 5～8 名，依此类推；③各组前三名编在一起决 1～6 名，各组后三名决 7～12 名。

（四）循环制比赛的名次排列

采用循环赛制的比赛，球队名次的确定，不是以一场比赛的胜负，而应按他们全部比赛的胜负记录来排列名次，胜 1 场得 2 分，负 1 场（包括比赛因缺少队员告负）得 1 分，比赛因弃权告负得 0 分。

如果组内 2 支或多于 2 支球队在所有比赛后有相同的胜负记录，这些球队之间的比赛将决定他们的名次排列。如果 2 支或多于 2 支球队之间的比赛有相同的胜负记录，将按照下列原则依顺序进行排列：他们之间比赛净胜分的多少；他们之间比赛得分的多少；组内所有比赛净胜分的多少；组内所有比赛得分的多少。

如果在小组赛结束后采用这些原则仍无法决定，将用抽签进行最终名次排列。在按上述原则排列名次的任何阶段，当 1 支或多于 1 支球队能被排列出来，则将从开始重复①～④的程序以排列出剩余的球队。

三、混合制

同时采用两种竞赛制度进行的比赛称混合制。在篮球比赛中，常把比赛分为两个阶段，前一阶段采用分组循环制排出小组名次，第二阶段进行淘汰制排出最终名次，或者相反。在决赛阶段采用淘汰制时，大多数采用"交叉赛"或"同名次赛"来决定名次。

（一）交叉赛

第一阶段分两组进行循环赛后，排出小组名次进行交叉赛，即 A 组的第 1 名对 B 组的第 2 名，B 组的第 1 名对 A 组的第 2 名，两场比赛胜队决 1、2 名，负队决 3、4 名。

(二)同名次赛

把第一阶段各组决出的同名次的队编在一起，胜者名次列前。如果第一阶段是分 4 个组循环，先由 4 个组的第 1 名决 1～4 名，即 A 组的第 1 名对 D 组的第 1 名，B 组的第 1 名对 C 组的第 1 名，两场比赛胜队决 1、2 名，负队决 3、4 名，依此类推。

(三)佩奇制决赛

假如第一阶段分两组进行单循环，排出各组的名次，A、B 两组的 1、2 名采用佩奇制，决出 1～4 名，即 A1 对 B1、A2 对 B2，A2 对 B2 的负者为第 4 名，胜者与 A1 对 B1 的负者比赛，负者为第 3 名，胜者与 A1 对 B1 的胜者决赛，决出冠亚军。

思考题

1. 篮球竞赛规程包括哪些内容？

2. 篮球的竞赛制度有哪几种？比赛的场数和轮次如何计算？

3. 简述单淘汰制的编排方法。

4. 简述单循环制的编排方法。

5. 试述篮球比赛成绩计算和名次排列的方法。

第十二章
篮球场地与设备

📖 **内容提要**

本章重点介绍篮球场地与设备规格，篮球场地的修建与维护。

第一节　篮球场地与设备规格

一、标准篮球比赛场地的规格

（一）球场尺寸

比赛场地应是一块平坦、无障碍物的硬质地面。其尺寸为长 28 米，宽 15 米，从界线的内沿丈量(图 12-1-1)。所有观众必须就座于距比赛场地的界线外沿最少 2 米处。天花板的高度或比赛场地上空最低障碍物的高度至少应为 7 米。

（二）球场线、区、圈的名称和规格

球场的所有线应颜色相同，且应用白色或其他能明显区分的颜色画出，宽 5 厘米并清晰可见。

1. 界线

比赛场地是由两条端线和两条边线组成的界线所限定。这些线不是比赛场地的一部分，

丈量时从端线和边线的内沿量起。任何障碍物包括在球队席就座的主教练、第一助理教练、替补队员、出局的队员和随队人员，距离比赛场地应至少 2 米。（图 12-1-1）

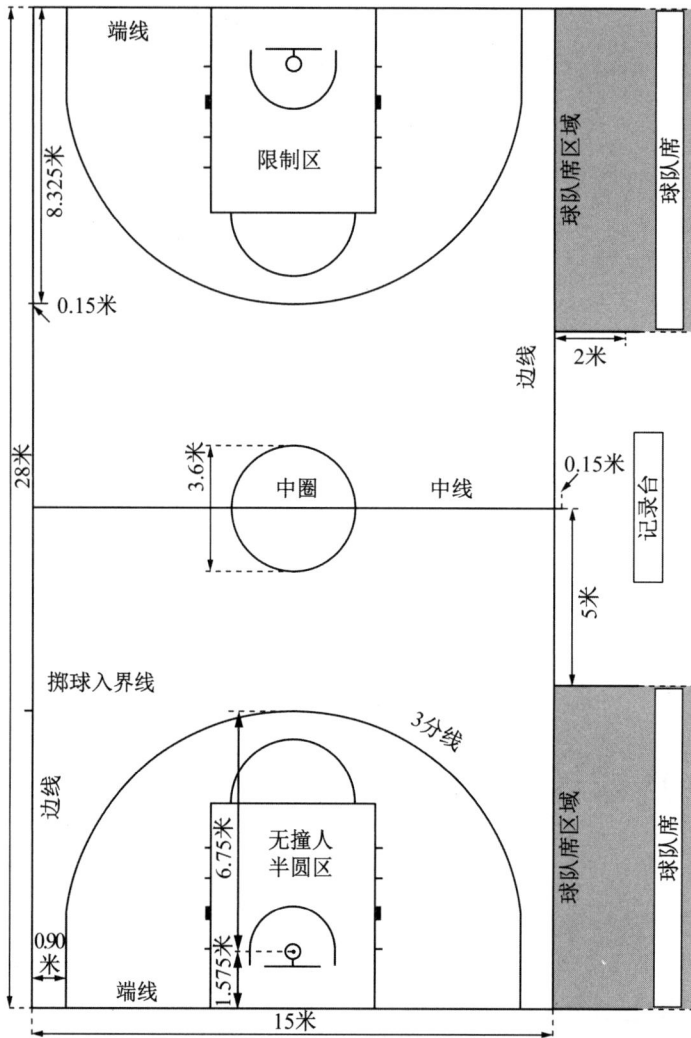

图 12-1-1　标准篮球场地的全部尺寸

2. 中线、中圈

中线应从两条边线的中点画出并平行于两条端线。它向每条边线外延伸 0.15 米。中线是后场的一部分。（图 12-1-1）

中圈应画在比赛场地的中央，半径为 1.80 米（从圆周的外沿丈量）（图 12-1-1）。

3. 罚球半圆

两个罚球半圆应画在比赛场地上，半径是 1.80 米（从圆周的外沿丈量），它的圆心在两条罚球线的中点上（图 12-1-2）。

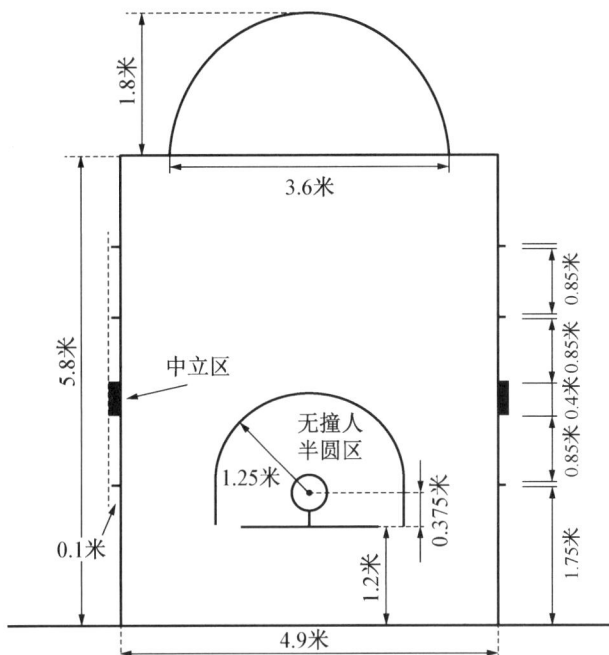

图 12-1-2　限制区和罚球半圆

4. 罚球线、限制区和抢篮板球分位区

如图 12-1-2，罚球线应画成与每条端线平行。从端线内沿到它的最外沿应是 5.80 米，其长度是 3.60 米。它的中点应落在连接 2 条端线中点的假想线上。

限制区应是画在比赛场地上的一个长方形区域，它由端线、延长的罚球线和起自端线（外沿距离端线中点 2.45 米）终于延长的罚球线外沿的线所限定。除了端线外，这些线都是限制区的一部分。

罚球时留给队员们的沿限制区两侧的抢篮板球分位区，应按图 12-1-2 标出。

5.3 分投篮区域

某队的 3 分投篮区域（图 12-1-3）是除对方球篮附近被下述条件限制的区域之外的整个比赛场地的地面区域。3 分线不是 3 分投篮区的一部分。

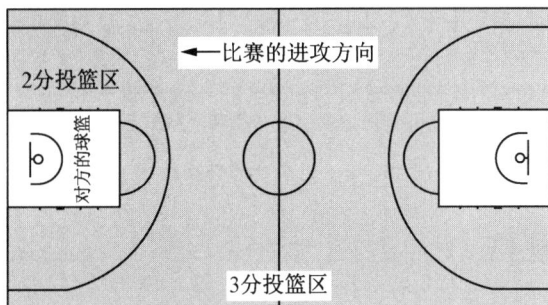

图 12-1-3　2 分和 3 分投篮区

这些条件包括：从端线引出的 2 条垂直于端线的平行线，其外沿距离边线的内沿 0.90 米；以对方球篮中心在正下方场地上的点为圆心，画一个半径（圆弧外沿）是 6.75 米的圆弧。此圆心距离端线中点的内沿是 1.575 米，且该圆弧与两条平行线相交。

6. 球队席区域

如图 12-1-1 所示，球队席区域应由 2 条线在场外画出。

球队席区域内必须有 16 个座位提供给双方球队席的主教练、助理教练、替补队员、出局的队员和随队人员。任何其他人员应在球队席后面至少 2 米处。

7. 掷球入界线

2 条 0.15 米长的掷球入界线应画在记录台对侧、比赛场地外的边线上，其外沿距离最近端线内沿是 8.325 米。（图 12-1-1）

8. 无撞人半圆区

无撞人半圆应在场地上画出，其界线是：以球篮中心在正下方场地上的点为圆心，以半径（半圆内沿）为 1.25 米的半圆；与端线垂直的 2 条平行线，内沿距离球篮中心正下方的场地上的点距离是 1.25 米，其长度是 0.375 米，距离端线内沿 1.2 米。

无撞人半圆区由与篮板前沿平行的假想线和上述平行线末端连接封闭构成。无撞人半圆区的界线是无撞人半圆区的一部分。

（三）记录台和替换椅子的位置

记录台最少长 0.6 米，高 0.8 米，必须安放在一个最少高 0.2 米的平台上。（图 12-1-1 和图 12-1-4）。

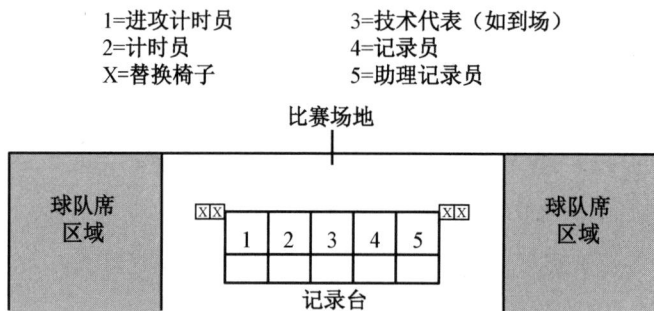

图 12-1-4　记录台和替换椅子

二、器材设备的规格

《篮球规则 2020》的篮球器材部分，详细说明了比赛中需要的所有篮球器材。一级比赛的参考手册注明器材规格对于该级别的比赛是绝对必要的和必不可少的，并推荐在二级比赛中使用这些器材。与比赛有直接关联的所有参与者以及篮球设备制造商、当地的组织者和国际篮联为它的设备批准说明书，以及制定国家和国际的标准均应使用标准规格的器材设备。

篮球比赛分为两个水平：一级比赛、二级比赛。

一级比赛：国际篮联国家队和俱乐部比赛，以及其他精英级别的国家和国际顶级俱乐部、国家队比赛。

二级比赛：不包括一级比赛在内的任何其他比赛。

对于二级比赛，所有篮球器材的技术规格必须被遵守，强烈推荐使用国际篮联批准的器材。

（一）篮球架

有两个篮球架(图 12-1-5 或图 12-1-6)，分别放置在比赛场地的两端，每 1 个篮球架包括：1 块篮板、1 个带有固定篮圈钢板的篮圈、1 个篮网、1 个篮球支撑构架、包扎物。

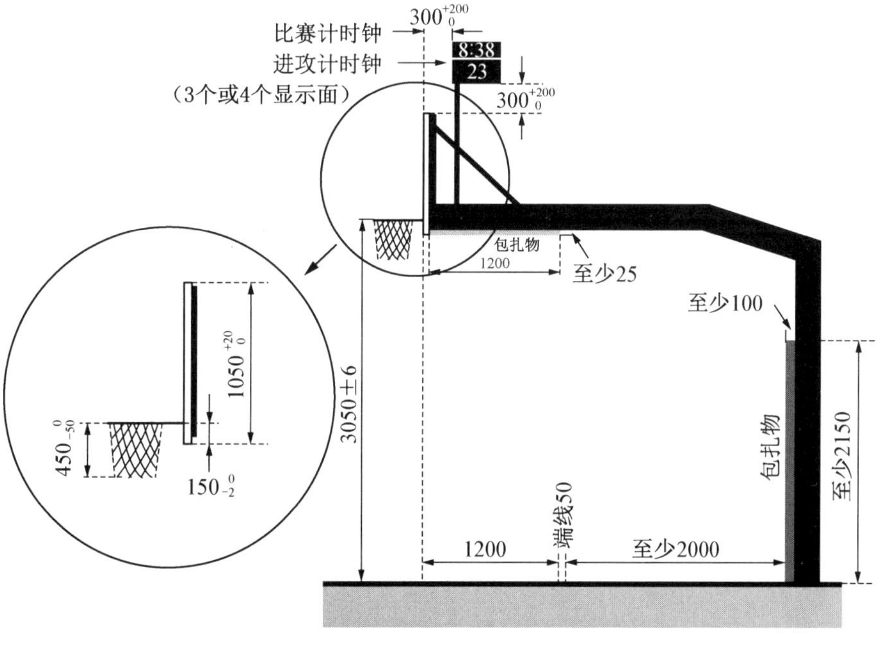

图 12-1-5　一级比赛篮球架(进攻计时钟方式一)(单位：毫米)

（二）篮板

篮板应牢固地安置在比赛场地两端的篮板支撑架上，与比赛地板成直角，平行于端线(图 12-1-5 或图 12-1-6)。篮板前表面的中央垂直线延伸至比赛地板，与比赛地板的接触点落在与端线成直角的假想线上，此点距离端线内沿中心 1200 毫米。篮板(包括框架)横宽 1800 毫米(最大多出 30 毫米)，竖高 1050 毫米(最大多出 20 毫米)。

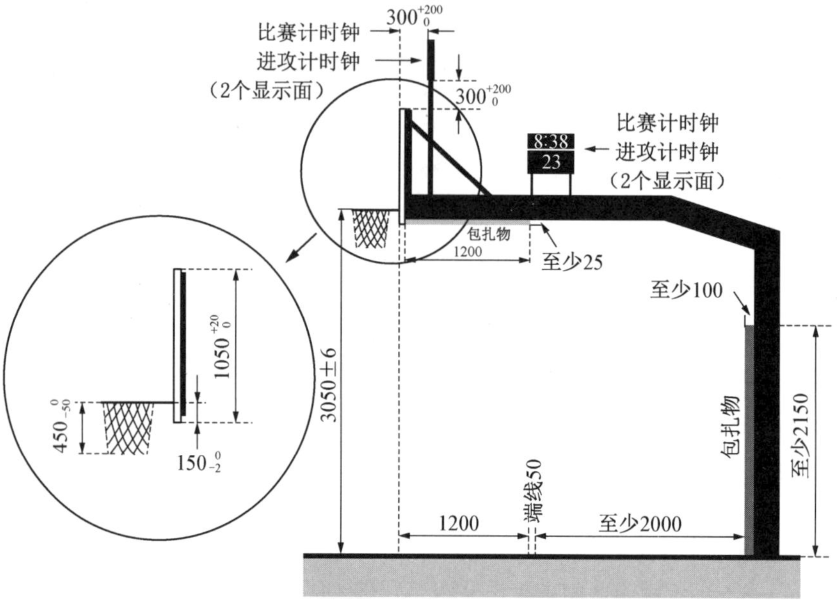

图 12-1-6　一级比赛篮球架(进攻计时钟方式二)(单位：毫米)

对于一级比赛，篮板应用不反光的夹层安全玻璃或钢化玻璃支撑，厚度介于 11.8 毫米与 13.5 毫米之间，前表面平整，并且围绕在篮板支撑构架的外沿应有保护性的框架。如果损坏，玻璃碎片不飞出或不造成任何受伤的风险。

对于二级比赛，篮板可以是下列任意材质：夹层玻璃/钢化玻璃(和一级比赛相同)；透明的丙烯酸或聚碳酸材料；木材、玻璃纤维、钢或铝合金，漆成白色。

篮板上的所有线条的宽应为 50 毫米。如果篮板是透明的，线条应是白色的。如果篮板漆成白色，线条应是黑色的(只对于二级比赛而言)。

篮板的四周边应画上边线(图 12-1-7)，并按下列要求在篮圈后面画一个附加的长方形，外沿的尺寸宽 590 毫米(最大多出 20 毫米)，高 450 毫米(最大多出 8 毫米)，长方形底线的上沿与篮圈的上沿齐平，距篮板的下沿 150 毫米(最多减少 2 毫米)。

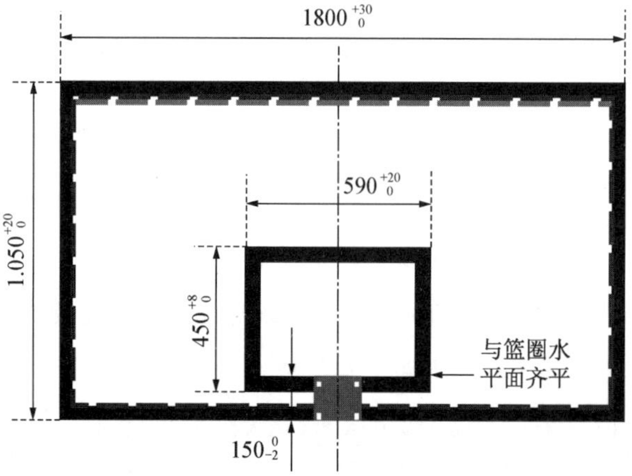

图 12-1-7　篮板标志

对于一级比赛，每块篮板的四周边应配备闪光带，安装在篮板边沿里面，当结束一节或一个决胜期比赛的比赛计时钟信号响起时，亮起红光。闪光带应至少宽 10 毫米，并至少沿篮板玻璃区域边缘覆盖 90％。

对于一级比赛，每块篮板上沿顶部应配备闪光带，安装在篮板边沿里面，仅当进攻时钟信号响起时，亮起黄光。闪光带置应至少宽 10 毫米并直接安装在比赛计时钟的红色灯下面。

对于一级比赛，当一个篮球从 1.8 米处落在篮板上时，应最少有 50％的反弹高度。

(三)篮圈

篮圈用实心钢材制成，其内沿直径最小为 450 毫米，最大为 459 毫米，应漆成橙色。圈材的直径最小为 16 毫米，最大为 20 毫米(图 12-1-8)。

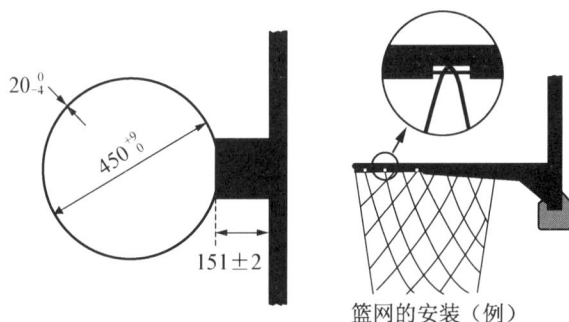

图 12-1-8　篮圈

圈的下沿设有 12 个系篮网的附件，该附件不应有任何尖棱或缺口，不应有大于 8 毫米的空隙，以防止手指进入；对于一级比赛，不设计挂钩。

篮圈应安装在支撑篮板的构架上，任何施加在篮圈上的力不能被传递到篮板上。因此，在固定篮圈的钢板和篮板之间不应有直接的接触。每个篮圈的顶沿应水平放置，距地面 3050 毫米(最多±6 毫米)，与篮板的两条竖边等距离。从最靠近篮板的篮圈内周上的点到篮板面的距离是 151 毫米(最多±2 毫米)。

(四)篮网

篮网应用白色细线绳制成，有 12 个环孔，并悬挂在篮圈上，制成的篮网要使球穿过球篮时稍受阻碍，其长度不短于 400 毫米，也不长于 450 毫米(图 12-1-6、图 12-1-8)。

篮网的上部应是半硬式的，以防止篮网反弹向上穿过篮圈或者翻到篮圈以上，造成可能的缠挂，以及球停留在篮网中或被弹出。

(五)篮板支撑构架

一级比赛只可使用活动的或固定在地面上的篮板支撑构架，二级比赛还可以使用吊装在天花板上或安装在墙上的篮板支撑构架。吊装在天花板上的篮板，不应在天花板高度超过 10000 毫米的场馆内使用，以避免支架的过度震动。建议将防护包扎物与天花板吊装装置始终一并安装。[①]

篮板支撑构架还应满足以下条件：

对于一级比赛，距端线外沿测量到篮球架包扎物前沿至少 2000 毫米(图 12-1-5 或图 12-1-6)。对于二级比赛，距端线外沿测量到篮球架包扎物前沿至少 1000 毫米。对于安装在墙上的或吊装在天花板上的单位，测量应从端线外沿到墙面或距离最近的障碍物。与背景相比颜色鲜明，以便队员清晰可见，牢牢地固定在比赛地板上，以防止任何移动。如果不可能固定在比赛地板上，为防止任何移动，必须在支撑球篮的底座上使用足够的镇重物。被校准到从篮圈顶部至地面的高度是 3050 毫米，这个高度不得改变。带有篮圈的篮板支撑构架的刚性应达到 ENI 1270 标准的要求。扣篮后篮板支撑单元超过 5 毫米的明显颤动应持续少于 4 秒。

(六)包扎物

篮板和篮板支撑构架必须包扎，其应为单一的纯色，两块篮板以及支撑构架颜色应相同。包扎物距离篮板的前、后和侧面应有 20～27 毫米厚，距离篮板的底沿应有 48～55 毫米厚(图 12-1-9)。包扎物应覆盖每一篮板的底表面，侧表面距底沿高度应为 350～450 毫米。前后表面应距每一篮板的底部至少覆盖 20～25 毫米高。

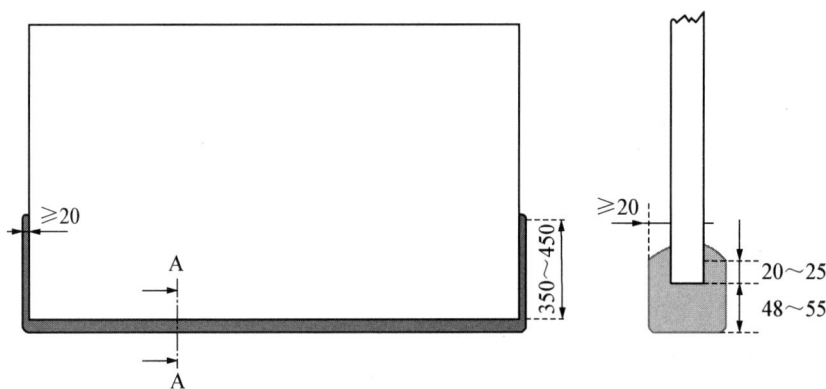

图 12-1-9　篮板包扎物

篮板支撑构架的包扎物应覆盖：每侧的垂直边沿，从比赛地板向上的最低高度 2150 毫米，最小厚度是 100 毫米(图 12-1-5 或图 12-1-6)；篮板支撑臂的底部和侧表面，从篮板背面起沿臂包扎，超过 1200 毫米的最小长度，最小厚度是 25 毫米。所有包扎物应能防止肢体陷入，具有最大 50％的压痕系数。这意味着当外力突然施加在包扎物上时，包扎物的凹陷不超过原先厚度的 50％。

---

① 此条款引自国际篮联官网《2022 年国际篮联官方篮球规则修改》，https://www.fiba.basketball/documents/fiba-official-basketball-rules-changes-2022-v1.0.pdf，从 2022 年 10 月 1 日起执行。

（七）篮球

球应是圆形的，最多有 12 条接缝，宽度不应超过 6.35 毫米，是单一暗橙色的，或是国际篮联批准的结合色。充气到使球从大约 1800 毫米的高度（从球的底部量起）落到比赛地板上，反弹起来的高度在 1035 毫米到 1085 毫米[①]（从球的底部量起）。标注有建议的充气压力或压力范围，标明各自的尺寸号码。

对于所有级别的男子篮球比赛，都应使用 7 号球，球的周长在 750 毫米到 770 毫米之间，球的重量在 580 克到 620 克之间。

对于所有级别的女子篮球比赛，都应使用 6 号球，球的周长在 715 毫米到 730 毫米之间，重量在 510 克到 550 克之间。

对于所有迷你篮球比赛，都应使用 5 号球或 5 号轻量球，5 号球的周长在 685 毫米到 700 毫米之间，重量在 465 克到 495 克之间。5 号轻量球的周长在 685 毫米到 700 毫米之间，重量在 360 克到 390 克之间。

对于一级比赛，球的外壳应由皮革或人造的/复合的/合成的皮革制成。对于二级比赛，球的外壳可用橡胶制成。篮球的外壳应在整个球体上提供适当的抓力。

（八）比赛计时钟

对于一级比赛，主比赛计时钟（图 12-1-10）应是一个带有显示器，一显示零（00:00.0）就自动发出结束一节或一个决胜期信号的数字倒计时钟；有指示剩余的分、秒以及只在每节或每个决胜期最后 1 分钟内指示十分之一秒时间的功能；放置在与比赛有关的每一个人（包括观众在内）都能清楚地看到的地方。

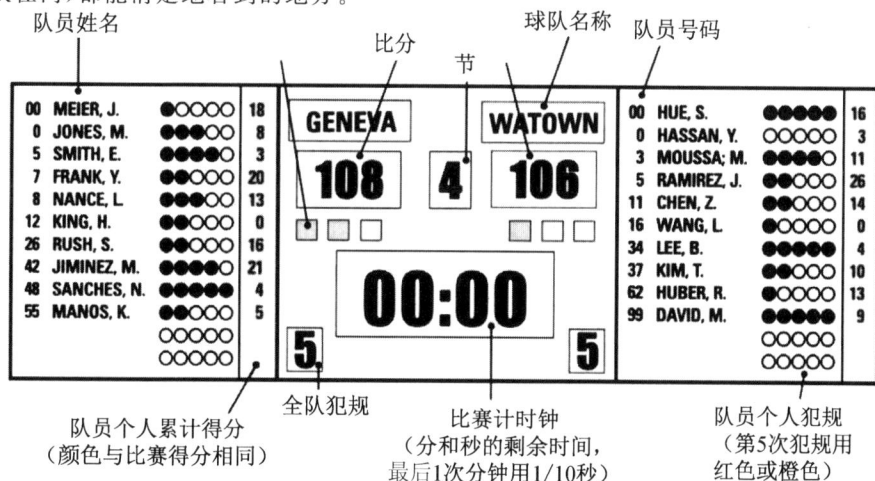

图 12-1-10　一级篮球比赛的记录屏（样例）

① 此条款引自国际篮联官网《2022 年国际篮联官方篮球规则修改》，https://www.fiba.basketball/documents/fiba-official-basketball-rules-changes-2022-v1.0.pdf.，从 2022 年 10 月 1 日起执行。

如果主比赛计时钟置在场地中央的上方,那么只需要在球队席的对面放置一个比赛双方均清晰可见的副比赛计时钟即可。每一个副比赛计时钟应显示整场比赛的比分和剩余的比赛时间。

裁判员们为停止比赛计时钟,应使用一种与配备在比赛计时钟上的连接器相连的哨声计时的控制系统,这个系统被使用在特定竞赛的所有比赛中。裁判员们还应开动比赛计时钟,在同一时间也由计时员操作。所有国际篮联批准的一级比赛的记录屏应装备哨声计时控制系统接口。

(九)记录屏/视频显示屏

1. 对于一级比赛,两块大记录屏或视频显示屏(图 12-1-10)应各设置在比赛场地的每一端。如果比赛场地中央的上方设置了一块记录屏(立方形的),那么只需要在球队席的对面放置一块两队均清晰可见的副记录屏即可。

(3)让与比赛有关的(包括观众在内)的每一个人都能清楚地看到。如果视频显示器在使用,在比赛的过程中(包括比赛休息期间)完整的必需的比赛信息必须随时可见。被显示信息的可读性与数字计分板的信息应完全一致。

2. 应给计时员提供一个比赛计时钟控制板,并给助理记录员提供一个单独的记录屏控制板。计算机键盘板可以用来输入记录屏上的数据,然而,必须使用专用控制板来操作设备。这个专用控制板应能够容易地改正任何不正确的数据,并且具有贮藏最少 30 分钟所有比赛数据的多个储存器支持。

3. 记录屏

记录屏应包括和/或指明以下内容。

(1)数字倒计时比赛计时钟。比赛剩余时间应以分和秒(mm:ss)显示,除了在每节或决胜期的最后一分钟时,应以秒和 1/10 秒显示。

(2)每队的得分。对于一级比赛,显示每个队员的累积得分。

(3)对于一级比赛,每个队员的号码(按照 00,0,1,2,3,4,5,6,7,8,9,10 及 11~99 的顺序),还有他们相应的姓。应不少于 12 位字母来显示每个队员的姓。

(4)双方队的队名。应不少于 3 位字母来显示队名。

(5)对于一级比赛,球队中每个队员从第 1 次犯规到第 5 次犯规的次数。第 5 次犯规应用红色或橙色指明。犯规次数可用 5 个指示器或一个最低高度为 135 毫米的数字显示来指明。另外,第 5 次犯规可用一个 5 秒的慢闪光显示来指明。应可以在记录屏上从队员犯规次数中独立出来显示球队的犯规次数。

(6)1~4 次的全队犯规次数,和在 4 次全队犯规次数后球再次成为活球时显示红色方格

（图 12-1-10）。红色方格应为正方形，它的边应为球队犯规数字宽度的 80％到 120％。

（7）1～4 的节数，0 指示决胜期。

（8）每半时 0～3 的暂停次数。第 4 节当比赛计时钟剩余 2 分钟或更少时，球队应只能使用 2 次暂停。其余的暂停应显示已使用。

（9）暂停计时的钟（可选择的），比赛计时钟不得用于暂停。

4. 对于一级比赛（必须的）和二级比赛（推荐的）的记录屏或视频显示屏。

（1）记录屏上显示的颜色对比度应是鲜明的。

（2）显示的背景应是不刺眼的。

（3）用于显示比赛计时钟和比赛得分的数字，最小高度是 300 毫米（一级比赛）或 250 毫米（二级比赛），最小宽度是 150 毫米（一级比赛）或 125 毫米（二级比赛）。二级比赛中这些数字尺寸必须符合要求。

（4）用于显示全队犯规和节的数字及字母，最小高度是 250 毫米（一级比赛）或 200 毫米（二级比赛），最小宽度是 125 毫米（一级比赛）或 100 毫米（二级比赛）。

（5）用于显示球队名称，最小高度是 150 毫米（一级比赛）或 100 毫米（二级比赛），最少 3 位字母。

（6）用于显示暂停次数，有 3 个指示亮点。

（7）队员名字数字显示应至少高 150 毫米，最少 12 位字母。二级比赛不适用。

（8）队员号码和队员个人得分的数字及字母，数字显示应至少高 150 毫米。二级比赛不适用。

（9）用于显示队员犯规次数，有 5 个指示亮点。或最小高度是 135 毫米。二级比赛不适用。

（10）记录屏上的比赛计时钟、比赛得分和进攻计时钟应有最小 130 度的观察角度。

（十）进攻计时钟

1. 进攻计时钟是由进攻计时员使用的装置。（图 12-1-11）

（1）一个提供给进攻计时员的单独的控制器，带有非常响亮的自动信号，以便指明进攻周期结束。

（2）一个带有数字倒计时的显示器，指示秒的时间。

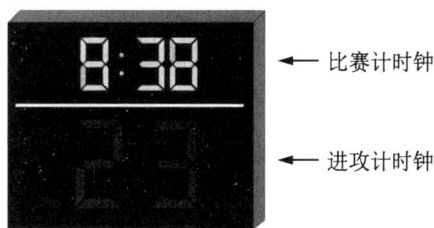

← 比赛计时钟

← 进攻计时钟

图 12-1-11　用于一级和二级比赛的进攻计时钟、副比赛计时钟（布置样例）

2. 对于一级比赛，进攻计时钟在显示零（0.0）时会发出独立的声响信号以结束进攻周期；用秒数指明剩余时间，以及在进攻周期的最后 5 秒以 1/10 秒来指明。

3. 进攻计时钟应有下列功能：

(1)从 24 秒开始。

(2)从 14 秒开始。

(3)比赛停止时显示器指示剩余的秒数。

(4)从停止的时间处重新开动。

(5)如有必要，显示器无显示。

(十一)信号

1. 应至少有 2 种单独的声音信号，带有截然不同的非常响亮的声音：

一种提供给计时员和记录员，应自动地响起以指明每节或每个决胜期比赛时间结束。当在适当的时候要引起裁判员的注意时，记录员应能够手动发出信号。

一种提供给进攻计时员，应自动地响起以指明 24 秒结束。

2. 两种信号应当足够地强，在最不利或者嘈杂的情况下也能容易听到。音量应是可调整的，根据体育馆的大小和人群的喧闹声，音量可调到 120 分贝的最大声压水平(距声源 1 米处测量)。强烈建议与体育馆的公共信息系统相连接。

(十二)队员犯规标示牌

为计时员提供的 5 块队员犯规标示牌应是：

1. 白色的；

2. 数字最小长 200 毫米，宽 100 毫米；

3. 两面都印有数字，1～5(1～4 的数字为黑色，5 为红色)。

(十三)全队犯规标示牌

为计时员提供的两块全队犯规标示牌应是：

1. 红色的；

2. 最小高 350 毫米、宽 200 毫米；

3. 放置于记录台的两边位置上，让与比赛有关的每一个人(包括观众在内)都能够清楚地看到；用以指示从 1～5 的全队犯规次数，并能表明该队达到全队犯规处罚状态；

4. 用以指示从 1～4 的全队犯规次数，在 4 次全队犯规次数后球再次成为活球时显示红色，表明该队达到全队犯规处罚状态；

5. 可以使用电动或电子的装置，但必须符合上述规格。

(十四)交替拥有指示器

为记录员提供一台交替拥有指示器(图 12-1-12)，应有一个最少长 100 毫米和高 100 毫米的箭头；在前面显示一个箭头，打开开关时，明亮的红色箭头指明交替拥有的方向；放置于记录台的中央位置上，让与比赛有关的每一个人（包括观众在内）都能够清楚地看到。

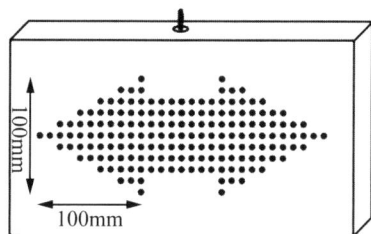

图 12-1-12　交替拥有指示器（样例）

第二节　篮球场地的修建与维护

一、篮球场地的修建

篮球场地可以修建在室外和室内，根据使用单位的要求选择不同的场地修建。篮球场地一般是在水泥混凝土或沥青混凝土的基层上进行面层的修建，室内的主要以水泥混凝土为主。篮球场的面层种类繁多，根据不同层次，不同标准的需求度，价格工艺造价也不同。常见的有丙烯酸面层、EPDM 面层、硅 PU 面层、PVC 运动地板面层、悬浮地板面层、木地板面层、水泥面层等，室内的篮球场建设施工主要以硅 PU、PVC 运动地板和木地板为主。

（一）室外三合土篮球场地的修建

根据校园规划选定的地块（纵轴最好是南北向）向下挖掘 25 厘米左右，将沙土取出，并将原土碾压至密实度达 95％以上。在这基础上再铺设三层材料，第一层为底面，铺碎砖块或片石（厚度为 10 厘米），再用轻一些的压路机压一次；第二层为中层，铺设煤渣或直径 2～3 厘米的石子，填铺时要均匀、平坦，铺完第二层后，用 0.5～0.7 吨重的碌子压平，并考虑 3‰～5‰的降水坡度，从下往上数，第一层和第二层为基础层，压实后，厚度应保持在 20 厘米。第三层为表层，这是确保场地好坏的最关键一层，首先要把沙土、黏土、熟石灰等材料分别捣碎（黏土要先晒干），再经过 5 毫米以内的筛孔筛出来后搅拌在一起组成混合物，铺设在面层，用 0.3～0.4 吨重的碌子反复碌压，面层的厚度在碌压之前要有 8～10

厘米，压完以后要确保5厘米，表面的碾压工作要不间断地进行，要求在一天内完成。

在实际操作中要根据不同的情况调整配方，如果表面很坚实，但洒水后较滑软时，则在混合土中再掺些细沙；如果碾压后表面出现裂缝或黏结度不够，则需要在混合土中多掺些黏土，再加一些盐水。在碾压的过程中，浇水和碾压要不间断进行，浇水后要等到表面干爽时再碾压。碾压的顺序为纵压和横压，每次都向同一方向一直压到场边，要压到场上没有碾子印为止，再撒上细沙，用轻碾子再压一次，并把地面浮余的沙子扫净，呈现出坚实、平坦而富有弹性的沙土篮球场。

三合土篮球场的优点是弹性好，渗透性好，并能减少运动损伤。

(二)室外水泥和沥青篮球场的修建

1. 水泥篮球场

在选定和测量好的地段向下挖掘30～36厘米深，将泥土全部取出，原土碾压至密实度达到95％以上。从下往上数第一层用碎砖块或大片石铺平，用部分换土等办法处理，并用重的压路机碾压后，厚度保持在20厘米，如遇到弹簧土还需打石灰桩并用12吨以上压路机碾压；第二层用粗沙或筛过后的小片石子铺3厘米的隔离层，防止水泥浆向下渗透；第三层用粗沙和水泥搅拌均匀，铺7～10厘米厚的水泥混凝土，掺在水泥中的含量要适中，沙太少会导致面层光滑，运动时容易滑倒，沙太多容易起沙，暴露出第三层面；第四层用细沙和水泥拌均匀，在最上面抹3厘米厚的面层，铺设表层要一次性完成，既要平坦，又要考虑有一定的坡度(3‰为最佳)，等面层稍凝固后，还需要多次浇水，使其达到一定强度后，才可以使用。

水泥篮球场地的优点是经久耐用，便于保养和管理。

2. 沥青篮球场

修建沥青篮球场的前期工作与修建水泥篮球场基本相同，所不同的是基础层要根据土质情况加厚，第三层铺设5～8厘米的粗沥青混凝土，并用压路机压实，第四层铺设3厘米光洁度较好的细沥青混凝土，沥青篮球场功能要优于水泥篮球场，它富有弹性，能较好地预防腿部各关节的运动损伤。

(三)塑胶篮球场的修建

塑胶篮球场是一种具有安全、平整、弹性好、强度高、耐磨防滑等特点的篮球场，不仅色彩鲜艳，美观大方，而且适合各种人群的活动，是国际公认的理想运动场地。

1. 室内外塑胶地板篮球场

根据不同场地的专项要求，塑胶地板(最厚4～5厘米)使用时直接铺在水泥地面、沥青地面或木地板上，使用后又可以卷起来保养，便于作为其他场地的使用。这种场地可以发挥其综合效益，大型的场馆使用塑胶地板较多。

2. 聚氨酯面层篮球场

全部面积使用聚氨酯涂层覆盖（最厚为5厘米），用颜色及喷漆白线以区分区域，基础层施工与修建沥青和水泥篮球场要求相同。聚氨酯篮球场属软性场地，弹性好，可较好地预防运动损伤。

3. 丙烯酸篮球场

全部面积使用丙烯酸，涂层覆盖（3～5毫米），并采用颜色（绿或红、黄与红、蓝或红）及喷漆白线以区分区域，基础层施工与修建聚氨酯面层篮球场相同。丙烯酸篮球场属硬质场地，弹性好，耐磨性强，色彩鲜明。

（四）室内木质地板篮球场的修建

室内场地一般采用浅色的硬质木板铺设，基础层将原土压实并按水泥混凝土或粗沥青铺设要求进行施工，然后铺设木椽条，椽条之间的距离最好不大于30厘米，椽条之间用细煤渣填充，但要掺上干石灰，以免虫蛀，也可用干沙来填充，以增加吸潮功能和减少运动时由地板发出的噪声。如果铺设单层地板，地板的尺寸最好宽为5～8厘米、厚5厘米。如果铺设双层地板，则底层的木质可比上层的稍差一些，其厚度最好不低于2厘米，宽度20厘米左右，上层的地板最好为宽5～8厘米，厚2厘米，铺设时上下两层木板呈交叉状。室内篮球场的木材最好选择榆木、槐木、柳桉木或水曲柳等。

二、篮球场地的维护

篮球场地的养护与管理是一项科学的管理工作，要求管理人员掌握专门的知识和技能。经常、细致地进行养护与管理。此外，还需要耐心地教育使用者爱护场地，以延长场地的使用寿命，充分发挥场地在篮球活动中的作用和效益。

（一）三合土篮球场的维护

要根据天气变化及时进行养护。如果天气干燥，要经常洒水；如雨后出现高低不平，应及时补充沙土进行碾压修补。如果场地比较潮湿，有泥滑现象，则应加些细沙，并用扫帚将沙子扫均匀；如出现杂草，应及时铲除，然后再平整。特别要注意球场泥泞时不要过早使用，待干后再用。除了加强管理和经常维护以外，最好每年整修一次。

（二）水泥和沥青篮球场的维护

这种篮球场的养护和管理比较容易，要防止各种大型车辆的重压，禁止在场上滑旱冰。地面如发生碎裂、脱层、破损等现象，应按规格要求及时修补，以防蔓延。

(三)塑胶篮球场的维护

要经常清除场上的垃圾，禁止穿皮鞋和带钉的鞋子在场上进行活动。禁止在场上滑旱冰，防止各种大型车辆的重压。如出现局部起泡现象，需要在起泡点扎一些小孔，让它恢复平整。如出现脱壳现象，要及时请专业施工队切割后再修补。

(四)室内木质地板篮球场的维护

在做好通风、防潮、防腐的同时，经常用专用拖把清理地面(不要用湿拖把拖地)，应定期打蜡，防止地面损坏。禁止穿硬底鞋进入场地活动，禁止在地板上滑旱冰。如遇到地板断裂或凸起，应及时修补。

思考题

1. 如何挑选一个合适的比赛用球？
2. 开展篮球比赛需要哪些器材设备？
3. 简述各种篮球场地如何进行维护。
4. 简述塑胶篮球场的修建工序。
5. 简述木质地板篮球场的修建工序。

附　录

附录一　三对三篮球规则

第 1 条　定义

1.1　三对三篮球比赛

三对三篮球比赛是在有 1 个篮架的场地进行，由 2 队参加，每队出场 3 名队员，每队最多只有 1 名替补队员。每队的目标是进攻球篮得分，并阻止对方队得分。

比赛由最多 2 名裁判员、记录台人员和比赛监督（如果需要）管理。

1.2　比赛的胜者

在常规比赛时间结束之前，某队率先得到 21 分或以上则获胜。这个"突然死亡法"的规则仅适用于常规的比赛时间，而不适用于可能发生的决胜期。

如果在常规比赛时间结束时比分相等，则应进行决胜期比赛。在决胜期中率先取得 2 分的球队获胜。

第 2 条　比赛场地

2.1　比赛应在拥有一个球篮的三对三篮球场地上进行。标准的三对三篮球场地面积应为 15 米（宽）×11 米（长）。须具有标准篮球场上的相应区域，包括一条罚球线（5.80 米）、一条 2 分球线（6.75 米），以及球篮下方的一个"无撞人半圆区"。可以使用传统篮球场的半个比赛场。

比赛区域应由三种颜色标记：限制区和 2 分球区域使用同一种颜色标记，剩余的比赛区域用另一种颜色标记以及界外区域用黑色标记。国际篮联推荐使用的颜色如下所示。

2.2　记录台和椅子应被安置于端线的左后方(面对球篮)。

特殊情况下(空间有限的情况)和世界巡回赛的比赛中,记录台需要占据场地的一个角落。

记录台的旁边必须有 2 个座位(每队 1 个)供双方替补队员使用。

第 3 条　器材

3.1　挡件(Backstop unit)，包括：篮板，含有抗压篮圈和篮网的球篮，篮板支撑构架(包括包扎物)。

3.2　3×3篮球：所有级别比赛统一使用 FIBA3×3 官方用球，球的规格为 6 号球大小，7 号球重量。

3.3　比赛计时钟、记录屏、进攻计时钟。

3.4　2 个独立的、显然不同的、非常响亮的声响信号(分别提供给进攻计时员和记录员/计时员)。

3.5　记录表。

3.6　比赛地板、比赛场地、足够的照明。

第 4 条　球队

4.1　所有球员的服装应符合下述要求：

背心和短裤一样，前后的主要颜色相同；

所有球员穿着与主色相同的短裤，袜子必须是可见的。

4.2　球队仅可以使用 0，00 和 1～99 的号码。

4.3　球队所有队员的弹力护臂和护腿、头饰、腕带和头带及弹力贴必须是黑色。除非是在国家队比赛中，所有队员可以穿戴额外的单色装备(黑色、白色或与队服主色一致)。

4.4　球鞋可以使用任何颜色组合，单色左右两只鞋必须一致。

4.5　每支球队应由 4 名队员组成(其中 3 名为场上队员，1 名为替补队员)。

4.6　教练员不得进入赛场，不得在看台上指挥比赛。

4.7　在比赛中，当场上队员受伤后不足 3 名队员，如果另一球队要求减少一名或两名队员是允许的。

第 5 条　队员受伤

5.1　如果队员受伤，裁判员可以停止比赛。

5.2　如果球是活球时发生了受伤情况，裁判员应等到控制球队投篮、失去控制球、持球停止进攻或球成死球时才可以鸣哨。但是，当有必要去保护受伤队员时，裁判员可以立即停止比赛。

5.3　如果受伤队员不能立即(大约 15 秒)继续比赛，或如果接受治疗，他必须被替换。

5.4　替补队只有经过裁判员允许方可进入比赛场地，在受伤队员被替换前照料他。

5.5　如果医生判断受伤队员需要及时治疗，医生不经裁判员允许可进入比赛场地。

5.6　比赛期间，正在流血或有伤口的队员必须被替换。该队员只有在流血已经停止，并且受伤部位或伤口已被全面安全地包扎后，才可返回比赛场地。

5.7 如果任一队获得了暂停，在此期间，一名受伤或正在流血队员恢复了，该队员可以继续比赛。

第 6 条 比赛的时间、比分相等和决胜期

6.1 一次比赛休息期间开始于：

球员介绍（如果需要）开始，但不晚于球员进入场地时；

常规比赛时间的计时钟信号响，并且有即将进行的决胜期时。

6.2 一次比赛休息期间结束于：

在常规比赛时间或决胜期开始，球在进攻队员手中，并且在此之前已经完成了交换球。

6.3 在没有比赛计时钟的情况下，组委会可决定比赛时长和/或采用得分制胜的比赛方式。国际篮联建议采取与比赛时长一致的得分限制（10 分钟/10 分；15 分钟/15 分；20 分钟/20 分）。

6.4 如果在常规比赛时间结束时比分相等，则应进行决胜期比赛。在决胜期中率先取得 2 分的球队获胜。

第 7 条 比赛的开始和结束

7.1 比赛开始前，双方球队应同时进行热身。

7.2 球队以掷硬币的方式决定第 1 次球权的归属，获胜一方可以选择拥有比赛开始时的球权或可能进行的决胜期比赛开始时的球权。

7.3 每队必须有 3 名队员在场上才能开始比赛。

7.4 决胜期开始前应有 1 分钟的休息时间。常规比赛时间及决胜期开始于球在进攻队员手中，并且在此之前已经完成了交换球。

7.5 当结束比赛时间的比赛计时钟信号响，或者有球队在常规比赛时间内得到了 21 或 22 分（突然死亡），无论哪一种情况先发生都是常规比赛时间的结束。

7.6 当有球队率先得到 2 分时，决胜期结束。

第 8 条 球的状态

球成活球，当：

在交换球期间，完成交换球后，当球处于进攻队员手中可处理时；在交换球之后球成活球，直到裁判员鸣哨或比赛计时钟/进攻计时钟信号响；

每次投篮或者最后一次罚球中篮时；

罚球中，罚球队员可处理球时。

第 9 条　跳球情况

一次跳球发生，当：

宣判了一次争球时；

球出界，但是裁判员无法判定谁是最后触及球的队员或意见不一致时；

在最后一次不成功的罚球中，双方队员发生违例时；

一个活球夹在篮圈和篮板之间，除非罚球之间、最后一次罚球之后还有交换球的罚则；

任一队既没有控制球又没有球权，球成死球时；

在抵消了双方球队的相等罚则后，没有留下其他要执行的犯规罚则，以及在第一次犯规或违例之前，任一队既没有控制球也没有球权时；

当一次跳球情况发生时，由最后防守的球队进行交换球继续比赛。进攻计时钟复位到12 秒。

第 10 条　球中篮和它的得分值

10.1　每次在圆弧线以内区域中篮，计 1 分。

10.2　每次在圆弧线以外区域中篮，计 2 分。

10.3　每次罚球中篮，计 1 分。

第 11 条　交换球

11.1　死球状态下给予任一队的球权，应以双方在场地顶端的圆弧线外交换球开始：一次场地顶端圆弧线外（防守队员与进攻队员之间）的传递球。

11.2　执行交换球的进攻队员应该在场地顶端的圆弧线后（他的双脚既不在圆弧线内也不在圆弧线上），并面向篮板。

11.3　防守队员应面向进攻队员，并用正常的传球力度以递交或击地的方式将球传给进攻队员，并且使进攻队员能够控制球。

11.4　进行交换球的防守队员应与进攻队员保持一个合理的距离（约为 1 米）。在世界杯级别的国际篮联官方 3×3 比赛中，场地上"3×3"的标识应用来确定防守队员与进攻队员的位置（两名队员面对对方，分别站在标识的两个长边，并且不触及标识）。

11.5　在比赛中，如果防守队员和进攻队员都在他们正确的位置上，交换球程序就不需要裁判员的协助。如果队员在错误的位置或者执行交换球的方式不正确，裁判员应将球传给防守队员，以确保交换球的程序正确地被执行。

第 12 条　暂停

12.1　每队拥有 1 次 30 秒的暂停。队员可以在死球状态下请求暂停。球中篮不能暂停。（时机：在双方交换球和罚球可处理球前的死球期间。）

12.2 决胜期中，在常规赛没有用过剩下的暂停，可以沿用到决胜期中。

12.3 决胜期中，失分队也不能请求暂停。

12.4 除了球队的暂停之外，在国际篮联官方3×3比赛中，或主办方可决定是否运用2次媒体暂停，在所有比赛中，2次媒体暂停机会分别为比赛计时钟显示6:59和3:59后的第一次死球期间。

第 13 条　替换

13.1 当球成死球并且防守队与进攻队队员之间完成传递球或执行罚球之前，允许任一队替换球员。替换队员在其队友离开场地并与之发生身体接触后，方可进入场地。替换只能在球篮对侧的端线外进行，替换无须临场裁判员或记录台裁判员发出信号。

13.2 替补队员只能从端线外进场，并且裁判员和记录台不需要发出替换的信号。

13.3 比赛期间替补队员始终在替补席就座。

第 14 条　比赛因弃权告负

14.1 规定

在比赛预定的开始时间后不到场或不能使3名队员入场比赛，该队则因弃权告负。此规定在基层比赛中不作强制规定。

14.2 罚则

14.2.1 在弃权的情况中，比分应记为W－0或0－W(W代表获胜)。对于胜队，本场比赛的结果在计算球队平均得分时将不被计入，但负队在计算球队平均得分时应将本场比赛得分计为0分。

14.2.2 某队以不正当的方式弃权而告负，将取消该队在整个赛事的参赛资格。

14.2.3 如果某队在巡回赛中弃权两次或没有登场过，该队应被取消巡回赛的资格，并且在系统中显示为"DQF"。

第 15 条　比赛因缺少队员告负

15.1 规定

如果某队在比赛结束前离开场地，或该队所有的队员都受伤了和/或被取消了比赛资格，则该队因缺少队员使比赛告负。

15.2 罚则

15.2.1 在缺少队员使比赛告负的情况中，胜队可以选择保留该队的得分或使比赛作对方弃权处理，同时因缺少队员使比赛告负的球队得分应登记为0。如果胜队选择使比赛作弃权处理，则比赛结果在计算该队平均得分时不被计入。

第 16 条　5 秒

16.1　一名队员在场上正持着一个活球，一名对方队员在距离他不超过 1 米处，并采取积极的、合法防守的动作时，该持球队员必须在 5 秒内传球、投球或运球。

16.2　如果进攻队员使球清洁后，一名进攻队员在圆弧线内背向或侧向球篮运球超过 5 秒钟，则将被认为是一起违例。

第 17 条　12 秒

17.1　每当裁判员停止了比赛，进攻计时钟应复位：

因为不控制球的球队犯规或者违例(不是球出界)；

因为任何不控制球的球队有关的正当原因；

在这些情况中，球权应判给先前控制球的球队，进攻计时钟应复位到 12 秒。

17.2　当比赛因为任何与双方球队都无关的正当原因而被裁判员停止，根据裁判员的判断，进攻计时钟复位将置对方于不利，进攻计时钟不应复位而是在停止的时间处连续计算。

第 18 条　清洁球

18.1　定义

清洁球是比赛的一个流程，要求进攻队获得新的控制球后，在进行最佳的投篮得分尝试前，要使球处于圆弧线外。

18.2　规定

18.2.1　在每一次球中篮或最后一次罚球中篮后(除非某队拥有随后的球权)，非得分队的球员应从篮筐正下方的场地内，将球运或传至场地圆弧线外的任意位置继续比赛。此时，防守队不得在球篮下方的"无撞人半圆区"内试图抢断球。

18.2.2　当一名队员的双脚都不在圆弧线内，也没有踩踏圆弧线，则被认为"处于圆弧线外"。

18.2.3　每次投篮不中或最后一次罚球不中后(除非某队拥有随后的球权)：

如果进攻球员抢到球，他可以继续尝试得分而不需将球传至圆弧线外；

如果防守球员抢到球，他必须将球运或传至场地圆弧线外。

18.2.4　如果防守方抢断或盖帽，必须将球运或传至场地圆弧线外。

18.3　罚则

如果球在被清洁之前离开了试图投篮队员的手，就是"无清洁球"违例，若投中，进球无效，球权应判给对方。

第 19 条　侵人犯规

19.1　某队全队犯规达 6 次后处于全队犯规处罚状态，队员不因个人犯规的次数被逐出场外（除非是取消比赛资格的犯规）。

19.2　对没有做投篮动作的队员发生犯规

如果犯规队不处于全队犯规处罚状态，由非犯规队以交换球的方式继续比赛。

如果犯规队处于全队犯规处罚状态，全队累计第 7、第 8 和第 9 次犯规总是判给对方 2 次罚球，全队累计第 10 次及随后的犯规总是判给对方 2 次罚球和球权。

19.3　对在做投篮动作的队员犯规

如果球中篮应计得分，并追加 1 次罚球。

如果从圆弧线以内投篮不成功，判 1 次罚球。

如果从圆弧线以外投篮不成功，判 2 次罚球。

全队累计第 7、第 8 和第 9 次犯规，总是判给对方 2 次罚球，全队累计第 10 次及随后的犯规总是判给对方 2 次罚球和球权。

第 20 条　双方犯规

20.1　双方犯规是两名互为对方的队员大约同时相互发生侵人犯规的情况。

20.2　如果将两个犯规视为一起双方犯规，下列条件是必需的：

两个犯规都包含身体接触；

两个犯规是比赛双方两个队员之间的互相犯规。

20.3　罚则

应给每一犯规队员登记一次违体犯规，不判给罚球，比赛应按下列所述重新开始：

投篮或最后一次罚球得分，应将球判给非得分队以交换球的方式继续比赛；

某队已控制球或拥有球权，应将球判给该队以交换球的方式继续比赛，进攻计时钟不复位；

任一队都没有控制球也没有球权，一次跳球情况发生，将球判给此前场上的防守队以交换球方式继续比赛，进攻计时钟应复位至 12 秒。

第 21 条　技术犯规

21.1　定义

技术犯规是非接触性犯规，包括但不限于：

无视裁判员的警告；

与裁判员、比赛监督、记录台人员或对手讨论和/或交流中没有礼貌；

使用很可能冒犯或煽动观众的粗话或手势；

在对方队员眼睛附近挥手或保持手不动妨碍其视觉过分挥肘。

延误比赛：

在成功的投篮得分或罚球得分后故意触碰球或阻止新的进攻球队立即去获得球；

在成功的投篮或罚球中，球穿过篮筐后，在没有被防守方阻止的情况下，故意不立即捡球；

在成功的投篮得分或罚球得分后，在无撞人半圆内积极防守；

阻止交换球或罚球的快速进行；

伪造被犯规或夸大接触；

在最后一次的罚球中干涉得分，应判给进攻队得 1 分，随后执行登记在该防守队员名下的技术犯规罚则；

在比赛中与场外人员有不当的互动或与教练员有任何形式的交流。

21.2 罚则

21.2.1 技术犯规应算作全队犯规。

21.2.2 对方将获得一次罚球。比赛将按如下方式恢复。

罚球应立即执行。罚球后，由技术犯规时控制球或拥有球权的队以交换球的方式继续比赛。

也应立即执行罚球，不管是否有其他犯规带来的罚则的先后顺序，也不管这些罚则是否已经开始执行。技术犯规的罚球后，由技术犯规时控制球或拥有球权的队以交换球的方式继续比赛。

如果一个有效得分或最后一次罚球得分，最后一个防守队以交换球的方式继续比赛。

如果两支队都没有控球权，就会出现跳球的情况。最后一个防守队以交换球的方式继续比赛。

第 22 条 违反体育精神的犯规

22.1 拉扯控制球的队员将被视作一起违反体育运动精神的犯规。

22.2 当登记了一名队员 2 次违反体育运动精神的犯规，应该取消他本场剩余比赛的资格。

22.3 所有违反体育运动精神的犯规应登记 2 次全队犯规。

第 23 条 取消比赛资格的犯规

23.1 队员和替补队员的任何恶劣的违反体育运动精神的行为是取消比赛资格的犯规。

23.2 裁判员绝不允许队员、替补队员可能导致比赛器材损坏的粗野行为出现。当裁判员观察到这类行为时，应立即给违犯队一次警告。如果重复该行为，应立即宣判有关违犯者一次技术犯规甚至取消比赛资格的犯规。

23.3　所有取消比赛资格的犯规应登记 2 次全队犯规。

第 24 条　打架

24.1　如果双方球队的队员在本条规定下被取消比赛资格并且没有留下其他要执行的犯规罚则，比赛应按下面所述重新开始。

由于打架而停止比赛，大约在同一时间，如果：

投篮或最后一次罚球得分，应将球判给非得分队以交换球的方式继续比赛；

某队已控制球或拥有球权，应将球判给该队以交换球的方式继续比赛，进攻计时钟不复位；

任一队都没有控制球也没有球权，一次跳球情况发生；将球判给此前场上的防守队以交换球方式继续比赛，进攻计时钟应复位至 12 秒。

24.2　所有的取消比赛资格的犯规应在记录表上登记 2 次全队犯规。

第 25 条　可纠正的失误

25.1　定义

25.1.1　如果仅在下述情况中某条规则被无意地忽视了，裁判员可纠正该失误：

25.1.2　判给不应得的罚球；

25.1.3　没有判给应得的罚球；

25.1.4　不正确地判给得分或取消得分；

25.1.5　允许不该罚球的队员执行罚球。

25.2　一般程序

25.2.1　要纠正上述提到的失误，它们必须在失误后且开动了比赛计时钟之后的第一次死球后球成活球之前被裁判员、比赛监督(如到场)或记录台人员发现。

25.2.2　发现了一起可纠正的失误时，裁判员或比赛监督可立即停止比赛，只要不把任一队置于不利。

25.2.3　在失误发生了之后到失误被发现之前，可能发生的犯规、得分、用去的时间和附加的活动，应保持有效。

25.2.4　在失误纠正之后，除非规则另有规定，比赛应以交换球的方式重新开始。球权应判给在纠正失误停止比赛时拥有球权的球队。

第 26 条　裁判员：职责与权利

26.1　在比赛前被比赛监督授权核准现场可用的即时回放系统，并授权裁判员在记录表上签字前，使用该即时回放系统来决定下述情况：

在比赛中，记分或比赛计时钟或进攻计时器的故障；

一次成功的投篮是否在常规比赛时间的计时钟信号响之前离手，以及最后一次投篮得分是计1分还是2分；

在常规比赛时间的最后30秒内或决胜期，任何可挑战这些规则的情况；

辨认球队成员在一起暴力行为中的参与情况；

球队的挑战请求。

26.2　只有在奥运会、世界杯(仅限公开组)和世界巡回赛中，以及在相关竞赛规则预见的情况下，并在即时回放系统允许的情况下，才能提出挑战请求。在从未有过先例和只能通过使用官方的视频和资料的情况下，以下情况总是可以提出挑战：

一次成功的投篮是球是否在常规比赛时间的计时钟信号响之前离手，和/或者最后一次投篮得分是计1分还是2分。

26.3　任一球队的任一球员都可以在下列任何一种情况下要求视频回看("挑战")。在裁判观看视频回放时，所有球员应远离记录台。

只有比分和/或裁判的判罚可以被质疑。只有导致得分的判罚才能够被挑战。球队在比赛中可能会提出的挑战情况如下。

核查一次成功的投篮是否在进攻计时钟信号响之前球离手。

在常规比赛时间的最后2分钟内或决胜期，辨认导致球出界的球员。

当常规比赛时间的最后2分钟内或决胜期，一名球员被宣判使球出界违例，核查是否正确。

核查新的控球队是否清洁球。

核查交换球权是否交换，或在尝试投篮前是否已经清洁球。

核查投篮是否有效，如果有效，是1分还是2分。只有投篮动作可以使用即时回放系统回看。

核查一起对投篮队员的犯规应判给1次或是2次罚球。

26.4　要求挑战时，球员应大声且清晰地说出"挑战"，并用拇指和食指示"C"。只能在球队下一次控制球时或下一个死球期间(以先发生的情况为准)立即提出挑战。如果在情况发生后，当球队再次控制球时，或在此情况发生后的第一个死球期间，挑战将被拒绝。

26.5　如果在回看后，裁判员确认了决定，并且维持原判("挑战失败")，则该队将在剩余的比赛中失去挑战权。如果回看后裁判的决定被更正和更改("挑战成功")，在剩余的比赛中保留该队的挑战权。如果录像资料不清楚，维持原判。在比赛的剩余时间内，该队将保留挑战权。

B. 记录表

首先，在刚得分队所累积的新的得分总数上：

对任一有效的1分球投篮得分画一斜线（右手画"/"，左手画"＼"）；

对任一有效的罚球得分涂一实圆（●）；

对任一有效的2分球投篮画一圆圈套住。

然后，在新的得分总数同一侧的空格内，（在新的"/"或"＼"或"●"）

登录投篮或罚球得分的队员号码。

	A		B	
	1		1	
9	②		②	23
0	3̷		3̷	15
9	4̷		4̷	17
11	5̷		5̷	15
0	6̷		6̷	15
11	●		7̷	15
11	●		8	
11	●		⑨	23
	10		1̷0̷	23
0	⑪		1̷1̷	15
11	1̷2̷		12	

A. 抗议程序

为了使该申诉被接受，应遵从下列程序：

a)该队的一名队员应在比赛结束后、裁判员签字前，立即在记录表的背面上签字，并在记录表背面手写一份书面的报告来解释要进行申诉的原因。

b)每次申诉应支付200美元的费用，如申诉被拒绝，该费用将不予退回。

只有官方视频才能作为抗议的证据。

B. 球队的名次排列

下列原则将适用于小组赛和赛事整体的球队名次排列（但不适用于巡回赛）。

如果双方在第一步的比较后依旧持平，则进行下一步的比较，依此类推：

获胜场次最多（或在参赛队伍数量不同的小组之间使用胜率比较）；

相互之间比赛结果（只考虑胜负，仅适用于小组内部排名）；

场均得分最多（不包括因对方弃权而获胜的得分）。

如果经上述3个步骤的比较后球队间依旧持平，则具有更高种子队排位的球队名次列在前。

C. 种子队排位规定

种子队排位依据球队相关排名积分确定(参加比赛前该队最好的三名队员个人积分总和即为该队排名积分),除非比赛另有规定。如果球队积分相同,种子队排位在赛事开始前随机确定。

在国家队比赛中,种子队排位依据三对三篮球官方排名确定。

D.12 岁以下的比赛规则

对于 12 岁以下年龄段的比赛,建议将规则进行如下调整:

可将球篮高度降至 2.60 米;

决胜期中,首先得分的球队获胜;

不使用进攻计时钟,若球队不主动进攻球篮,裁判员使用 5 秒倒计时报数的方式进行警告;

球队不因全队累计犯规次数而进入处罚状态;除对投篮动作的犯规、技术犯规和违反体育道德的犯规等需要罚球,其他犯规均以交换球的方式继续比赛;

比赛中不允许暂停。

备注:比赛可依据规则第 6 条所给予的弹性权利进行组织。

附录二　小篮球规则

一、小篮球的定义

　　小篮球比赛应是比赛开始当年周岁年龄 12 岁或 12 岁以下的男孩和女孩参加的比赛，也可以是男孩和女孩一同混合编组参加的比赛。

　　小篮球比赛是 2 个球队参加，每个球队的目的是将球投入对方球篮得分，并且阻止对方球队得分。

二、各组别篮筐高度和比赛用球

　　7～8 岁篮筐高度距离地面 2.35 米。比赛用球为 4 号，周长为 62～66 厘米并且重量为430～460 克。

　　9～10 岁篮筐高度距离地面 2.60 米。比赛用球为 5 号，周长为 69～71 厘米并且重量为470～500 克。

　　11～12 岁篮筐高度距离地面 2.75 米。比赛用球为 5 号，周长为 69～71 厘米并且重量为 470～500 克。

　　7 岁以下可以有更低的球篮(1.80 米以下)适用于幼儿园的孩子，比赛用球为 3 号(周长56～57 厘米，重量为 300～340 克)或 4 号。

三、小篮球五对五比赛规则

第 1 条　球场

1.1　球场尺寸可以根据当地设施而调整，标准的尺寸为长 28 米，宽 15 米。

1.2　尺寸可以根据场地实际情况按比例缩减，在 26 米×14 米到 12 米×7 米的相同比例下变化。

1.3　罚球线至篮板水平距离是 4 米。

1.4　没有 3 分投篮线和区域。

第 2 条　队员和替补队员

2.1　每队由 12 名球队成员组成：5 名场上队员和 7 名球队席上的替补队员。比赛中，

5 名队员在场上并且可以被替换。一名有资格参赛的球队成员在场上，他是队员，否则他是一名替补队员。

第 3 条 比赛时间

3.1 比赛由两个半时组成。

3.2 11～12 岁：每半时 12 分钟，半时之间休息 5 分钟。每半时分为两节，每节 6 分钟，节间休息 1 分钟。

3.3 10 岁和 10 岁以下：每半时 10 分钟，半时之间休息 5 分钟。每半时分为两节，每节 5 分钟，节间休息 1 分钟。

第 4 条 上场分组原则

4.1 教练员应将本队的 12 名队员分成两组阵容，在比赛开始前报告给记录员。每组 6 名队员，其中 5 名场上队员，1 名替补队员，分别参加第 1 节比赛和第 2 节比赛。半时结束，教练员可重新调配两组阵容，分别参加第 3 节、第 4 节比赛。

4.2 在比赛开始前，运动队须到场 10 人方可开始比赛。

4.3 由于队员受伤，取消比赛资格犯规或宣判队员个人 5 次犯规必须被替换下场，造成某一组场上队员不足 5 人时，则由对方教练员在另一组阵容中挑选队员替补上场。

第 5 条 暂停

5.1 7～10 岁孩子的比赛中，没有可登记的暂停。

5.2 11～12 岁孩子的比赛上、下半时分别有一次可登记的暂停，时长 30 秒。

第 6 条 球中篮和它的分值

6.1 当活球从上方进入球篮并停留在球篮内或穿过球篮是球中篮。一次投篮中篮计 2 分，一次罚球中篮计 1 分。

6.2 球中篮后或最后一次罚球成功，对方的队员持球在端线上或端线后任一地点掷球入界(5 秒之内)。

第 7 条 侵人犯规

侵人犯规是队员犯规，包括与对方队员的身体接触。队员不应通过伸展他的手、臂、肘、肩、髋、膝、脚或将身体弯曲成"不正常的姿势"去拉、阻挡、推、撞、绊对方队员，或阻止对方队员行进，也不应使用任何粗暴的战术。

7.1 如果对没有做投篮动作的队员发生犯规，将球判给对方掷球入界。

7.2 如果对正做投篮动作的队员发生犯规，而投篮不成功，判给 2 次罚球。

7.3 如果对正做投篮动作的队员发生犯规，并且投篮成功，则不判给罚球，由对方在端线掷球入界开始比赛。

第 8 条　比赛结束/胜负得分

8.1　比赛计时钟结束信号响时，表明比赛结束。如果第 4 节结束时，比分相等，应保持该比分且不进行加时赛。

8.2　建议：对于以小组积分多少晋级或一场定胜负的淘汰赛，如果第 4 节比赛时间结束时比分相等，则由每队第 4 节参赛的 5 名队员依次进行罚球（客队先），累积分多的队胜。如两队罚完球后比分依然相等，则采用一对一罚球方式，直至决出比赛胜负。

第 9 条　其他特殊规定

9.1　比赛不允许区域防守，人盯人防守是唯一的防守形式。

9.2　删除 8 秒、24 秒违例。

9.3　删除全队累计犯规。

9.4　本规则中未提及的所有情况，裁判员可依据中国篮球协会审定的《篮球规则》执行。

四、小篮球四对四比赛规则

第 1 条　球场

1.1　正式比赛场地宽 12 米、长 15 米，如利用现有标准尺寸场地比赛时，距离中线处需要有 2 米缓冲区。

1.2　基层比赛可以使用宽 14 米、长 15 米半个标准篮球场地。

1.3　罚球线距离端线内沿 4 米。

第 2 条　球队

2.1　每支球队应由 6 名队员组成（其中 4 名为场上队员，2 名为替补队员）。

2.2　比赛开始前，球队必须保证 4 名队员在场上，比赛预定开始时间 5 分钟以后，仍不足 4 名队员一方按照弃权处理。

第 3 条　裁判团队

比赛应由 2 名临场裁判员以及计时员/记录员组成。

第 4 条　比赛的开始

4.1　比赛在中场跳球开始。

4.2　跳球后，未在场上获得控制球的球队，优先拥有下一次交替拥有球权。

4.3　第 2 节比赛由拥有交替拥有球权的队在记录台对侧边线中点掷球入界开始。

4.4 每队必须有 4 名队员在场上才能开始比赛。

第 5 条 得分

5.1 每次投篮中篮，计 2 分；每次罚球中篮，计 1 分。

5.2 友爱规则：在比赛中，某队领先对方 20 分或 20 分以上，裁判员将宣布该队获胜，并保持比分。比赛应继续，可以选择下列方法之一完成比赛：

(1)比赛继续进行，违例、犯规宣判和替换照常，两队后续得分不再累加。

(2)两队互换球员继续完成比赛。

(3)继续比赛但改变分值，即增大落后球队或减小获胜球队每次投篮得分的分值。

第 6 条 比赛时间/比赛胜者

6.1 比赛时间分为两节，每节 6 分钟，在死球状态下和罚球期间停止计时钟。

6.2 第 1 节比赛结束，两队互换球篮。

6.3 如果常规比赛时间结束时，比分相等，则进行一对一罚球，先领先 1 分的球队获胜。

第 7 条 犯规/罚球

7.1 对正在做投篮动作的队员犯规，应判给 2 次罚球。

7.2 对正在做投篮动作的队员犯规，如果球中篮应计得分，不再追加罚球。

7.3 一名队员发生了 4 次侵人犯规和技术犯规，裁判员应通知其本人立即离开比赛，他必须被替补队员替换。

第 8 条 如何打球

8.1 在每一次投篮中篮或最后一次罚球中篮后(除非某队拥有随后的球权)：非得分队的一名队员在球篮下方端线外，将球传至场内队员继续进行比赛。

8.2 发生跳球情况时，由拥有交替拥有球权的队在最靠近跳球情况发生的地点掷球入界。

8.3 比赛没有球回后场违例限制。

第 9 条 拖延比赛

9.1 拖延或消极比赛(即不尝试得分)应判违例。

9.2 如果不主动积极尝试进攻球篮，裁判员应以最后 5 秒倒计时报数的方式警告该队。

第 10 条 替换

当球成死球期间(比赛中投篮中篮除外)，允许任一队替换队员。

第 11 条　暂停

比赛中不允许暂停。

第 12 条　取消比赛资格

队员累计 2 次违反体育道德的犯规、2 次技术犯规或累计 1 次违反体育道德的犯规和 1 次技术犯规，将被取消比赛资格。

第 13 条　其他特殊规定

13.1　2019 中国小篮球联赛特殊规定

(1)U8、U10 组四对四比赛中，如果某队在比赛开始前只有 4 名或 5 名队员到场，则对方教练员可以选派相同数量的本队队员出场进行比赛。

(2)U8、U10 组四对四比赛中，允许运动员 3～4 步的带球走和 1～2 次的两次运球。但在限制区内将按照《篮球规则》进行判罚。

(3)U8、U10 组四对四比赛中，每名队员每场比赛至少上场一整节(6 分钟)的时间。

(4)U10 混合组在比赛开始前，运动队须到场 4 人(至少 1 名女队员)方可开始比赛。每节比赛至少有一名女队员在场上参赛。比赛中，如该队场上参赛女队员因 4 次犯规、受伤或其他原因不能继续比赛，替换她的队员必须是女队员，如果该队没有合格参赛资格的女队员，则只能由三名队员继续完成比赛。

13.2　《小篮球四对四比赛规则》中未提及的所有情况，裁判员可依据《小篮球五对五比赛规则》和《篮球规则》执行。

五、小篮球半场三对三比赛规则

第 1 条　球场

1.1　小篮球三对三标准场地，宽 15 米，长 11 米。

1.2　使用传统小篮球场的半个比赛场地。

第 2 条　球队

2.1　每支球队应由 4 名队员组成(其中 3 名为场上队员，1 名为替补队员)。

2.2　比赛开始前，球队必须保证 3 名队员在场上，比赛预定开始时间 5 分钟以后，仍不足 3 名队员一方按照弃权处理。

2.3　比赛期间，教练员不可进入比赛场地，可以在观众席进行指导。

第 3 条　比赛的开始

3.1　比赛开始前，双方球队应同时进行热身。

3.2 双方球队以掷硬币的方式决定第1次球权归属。获胜一方可以选择拥有比赛开始时的球权或拥有可能进行的决胜期开始时的球权。

3.3 每队必须有3名队员在场上才能开始比赛。

第4条 得分

4.1 每次投篮中篮，计1分。

4.2 每次罚球中篮，计1分。

第5条 比赛时间/比赛胜者

5.1 常规的比赛时间为5分钟，在死球状态下和罚球期间应停止计时钟。在双方完成一次交换球后，当进攻队员获得防守队员的传球时，应立即重新开动计时钟。

5.2 然而，如果在常规比赛时间结束之前，某队率先得到11分（也可根据年龄采用7分、9分）以上则获胜。

5.3 如果常规比赛时间结束时，比分相等，则进行决胜期比赛，在决胜期中率先取得1分的球队获胜。

第6条 犯规/罚球

6.1 对于正在做投篮动作的队员犯规，应判给1次罚球。

6.2 对正在做投篮动作的队员犯规，如果球中篮应计得分，不再追加罚球。

6.3 所有的技术犯规判给对方1次罚球以及随后的球权；所有的违反体育道德的犯规判给对方2次罚球以及随后的球权。执行技术犯规或违反体育道德的犯规产生的罚球之后，比赛将以互为对方队员之间在场地罚球线延长线以上交换球的方式继续进行。

第7条 如何打球

7.1 在每一次投篮中篮或最后一次罚球中篮后（除非某队拥有随后的球权）：

非得分队的一名队员在场内球篮下方（而非端线以外），将球运或传至场地罚球线延长线以上的任意位置继续进行比赛。

此时，防守队不得在球篮下方的"限制区"内抢断球。

7.2 在每一次投篮没有中篮或最后一次罚球没有中篮后（除非某队拥有随后的球权）：

如果进攻队抢到篮板球，则可以继续投篮，不必将球转移至罚球线延长线以上。

如果防守队抢到篮板球，则必须将球转移到罚球线延长线以上（通过运球或传球的方式）。

7.3 如果防守队通过抢断或者封盖获得控制球，则必须将球转移至罚球线延长线以上（通过运球或传球的方式）。

7.4 死球状态下给予任一队的球权，应以双方在罚球线延长线以上交换球开始。即，一次罚球线延长线以上（防守队与进攻队队员之间）的传递球。

7.5　若罚球线延长线以上队员的双脚都不在罚球线延长线以下，也没有踩踏罚球线及延长线，则被认为处于"罚球线延长线以上"。

7.6　发生跳球情况时，由之前场上的防守队获得球权。

第 8 条　拖延比赛

8.1　拖延或消极比赛（即不尝试得分）应判违例。

8.2　如果不主动积极尝试进攻球篮，裁判员应以最后 5 秒倒计时报数的方式警告该队。

第 9 条　替换

当球成死球并且双方完成交换球或执行罚球之前，允许任一队替换队员。替补队员在其队友离开场地并与之发生身体接触后，方可进入比赛场地。替换只能在球篮对侧的中线外进行。替换无须临场裁判员或记录台人员发出信号。

第 10 条　暂停

比赛中不允许暂停。

第 11 条　取消比赛资格

队员累计 2 次违反体育道德的犯规、2 次技术犯规或累计 1 次违反体育道德的犯规和 1 次技术犯规，将被取消比赛资格。

六、小篮球活动行为准则

第 1 条　小篮球教练员行为准则

1.1　教会孩子们懂得比赛规则是双方的约定，任何人不应该逃避或破坏。

1.2　教会孩子们尊重对方教练员、尊重对手、尊重裁判员。

1.3　训练中要根据孩子们的年龄、身高、身体发育和技能水平进行分组。

1.4　比赛中避免过度使用有天赋的小球员，所有的孩子们都应该拥有同等的上场权利。

1.5　请记住，孩子们参与比赛重要的是享受小篮球运动快乐，获胜只是他们参与比赛动机的一部分，千万不要因为他们在比赛中犯错误或输掉比赛而对他们大吼大叫。

1.6　比赛中你是球队的领导者，要以冷静、沉着、有教养和友好的态度对待每一位参与者，记住你是孩子们的榜样。

1.7　要确保篮球、场地、小篮架等设施设备符合安全标准，并适合孩子们的年龄和运动能力。

1.8 根据孩子们的身体发育和技术熟练程度合理地安排练习时间、比赛时间。

1.9 小球员受伤时，你来确定他是否能重新上场比赛，必要时遵照医生的建议。

1.10 始终保持对小篮球运动的热爱，并用这种情绪感染每一个小队员。

1.11 遵循儿童身心成长规律，培养孩子们健全的人格，是每个小篮球教练员应该做出的承诺。

第2条 小篮球队员的行为准则

2.1 按照规则参与比赛。

2.2 参与比赛是为了享受小篮球运动的乐趣，而不仅仅是为了获胜，或者是为了取悦父母或教练员。

2.3 绝不与裁判员争辩，如果你不同意判罚，可以让你的队长或教练员在休息时或比赛结束后与裁判员交流。

2.4 控制你的脾气，挑衅对方球员、摔水瓶、谩骂侮辱裁判员或其他参与者在任何运动中都是不能接受的。

2.5 为自己和你的团队努力比赛，团队良好的表现也会让你从中受益。

2.6 作为一个优秀的小球员，要为所有的小球员加油喝彩，无论他们来自自己的球队还是其他的球队。

2.7 友好地对待所有球员，因为你也需要友好地对待，不欺负、不干涉或不公平地利用其他球员。

2.8 锻炼自己的独立能力，逐渐减少对家长的依赖，直至独立做好自己的后勤工作。

2.9 与教练员、队友和对手真诚合作，没有他们就没有比赛。

2.10 切记你的参与、进步比不惜一切代价获得胜利更重要。

第3条 小篮球观赛(家长)行为准则

3.1 记住孩子们参与的是有组织的运动。他们不是只为了观众的娱乐而比赛的，他们也不是小专业运动员。

3.2 要赞扬自己孩子及对手的良好表现和付出的努力，无论比赛结果如何，都应祝贺双方的精彩表现。

3.3 尊重裁判员的判罚，如果意见不一致，请按照正确的程序对问题提出质疑，并教导孩子们也这样做。

3.4 千万不要嘲笑或批评孩子在比赛中犯的错误，积极的评价是良好的动力。

3.5 谴责任何形式的暴力行为，无论是观众、教练员还是其他参与者。

3.6 尊重对手，尊重对方教练员，尊重裁判员，没有他们就没有比赛。

3.7 鼓励孩子们在遵守规则，尊重裁判员判罚的条件下进行比赛。

3.8 不使用污言秽语骚扰小球员，与教练员和裁判员交流时要有礼貌。

3.9 相信孩子的适应能力，注重培养孩子的独立意识。

第 4 条 小篮球裁判员的执裁理念

4.1 要清楚执裁一场小孩子们的比赛与执裁一场成人比赛完全不同。

4.2 合理运用规则，保护好孩子们。

4.3 注重孩子们比赛精神的培养，适时进行教育，引导孩子们尊重规则、尊重对手、尊重裁判员。

4.4 不要过多地干扰比赛进程，让孩子们充分享受比赛的乐趣。

4.5 在执裁过程中保持乐于引导的态度，耐心地为孩子们解释在比赛中的任何违例和犯规行为。

4.6 在指明比赛中的违例和犯规行为时，要保持前后一致，公正客观。

4.7 始终保持积极和令人愉快的态度，使用恰当的语言。

4.8 与教练员保持良好的沟通，彬彬有礼，共同为孩子们树立榜样。

4.9 在任何情况下都要确保比赛的公平竞争。

4.10 引导孩子们执行赛前、赛后礼仪。

参考文献

[1]王家宏. 球类运动：篮球(第三版)[M]. 北京：高等教育出版社，2015.

[2]孙民治. 现代篮球高级教程[M]. 北京：人民体育出版社，2004.

[3]许博. 现代篮球训练方法：训练方法 1400 例[M]. 北京：北京体育大学出版社，2006.

[4]朱国权，段立颖，张莉斌，祁光耀. 篮球[M]. 北京：北京师范大学出版社，2012.

[5]黄汉升. 体育教学训练理论与方法[M]. 北京：高等教育出版社，2003.

[6]王小安，张培峰. 现代篮球运动教程[M]. 北京：北京师范大学出版社，2011.

[7]冯晓丽. 篮球[M]. 长春：吉林科学技术出版社，2011.

[8]吕德忠. 高校现代篮球运动教学与训练[M]. 北京：北京体育大学出版社，2008.

[9]孙民治. 篮球运动高级教程[M]. 北京：人民体育出版社，2000.

[10]王向宏. 体能训练理论与方法[M]. 北京：北京航空航天大学出版社，2014.

[11]中国篮球协会. 小篮球运动图解[M]. 北京：北京体育大学出版社，2018.

[12]中国篮球协会. 小篮球规则[M]. 北京：北京体育大学出版社，2018.

[13]王峰. 现代篮球运动的理论研究[M]. 北京：人民日报出版社，2014.

[14]中国篮球协会. 小篮球规则[M]. 北京：北京体育大学出版社，2023.

[15]中国篮球协会. 篮球规则[M]. 北京：北京体育大学出版社，2020.

[16]中国篮球协会. 篮球裁判员手册[M]. 北京：北京体育大学出版社，2019.

[17]杨改生. 中国篮球运动发展研究[M]. 开封：河南大学出版社，2014.

[18]乔纪龙，李廷奎. 篮球运动教程[M]. 北京：北京体育大学出版社，2017.

[19]毕仲春. 篮球[M]. 北京：北京体育大学出版社，2016.

[20]谭朕斌. 青少年篮球运动理论与实践研究[M]. 北京：北京体育大学出版社，2000.

[21]胡英清，余一兵，吴涛. 现代篮球运动科学训练探索[M]. 北京：中国书籍出版社，2016.

［22］郭永波．现代篮球训练法［M］．北京：北京体育大学出版社，2005.

［23］布莱恩·科尔，罗布·帕纳列洛．篮球运动系统训练［M］．张明，译．北京：人民邮电出版社，2016.

［24］裴博儒，裴派特．青少年篮球训练 110 法［M］．张云涛，译．北京：人民体育出版社．2004

［25］左庆生，张海民，邱勇．现代篮球运动教学训练实用指导［M］．北京：北京师范大学出版社，2013.

［26］孙民治．篮球运动教程［M］．北京：人民体育出版社，2007.

［27］张良祥．篮球游戏大全［M］．北京：北京体育大学出版社，2004.

［28］陈新，戴文，刘岗．篮球教练员之谋略［M］．北京：北京体育大学出版社，2009.

［29］中国篮球协会．国际篮联三人篮球规则［M］．北京：人民邮电出版社，2021.

［30］梁森．2017 年 FIBA 篮球竞赛规则对篮球运动技战术的影响研究［D］．广州体育学院，2019.

［31］尚仲辉．篮球竞赛规则的演变对篮球技战术和篮球文化影响研究［D］．西安体育学院，2021.